Python
GE-PACKT

Michael Weigend

Python
GE-PACKT

7. Auflage

Bibliografische Information der Deutschen Nationalbibliothek
Die Deutsche Nationalbibliothek verzeichnet diese Publikation in der
Deutschen Nationalbibliografie; detaillierte bibliografische Daten sind im
Internet über <http://dnb.d-nb.de> abrufbar.

Bei der Herstellung des Werkes haben wir uns zukunftsbewusst für
umweltverträgliche und wiederverwertbare Materialien entschieden.
Der Inhalt ist auf elementar chlorfreiem Papier gedruckt.

ISBN 978-3-95845-718-8
7. Auflage 2017

www.mitp.de
E-Mail: mitp-verlag@sigloch.de
Telefon: +49 7953 / 7189 - 079
Telefax: +49 7953 / 7189 - 082

Lektorat: Sabine Schulz
Sprachkorrektorat: Petra Heubach-Erdmann
Satz: III-satz, Husby, www.drei-satz.de
Druck: Medienhaus Plump GmbH, Rheinbreitbach

Inhaltsverzeichnis

E   Einleitung

E.1   Was ist Python?

Python ist eine portable, interpretative, objektorientierte Programmiersprache. Ihre Entwicklung wurde 1989 von Guido van Rossum am Cen-
trum voor Wiskunde en Informatica (CWI) in Amsterdam begonnen und
wird nun durch die nichtkommerzielle Organisation »Python Software
Foundation« (PSF, http://www.python.org/psf) koordiniert. Der Name
soll an die britische Comedy-Gruppe Monty Python erinnern.

Ein Python-Programm – man bezeichnet es als Skript – ist ein Text, der
von einem Interpreter ausgeführt werden kann. Weil Python-Skripte auf
verschiedenen Systemplattformen (Unix, Windows, Mac OS) laufen können, bezeichnet man die Sprache als portabel. Die aktuelle Version von
Python, auf die sich dieses Buch bezieht, ist Version 3.6. Sie kann von
der Python-Homepage http://www.python.org heruntergeladen werden.
Python ist kostenlos und kompatibel mit der GNU General Public License
(GPL).

E.2   Einige besondere Merkmale
         von Python

▸ Die Python-Syntax ermöglicht sehr kompakte Programmtexte.

▸ Das Layout des Quelltextes dient nicht allein der besseren Lesbarkeit,
  sondern hat eine Bedeutung. So markiert das Zeilenende das Ende einer Anweisung. Anweisungsblöcke (wie z.B. das Innere einer Schleife)
  werden durch Einrückung festgelegt. Zeilen des Programmtextes, die

um die gleiche Anzahl von Stellen eingerückt sind, gehören zum gleichen Anweisungsblock.

▸ Mit Python kann man objektorientiert, imperativ und funktional
programmieren.

▸ Im Unterschied etwa zu Pascal oder Java muss den Variablen kein Datentyp explizit zugeordnet werden. Es gibt keine Variablendeklara-
tionen. Der Datentyp ergibt sich aus dem Kontext. Wenn es erforderlich ist, finden automatische Typkonvertierungen statt.

▸ Mehrere Variablen können zu Tupeln zusammengefasst werden, die
in einer einzigen Zuweisung verarbeitet werden können. Die Komponenten eines Tupels werden durch Kommata getrennt. Durch diesen
Mechanismus können Hilfsvariablen eingespart werden. So werden
mit einer einzigen Anweisung x,y = y,x die Inhalte der Variablen x
und y vertauscht.

▸ In der Mathematik übliche Schreibweisen wurden in die Syntax
übernommen. Ausdrücke wie a < b < c oder verkettete Zuweisungen
a = b = c sind erlaubt.

▸ Python verwendet wenige, aber sehr mächtige Sprachkonstrukte.
Auf alles Überflüssige wurde verzichtet. In dieser Hinsicht kann man
Python als »minimalistisch« bezeichnen.

▸ Objekte besitzen einen Wahrheitswert. So haben alle Zahlen ungleich
null und alle nicht leeren Zeichenketten den Wahrheitswert »wahr«.

▸ Langzahl-Arithmetik (Rechnen mit ganzen Zahlen beliebiger Länge)
ist integriert.

E.3 Python 2 und 3

Es ist wichtig zu wissen, dass es zwei unterschiedliche Sprachvarianten
von Python gibt: Python 2 und Python 3. Im Jahre 2007 erschien mit
Python 3 erstmals eine Version, die mit den Vorgänger-Versionen nicht
kompatibel ist. Man entschied sich zu diesem Bruch, um einige grundle-

gende Designschwächen von Python zu beseitigen. Python wurde noch konsistenter, als es bereits war. Wie bei Java können nun sämtliche Unicode-Zeichen für Bezeichner und Strings verwendet werden. Man unterscheidet nun zwischen Strings als Zeichenketten und Bytestrings als Oktettenfolgen. Es gibt keine `print`-Anweisung mehr, sondern eine Funktion `print()`.

Ältere Python-2-Programme können in der Regel nicht von einem Python-3-Interpreter ausgeführt werden. Die verschiedenen Python-2.x-Versionen werden aber auch weiterhin gepflegt. Die letzte Python-2-Version ist Python 2.7. Es gibt viel Software, die in Python geschrieben worden ist. Man kann davon ausgehen, dass noch für lange Zeit Python 2 und Python 3 nebeneinander existieren werden.

Dieses Buch verwendet durchgehend die Syntax von Python 3. Abweichungen bei Python 2 werden im jeweiligen Zusammenhang in gesonderten Abschnitten dargestellt. Im Anhang D finden Sie zusätzliche Hinweise zur Überführung eines Python-2-Programms in ein äquivalentes Programm mit Python-3-Syntax.

E.4 Hinweise zum Lesen dieses Buches

Typographie

▸ Python-Quelltext, Funktions- und Variablennamen, Operatoren, Grammatikregeln, Zahlen und mathematische Ausdrücke werden in einem Zeichenformat mit fester Breite gesetzt. Beispiele:

```
x = y + 1
(x < y) and (len(liste) < 5)
```

▸ Bei der Darstellung des Formats eines Funktionsaufrufs sind die Argumente kursiv. Sie sind – im Unterschied zum Funktionsnamen – Metabezeichner, die nicht Buchstabe für Buchstabe so aufgeschrieben werden, wie es angegeben ist, sondern durch andere Bezeichner oder Literale ersetzt werden können. Beispiel:

```
range(zahl)
```

‣ Wichtige Passagen in Python-Listings, auf die im Text Bezug genommen wird, sind zuweilen fett gedruckt, um das Wiederfinden zu erleichtern.

Beispiele

Die Beispiele mit Python-Quelltext in diesem Buch kann man in drei Gruppen einteilen:

‣ Auszüge aus einer interaktiven Session erkennt man an dem Python-Prompt >>>. Diese Beispiele kann man im Shell-Fenster einer Python-Entwicklungsumgebung (z.B. IDLE) ausprobieren. Hinter dem Prompt ist die Benutzereingabe. Zeilen ohne Prompt enthalten eine System-Antwort. Beispiel:

```
>>> x = 1
>>> y = 2
>>> print(x + y)
3
```

‣ Beispiele für eigenständige Python-Skripte oder Module mit Funktionsdefinitionen enthalten überhaupt kein Prompt. Sie werden in einem Editorfenster erstellt und dann durch Aufruf des Interpreters oder nach Import in einer interaktiven Session getestet. Beispiel:

```
# Quicksort
def qsort(L):
    if len(L) <= 1: return L
    else:
        return qsort( [ x for x in L[1:] if x < L[0]])\
               + [L[0]]  \
               + qsort( [y for y in L[1:] if y >= L[0]] )
```

- Für Aufrufe in einem Konsolenfenster des Betriebssystems (z.B. Unix-Shell oder MS-DOS-Eingabeaufforderung) verwenden wir das Prompt >. Beispiel:

```
> python addiere.py 1 27
28
```

Hinweise zum Aufbau der Kapitel

- Am Ende eines Unterkapitels mit einer Funktionsbeschreibung finden sich häufig Verweise auf andere Kapitel mit korrespondierendem Inhalt (»Siehe auch: ...«)
- Kapitel, in denen Module beschrieben werden, sind meist nach folgendem Schema aufgebaut:
  - Kurze Einleitung
  - Tabellarische Übersicht über die Objekte (Funktionen, Konstanten, Klassen, Methoden) des Moduls in alphabetischer Reihenfolge
  - Ausführliche Erklärung der wichtigsten Objekte mit Beispielen
  - Am Ende gelegentlich komplexere Anwendungsbeispiele
- Programmiertipps und wichtige Hinweise befinden sich in grauen Kästen.

1 Basiskonzepte von Python

1.1 Python im interaktiven Modus

Der Python-Interpreter kann in einem interaktiven Modus verwendet werden, in dem Sie einzelne Zeilen Programmtext eingeben und die Wirkung sofort beobachten können. Im interaktiven Modus können Sie mit Python experimentieren, etwa um sich in neue Programmiertechniken einzuarbeiten oder logische Fehler in einem Programm, das Sie gerade bearbeiten, aufzuspüren.

Der interaktive Python-Interpreter – die Python-Shell – kann auf verschiedene Weise gestartet werden:

1. In einem Konsolenfenster (z.B. Eingabeaufforderung bei Windows-Systemen) geben Sie das Kommando python ein. Damit das Betriebssystem den Python-Interpreter findet, muss der Systempfad richtig gesetzt sein. Bei einem Windows-System achten Sie bei der Installation von Python 3.6 darauf, dass auf der ersten Seite des Installationsprogramms unten die Checkbox ADD PYTHON 3.6 TO PATH gesetzt ist. Sie können natürlich auch nachträglich noch den Pfad setzen. Unter Windows 10 geben Sie in das Suchfeld links unten den Begriff Systemeinstellungen ein und drücken ENTER. Es erscheint eine Dialogbox mit mehreren Registerkarten. Wählen Sie die Registerkarte ERWEITERT und klicken Sie auf die Schaltfläche UMGEBUNGSVARIABLEN. Auf der nächsten Dialogseite wählen Sie die Variable PATH und klicken auf BEARBEITEN. Jetzt können Sie weitere Pfade hinzufügen.

2. Bei Windows-Rechnern klicken Sie auf den START-Button und klicken in der Liste Ihrer Apps im Ordner Python auf Python3.6. Es öffnet sich

ein Konsolenfenster (Eingabeaufforderung), in dem der Python-Interpreter läuft.

3. Sie öffnen die Entwicklungsumgebung IDLE, die zum Standardpaket gehört. Sie enthält neben einem Editorfenster ein eigenes Shell-Fenster, in dem man auf der Kommandozeile Python-Statements eingeben kann.

Die Python-Shell meldet sich immer mit einer kurzen Information über die Version und einigen weiteren Hinweisen. Dann folgt der charakteristische Promptstring aus drei spitzen Klammern >>> als Eingabeaufforderung. Hinter dem Prompt können Sie eine Anweisung eingeben und durch ⏎ beenden. In den nächsten Zeilen kommt entweder eine Fehlermeldung, ein Funktionsergebnis oder (z.B. bei Zuweisungen) *keine* Systemantwort. Beispiel:

```
>>> 2+2
4
```

Wichtige Tastenkombinationen

Es lohnt sich, einige wenige Tastenkombinationen zur effizienten Bedienung der Python-Shell auswendig zu lernen:

Vorige Anweisung. Mit der Tastenkombination ⎇Alt+p können Sie den vorigen Befehl (previous command) noch einmal in die Kommandozeile schreiben. Drücken Sie mehrmals diese Tastenkombination, werden die noch weiter zurückliegenden Anweisungen geholt.

Nächste Anweisung. Wenn Sie mehrmals auf ⎇Alt+p gedrückt haben, können Sie mit ⎇Alt+n wieder zum nächstneueren Kommando springen (next command).

Keyboard Interrupt. Mit der Tastenkombination Strg+C können Sie den Abbruch eines laufenden Programms erzwingen. Das ist z.B. für das Testen von Programmen mit while-Anweisungen wichtig, weil eventuell eine Endlosschleife vorliegt und das Programm von alleine nicht anhält.

1.2   Ausführung von Python-Skripten

Python-Programme – meist nennt man sie Skripte – sind Textdateien, die unter einem Namen mit der Extension .py oder unter Windows auch .pyw abgespeichert werden, z.B. hello.py. Ein Python-Skript wird von einem Python-Interpreter ausgeführt (interpretiert), der letztlich den Programmtext in maschinenbezogene Befehle überführt. Das heißt: Das Skript ist plattformunabhängig, aber für jedes Betriebssystem gibt es einen eigenen Interpreter. Um ein Python-Skript ausführen zu können, muss dem Betriebssystem auf irgendeine Weise mitgeteilt werden, welches Programm es zur Interpretation einsetzen soll. Voraussetzung für die Ausführung eines Skripts ist, dass Python installiert und Systempfade, Umgebungsvariablen usw. korrekt gesetzt sind.

Grundsätzlich kann ein Python-Skript von einer Entwicklungsumgebung (z.B. IDLE) aus gestartet werden. Darüber hinaus gibt es folgende plattformabhängigen Möglichkeiten.

Windows

Unter Windows können Sie ein Python-Skript auf zweierlei Weise ausführen:

1. Öffnen Sie ein Konsolenfenster (Eingabeaufforderung) und geben Sie das Kommando python gefolgt vom Pfad des Python-Skripts ein. Beispiel:

```
python meinSkript.py
```

2. Klicken Sie im Explorer-Fenster auf das Icon des Python-Skripts. Das Betriebssystem öffnet ein Konsolenfenster, in dem Ein- und Ausgaben erfolgen. Das funktioniert natürlich nur, wenn Programmnamen mit der Extension .py auch mit dem Python-Interpreter verbunden sind. Ist das nicht der Fall, klicken Sie das Programm-Icon mit der rechten Maustaste an und wählen im Kontextmenü die Option EIGENSCHAFTEN. Stellen Sie hinter ÖFFNEN MIT: den Verknüpfungspfad so ein,

dass die Datei mit `python.exe` geöffnet wird. Nach Beendigung des Programms wird das Fenster sofort wieder geschlossen. Das hat den Nachteil, dass die letzte Ausgabe des Programms nicht mehr gelesen werden kann. (Abhilfe bietet hier z.B. eine `input()`-Anweisung am Ende des Programms. Sie erzwingt, dass das DOS-Fenster geöffnet bleibt, bis die ⏎-Taste gedrückt ist.)

Bei Programmen mit grafischer Benutzungsoberfläche, die in einem eigenen Anwendungsfenster laufen, wird es als störend empfunden, wenn sich zuerst ein Konsolenfenster öffnet. Solche Skripte sollte man unter einem Namen mit der Extension `.pyw` abspeichern, z.B. `editor.pyw`. Dann erscheint nach dem Anklicken des Programmicons kein DOS-Fenster, sondern sofort die Applikation.

Unix

Unter Unix kann man (wie bei MS Windows) in einem Shell-Fenster (Konsole) den Python-Interpreter durch ein Kommando der folgenden Form starten:

```
python meinSkript.py
```

Außerdem gibt es bei Unix den Mechanismus der so genannten *magic line*. In der ersten Zeile des Skripts kann spezifiziert werden, mit welchem Interpreter das Skript ausgeführt werden soll. Die magic line beginnt mit der Zeichenfolge `#!`, dahinter folgt entweder direkt der Pfad zum Python-Interpreter oder der Pfad zu einem Dictionary (`env`), in dem die Systemadministration den Pfad zum Python-Interpreter eingetragen hat. Wenn das Unix-System standardmäßig eingerichtet ist, müsste eine der beiden folgenden magic lines funktionieren:

```
#!/usr/bin/python
#!/usr/bin/env python
```

Das Python-Skript mit einer magic line ist direkt ausführbar. Zum Start reicht z.B. die Eingabe des Dateinamens in der Konsole. Voraussetzung ist allerdings, dass die Zugriffsrechte entsprechend gesetzt sind, das heißt, das executable-Bit (x) muss mit Hilfe des Unix-Kommandos chmod auf 1 gesetzt sein.

CGI-Skripte, die von jedermann über das Internet gestartet werden können, müssen eine magic line enthalten. Die Rechtevergabe erfolgt üblicherweise nach folgendem Muster:

```
chmod 711 meinSkript.py
```

Damit hat der Besitzer alle Rechte, die anderen dürfen die Datei nur ausführen, nicht aber lesen oder ändern.

1.3 Die Zeilenstruktur

Ein Python-Skript ist eine Folge von Anweisungen. Im Unterschied zu anderen Programmiersprachen muss bei Python eine Anweisung nicht durch ein besonderes Zeichen (wie das Semikolon bei Java) abgeschlossen werden. Ebenso gibt es keine Zeichen für Beginn und Ende eines Anweisungsblocks (wie z.B. geschweifte Klammern in Java oder begin und end in Pascal).

Das Ende einer Anweisung wird durch das Zeilenende markiert. Somit darf sich eine Anweisung nicht über mehrere Zeilen erstrecken.

Erlaubt ist:

```
summe = 1 + 2
```

Nicht erlaubt ist:

```
summe = 1
+ 2
```

Python unterscheidet aber zwischen »physischen« und »logischen« Zeilen. Eine physische Zeile endet mit einem (unsichtbaren) betriebssystemabhängigen Steuerungssymbol für den Zeilenwechsel. Bei Unix ist das das ASCII-Zeichen LF (linefeed), bei DOS/Windows-Systemen die ASCII-Zeichenfolge CR LF (carriage return und linefeed) und bei Mac OS das ASCII-Zeichen CR.

Explizites Verbinden von Zeilen

Mit Hilfe eines Backslashs \ kann man in einem Python-Skript mehrere physische Zeilen zu einer logischen Zeile verbinden. Damit ist folgender Programmtext eine gültige Anweisung:

```
summe = 1 \
+ 2
```

Hinter dem Backslash darf aber in derselben Zeile kein Kommentarzeichen # stehen, denn ein Kommentarzeichen beendet eine logische Zeile. Nicht erlaubt ist also:

```
summe = 1 \ # Summenberechnung
+ 2
```

Implizites Verbinden von Zeilen

Geklammerte Ausdrücke (mit normalen, eckigen oder geschweiften Klammern) sind häufig sehr lang. Sie dürfen bei Python auf mehrere physische Zeilen verteilt werden und werden implizit zu einer einzigen logischen Zeile verbunden. Beispiele:

```
wochentage = ["Sonntag","Montag","Dienstag",
"Mittwoch", "Donnerstag", "Freitag", "Samstag"]
def volumen(h,     # Höhe,
            b,     # Breite und
            t):    # Tiefe eines Quaders
return h*b*t
```

Das zweite Beispiel zeigt auch Folgendes: Im Unterschied zu Zeilen, die mit einem Backslash \ explizit verbunden sind, dürfen implizit verbundene Zeilen Kommentare enthalten. Das ist auch sehr sinnvoll. Denn die Parameter einer Funktion möchte man häufig einzeln kommentieren.

Einrückungen – Anweisungsblöcke

Ein Anweisungsblock (in der Python-Dokumentation *suite* genannt) ist eine Folge von zusammengehörigen Anweisungen, z.B. das Innere einer Schleife, der Körper einer Funktionsdefinition oder ein Zweig einer if-else-Anweisung. Ein Block kann weitere Blöcke als Unterblöcke enthalten. Beginn und Ende eines Blocks werden in einem Python-Skript nicht durch lesbare Symbole (geschweifte Klammern { } bei C oder Java), sondern durch eine Einrückung (indent) um eine bestimmte Anzahl von Stellen festgelegt. Beispiel:

```
a = 0
for i in range(5):
    a = a + i          # Beginn eines Blocks
    print(a)           # Ende des Blocks
print("Ende der Rechnung")
```

Die Anzahl der Leerzeichen vor dem ersten Nichtleerzeichen (Einrückungsgrad) ist beliebig. Wichtig ist allein, dass alle zusammengehörigen Anweisungen eines Blocks um exakt die gleiche Anzahl von Stellen eingerückt sind. Es ist gleichgültig, ob Sie beim Editieren Tabulatorzeichen (Tab) oder Leerzeichen verwenden. Empfohlen wird, Tabs und Leerzeichen nicht zu mischen. Der Python-Interpreter wandelt intern Tabulatorzeichen in die entsprechende Anzahl von Leerzeichen um. Am Ende eines Skripts werden alle begonnenen Blöcke vom Interpreter wieder beendet.

Das folgende Beispielskript zeigt einige typische Einrückungsfehler:

```
def primzahl(n):                           #1
   teiler_gefunden = 0
   for i in range(2,n):
   if n%i == 0:                            #2
           print("keine Primzahl")
           teiler_gefunden = 1
            break                          #3
 if not teiler_gefunden:                   #4
       print("Primzahl")
```

#1: Fehler: Die erste Zeile darf nicht eingerückt sein.

#2: Fehler: Nach dem Doppelpunkt beginnt ein neuer Block, es muss eingerückt werden.

#3: Fehler: Unerwartete Einrückung. Die Zeile muss genauso weit eingerückt sein wie die Zeile davor.

#4: Fehler: Inkonsistente Einrückung. Die Anweisung gehört zum gleichen Block wie die `for`-Anweisung und muss ebenso weit eingerückt sein.

1.4 Deklaration der Codierung

Python-Skripte können in der ersten oder zweiten Zeile eine Zeile der Form

```
# -*- coding: <encoding-name> -*-
```

enthalten, die die Codierung des Textdokumentes angibt. Wenn die Deklaration der Codierung fehlt, wird utf-8 angenommen. Beispiele:

```
# -*- coding: latin-1 -*-
import sys, os
...
#!/usr/bin/python
# -*- coding: iso-8859-15 -*-
import sys, os
...
```

Siehe auch: Kapitel 16 (String-Methoden `decode()` und `encode()`)

1.5 Bezeichner (identifiers)

Bezeichner (identifiers) sind Zeichenketten, die für die Namen von Funktionen, Klassen, Variablen usw. verwendet werden dürfen. Ein Bezeichner (häufig spricht man auch von Namen) kann beliebig lang sein, muss mit einem Buchstaben oder einem Unterstrich beginnen und ist ansonsten aus Buchstaben, Ziffern und Unterstrichen zusammengesetzt. Es wird zwischen Groß- und Kleinschreibung unterschieden. Im Unterschied zu den Vorgängerversionen lässt Python 3 auch Unicode-Zeichen zu, die Buchstaben repräsentieren, aber nicht zum ASCII-Zeichensatz gehören. Erlaubt sind also insbesondere auch deutsche Umlaute und ß. Gültige Bezeichner sind z.B. `x`, `x1`, `straßenname`, `__privat`, `Class_1`.

Empfohlen wird allerdings, sich bei Bezeichnern an die Syntax von Python 2 zu halten und nur ASCII-Zeichen zu verwenden.

Python 2.x

Bei Python 2.x sind nur ASCII-Zeichen für Bezeichner zugelassen. Die Grammatikregeln lauten:

```
identifier ::=
        (letter|"_") (letter | digit | "_")*
letter ::= lowercase | uppercase
lowercase ::="a"..."z"
uppercase ::= "A"..."Z"
digit ::= "0"..."9"
```

Schlüsselwörter (keywords)

Die folgenden Bezeichner sind reservierte Wörter oder Schlüsselwörter von Python. Sie dürfen nicht als Bezeichner z.B. für Variablennamen verwendet werden.

and	as	assert	break	class
continue	def	del	elif	else
except	False	finally	for	from
global	if	import	in	is
lambda	None	nonlocal	not	or
pass	raise	return	True	try
while	with	yield		

Im Modul keyword gibt es eine Funktion, mit der getestet werden kann, ob ein String ein Schlüsselwort ist.

```
>>> import keyword
>>> keyword.iskeyword("with")
True
```

Verwendung von Unterstrichen

Unterstriche am Anfang und am Ende eines Bezeichners haben eine besondere Bedeutung.

Doppelte Unterstriche am Anfang und am Ende eines Bezeichners (z.B. __init__) kennzeichnen Objekte, die mit einem bestimmten »magischen« Verhalten verbunden sind. In Klassen z.B. gibt es immer eine Methode __init__(), die für die Initialisierung einer Instanz der Klasse zustän-

dig ist (Konstruktor). Diese Methode wird aber nicht mit __init__()
aufgerufen, sondern über den Namen der Klasse. Bezeichner mit doppelten Unterstrichen vorne und hinten verwendet man auch, um Operatoren zu überladen (siehe Kapitel 15.3).

Bezeichner, die mit zwei Unterstrichen beginnen, aber nicht mit Unterstrichen enden, werden für private Methoden und Attribute in Klassendefinitionen verwendet.

Ein einzelner Unterstrich am Anfang (z.B. _irgendwas) bewirkt, dass das bezeichnete Objekt durch die Anweisung from modul import * nicht in den Namensraum importiert wird. Bezeichner, die mit einem Unterstrich beginnen, sind also für interne Attribute und Methoden gedacht, die nur innerhalb eines Moduls verwendet werden.

Einen einzelnen Unterstrich am Ende verwendet man üblicherweise, um Namenskonflikte mit existierenden Schlüsselwörtern zu vermeiden.

Siehe auch: Kapitel 15.3

1.6 Objekte

Identität von Objekten

Python ist in einem sehr umfassenden Sinne eine objektorientierte Programmiersprache. Daten, Funktionen, Programmcode, Ausnahmen, Prozessframes und andere Sprachelemente werden durch Objekte repräsentiert. Jedes Objekt besitzt eine Identität, einen Wert und einen Typ.

Die Identität eines Objektes wird durch eine (einmalige) ganze Zahl repräsentiert, die mit der Standardfunktion id() abgefragt werden kann. Zwei Objekte mit gleichem Wert können unterschiedliche Identität besitzen. Mit dem Operator is kann ermittelt werden, ob zwei Objekte (angesprochen über Namen) dieselbe Identität besitzen.

Änderbare und unveränderbare Objekte

Bei manchen Objekten kann sich der Wert während ihrer Lebensdauer ändern. Man bezeichnet sie als änderbar (mutable). Zu den änderbaren

Objekten gehören Listen. Objekte, die bei ihrer Erschaffung einen festen Wert erhalten, den sie bis zu ihrer Zerstörung behalten, bezeichnet man als unveränderbar (immutable). Zu den unveränderbaren Objekten gehören z.B. alle einfachen numerischen Datentypen (ganze Zahlen, Gleitkommazahlen etc.), Zeichenketten und Tupel.

Betrachten wir folgende Anweisungsfolge:

```
>>> a = 'ab'
>>> a = 'cd'
```

Hier wird nicht etwa der Wert eines Objektes geändert. In der ersten Zeile wird ein unveränderbares Objekt vom Typ String mit dem Wert 'ab' geschaffen und dem Namen a zugeordnet. In der zweiten Zeile wird ein *neues* String-Objekt mit dem Wert 'cd' erzeugt und (anstelle des ersten Objektes mit dem Wert 'ab') dem Namen a zugeordnet.

Das »alte« Objekt 'ab' wird übrigens durch die zweite Zuweisung nicht zerstört, sondern es ist jetzt einfach nicht mehr über den Namen a erreichbar. Erst die »garbage collection« (Müllabfuhr) des Laufzeitsystems sorgt dafür, dass nicht mehr erreichbare Objekte beseitigt werden.

Eine logische Schwierigkeit tritt bei Container-Objekten auf. Container-Objekte (z.B. Listen, Tupel) enthalten Referenzen auf andere Objekte. So enthält das Tupel ([1, 2], [3, 4]) Referenzen auf die Objekte [1, 2] und [3, 4]. Nun ist zwar ein Tupel unveränderbar, die Elemente des Tupels sind jedoch veränderbare Listen.

Typen und Klassen

Jedes Objekt gehört zu einem bestimmten Typ, der durch eine Klasse definiert ist. Der Typ kann mit der Standardfunktion type() ermittelt werden. Beispiel:

```
>>> type (123)
<class 'int'>
>>> type('123')
<class 'str'>
```

Aus dem Typ ergeben sich bestimmte Eigenschaften eines Objektes. So können bestimmte Operatoren nur auf Objekte mit numerischem Typ (z.B. ganze Zahlen oder Gleitkommazahlen) angewendet werden. Der Ausdruck a*b + c/d macht nur Sinn, wenn a, b, c, d die Namen von numerischen Objekten sind.

Die Begriffe *Typ* und *Klasse* haben fast die gleiche Bedeutung. Ein Typ ist die Außenansicht einer Klasse. Seit Python 2.5 ist die Unterscheidung zwischen selbst definierten Klassen und vorgegebenen Standardtypen (built-in types) weitgehend aufgehoben.

Mit der Standardfunktion isinstance() kann man testen, ob ein Objekt (erstes Argument) zu einer bestimmten Klasse (zweites Argument) gehört:

```
>>> isinstance(1, int)
True
```

Wahrheitswert

Daten-Objekte besitzen neben ihrem Wert auch einen Wahrheitswert (»wahr« oder »falsch«). Der Wahrheitswert ist eigentlich keine besondere Eigenschaft eines Objektes, sondern er ergibt sich unmittelbar aus dem Wert. Numerische Objekte mit dem Wert 0 und leere Container-Objekte haben den Wahrheitswert »falsch« und alle anderen Objekte dieser Kategorien tragen den Wahrheitswert »wahr«. Diese Konvention ermöglicht eine sehr kompakte Formulierung von Bedingungen (vgl. Kapitel 7). So ist z.B. folgende Anweisung gültiger Python-Programmtext:

```
while x:
    x = x-1
```

In der Bedingung hinter dem Schlüsselwort while wird der Wahrheitswert von x abgefragt, während im Schleifeninneren der numerische Wert verwendet wird.

Namen

Objekte sind über Namen erreichbar. Mit der Zuweisung a = 1 wird dem Objekt 1 der Name a zugeordnet. Dasselbe Objekt kann mehrere Namen besitzen.

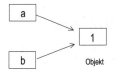

Namen

Abbildung 1.1: Variablen als Namen für Objekte

Namen für Daten werden häufig als Variablen bezeichnet. Eine Variable stellt man sich in der Informatik oft als Behälter vor, der als Inhalt ein Datenobjekt, etwa eine Zahl, besitzt (siehe Abbildung 1.2).

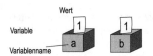

Abbildung 1.2: Variablen als Behälter für Werte

Im Falle einfacher unveränderbarer Datenobjekte (wie z.B. Zahlen) ist diese Metapher unproblematisch. Schwierigkeiten bekommt man mit dem Behälterkonzept unter Umständen bei Namen für veränderbare Objekte (z.B. Listen). Wenn nämlich der Wert eines Listenobjektes verändert wird, verweisen alle seine Namen auf das Objekt mit dem neuen Wert. Aus Sicht der Behältermetapher kann es sein, dass bei einer Änderung des Inhalts von Variable a sich »auf magische Weise« auch der Inhalt von Variable b ändert. Beispiel:

```
>>> a = [1, 2]
>>> b = a
```

```
>>> a[0] = 10
>>> print(b)
[10, 2]
```

Im Kapitel 2.4 gehen wir im Zusammenhang mit Listen detaillierter auf diesen Punkt ein.

1.7 Die Standard-Typ-Hierarchie

In der Standard-Typ-Hierarchie werden die Typen von Objekten folgendermaßen strukturiert (in Klammern die Python-Typbezeichnung):

▸ None. Von diesem Datentyp gibt es nur ein einziges Literal, nämlich den Wert None. Besitzt ein Objekt den Wert None, so wird damit zum Ausdruck gebracht, dass es keinen Wert besitzt.

▸ Zahlen
  ▸ ganze Zahlen (int) beliebiger Länge, z.B. 12, 1234425562, -3
  ▸ Gleitkommazahlen (float), z.B. 12.34, 1.3E-12
  ▸ komplexe Zahlen (complex), z.B. 2.0 + 1.2j
  ▸ Wahrheitswerte (True und False) können auch numerisch interpretiert werden (1 und 0) und werden bei Python deshalb den Zahlen zugerechnet (bool)

▸ Sequenzen sind endliche Folgen von Objekten, deren Elemente durch nichtnegative ganze Zahlen indiziert sind. Wenn eine Sequenz die Länge n hat, so werden die Elemente mit den Indexen 0, 1, ..., als (n-1) gekennzeichnet. Das i-te Item der Sequenz a wird mit a[i] selektiert.
  ▸ Zeichenketten (str), z.B. "Hallo", 'Python'
  ▸ Bytefolge (bytes), z.B. b'abc'
  ▸ Tupel (tuple), z.B. (1, 2, 3)
  ▸ Listen (list), z.B. [1, "Hallo", [1, 2]]

▸ Mengen (set, frozenset), z.B. set([1,2])

▸ Zuordnungen (Mappings) sind endliche Mengen von Objekten, die durch (beinahe) willkürliche Werte indiziert werden. Das (momentan)

einzige Mapping unter den Standard-Typen ist das Dictionary (dict).
Beispiel: {'a':1, 'b':2, 'c':3}

‣ Aufrufbare Typen (callable types)
  ‣ Funktionen (function)
  ‣ Methoden (instancemethod)
  ‣ Klassen (class)
‣ Module
‣ Klassen
‣ Instanzen von Klassen (instance)
‣ Dateien (file)

Python 2.x

Der Typ bytes ist neu bei Python 3. Python 2.x enthält den Typ long für
lange ganze Zahlen. Diesen Typ gibt es bei Python 3 nicht mehr.

1.8 Literale für einfache Datentypen

Literale sind Zeichenfolgen, die Daten repräsentieren. Sie sind also potenzielle Inhalte von Variablen. Beispiele für Literale sind 124, 1.45, "Python".
Literale kann man Datentypen zuordnen.

In vielen Programmiersprachen wie z.B. Java oder Pascal muss für eine
Variable im Rahmen einer Variablendeklaration ein Datentyp festgelegt
werden. Python kennt keine expliziten Typisierungen. Bei der Verarbeitung von Literalen muss das System aber wissen, um welchen Typ es sich
handelt, denn manche Operatoren repräsentieren unterschiedliche Funktionen, je nachdem auf welche Datentypen sie angewandt werden. So
bewirkt der Plusoperator + bei Zahlen eine Addition, bei Listen und Zeichenketten dagegen eine Konkatenation.

```
>>> [1, 2] + [3, 4]
[1, 2, 3, 4]
>>> 'Kaffee' + 'pause'
'Kaffeepause'
```

Im Falle von Zahlen hängt der Typ des Rechenergebnisses davon ab, ob ganze Zahlen (int) oder Gleitkommazahlen (float) addiert werden.

```
>>> 1.0 + 2.0
3.0
>>> 1 + 2
3
```

Damit die Typzuordnung gelingen kann, muss man dem Literal »ansehen« können, um welchen Datentyp es sich handelt. Deshalb gibt es bei Python strenge Regeln für den syntaktischen Aufbau der Literale eines Datentyps.

None

None ist ein Literal, das das leere Objekt bezeichnet. Besitzt eine Variable den Wert None, wird damit zum Ausdruck gebracht, dass sie keinerlei Wert beinhaltet. Das klingt paradox, ist aber manchmal ganz praktisch. So ist es z.B. möglich, Funktionen mit eingeschränktem Definitionsbereich zu definieren, ohne Laufzeitfehler zu riskieren. Eine solche Funktion liefert den Wert None für alle Parameterwerte, die nicht in ihrem Definitionsbereich liegen.

None ist nicht etwa eine leere Menge oder die Zahl 0 oder ein leerer String ohne ein einziges Zeichen. Nein, None ist wirklich nichts. Wird einer Variablen der Wert None zugewiesen und anschließend der Inhalt ausgegeben, so erhält man keine Ausgabe.

```
>>> b = None
>>> b
>>>
```

Beim Versuch, zu None etwas hinzuzuaddieren, gibt es eine Fehlermeldung.

```
>>> b = None
>>> b = b + 1
Traceback (most recent call last):
  File "<pyshell#125>", line 1, in ?
```

```
    b = b + 1
TypeError: unsupported operand types for +: 'NoneType' and 'int'
```

Zahlen

Für die Darstellung von Zahlen gibt es bei Python vier Typen, nämlich ganze Zahlen beliebiger Länge (int), Gleitkommazahlen (float), komplexe Zahlen (complex) und Wahrheitswerte (bool). Weil die Wahrheitswerte True und False auch durch Zahlen 1 und 0 dargestellt werden können, rechnet man sie in der Python-Typhierarchie zu den ganzen Zahlen.

Ganze Zahlen

Die Syntax für Literale, die ganze Zahlen darstellen, lautet:

```
integer ::=
        decimalinteger | octinteger | hexinteger
decimalinteger   ::=   nonzerodigit digit* | "0"+
octinteger       ::=   "0" ("o" | "O") octdigit+
hexinteger       ::=   "0" ("x" | "X") hexdigit+
bininteger       ::=   "0" ("b" | "B") bindigit+
nonzerodigit     ::=   "1"..."9"
digit            ::=   "0"..."9"
octdigit         ::=   "0"..."7"
hexdigit         ::=   digit | "a"..."f" | "A"..."F"
bindigit         ::=   "0" | "1"
```

Die Literale für ganze Zahlen können beliebig lang sein. Die technische Grenze ist allein durch die Größe des Arbeitsspeichers gegeben. Eine ganze Zahl kann als Dezimalzahl, Oktalzahl, Hexadezimalzahl oder Binärzahl dargestellt werden. Das System gibt ganze Zahlen jedoch immer als Dezimalzahlen aus:

```
>>> 0b11001
25
>>> 0x1af
431
```

Das Vorzeichen ist übrigens nicht Teil des Zahlliterals. Eine negative Zahl wie z.B. -123 wird als Term gesehen, der aus dem Minusoperator - und der Zahl 123 besteht.

Dezimalzahlen

Eine Dezimalzahl darf nicht mit einer führenden Null beginnen. Die Ziffernfolge 09 liefert eine Fehlermeldung. Allerdings sind Folgen beliebig vieler Nullen für die Zahl 0 erlaubt.

```
>>> 00000
0
```

Oktalzahlen

Oktalzahlen bestehen aus den Ziffern 0 bis 7 und müssen bei Python mit der Ziffer 0 (nicht zu verwechseln mit dem großen Buchstaben O!) gefolgt von dem Buchstaben O bzw. o beginnen. Beispiele für Oktalzahlen sind 0o123 und 0O302330, nicht aber 0071 (zwei führende Nullen).

Hexadezimalzahlen

Das Hexadezimalsystem verwendet 16 Ziffern, die durch die üblichen Dezimalziffern 0 bis 9 und die sechs ersten Buchstaben des Alphabets dargestellt werden. Dabei repräsentiert A den numerischen Wert 10, B den Wert 11 usw. und schließlich F den Wert 15. Bei Python beginnen Hexadezimal-Literale mit dem Präfix 0x oder 0X, wobei das erste Zeichen wiederum die Ziffer null (und nicht der Buchstabe O) ist. Beispiele für Hexadezimalzahlen sind 0x10e3 oder 0XD423f2, nicht aber ox3F (Buchstabe o am Anfang).

Im interaktiven Modus einer Python-Shell kann man sich die Dezimalwerte von Oktal- und Hexadezimalzahlen ausgeben lassen:

```
>>> 0o10
8
>>> 0x10
16
```

Binärzahlen

Analog zu Hexadezimal- und Oktalzahlen werden Literale für Binärzahlen gebildet. Sie beginnen mit einer Null, danach kommt der Buchstabe b bzw. B und eine Folge von Binärziffern, z.B. 0B101 oder 0b111.

Python 2.x

Bei Python 2.x gibt es zwei Typen für ganze Zahlen: plain integer (int) und long integer (long). Die Literale vom Typ int umfassen alle ganzen Dezimalzahlen von 0 bis mindestens 2147483647. Sie werden intern durch schnelle 32-Bit-Arithmetik verarbeitet. Bei Prozessoren, die größere Wortlängen verarbeiten können, kann dieser »schnelle« Integer-Bereich auch größer sein. Long-integer-Literale besitzen nach der Ziffernfolge ein angehängtes KLEINES l oder großes L. Es wird empfohlen, das große L zu verwenden, da der Buchstabe l leicht mit der Ziffer 1 verwechselt werden kann.

Beispiele:

```
1L    1249443443446674588568686L
```

Ganze Zahlen, die größer als 2147483647 sind, werden vom System automatisch als long integers interpretiert. Es tritt also kein Fehler auf, wenn in einer Anweisung bei einer langen Ziffernfolge das angehängte L vergessen wird.

```
>>> 2147483647
2147483647
>>> 2147483648
2147483648L
```

Oktalzahlen beginnen bei Python 2.x zwar mit einer Null, danach kommt aber kein Buchstabe O, sondern direkt Oktalziffern, z.B. 0270. Besondere Literale für Binärzahlen gibt es bei Python 2.x nicht.

Gleitkommazahlen

Gleitkommazahlen (floating point numbers) sind Literale zur Darstellung von Dezimalbrüchen. Die Grammatik für Gleitkommazahlen lautet:

```
floatnumber   ::= pointfloat | exponentfloat
pointfloat    ::= [intpart] fraction | intpart "."
exponentfloat ::= (intpart | pointfloat) exponent
intpart       ::= digit+
fraction      ::= "." digit+
exponent      ::= ("e" | "E") ["+" | "-"] digit+
```

Eine Gleitkommazahl kann als Dezimalbruch mit einem Punkt oder in Exponentialschreibweise durch Angabe von Mantisse und Exponent dargestellt werden.

Gültige Gleitkommazahlen sind 3.14 oder .45 oder 0.23 oder 0.00012 oder 2., nicht aber 2 (Punkt fehlt).

Für rationale Zahlen, die sehr nahe bei 0 liegen oder sehr groß sind, wird die Exponentialschreibweise verwendet. Dabei wird die Zahl durch das Produkt einer rationalen Zahl m (Mantisse) mit einer Zehnerpotenz mit dem Exponenten e dargestellt:

```
z = m*10^e
```

Ein Gleitkomma-Literal in Exponentialschreibweise (exponentfloat) besteht aus einem Dezimalbruch oder einer ganzen Zahl (ohne Punkt) für die Mantisse, gefolgt von dem Buchstaben e oder E, einem Vorzeichen (+ oder -), das bei positiven Exponenten auch weggelassen werden kann, und schließlich einer ganzen Zahl als Exponenten.

Gültige Literale sind:

1.0e-10	entspricht der Zahl 0.0000000001
2.1E+7	entspricht der Zahl 21000000
.2e0	entspricht der Zahl 0.2
001e2	entspricht der Zahl 100

Ungültig sind:

0x10E1 (Hexadezimalzahl als Mantisse)

0.1-E7 (Minuszeichen vor dem E)

1.2e0.3 (keine ganze Zahl als Exponent)

Man beachte, dass mehrere führende Nullen erlaubt sind. Mantisse und Exponent sind immer Dezimalzahlen (auch bei einer führenden Null) und niemals Oktal- oder Hexadezimalzahlen.

Die Genauigkeit der internen Darstellung von Gleitkommazahlen ist auf eine feste Anzahl von Stellen begrenzt. Gibt man längere Ziffernfolgen ein, so werden die letzten Stellen einfach abgetrennt.

```
>>> 1.2345678901234567890
1.2345678901234567
```

Die begrenzte Genauigkeit der internen Darstellung erkennen Sie auch an folgendem Experiment:

```
>>> 0.6 / 3
0.1999999999999999
```

Das Rechenergebnis, die rationale Zahl 0.2, kann durch eine Python-Gleitkommazahl nicht präziser angenähert werden.

Es gibt aber ein spezielles Modul für Dezimalarithmetik, mit der sich diese Ungenauigkeiten kontrollieren lassen (siehe Kapitel 17.3).

Imaginäre Literale

Komplexe Zahlen werden in der Mathematik als Summe aus einem Real- und einem Imaginärteil beschrieben:

```
c = a + b*i
```

Dabei bezeichnet der Buchstabe i die Wurzel aus -1. In der Technik verwendet man meist den Buchstaben j anstelle von i, um Verwechslungen mit dem Symbol für die Stromstärke zu vermeiden. Komplexe Zahlen spielen in der Elektrotechnik bei der mathematischen Beschreibung von Wellen eine große Rolle. Bei Python gibt es kein eigenes Literal für komplexe Zahlen, sondern nur für den Imaginärteil komplexer Zahlen. Oder anders ausgedrückt: Imaginäre Literale stellen komplexe Zahlen mit dem Realteil 0 dar. Für ihre Syntax gibt es die folgende Regel:

```
imagnumber ::= (floatnumber | intpart) ("j" | "J")
```

Das heißt, ein imaginäres Literal besteht aus einer ganzen Zahl oder Gleitkommazahl, der der Buchstabe j (oder J) angehängt ist. Beispiele sind:

```
0.3j   1.2e-3J   20j
```

Wahrheitswerte

Seit der Python-Version 2.3 gibt es einen eigenen Datentyp bool für logische Wahrheitswerte. Wahrheitswerte werden durch die Literale True (logisch »wahr«) und False (logisch »falsch«) repräsentiert. Achten Sie auf die Schreibweise! Beide Literale beginnen mit großen Anfangsbuchstaben. Mit Objekten vom Typ bool kann man logische Operationen durchführen (siehe Kapitel 5).

```
>>> a = True
>>> not a
False
>>> a or a
True
```

Darüber hinaus besitzen Objekte der Standard-Typen neben ihrem »eigentlichen« Wert auch einen Wahrheitswert. Leere Objekte tragen den Wahrheitswert False und nicht leere Objekte den Wahrheitswert True. Mit der Standardfunktion bool() können Sie den Wahrheitswert eines Objektes oder eines Ausdrucks ermitteln.

```
>>> bool(0)
False
>>> bool(100)
True
>>> bool (10+1-3)
True
```

1.9 Namensräume – lokale und globale Namen

In einem Namensraum werden Bindungen von Namen an Objekte definiert. Zu jedem Programmblock (Funktionskörper, Klassendefinition oder Modul) gibt es zwei Namensräume (name spaces), einen lokalen und einen globalen Namensraum. Jeder Namensraum wird durch ein Dictionary implementiert. Es ordnet Bezeichnern (Namen) Objekte zu. Die lokalen und globalen Namensräume können mit den Kommandos `locals()` und `globals()` abgefragt werden.

Wenn Sie mit IDLE eine Python-Shell öffnen und als Erstes diese beiden Kommandos eingeben, erhalten Sie folgendes Ergebnis:

```
>>> globals()
{'__name__': '__main__', '__doc__': None, '__package__': None,
'__loader__': <class '_frozen_importlib.BuiltinImporter'>, ...}

>>> locals()
{'__name__': '__main__', '__doc__': None, '__package__': None,
'__loader__': <class '_frozen_importlib.BuiltinImporter'>, ...}
```

Sie erkennen zunächst einmal, dass es auf dieser obersten Ebene des Hauptprogramms keinen Unterschied zwischen lokalen und globalen Objekten gibt. Die beiden Dictionaries beinhalten unter anderem folgende Namensbindungen:

▸ Die Variable __name__ hat den Inhalt '__main__'. Das besagt, dass der Programmtext dieses Blocks direkt ausführbar ist (Hauptprogramm).

▸ Die Variablen __doc__ und __package__ besitzen keinen Inhalt.

Namensräume können auf verschiedene Weise erweitert werden:

▸ Eingabe einer Zuweisung, in der ein Variablenname vorkommt

▸ Definition einer Funktion

▸ Import von Modulen oder Objekten aus Modulen

Probieren Sie im interaktiven Modus Folgendes aus:

```
>>> a = 1
>>> import math
>>> globals()
{'__name__': '__main__', '__package__': None, ..., 'a': 1,
'math': <module 'math' (built-in)>}
```

Sie sehen, dass die Namen a und math dem globalen Namensraum zugefügt worden sind. Der Aufruf `locals()` liefert genau das gleiche Dictionary.

Unterschiedliche globale und lokale Namensräume gibt es z.B. bei Funktionen. Beispiel:

```
>>> def test():
        x = 123
        print(locals())
        print(globals())
>>> test()
{'x': 123}
{'__name__': '__main__', '__package__': None, ..., 'test':
<function test at 0x03E196A8>}
```

Man erkennt, dass der lokale Namensraum der Funktion test() allein die Variable x mit dem Inhalt 123 enthält. Sie ist eine lokale Variable. Der Name der Funktion (test) gehört zum globalen Namensraum.

Die global-Anweisung

Programmblöcke und die zugehörigen Namensräume sind ineinander verschachtelt. Wenn in einem Programmblock ein Name verwendet wird, sucht das Laufzeitsystem zunächst im lokalen Namensraum des innersten Blocks nach dem zugehörigen Objekt.

Betrachten Sie folgendes Beispiel:

```
>>> def test():
        x = 1
        print(x)
>>> x = 2
>>> test()
1
>>> x
2
```

Offenbar gibt es zwei Variablen x. Die Funktion test() verwendet eine lokale Variable x, die sie auf den Wert 1 setzt. Die andere Variable x, der auf der Ausführungsebene der Wert 2 zugewiesen worden ist, wird durch test() nicht verändert. Beide Variablen haben nach außen den gleichen Namen, sind aber unterschiedliche Objekte in zwei unterschiedlichen lokalen Namensräumen.

Wenn die Funktion test() auf eine Variable des übergeordneten Blocks (damit ist der Programmtext gemeint, in dem die Funktion aufgerufen worden ist) zugreifen soll, muss sie als global deklariert werden. Das geschieht in einer global-Anweisung. Zu beachten ist, dass diese Anweisung innerhalb des Funktionskörpers steht und nicht etwa im übergeordneten Block. Beispiel:

```
>>> def test():
        global x
        x = 1
        print(x)
>>> x = 2
>>> test()
1
>>> x
1
```

Man sieht den Effekt der global-Anweisung: Es gibt nur noch eine (globale) Variable x. Die Funktion test() überschreibt nun den Inhalt der Variablen x, sie trägt jetzt am Ende den Wert 1.

Beachten Sie: Ob eine Variable global ist, wird innerhalb einer Funktion entschieden. Einer Funktion kann nicht »von außen« aufgezwungen werden, eine globale Variable zu übernehmen. Damit gibt es einen gewissen Schutz vor unbemerkten Seiteneffekten anderer Funktionen. Wenn Sie den Programmtext einer Funktion betrachten, können Sie sich durch Inspektion der global-Anweisungen einen Überblick über globale Variablen verschaffen.

2 Sequenzen

Eine Sequenz ist eine Folge mehrerer Objekte. Die wichtigsten Typen von Sequenzen sind Strings (Zeichenketten), Bytestrings (Oktettfolgen), Tupel und Listen.

Zeichenketten bestehen aus Unicode-Zeichen, die meist zwischen einfache oder doppelte Anführungszeichen geschrieben sind, wie 'Python 3.6' oder "Guido". Ein Tupel fasst eine Folge von Objekten eventuell unterschiedlicher Typen durch Komma getrennt in runden Klammern zusammen. Beispiele: (1, 2, 3), ("Programm", 3, 4). Tupel und Strings sind unveränderbare Sequenzen. Sie können zwar insgesamt gelöscht oder ersetzt werden, aber einzelne Elemente können nicht verändert werden.

Eine Liste besteht wie ein Tupel aus einer Folge von Objekten beliebiger Typen. Sie stehen in eckigen Klammern. Beispiele für Listen sind: [1,2,3], ['Python', 'C++', 'Java']. Im Unterschied zu Tupeln und Strings sind Listen veränderbare Sequenzen.

Es gibt eine Reihe von Operationen, die auf allen drei genannten Sequenz-Typen (Strings, Tupeln und Listen) ausgeführt werden können. Sie werden zu Beginn dieses Kapitels beschrieben, um Wiederholungen zu vermeiden. In den anschließenden Unterkapiteln geht es um Besonderheiten der verschiedenen Sequenz-Untertypen. Da Zeichenkettenverarbeitung ein weites Feld ist, gibt es dazu weiter hinten ein eigenes Hauptkapitel.

2.1 Gemeinsame Operationen für Sequenzen

Die Operationen in der folgenden Tabelle können mit allen Sequenzen der Typen String, Tupel und Liste durchgeführt werden.

Operation	Ergebnis
x in s	True, wenn ein Element mit dem Wert von x in der Sequenz s enthalten ist, und False sonst
x not in s	True, wenn ein Element mit dem Wert von x in der Sequenz s nicht enthalten ist, und False sonst
s + t	Konkatenation der beiden Sequenzen s und t
s * n , n * s	n Kopien der Sequenz s werden hintereinandergehängt.
s[i]	Das i-te Element der Sequenz s
s[i:j]	Ein Ausschnitt (slice) von s, der vom i-ten bis zum j-ten Element (nicht einschließlich) geht
len(s)	Die Länge der Sequenz s
min(s)	Das kleinste Item der Sequenz s
max(s)	Das größte Element der Sequenz s
reversed(s)	Eine Liste mit den Elementen aus s in umgekehrter Reihenfolge
sorted(s)	Eine sortierte Liste mit den Elementen aus s

Tabelle 2.1: Gemeinsame Operationen für Sequenzen

Indizieren und Zugriff auf Elemente einer Sequenz

Für eine Sequenz mit n Elementen werden als Indexe die ganzen Zahlen 0, ..., n-1 verwendet. Das heißt, das erste Element hat den Index 0. Um auf ein Sequenzelement zuzugreifen, verwendet man den Namen der Sequenz gefolgt vom Index in eckigen Klammern. Beispielsweise bezeichnet a[0] das erste Element der Liste a. Ein solches Konstrukt (wie a[0]) wird bei Python als Subskription (subscription) bezeichnet. Der Index kann durch eine ganze Zahl oder einen Ausdruck spezifiziert werden, dessen Auswertung eine ganze Zahl ergibt. Wichtig ist, dass die Zahl nicht größer ist als die Länge der Sequenz minus 1, sonst gibt es eine Fehlermeldung. Beispiele:

```
>>> a = [1,2,3,4,[10,20]]
>>> a[0]
1
>>> a[1+1]
3
>>> a[len(a)-1]
[10, 20]
>>> a[10]
Traceback (most recent call last):
  File "<pyshell#68>", line 1, in <module>
    a[10]
IndexError: list index out of range
```

Verwendet man beim Zugriff auf ein Listenelement einen negativen Index, so wird vom Ende der Liste rückwärts gezählt. Mit -1 wird das letzte Element indiziert, mit -2 das vorletzte usw.

```
>>> a = [1,2,3,4,[10,20]]
>>> a[-1]
[10, 20]
>>> a[-2]
4
```

Slicing von Sequenzen

Slicing ist ein Mechanismus, um von Sequenzen Ausschnitte (slices) zu bilden.

```
>>> a = [1,2,3,4]
>>> a[1:3]
[2, 3]
>>> w = "Sonnenzeit, ungetrübt und leicht"
>>> w[0:5]
'Sonne'
```

Ein Slice besteht aus dem Namen einer Sequenz, gefolgt von einer so genannten *Sliceliste* in eckigen Klammern. Sie enthält einen Doppelpunkt sowie davor und dahinter Indexnummern zur Begrenzung des Ausschnitts. Der Index vor dem Doppelpunkt gibt an, bei welchem Element der Ausschnitt beginnen soll, und der Index dahinter, *vor* welchem er aufhört. Der Slice s[i:j] ist ein Ausschnitt aus der Sequenz s mit den Elementen s[i], s[i+1], ..., s[j-1]. Wird einer der beiden Indexe ausgelassen, beginnt der Slice am Anfang bzw. am Ende der Sequenz. Der Slice [:] ist eine komplette Kopie der Sequenz (ein Klon). Ein Index in der Sliceliste kann auch negativ sein. Dann wird von hinten gezählt. (Formal wird zum Index die Länge der Sequenz hinzuaddiert.)

```
>>> a = [1,2,3,4]
>>> a[:1]
[1]
>>> a[1:]
[2, 3, 4]
>>> a[:]
[1,2,3,4]
>>> w = "Sonnenzeit, ungetrübt und leicht"
>>> w[-6:]
'leicht'
```

Siehe auch: Operatoren (Kapitel 5), Standardfunktionen (Kapitel 9)

2.2 Zeichenketten (Strings)

Ganz allgemein sind Zeichenketten (Strings) Folgen von Zeichen aus einem Alphabet. Für Strings gibt es bei Python 3 den Typ str. Im Unterschied zu Python 2.x können nun Strings nicht nur ASCII-, sondern beliebige Unicode-Zeichen enthalten. (Damit ersetzt der neue Typ str den alten Typ unicode). Beispiele für Zeichenketten-Literale sind

"Python" 'flying circus' "12345"

String-Literale sind nach folgenden Regeln aufgebaut:

```
stringliteral ::=
     [stringprefix](shortstring | longstring)
stringprefix ::=    "r" | "R"
shortstring ::=
     "'" shortstringitem* "'" |
     '"' shortstringitem* '"'
longstring::=
     "'''" longstringitem* "'''" |
```

```
                '"""' longstringitem* '"""'
shortstringitem ::= shortstringchar | escapeseq
longstringitem::= longstringchar | escapeseq
shortstringchar ::=
        <beliebige Zeichen außer "\" oder NEWLINE oder
        Anführungszeichen>
longstringchar   ::=
        <beliebige Zeichen außer "\">
escapeseq ::= "\" <ASCII-Zeichen>
```

Etwas verwirrend ist hier, dass Anführungszeichen und Hochkommata in den Regeln als Metazeichen zur Kennzeichnung von Terminalsymbolen verwendet werden, aber natürlich gleichzeitig auch selber Terminalzeichen sind.

Man unterscheidet zwischen kurzen und langen Zeichenketten.

Kurze Zeichenketten

Kurze Zeichenketten sind durch Hochkommata ' oder Anführungszeichen " eingerahmt. Eine kurze Zeichenkette enthält beliebig viele Unicode-Zeichen mit Ausnahme des Backslashs (\), des Newline-Zeichens und desjenigen Zeichens (Anführungszeichen oder Hochkomma), das wir zur Bildung des Strings verwendet haben. Das heißt: Wenn ein String in Hochkommata eingeschlossen ist, darf in ihm selbst kein Hochkomma, wohl aber ein Anführungszeichen vorkommen, und umgekehrt. Gültig sind folgende Literale für kurze Zeichenketten:

`'Sein Name ist "Hans"'` oder `"Sein Name ist 'Hans'"`.

Ungültig dagegen ist `"Sein Name ist "Hans""`.

Lange Zeichenketten

Lange Zeichenketten können über mehrere Zeilen gehen. Sie werden durch drei hintereinander gestellte Anführungszeichen (""") oder Hochkommata (''') eingeschlossen. Den obigen Regeln aus der Python-Grammatik entnimmt man, dass lange Zeichenkette mit Ausnahme des Backslashs (\) alle Unicode-Zeichen beinhalten dürfen. Insbesondere kann das

Newline-Zeichen verwendet werden, das einen Zeilenumbruch bewirkt. Beispiel:

```
>>> """Eine lange
Zeichenkette
"""
'Eine lange\nZeichenkette\n'
```

Das Beispiel zeigt, dass lange Zeichenketten von Python intern durch kurze Zeichenketten repräsentiert werden. Die Zeilenumbrüche werden durch die Zeichenkette \n codiert. Dabei handelt es sich um eine so genannte *Escape-Sequenz*. Escape-Sequenzen ermöglichen die Darstellung von Sonderzeichen und von Buchstaben, die nicht zu den 128 Zeichen des ASCII-Codes gehören. Sie beginnen immer mit einem Backslash (\).

Die folgende Tabelle gibt einen Überblick über die wichtigsten Escape-Sequenzen. Einige davon gelten nur für Unicode-Zeichenketten.

Escape-Sequenz	Erklärung	Beispiel
\\	Backslash in einem String	"Backslash \\" Backslash\
\'	Hochkomma in einem String	"\ 'Hochkomma\'" 'Hochkomma'
\"	Anführungszeichen in einem String	"\"Zitat\"" "Zitat"
\b	Rückschritt (Backspace)	
\f	Seitenumbruch (form feed)	
\n	Zeilenumbruch (line feed)	"eins\nzwei" eins zwei
\N{Name}	Zeichen mit einem Namen aus der Unicode-Datenbank	"\N{CYRILLIC CAPITAL LETTER ZHE}" Ж

Escape-Sequenz	Erklärung	Beispiel
\t	Horizontaler Tabulator	"eins \t zwei" eins zwei
\uxxxx	Zeichen, dessen 16-bit-Unicode-Nummer durch eine vierstellige Hexadezimalzahl xxxx angegeben wird	"\u0416" Ж
\uxxxxxxxx	Zeichen, dessen 32-bit-Unicode-Nummer durch eine achtstellige Hexadezimalzahl xxxxxxxx angegeben wird	"\u00000416" Ж
\v	Vertikaler Tabulator	
\ooo	ASCII-Zeichen mit Nummer ooo als dreistellige Oktalzahl	"\374ber" über
\xhh	Zeichen aus dem erweiterten ASCII-Zeichensatz (256 Buchstaben) mit Nummer hh als zweistellige Hexadezimalzahl	"\xfcber" über

Tabelle 2.2: Escape-Sequenzen

Wie man der ersten Syntaxregel zu String-Literalen entnimmt, kann ein String optional mit einem Stringpräfix r oder R versehen sein. Damit können nen Raw-Strings definiert werden, in denen Escape-Sequenzen ignoriert werden.

Unicode-Zeichen

Im Unicode-Standard (http://www.unicode.org/) sind inzwischen mehr als 90.000 verschiedene Zeichen erfasst. Jedem Zeichen ist eine Nummer als vier- oder achtstellige Hexadezimalzahl (16 bit bzw. 32 bit) und ein Name eindeutig zugeordnet. Um für ein spezielles Zeichen die Unicode-Nummer zu finden, können Sie im WWW in den offiziellen Code-Charts des Unicode-Konsortiums nachsehen (http://www.unicode.org/charts/). Teil des Unicode-Standards ist eine Datenbank mit allen Zeichen, die man über das Internet beziehen kann (http://www.unicode.org/ucd/).

Unicode-Zeichen, die Sie nicht auf Ihrer Tastatur finden, können Sie durch Escape-Sequenzen codieren (vgl. Tabelle 2.2). Entweder verwenden Sie den offiziellen Unicode-Namen des Zeichens oder seine Nummer. Geben Sie im interaktiven Modus eine Escape-Sequenz mit dem Namen ein, erhalten Sie als Ergebnis die Unicode-Nummer:

```
>>> "\N{CYRILLIC CAPITAL LETTER ZHE}"
'\u0416'
```

Mit Hilfe der print()-Funktion können Sie sich ein Unicode-Zeichen direkt auf dem Bildschirm ausgeben lassen, so wie es wirklich aussieht:

```
>>> print("\N{CYRILLIC CAPITAL LETTER ZHE}")
Ж
```

Bytestrings

Bytestrings sind Folgen von Oktetten (Bytes, 8-Bit-Folgen). Jedes Byte repräsentiert eine Dezimalzahl zwischen 0 und 255. Literale für Bytestrings beginnen mit dem Präfix b oder B. Ansonsten sind sie wie Strings aufgebaut, enthalten aber nur ASCII-Zeichen. Beispiele: b'hallo', B'a 123'.

Mit Hilfe der Standardfunktion bytes() kann aus einem String ein Bytestring erzeugt werden. Dabei muss jedoch im zweiten Argument eine Codierung (z.B. latin-1, utf-8 oder utf-16) angegeben werden. Beispiel:

```
>>> season_encoded = bytes('Frühling', 'utf-8')
>>> print(season_encoded)
b'Fr\xc3\xbchling'
```

Mit der String-Methode decode() können Sie aus einem Bytestring, also einer zunächst bedeutungslosen Folge von Oktetten, einen String, d.h. eine Folge von Unicode-Zeichen gewinnen. Dabei muss eine geeignete Codierung gewählt werden. Wenn die Codierung nicht zu dem Bytestring passt, gibt es eine Fehlermeldung (UnicodeDecodeError).

```
>>> season_decoded = season_encoded.decode("utf-8")
>>> print(season_decoded)
Frühling
```

Wie bei allen Sequenzen können einzelne Elemente eines Bytestrings selektiert werden. Allerdings wird kein Zeichen, sondern eine ganze Zahl (Typ int) zurückgegeben:

```
>>> b = b'abcde'
>>> x = b[0]
>>> x
97
>>> type(x)
<class 'int'>
```

Wie Strings sind auch Bytestrings unveränderbar.

Raw-Strings

Bei Strings, die viele Backslashs enthalten (z.B. Pfadangaben für Windows) lohnt es sich, dem String das Präfix r oder R voranzustellen. Man spricht dann von einem *Raw-String*. In einem Raw-String kann der Backslash direkt verwendet werden und wird dann vom System für die interne Darstellung durch eine Escape-Sequenz (doppelter Backslash) codiert. Beispiel:

```
>>> r"c:\Python36\Lib"
'c:\\Python36\\Lib'
```

Ein Problem gibt es jedoch, wenn der Backslash das letzte Zeichen des Strings ist.

```
>>> r"c:\"
SyntaxError: EOL while scanning string literal
```

Dann wird vom System aus dem Backslash und dem Anführungszeichen eine Escape-Sequenz gebildet. In diesem Fall kann ein Raw-String nicht verwendet werden.

F-Strings

Ein besonderes Format für Zeichenketten, das Formatierung unterstützt, sind f-Strings. Das Literal eines f-Strings ist ein normales Stringliteral mit Anführungsstrichen, dem der Buchstabe f vorangestellt ist. Ein f-String kann Platzhalter für variable Teile enthalten. Das sind Ausdrücke, die in geschweiften Klammern stehen. Sie werden bei der Ausgabe des Strings ausgewertet und durch konkrete Zeichenfolgen ersetzt.

```
>>> name = "Tina"
>>> f"Sie sagte, ihr Name sei {name}."
'Sie sagte, ihr Name sei Tina.'
```

Der Platzhalter kann auch ein mathematischer Term mit Variablen sein.

```
>>> betrag = 10
>>> f"{betrag*1.19} EUR (einschl. Steuern)"
'11.899999999999999 EUR (einschl. Steuern)'
```

Hinter den mathematischen Term können Sie eine Zeichenkette der Form

```
:Weite.Präzision
```

schreiben, um das Format der Gleitkommazahl zu spezifizieren. Dabei ist Weite die Anzahl der fest vorgegebenen Stellen und Präzision die Gesamtzahl der Ziffern.

```
>>> f"{betrag*1.19:.3} EUR (einschl. Steuern)"
'11.9 EUR (einschl. Steuern)'
```

Python 2.x

Bei Python 2.x dürfen normale Strings (Typ str) nur ASCII-Zeichen enthalten. Neben str gibt es hier den Typ unicode für Zeichenketten mit Nicht-ASCII-Zeichen. Unicode-Literale besitzen das Präfix u oder U, z.B.

```
U"Dies ist ein Text \u00FCber Unicode"
```

Nicht-ASCII-Zeichen werden durch Escape-Sequenzen codiert.

Mit der Standardfunktion unicode() kann aus einem normalen ASCII-String vom Typ str ein Unicode-Objekt gewonnen werden:

```
>>> s = 'Zeichenkette'
>>> type(s)
<type 'str'>
>>> t = unicode(s)
>>> t
u'Zeichenkette'
>>> type(t)
<type 'unicode'>
```

Bytestrings gibt es in Python 2.x nicht.

2.3 Tupel

Tupel sind unveränderbare Sequenzen. Ein Tupel kann Items beliebiger Datentypen enthalten. Sie werden in runde Klammern gesetzt und durch Kommata getrennt. Die Klammern können auch weggelassen werden. Beispiele:

```
>>> a = (1,2,3,4)
>>> a
(1, 2, 3, 4)
>>> 1,2,3
(1, 2, 3)
>>> b = (1, "Garten", (0,0))
>>> b
(1, 'Garten', (0, 0))
```

Den Items eines Tupels der Länge n sind als Indexe die Zahlen 0, ..., n-1 zugeordnet. Auf das i-te Item des Tupels a können Sie mit a[i] zugreifen:

```
>>> a = ("Sonne", "Mond", "Sterne")
>>> a[1]
'Mond'
```

Im Unterschied zu einer Liste ist ein Tupel unveränderbar, wenn es einmal geschaffen worden ist. Das heißt, man kann ein einzelnes Element eines Tupels nicht mit einem neuen Wert überschreiben. Außerdem sind für Tupel-Objekte keine Methoden definiert.

```
>>> a = ("Sonne", "Mond", "Sterne")
>>> a[1]='Venus'
Traceback (most recent call last):
  File "<pyshell#58>", line 1, in ?
    a[1]='Venus'
TypeError: 'tuple' object does not support item assignment
```

Wollen Sie ein Tupel mit nur einem Item (Singleton) erzeugen, müssen Sie hinter das Item ein Komma setzen, wie das folgende Beispiel illustriert. Durch das Komma unterscheidet sich ein Singleton-Tupel von einem geklammerten Ausdruck.

```
>>> a = (1,)
>>> a
(1,)
>>> b = (1)
>>> b
1
```

Für das leere Tupel benötigt man kein Komma:

```
>>> c = ()
>>> c
()
```

2.4   Listen

Listen sind veränderbare Sequenzen. Sie enthalten Objekte beliebigen Typs, die über Indexe erreicht werden. Eine Liste entsteht, wenn man mehrere Literale durch Kommata getrennt in eckige Klammern schreibt.

```
>>> liste = [1,3,5,6,8]
>>> liste
[1, 3, 5, 6, 8]
```

Übersicht über wichtige Listenoperationen

Da eine Liste eine besondere Form einer Sequenz ist, können alle Standardfunktionen für Sequenzen auch auf Listen angewendet werden (siehe Kapitel 2.1). Listen sind Objekte der Klasse list, die verschiedene Methoden bereithält. Die meisten der Listenoperationen in der folgenden Übersicht sind Methodenaufrufe (Botschaften an ein Objekt s der Klasse list).

Operation	Ergebnis
s[i] = x	Das Element mit Index i wird durch x ersetzt.
s[i:j] = [a1,...,ak]	Die Elemente mit den Indexen i bis j werden durch die Elemente der Liste [a1,...,ak] ersetzt.
s.append(x)	An die Liste s wird als neues Element x angehängt.
s.count(x)	Zurückgegeben wird die Anzahl der Listenelemente mit dem Wert x.
del s[i:j]	Die Elemente mit den Indexen i bis j werden gelöscht.
s.extend(t)	Die Liste s wird um die Elemente der Liste t verlängert.
s.index(x)	Zurückgegeben wird der kleinste Index i mit s[i] == x.
s.insert (i,x)	Falls i >= 0, wird das Objekt x vor dem Element mit dem Index i eingefügt.
s.pop()	Das letzte Listenelement wird aus s entfernt und der Wert zurückgegeben.
s.remove(x)	Das erste Element mit dem Wert x wird aus der Liste s entfernt.
s.reverse()	Die Reihenfolge der Elemente wird umgekehrt.
s.sort()	Die Elemente der Liste werden aufsteigend sortiert.

Tabelle 2.3: Wichtige Listenoperationen

Eine Liste erzeugen

Eine Liste kann bei Python auf sehr unterschiedliche Weise geschaffen werden. Ein großer Teil der Python-Grammatik ist allein der Definition von Listen gewidmet. Listen werden mit Hilfe eines so genannten *Listen-Displays* erstellt. Weil die Syntaxregeln für das Listen-Display so umfangreich und komplex sind, beschränken wir uns auf die obersten Regeln der Hierarchie und erklären den Rest an Beispielen anschaulich.

```
list_display ::=
            "[" [expression_list | comprehension] "]"
comprehension ::=  expression comp_for
comp_for     ::=
            "for" target_list "in" or_test [comp_iter]
comp_iter    ::=  comp_for | comp_if
comp_if      ::=  "if" expression_nocond [comp_iter]
```

Eine Liste können Sie generieren, indem Sie einfach ihre Elemente auf-zählen und – durch Kommata getrennt – in eckige Klammern schreiben. Das ergibt sich aus der ersten Syntaxregel. Die Elemente können direkt angegeben werden oder durch einen Ausdruck (z.B. mathematischer Term) spezifiziert werden. Beispiel:

```
>>> liste = [1, 1+1, 2*3, 2*(1+1), min(1, 15, 0)]
>>> liste
[1, 2, 6, 4, 0]
```

Im Unterschied zu Arrays in Java und anderen Programmiersprachen kann eine Python-Liste Objekte völlig unterschiedlicher Typen enthalten:

```
>>> liste =["Abend", 2, (1,2)]
>>> liste
['Abend', 2, (1, 2)]
```

Eine Liste kann andere Listen als Elemente enthalten. Man spricht dann von einer *Multiliste* oder *verschachtelten Liste*:

```
>>> liste =[[1,2,3],[4,5,6],[7,8,9],[]]
>>> liste
[[1, 2, 3], [4, 5, 6], [7, 8, 9],[]]
```

Mit der Standardfunktion list() können Sie aus verschiedenen Behäl-ter-Objekten Listen erzeugen:

```
>>> list (range(10))
[0, 1, 2, 3, 4, 5, 6, 7, 8, 9]
>>> list ("Buchstaben")
['B', 'u', 'c', 'h', 's', 't', 'a', 'b', 'e', 'n']
```

List Comprehension

Anstatt durch Aufzählung können Sie eine Liste auch auf abstrakte Weise generieren, ähnlich wie in der Mathematik Mengen definiert werden. Man schreibt in die eckigen Klammern eine Konstruktionsvorschrift, die *Comprehension* genannt wird. Sie besteht aus einem Ausdruck, der eine Variable enthält und einem Konstrukt, das dieser Variablen iterativ Werte zuweist (siehe zweite Regel). Durch Auswertung des Ausdrucks entstehen die Elemente der Liste. In den folgenden Beispielen wird zuerst eine Liste von Quadratzahlen und dann eine Liste von Zahlen, die durch 7 teilbar sind, generiert:

```
>>> b = [i**2 for i in range (5)]
>>> b
[0, 1, 4, 9, 16]
>>> c = [i for i in range(50) if i%7 == 0]
>>> c
[0, 7, 14, 21, 28, 35, 42, 49]
```

Aus vorhandenen Listen können mit Hilfe raffinierter Comprehensions neue Listen generiert werden. Im folgenden Beispiel enthält Liste c alle Elemente, die sowohl in Liste a als auch in Liste b vorkommen.

```
>>> a = [1,2,3,4]
>>> b = [2,3,4,5]
>>> c =[i for i in a if i in b]
>>> c
[2, 3, 4]
```

Diese Technik der Listendefinition stammt aus funktionalen Programmiersprachen wie Miranda oder Haskell.

Verändern von Elementen einer Liste

Im Unterschied zu Tupeln und Strings sind Listen veränderbar. Einzelne Elemente oder Slices können mit neuen Werten belegt werden:

```
>>> a = [1,2,3,4]
>>> a
[1, 2, 3, 4]
```

```
>>> a[2] = 0
>>> a
[1, 2, 0, 4]
>>> a =[1, 2, 0, 4]
>>> a[0:2] = [9,8]
>>> a
[9, 8, 0, 4]
```

Aliasieren (aliasing) von Listen

Listen sind Objekte mit einer Identität. Die folgenden Anweisungen bewirken, dass ein und dasselbe Listenobjekt zwei verschiedene Namen erhält, nämlich a und b. Man spricht hier von *Aliasierung* (aliasing).

```
>>> a =[1, 2, 3]
>>> b = a          # Aliasieren
>>> a
[1, 2, 3]
>>> b
[1, 2, 3]
>>> b[0] = 10
>>> a
[10, 2, 3]
>>> b
[10, 2, 3]
>>>
```

In diesem Beispiel ist b keine Kopie von a, sondern nur ein anderer Name für dasselbe Objekt. Wenn Sie eine Botschaft an b senden und das Listenobjekt verändern, wird diese Veränderung auch sichtbar, wenn Sie über den Namen a auf die Liste zugreifen.

Klonen von Listen

Mit Hilfe des Slice-Operators : (siehe Kapitel 2.1) kann eine exakte Kopie, ein Klon, einer Liste erzeugt werden. Im folgenden Beispiel sind a und b die Namen von zwei verschiedenen Objekten mit jeweils eigener Identität:

```
>>> a = [1,2,3]
>>> b= a[:]        # Klonen
>>> b[0] = 10
```

```
>>> a
[1, 2, 3]
>>> b
[10, 2, 3]
```

append()

append(x)

Mit dem Methodenaufruf s.append(x) wird an eine Liste s ein neues Element mit dem Wert von x angehängt.

```
['a', 'b', 'c', 'd', 'e']
>>> a.append("f")
>>> a
['a', 'b', 'c', 'd', 'e', 'f']
```

count()

count(x)

Ein Methodenaufruf s.count(x) gibt die Anzahl der Listenelemente mit dem Wert x in der Sequenz s zurück.

```
>>> s =[1,2,2,3,4,2,1]
>>> s.count(2)
3
>>> t = [[1,2], [1,1], [2,1]]
>>> t.count(1)
0
>>> t.count([1,1])
1
```

Beachten Sie im zweiten Beispiel, dass die Liste t keine Elemente mit dem Wert 1 besitzt. Die Elemente von t sind drei Listen.

extend()

extend(t)

Der Aufruf s.extend(t) bewirkt, dass die Liste s um die Elemente der übergebenen Liste t erweitert wird. Als Parameter wird auch eine Zeichenkette akzeptiert, die als Liste von Zeichen interpretiert wird.

```
>>> s = [1,2,3,4]
>>> s.extend([5, 6, 7])
>>> s
[1, 2, 3, 4, 5, 6, 7]
>>> u =["a", "b"]
>>> u.extend("end")
>>> u
['a', 'b', 'e', 'n', 'd']
```

index()

```
index(x)
```

Beim Aufruf von s.index(x) wird der kleinste Index i mit s[i] == x zurückgegeben.

```
>>> s = [1,2,4,3,2,2]
>>> s.index(2)
1
```

insert()

```
insert (i,x)
```

Mit dem Aufruf s.insert (i,x) wird das Objekt x vor dem Element mit dem Index i eingefügt, sofern i>=0. Falls i negativ ist, wird das neue Element an den Anfang der Liste gesetzt.

```
>>> s = ["Cola", "Kaffee", "Tee"]
>>> s.insert(2, "Sprudel")
>>> s.insert (-2, "Wasser")
>>> s
['Wasser', 'Cola', 'Kaffee', 'Sprudel', 'Tee']
```

pop()

Die pop()-Methode entfernt das letzte Element aus der Liste und gibt seinen Wert zurück.

```
>>> s = ["Cola", "Kaffee", "Tee"]
>>> s.pop()
'Tee'
```

remove ()

```
remove(x)
```

Mit dem Aufruf s.remove(x) wird das erste Element mit dem Wert x aus der Liste s entfernt. Den gleichen Effekt erzielt man mit dem Funktionsaufruf del s[s.index(x)]. Falls x in der Liste nicht gefunden ist, gibt es einen ValueError.

```
>>> s = ["Cola", "Kaffee", "Tee"]
>>> s.remove("Cola")
>>> s
['Kaffee', 'Tee']
```

reverse()

Diese Methode kehrt die Reihenfolge der Elemente in der Liste um.

```
>>> s = [1,3,5,7]
>>> s.reverse()
>>> s
[7, 5, 3, 1]
```

Siehe auch: Standardfunktion reversed() in Kapitel 9.

sort()

```
sort(cmp=None, key=None, reverse=False)
```

Seit Python 2.4 kann die Methode sort() mit drei optionalen Schlüsselwort-Argumenten aufgerufen werden:

▸ cmp ist der Name einer zweistelligen Vergleichsfunktion.
▸ key ist der Name einer Funktion mit einem Argument, die vor dem Sortieren auf jedes Element der Liste angewendet wird.
▸ Der Parameter reverse kann die Boole'schen Werte True und False erhalten. Ist er auf True gesetzt, wird die Liste absteigend sortiert, sonst aufsteigend.

Aufruf ohne Argument

Ruft man die Methode sort() ohne Argument auf, wird die Liste aufsteigend sortiert. Python wählt selbst ein geeignetes Sortierverfahren. Zahlen werden nach ihrem numerischen Wert sortiert, Zeichenketten nach der lexikalischen Ordnung. Vergleichen Sie die beiden folgenden Beispiele. Die Zahl 2144 ist größer als die Zahl 23, aber die Zeichenkette '2144' liegt in der lexikalischen Ordnung vor '23'.

```
>>> liste = [23,12,2144];
>>> liste
[23, 12, 2144]
>>> liste.sort();
>>> liste
[12, 23, 2144]
>>> liste =["23", "12", "2144"]
>>> liste
['23', '12', '2144']
>>> liste.sort()
>>> liste
['12', '2144', '23']
```

Wie wird eine Liste sortiert, die anstelle von Einzelwerten Tupel enthält?

Die sort-Methode geht so vor, dass sie zunächst die ersten Komponenten der Tupel vergleicht, nur bei Gleichheit werden die weiteren Komponenten hinzugezogen, entsprechend einer lexikalischen Sortierung.

Im folgenden Beispiel wird eine Liste von Tupel sortiert. Jedes Tupel stellt Name und Alter einer Person dar.

```
>>> liste = [('Tom', 32), ('Lara', 37), ('Anna', 22), ('Tom', 29)]
>>> liste.sort()
>>> liste
[('Anna', 22), ('Lara', 37), ('Tom', 29), ('Tom', 32)]
```

Man sieht, dass die Liste primär nach der ersten Komponente der Tupel sortiert ist. Nur bei Gleichheit der ersten Komponente ('Tom') wurde die zweite Komponente (die Altersangabe) herangezogen.

Sortieren mit eigener Vergleichsfunktion

Der Methode sort() kann optional als Argument der Name einer Vergleichsfunktion übergeben werden, die man zuvor selbst definiert hat. Die Vergleichsfunktion muss folgendermaßen aufgebaut sein: Sie besitzt zwei Parameter a, b. Sie liefert eine negative Zahl, null oder eine positive Zahl, je nachdem ob das erste Argument a als kleiner, gleich oder größer als b betrachtet wird. Im folgenden Beispiel vergleicht die Funktion vergleich() die Länge zweier Zeichenketten a und b. Durch den Aufruf sort(cmp=vergleich) wird eine Liste von Zeichenketten nach ihrer Länge aufsteigend sortiert.

```
>>> def vergleich (a,b):
    if len(a) < len(b):
        return -1
    elif len(a) == len(b):
        return 0
    else:
        return 1
>>> liste = ['zz', 'z', 'aaaa']
>>> liste
['zz', 'z', 'aaaa']
>>> liste.sort(cmp=vergleich)
>>> liste
['z', 'zz', 'aaaa']
```

Verfeinertes Sortieren mit dem key-Parameter

Betrachten wir noch einmal das Beispiel aus dem vorletzten Abschnitt, eine Liste aus Tupeln, die jeweils Name und Alter von Personen repräsentieren. Was ist zu tun, wenn man die Liste nach dem Alter der Personen, also nach der zweiten Komponente der Tupel sortieren möchte?

Jetzt kommt Schlüsselwort-Argument key ins Spiel. Wir definieren eine einstellige Funktion, die zu einem Tupel t dessen zweite Komponente t[1] liefert. Wir rufen die Methode sort() auf und übergeben im Parameter key den Namen dieser Funktion.

```
>>> def zweites(t):        # key-Funktion
    return t[1]
```

```
>>> liste.sort(key=zweites)    # Aufruf mit key-Argument
>>> liste
[('Anna', 22), ('Tom', 29), ('Tom', 32), ('Lara', 37)]
```

Die Tupel in der Liste sind nun nach dem Alter (zweite Komponente) sortiert.

Generell wird die Funktion, deren Name man im key-Argument übergibt, auf die Elemente der Liste angewendet, bevor die Sortierung durchgeführt wird. Die key-Funktion kann auch ad hoc durch eine Lambda-Form (siehe Kapitel 8.7) spezifiziert werden:

```
>>> liste.sort(key=lambda t:t[1])
```

In vielen Fällen ist es möglich, die Namen vorgegebener Funktionen zu verwenden. Als Beispiel betrachten wir eine Liste von Zeichenketten:

```
>>> worte = ['bauen', 'Abend', 'Zeche']
>>> worte.sort()
>>> worte
['Abend', 'Zeche', 'bauen']
```

Die Worte sind nicht lexikographisch im üblichen Sinne sortiert, weil die sort()-Funktion von den ASCII-Nummern der Zeichen ausgeht und die großen Buchstaben kleinere Nummern als die kleinen Buchstaben haben. Um zu bewirken, dass Groß- und Kleinschreibung keine Rolle spielt, kann man mit der String-Methode lower() zunächst die großen Buchstaben in kleine Buchstaben umwandeln.

```
>>> worte.sort(key=str.lower)
>>> worte
['Abend', 'aber', 'bauen', 'Zeche']
```

Hier wurde als key-Argument der Namen der lower()-Methode des Typs str übergeben. Dabei wurde ein kleiner Kunstgriff angewendet. Beachten Sie, dass lower() eine Methode ist. Schreibt man den Namen einer Methode aber im Format *typ.methode* auf, so kann man sie wie eine Funktion verwenden.

Siehe auch: Schlüsselwort-Argumente (Kapitel 8.3), Lambda-Formen (Kapitel 8.7), Standardfunktion `sorted()` (Kapitel 9).

Anwendung von Listen

Repräsentation von Graphen durch Adjazenzlisten

Mit Hilfe von Listen kann man Graphen darstellen. Mathematisch gesprochen ist ein Graph ein Paar (V, E), wobei V eine Menge von Knoten V = $\{v_1, v_2, \ldots, v_n\}$ und E eine Menge von Kanten ist: E = $\{e1, e_2, \ldots e_m\}$. Dabei ist jede Kante ein Paar (v,w), das angibt, welche Knoten miteinander verbunden sind. Anschaulich werden in einem Graphen die Knoten durch kleine Kreise und die Kanten durch Linien dargestellt. Die folgende Abbildung zeigt ein Beispiel.

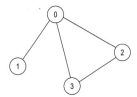

Abbildung 2.1: Ein Graph mit vier Knoten und vier Kanten

Die Knoten sind durchnummeriert. Die Kante zwischen 0 und 2 wird durch das Paar (0,2) dargestellt.

Man verwendet Graphen zum Beispiel, um Straßensysteme oder Verwandtschaftsbeziehungen zu modellieren. Graphen kann man mit Hilfe von Listen auf verschiedene Weisen darstellen, z.B. durch Inzidenzmatrizen (siehe nächster Abschnitt) oder mit Hilfe von Adjazenzlisten. Eine Adjazenzliste zu einem Knoten v ist eine Liste aller Knoten, mit denen v verbunden ist. Der Graph wird als Liste von Adjazenzlisten wiedergegeben.

Der obige Beispielgraph wird durch folgende Liste repräsentiert:

```
graph = [[1,2,3],[0],[0,3],[0,2]]
```

Dabei ist das erste Element der Liste, [1,2,3], die Adjazenzliste von Knoten 0, das zweite Element [0] die Adjazenzliste von Knoten 1 usw.

Mehrdimensionales Array

Python-Listen werden in vielen Büchern als Arrays bezeichnet, weil ihre Elemente indiziert sind und der direkte Zugriff auf ein Element mit Index i möglich ist. Mehrdimensionale Arrays werden in Python als verschachtelte Listen dargestellt. Beispiel eines zweidimensionalen Arrays ist die Inzidenzmatrix eines Graphen.

Dabei handelt es sich um eine quadratische Matrix mit ebenso vielen Spalten bzw. Zeilen, wie der Graph Knoten enthält. Das Element in der i-ten Zeile und j-ten Spalte der Matrix ist genau dann gleich 1, wenn die Kante (vi,vj) existiert. Die Inzidenzmatrix zum Beispielgraphen im vorigen Abschnitt wird durch folgende Tabelle wiedergegeben:

	v0	v1	v2	v3
v0	0	1	1	1
v1	1	0	0	0
v2	1	0	0	1
v3	1	0	1	0

In Python wird ein solches zweidimensionales Feld folgendermaßen dargestellt. Jede Zeile wird in einer Liste gespeichert. Der Graph ist dann eine Liste von Zeilen:

```
>>> graph = [[0,1,1,1],[1,0,0,0],[1,0,0,1],[1,0,1,0]]
```

Wie greift man auf die einzelnen Werte der Matrix zu? Die Subskription graph[i] liefert die i-te Zeile, und graph[i][j] liefert das j-te Element in der i-ten Zeile. Nicht erlaubt sind Zugriffe der Art graph [i, j] wie z.B. bei Java-Arrays. Beispiel:

```
>>> graph = [[0,1,1,1],[1,0,0,0],[1,0,0,1],[1,0,1,0]]
>>> graph [0]
[0, 1, 1, 1]
>>> graph [0] [0]
0
```

Modellieren mit Listen

Mit verschachtelten Listen kann man komplexe Strukturen der Realität modellieren. Die im folgenden Skript definierte Klasse modelliert eine Leihbibliothek. Mit den Methoden dieser Klasse kann man den Bücherbestand erweitern, neue Leser anlegen, Bücher ausleihen und zurückgeben.

```
import pickle

class Library (object):
  def __init__(self, filename):                              #1
    self.filename = filename
    try:
        f = open(self.filename, 'r')
        self.books, self.readers = pickle.load(f)            #2
        f.close()
    except:
        self.books = []                                      #3
        self.readers = []

  def save (self):
    # Listen speichern
    f = open (self.filename, 'w')
    pickle.dump((self.books, self.readers), f)               #4
    f.close()

  def lend_book (self, book_id, firstname, name):
    # Falls die IDs existieren und das Buch mit Nr.
    # book_id noch nicht ausgeliehen ist, wird es
    # an die Person name, firstname ausgeliehen
    try:
      person_id=self.readers.index([firstname, name]) #5
      if self.books[book_id][2] == None:                     #6
```

```
      self.books[book_id][2] = person_id        #7
    except: pass
def lent_books (self):
  # liefert Liste aller ausgeliehenen Bücher
  return [book for book in self.books if book[2]]   #8

def books_by(self, name):
  # liefert eine Liste aller Bücher des Autors mit
  # dem Namen name
  return [book for book in self.books
               if book[0] == name]

def new_book( self, author, title):
  # uebernimmt neues Buch in den Buecherbestand
  self.books.append([author, title, None])       #9

def new_reader (self, firstname, name):
  # traegt neuen Leser in die Leserliste ein
  self.readers.append([firstname, name])
def return_book (self, book_id):
  # Das Buch mit ID-Nr. book_id wird zurueckgegeben
  self.books[book_id][2] = None
```

Erläuterungen:

#1: Objekte der Klasse besitzen drei Attribute: Das Attribut self.filename enthält den Namen der Datei, in der die Daten gespeichert werden sollen. Der Dateiname wird dem Konstruktor als Argument übergeben. Das Attribut self.books ist eine Liste, die aus Listen des folgenden Formats besteht:

```
[Autor, Buchtitel, entliehen von]
```

Das dritte Element der Liste enthält die Nummer (Index) des Lesers, der das Buch ausgeliehen hat. Falls das Buch nicht ausgeliehen ist, ist das dritte Element None.

Das Attribut self.readers speichert die Daten der Leser. Es ist eine Multiliste, und zwar eine Liste von Listen des folgenden Formats:

```
[Vorname, Name]
```

#2: Es wird versucht, die Datei mit dem Namen self.filename zu öffnen. In ihr sind die Daten für self.books und self.readers gespeichert. Sie werden über den pickle-Mechanismus deserialisiert und den Attributen zugeführt.

#3: Sollte das nicht gelingen, werden leere Listen angelegt.

#4: Die beiden Listen self.books und self.readers werden mit pickle serialisiert (d.h. in einen Text umgewandelt) und in der Datei abgespeichert.

#5: Hier wird der Index des Elementes [firstname, name] aus self.readers herausgesucht. Enthält die Liste self.readers kein solches Element, gibt es einen Laufzeitfehler. Dieser wird aber durch die try-Klausel abgefangen.

#6: Wenn das Buch noch nicht ausgeliehen ist, wird in die Unterliste, die das Buch repräsentiert, als drittes Element (Index 2) die Nummer des Lesers eingetragen (#7).

#8: Diese list comprehension berechnet eine Liste von Unterlisten aus self.books, die selbst als drittes Element nicht None haben.

#9: An die Liste self.buecher wird eine neue Unterliste mit den Daten eines neuen Buches angehängt.

Es empfiehlt sich, diese Klassendefinition im IDLE-Editorfenster einzugeben und zu starten. Danach können Sie im IDLE-Shellfenster (im interaktiven Modus) zum Testen ein Objekt dieser Klasse instanziieren und einige Methodenaufrufe ausprobieren:

```
>>> b = Library('bib.txt')
>>> b.new_reader('Tim', 'Blau')
>>> b. new_reader ('Anna', 'Rot')
>>> b.new_book('Hesse', 'Unterm Rad')
>>> b.new_book('Lem', 'Die Jagd')
>>> b.books
[['Hesse', 'Unterm Rad', None], ['Lem', 'Die Jagd', None]]
>>> b.readers
[['Tim', 'Blau'], ['Anna', 'Rot']]
>>> b.books_by('Lem')
```

```
[['Lem', 'Die Jagd', None]]
>>> b.lend_book(1, 'Anna', 'Rot')
>>> b.books
[['Hesse', 'Unterm Rad', None], ['Lem', 'Die Jagd', 1]]
>>> b.lent_books()
[['Lem', 'Die Jagd', 1]]
>>> b.save()
```

Siehe auch: OOP (Kapitel 15), file (Kapitel 11.5), pickle (Kapitel 11.6), try (Kapitel 7.6)

2.5 Performance-Tipps

Lange Sequenzen – insbesondere Listen – können zu Performanceproblemen führen. In diesem Abschnitt finden Sie einige Tipps zur Verbesserung der Leistungsfähigkeit von Programmen, die umfangreiche Sequenzen verarbeiten müssen. Beachten Sie, dass die Umsetzung dieser Tipps zu schlechter lesbarem Programmtext führen kann. Höhere Rechengeschwindigkeit wird dann mit erschwertem Debugging erkauft. Nur bei kritischen Programmteilen, die sehr häufig ausgeführt werden oder große Datenmengen verarbeiten, lohnt es sich in der Praxis, die Performance zu optimieren.

Vermeidung von for-Schleifen

Iterationen (for-Anweisungen) werden vom Python-Interpreter relativ langsam ausgeführt. In vielen Fällen kann man mit der map()-Funktion for-Anweisungen ersetzen. Im Prinzip wird dann die Schleife vom langsamen Python-Interpreter in ein schnelles compiliertes C-Programm (das die map()-Funktion implementiert) verschoben.

Die folgende Funktion make_upper() berechnet zu einer Liste beliebiger String eine Liste mit Strings aus lauter Großbuchstaben. Sie ist langsam.

```
>>> fruits = ['birne', 'apfel', 'orange', 'kirsche']

>>> def make_upper(s):
        upper_list = []
```

```
    for word in s:
        upper_list.append(word.upper())
    return upper_list
```

```
>>> make_upper(fruits)
['BIRNE', 'APFEL', 'ORANGE', 'KIRSCHE']
```

Der folgende Aufruf von map() liefert das gleiche Ergebnis, ist aber schneller:

```
>>> s = map(str.upper, fruits)
>>> list(s)
['BIRNE', 'APFEL', 'ORANGE', 'KIRSCHE']
```

Eine zweite Möglichkeit zur Vermeidung von for-Schleifen liegt in der Verwendung von *list comprehensions*. Die folgende Anweisung leistet das Gleiche wie die obige Funktion make_upper(), ist aber schneller:

```
>>> [s.upper() for s in fruits]
['BIRNE', 'APFEL', 'ORANGE', 'KIRSCHE']
```

Für viele Algorithmen, die Sequenzen verarbeiten und Schleifen verwenden, gibt es bereits vorgefertigte *schnelle Standardfunktionen*. Hier einige Beispiele:

```
>>> a = [1, 2, 3, 4]
>>> b = ['a', 'b', 'c', 'd']
>>> zip(a,b)              # Berechnung einer Liste von Tupeln
[(1, 'a'), (2, 'b'), (3, 'c'), (4, 'd')]

>>> sum(a)               # Summe einer Zahlensequenz
10
```

Siehe auch: Standardfunktionen (Kapitel 9), map() (Kapitel 9), list comprehension (Kapitel 2.4)

Vermeidung von Listen

Listen sind komfortabel und vielfältig verwendbar. Sie sind dynamisch veränderbar und ermöglichen den direkten Zugriff auf einzelne Elemente. Viele Funktionen und Methoden geben Listen als Ergebnis zurück. Listen kann man sich gut in Gedanken vorstellen. Man tendiert deshalb zum häufigen Gebrauch von Listen. Unter dem Gesichtspunkt der Lesbarkeit von Programmtexten ist das auch sinnvoll. Auf der anderen Seite belasten lange Listen den Arbeitsspeicher und erfordern vom Interpreter hohen Verwaltungsaufwand, was sich in langen Laufzeiten niederschlägt.

In vielen Fällen ist es möglich, anstelle von Listen andere Typen zu verwenden, die effizienter verarbeitet werden können.

Mengen

Will man eine *Menge* von Objekten repräsentieren, sollte man anstelle einer Liste einen Mengentyp (set, frozenset) verwenden. Mengen-Objekte besitzen nur beschränkte Zugriffsmöglichkeiten und können deshalb schneller verarbeitet werden.

Siehe auch: Mengen (Kapitel 4)

Generatoren

Listen sind häufig nur Zwischenergebnisse einer Rechnung: Eine Funktion f1 berechnet eine lange Liste und eine andere Funktion f2 bearbeitet diese Liste weiter. Danach ist die Liste überflüssig. Aber während ihrer Lebenszeit hat sie den Arbeitsspeicher belegt und relativ lange Zugriffszeiten verursacht. Dabei brauchte die Funktion f2 zu einem bestimmten Zeitpunkt immer nur ein Element der Liste. In solchen Fällen können *Generatoren* anstelle von Listen zur Performance-Verbesserung führen. Eine Generatorfunktion liefert das nächste Element einer (virtuellen) Sequenz immer erst genau dann, wenn es benötigt wird. Es brauchen keine großen Datenmengen zwischengespeichert zu werden.

Siehe auch: Generatorfunktionen (Kapitel 8.7)

Iteratoren

Ein Iterator ist ein Objekt, das nacheinander alle Objekte einer Kollektion liefert. Iteratoren sind spezielle Generatoren und arbeiten sehr effizient. Bei der Ausführung einer for-Schleife mit einer Sequenz verwendet der Python-Interpreter – ohne dass man es merkt – nicht die angegebene Sequenz, sondern erzeugt zunächst einen Iterator. Wenn man an schneller Laufzeit interessiert ist, verwendet man Iteratoren anstelle von Listen.

Wenn Sie selbst eine Klasse für Kollektionen definieren, macht es Sinn, eine Methode namens __iter__ zu definieren, die einen Iterator über die Elemente der Kollektion zurückgibt und die Standard-Funktion iter() überlädt. Näheres dazu in Kapitel 15.3.

Generator-Ausdrücke

Generator-Ausdrücke werden ähnlich wie list comprehensions gebildet. Syntaktisch liegt der einzige Unterschied darin, dass man runde statt eckiger Klammern verwendet. Das Ergebnis eines Generator-Ausdrucks ist jedoch keine Liste, sondern ein Iterator, der (nach und nach) die Elemente einer »virtuellen Liste« liefert.

Beispiel:

Generatorausdruck für eine Folge von 10 Quadratzahlen.

```
>>> gen = (x*x for x in range(10))
>>> gen
<generator object at 0x00A53DF0>
>>> for i in gen:
    print(i, end=" ")
0 1 4 9 16 25 36 49 64 81
```

Siehe auch: Standardfunktion iter() (Kapitel 9), Dictionaries (Kapitel 3), Definition von Methoden (Kapitel 15.3)

3 Dictionaries

Ein *Dictionary* ist eine (möglicherweise leere) Folge von Wertepaaren in geschweiften Klammern. Es ermöglicht den schnellen Zugriff auf Daten über Schlüssel (keys), die jeweils den Daten zugeordnet sind.

In der Standard-Typ-Hierarchie gehören Dictionaries zu den Zuordnungstypen (Mappings). Allerdings sind sie der bisher einzige implementierte Mapping-Typ. Dictionaries entsprechen den Hashes bei Perl. Dictionary heißt auf Deutsch »Wörterbuch« und in der Tat ist ein Wörterbuch das Paradebeispiel dieses Datentyps. Ein einfaches, idealisiertes Wörterbuch, sagen wir Deutsch-Englisch, besteht aus Paaren von Wörtern. Einem deutschen Wort ist die englische Übersetzung, also ein zweites Wort, zugeordnet. Das folgende Beispiel zeigt ein Mini-Wörterbuch als Python-Dictionary:

```
>>> woerterbuch = {"sun":"Sonne", "moon":"Mond", "star":"Stern"}
```

Die Wertepaare in einem Dictionary sind durch Kommata getrennt und zwischen zwei Werten eines Paares steht ein Doppelpunkt. Der Ausdruck vor dem Doppelpunkt wird als *Schlüssel* (key) bezeichnet, der dahinter als *Wert* (value). Der Schlüssel ist gewissermaßen die Adresse des Wertes. Mit Hilfe des Schlüssels hat man direkten Zugriff auf das zugeordnete Datum. Man schreibt den Schlüssel in eckigen Klammern hinter den Namen des Dictionarys. Beispiel:

```
>>> woerterbuch["moon"]
'Mond'
```

Meist besteht ein Bedeutungszusammenhang zwischen Schlüssel und Wert, eine Assoziation. Das unterscheidet Dictionaries von Listen. Bei Listen erfolgt der Zugriff auf ein Element über den numerischen Index, bei Dictionaries findet man über einen Schlüssel direkt das assoziierte Datum. Entsprechend bezeichnet man Dictionaries auch als assoziative Felder. Im Unterschied zu Listen sind die Items eines Dictionarys nicht in einer bestimmten Reihenfolge. Es ist also z.B. nicht möglich, das »erste« Schlüssel-Wert-Paar eines Dictionarys auszuwählen. Konsequenterweise gibt es auch bei Dictionaries kein Slicing. (Gleichwohl sieht die Python-Grammatik »erweitertes Slicing« für Mapping-Typen vor. Dieses ist wohl zukünftigen Mapping-Typen vorbehalten.)

Operationen für Dictionaries

Operation	Ergebnis
$d[k]$	Zurückgegeben wird der Wert mit Schlüssel k. Falls k im Dictionary nicht existiert, gibt es einen keyError.
$d[k] = x$	Dem Schlüssel k wird der Wert x zugeordnet.
d.clear()	Alle Items werden aus d entfernt.
d.copy()	Zurückgegeben wird eine flache Kopie von d.
del $d[k]$	Das Item mit Schlüssel k wird entfernt. Falls k im Dictionary nicht existiert, gibt es einen keyError.
d.get(k, x)	Zurückgegeben wird $d[k]$, falls k in d, sonst x.
k in d	Liefert True (»wahr«), falls d einen Schlüssel k enthält, und False sonst.
k not in d	Liefert False (»falsch«), falls d einen Schlüssel k enthält, und True sonst.
d.items()	Liefert eine Kopie des Dictionarys d in Form einer Liste von Paaren der Form (Schlüssel, Wert).
d.keys()	Ein view-Objekt, das die Schlüssel von d enthält
d.popitem()	Ein willkürliches Paar wird aus d entfernt und zurückgegeben.
d.setdefault(k[, x])	Liefert $d[k]$, falls k in d, sonst wird der Wert x zurückgegeben und außerdem ein neues Paar (k,x) in d eingefügt.
$d1$.update($d2$)	Für alle Schlüssel k im Dictionary $d2$ wird im Dictionary $d1$ ein neues Item $d2[k]$ eingefügt.
d.values()	Liefert eine Kopie der Werteliste von d.

Erzeugen eines Dictionarys

Ein Dictionary-Literal ist eine Folge von Paaren der Form key:value, die in geschweiften Klammern stehen. Der Ausdruck vor dem Doppelpunkt (Schlüssel, key) darf kein veränderbares Objekt repräsentieren. Als Schlüssel erlaubt sind also Zahlen, Zeichenketten oder Tupel, nicht aber Listen. Beispiele:

```
>>> d = {'a':1, 'b':2, 'c':3, 'd':4}
>>> print(d['b'])
2
>>> d = {("Fahrzeug","klein"):"Rollschuh",
    ("Fahrzeug","groß"):"Bus",
    ("Tier", "klein"):"Maus",
    ("Tier", "groß"):"Elefant"}
>>> print(d[("Tier","klein")])
Maus
```

Rechts neben dem Doppelpunkt (Wert, value) kann ein Objekt beliebigen Typs stehen. Auch Listen und Dictionaries sind als Werte erlaubt.

```
>>> deutsch ={'key':['Schlüssel', 'Taste'],
    'slice':['Scheibe','Schnitte', 'Stück'],
    'value': ['wert']}
>>> deutsch['key']
['Schlüssel', 'Taste']
```

Ein Dictionary kann Stück für Stück aufgebaut werden, indem man zuerst ein leeres Dictionary erzeugt und dann Schlüssel-Wert-Paare einzeln einfügt:

```
>>> d = {}
>>> d['drums'] = 'Ringo'
>>> d['bass'] = 'Paul'
>>> d['vocal'] = 'John'
>>> d['guitar'] = 'George'
>>> d
{'drums': 'Ringo', 'bass': 'Paul', 'vocal': 'John', 'guitar': 'George' }
```

Schlüssel in einem Display brauchen nicht direkt als Literale angegeben zu werden, sondern können als (zusammengesetzter) Ausdruck formuliert werden. Dieser wird ausgewertet und muss ein als Schlüssel geeignetes (hashable) Objekt ergeben. Beispiel:

```
>>> d = {}
>>> for i in range(4):
    d['Nr. '+ str(i)]=i
>>> d
{'Nr. 3': 3, 'Nr. 2': 2, 'Nr. 1': 1, 'Nr. 0': 0}
```

Mit Hilfe der Standardfunktion dict() können Sie aus einer Liste von Paaren ein Dictionary erzeugen:

```
>>> s = [('drums', 'Ringo'), ('bass', 'Paul'),
        ('vocal', 'John'), ('guitar', 'George')]
>>> d = dict(s)
>>> d
{'guitar': 'George', 'vocal': 'John', 'bass': 'Paul', 'drums':
'Ringo'}
```

Siehe: Standardfunktion dict() in Kapitel 9

clear()

Die Anweisung d.clear() entfernt alle Items aus dem Dictionary d. Zurück bleibt ein leeres Dictionary. Das heißt, das Dictionary selbst wird nicht gelöscht.

```
>>> d = {'a':1, 'b':2}
>>> d.clear()
>>> d
{}
```

copy()

Der Methodenaufruf d.copy() liefert eine flache Kopie des Dictionarys d. Bei zusammengesetzten Objekten unterscheidet man zwischen flachen (shallow) und tiefen (deep) Kopien. Eine flache Kopie eines Dictionarys ist zwar ein neues Objekt mit eigener Identität, aber die Schlüssel-Wert-Paare enthalten nur Referenzen auf enthaltene Objekte und keine Kopien.

Eine Zuweisung der Form b = d produziert keine Kopie, sondern ordnet dem Dictionary-Objekt einen weiteren Namen zu (Aliasieren). Den Unterschied zwischen Alias und Kopie illustriert das folgende Beispiel:

```
>>> d ={1:'sehr gut', 2:'gut', 3: 'befriedigend'}
>>> kopie = d.copy()
>>> alias = d
```

Das Original wird verändert:

```
>>> d[1] = 'hervorragend'
```

Die Kopie bleibt unverändert, das Alias zeigt das Original:

```
>>> print(kopie)
{1: 'sehr gut', 2: 'gut', 3: 'befriedigend'}
>>> print(alias)
{1: 'hervorragend', 2: 'gut', 3: 'befriedigend'}
```

get()

get(k, x)

Der Aufruf d.get(k, x) liefert aus dem Dictionary d den mit dem Schlüssel k assoziierten Wert d[k], sofern k in der Schlüsselliste enthalten ist. Anderenfalls wird der Wert x zurückgegeben.

```
>>> a = {1:'a', 2:'b', 3:'c'}
>>> a.get(1, "nicht vorhanden")
'a'
>>> a.get(5, "nicht vorhanden")
'nicht vorhanden'
>>>
```

Die Methode get() kann auch ohne zweiten Parameter aufgerufen werden. In diesem Fall wird der Wert None zurückgegeben, wenn der Schlüssel nicht vorhanden ist:

```
>>> a.get(5)
>>>
```

in, not in

Mit dem in-Operator kann man prüfen, ob ein Schlüssel in der Schlüsselliste eines Dictionarys vorkommt. Die Methode has_key() gibt es nicht mehr bei Python 3. Der Ausdruck k in d liefert den Wert True genau dann, wenn im Dictionary d der Schlüssel k existiert. Diesen Test kann man verwenden, wenn man beim Zugriff auf ein Dictionary einen Laufzeitfehler (keyError) vermeiden will.

```
>>> if k in d:
      print(d[k])
else:
      print("Schlüssel nicht vorhanden")
```

items(), keys(), values()

Der Aufruf d.keys() liefert ein iterierbares Objekt der Klasse dict_keys, das den Zugriff auf die Schlüssel von d ermöglicht. Es handelt sich um eine dynamische Sicht (view) auf die Schlüssel der Liste. Das heißt: Bei einer Änderung des Dictionaries ändert sich auch die Sicht auf die Schlüssel.

```
>>> d = {"Eisen":7.86, "Gold":18.9}
>>> elements = d.keys()
>>> elements
<dict_keys object at 0x01A57610>
```

Mit Hilfe der Funktion list() kann man die aktuellen Schlüssel aufzählen:

```
>>> list(elements)
['Eisen', 'Gold']
```

Wenn das Dictionary erweitert wird, ändert sich auch entsprechend die Sicht auf die Schlüssel:

```
>>> d["Kupfer"] = 8.92
>>> list(elements)
['Eisen', 'Kupfer', 'Gold']
```

Analog liefert d.items() eine dynamische Sicht auf die Items des Dictionarys, d.h. die Menge der enthaltenen Schlüssel-Wert-Paare, die man z.B. mit der Funktion list() explizit aufzählen kann:

```
>>> items = d.items()
>>> items
<dict_items object at 0x01A57590>
>>> list(items)
[('Eisen', 7.8600000000000003),
```

```
('Kupfer', 8.9199999999999999),
('Gold', 18.899999999999999)]
```

Die Funktion values() schließlich gibt eine Sicht auf die Werte des Dictionarys zurück:

```
>>> list(d.values())
[7.8600000000000003, 8.9199999999999999, 18.899999999999999]
```

Python 2.x

Im Unterschied zu Python 3 verwendet Python 2.x keine Sichten. Die Funktionen keys(), values() und items() liefern jeweils Listen der Schlüssel, Werte und Schlüssel-Wert-Paare des Dictionarys:

```
>>> d = {1:'a', 2:'b', 3:'c'}
>>> d.keys()
[1, 2, 3]
>>> d.values()
['a', 'b', 'c']
>>> d.items()
[(1, 'a'), (2, 'b'), (3, 'c')]
```

Iterationen über Dictionaries

Dictionaries werden manchmal in einer for-Schleife systematisch durchlaufen:

```
>>> d = {1:'a', 2:'b', 3:'c'}
>>> for k in d:
        print(k,d[k])
1 a
2 b
3 c
```

Für die Interpretation von for-Schleifen verwendet Python Iteratoren. Ein Iterator gibt vor, in welcher Reihenfolge die Items eines Dictionarys durchlaufen werden. In der obigen for-Schleife wurde ein Iterator von d implizit verwendet, ohne dass man es dem Skript ansieht. Der implizite Iterator eines Dictionarys liefert nach und nach alle *Schlüssel* des Dictionarys. Sie werden in der for-Schleife der Laufvariablen (hier: k) zugewiesen.

Für eine Iteration über die Items eines Dictionarys können Sie auch eine Sicht auf die Items verwenden:

```
>>> for i in d.items():
        print(i)
(1, 'a')
(2, 'b')
(3, 'c')
```

Mit der Standardfunktion iter() gewinnen Sie explizite Iteratoren der View-Objekte, die Sichten auf Items, Schlüssel und Werte eines Dictionarys repräsentieren. Beispiel:

```
>>> items = d.items()
>>> iterator = iter(items)
>>> iterator
<dict_itemiterator object at 0x01B09F00>
```

Python 2.x

Bei Python 2.x besitzen Dictionary-Objekte die Methoden iteritems(), iterkeys() und itervalues(). Sie liefern Iteratoren für die Items (Schlüssel-Wert-Paare), Schlüssel und Werte. Bei einem Iterator über die Items gibt die Methode next() das nächste Schlüssel-Wert-Paar aus. Ist das Ende des Dictionarys erreicht, löst der Aufruf von next() eine Stop-Iteration-Ausnahme aus. Beispiel:

```
>>> d = {1:'a', 2:'b', 3:'c'}
>>> i = d.iteritems()
>>> print i
<dictionary-iterator object at 0x0116A670>
>>> print i.next()
(1, 'a')
>>> print i.next()
(2, 'b')
>>> print i.next()
(3, 'c')
>>> print i.next()
Traceback (most recent call last):
  File "<pyshell#49>", line 1, in ?
    print i.next()
StopIteration
```

popitem()

Beim Aufruf von d.popitem() wird ein willkürliches Item des Dictionarys d entfernt und als Paar der Form (Schlüssel, Wert) zurückgegeben. Beispiel:

```
>>> d = {1:'a', 2:'b', 3:'c'}
>>> while d != {}:
        print(d.popitem())
(1, 'a')
(2, 'b')
(3, 'c')
```

setdefault()

```
setdefault(k, x)
```

Der Aufruf der Methode d.setdefault(k, x) liefert d[k], falls der Schlüssel k in d enthalten ist, sonst wird der Wert x zurückgegeben und außerdem ein neues Paar (k, x) in d eingefügt.

```
>>> d = {1:'a', 2:'b', 3:'c'}
>>> d.setdefault(1, 'd')
'a'
>>> d.setdefault(4, 'd')
'd'
>>> d
{1: 'a', 2: 'b', 3: 'c', 4: 'd'}
```

Man kann die Methode auch ohne zweiten Parameter aufrufen. Beim Aufruf d.setdefault(k) wird der Wert d[k] zurückgegeben, sofern der Schlüssel enthalten ist. Ansonsten wird None zurückgegeben und das Paar k:None eingefügt:

```
>>> d.setdefault(5)
>>> d
{1: 'a', 2: 'b', 3: 'c', 4: 'd', 5: None}
```

update()

Durch d1.update(d2) wird das Dictionary d1 mit Hilfe des zweiten Dictionarys d2 aktualisiert. Für alle Schlüssel k im Dictionary d2 wird im Dictionary d1 ein Item d2[k] eingefügt. Das bedeutet natürlich, dass es zu Überschreibungen bereits vorhandener Items kommen kann. Wenn ein Schlüssel k aus d2 auch schon in d1 vorkommt, wird der alte Wert von k durch d2[k] ersetzt.

```
>>> d1 = {1:'a', 2:'b', 3:'c'}
>>> d2 ={3:'neues c', 4: 'neues d'}
>>> d1.update(d2)
>>> d1
{1: 'a', 2: 'b', 3: 'neues c', 4: 'neues d'}
```

values()

Der Aufruf *d*.values() liefert eine dynamische Sicht auf die momentanen Werte von *d*.

```
>>> d = {1:'a', 2:'b', 3:'c'}
>>> list(d.values())
['a', 'b', 'c']
```

Siehe: keys(), items()

Anwendung von Dictionaries

Mehrdimensionale Arrays

Wollen Sie ein mehrdimensionales Array so lesen, wie Sie es von anderen Programmiersprachen wie Java und C gewohnt sind, können Sie das Array als Dictionary implementieren. Im folgenden Beispiel wird ein Array zunächst als Liste zweier Listen definiert und dann in ein Dictionary überführt, das als Schlüssel Indexpaare verwendet.

```
>>> feld ={}
>>> a = [[1, 2, 3], [4, 5, 6]]
>>> for i in range(2):
        for j in range(3):
            feld [(i,j)] = a[i][j]
>>> feld
{(1, 1): 5, (1, 2): 6, (0, 2): 3, (1, 0): 4, (0, 0): 1, (0, 1):
2}
>>> feld[1,1]
5
```

Invertieren eines Wörterbuchs

Ein englisch-deutsches Wörterbuch kann man durch ein Dictionary implementieren, das als Schlüssel englische Wörter und als Werte Listen mit deutschen Wörtern enthält.

```
>>> deutsch ={'key':['Schlüssel', 'Taste'],
    'slice':['Scheibe','Schnitte', 'Stück'],
    'value': ['Wert']}
```

Schnelles Nachschlagen ist hier nur »in einer Richtung« möglich: Zu einem englischen Wort findet man eine Liste deutscher Übersetzungen. Die folgende Funktion invertiert ein Wörterbuch und liefert zu einem englisch-deutschen ein deutsch-englisches Wörterbuch.

```
>>> def invertiere (ed):
    de ={}          # initialisiere invertiertes WB
    for e in ed:
        for d in ed[e]:
            if d in de:
            # es gibt bereits einen Eintrag für d
                de[d] += [e]
            else:
                de[d] = [e]
    return de
>>> invertiere (deutsch)
{'Scheibe': ['slice'], 'Stück': ['slice'], 'Wert': ['value'],
'Taste': ['key'], 'Schnitte': ['slice'], 'Schlüssel': ['key']}
```

4 Mengen

In der Mathematik versteht man unter einer Menge eine ungeordnete Sammlung von Elementen, wobei von jedem Element nur ein Exemplar vorkommen darf. Duplikate sind nicht erlaubt. Eine Reihe von Algorithmen lassen sich mit Mengen sehr elegant formulieren.

Zur Repräsentation von endlichen Mengen bietet Python zwei Datentypen (Klassen): set und frozenset. Ein set-Objekt ist eine nicht geordnete Kollektion unveränderbarer Objekte (Zahlen, Zeichenketten, Tupel). Mit set-Objekten kann man alle in der Mathematik üblichen Mengenoperationen durchführen (z.B. Vereinigung, Durchschnitt, Differenz). Die Besonderheit von frozenset-Objekten ist, dass sie (wie Tupel oder Strings) nicht änderbar sind. Dagegen kann man bei einem set-Objekt Elemente entfernen oder neue Elemente hinzufügen.

4.1 Der Typ set

Ein set-Objekt kann einfach durch Aufzählen der Elemente in geschweiften Klammern erzeugt werden:

```
>>> a = {1, 2, 3}
```

Eine zweite Möglichkeit ist ein Aufruf der Funktion set(). Format:

```
set(iterable)
```

Der Parameter *iterable* ist ein beliebiges iterierbares Objekt, in der Regel eine Sequenz (Liste, Tupel, String). Beispiele:

```
>>> a = set([1, 2, 3, 2, 1]) # set-Objekt aus Liste
>>> print(a)
{1, 2, 3}

>>> b = set ('abcaab')       # set-Objekt aus String
```

```
>>> print(b)
{'a', 'c', 'b'}
```

Mengen-Objekte werden – wie in der Mathematik üblich – mit geschweiften Klammern dargestellt.

Mengen können wie Sequenzen zur Konstruktion von for-Schleifen (Iterationen) verwendet werden. Die Besonderheit gegenüber Sequenzen ist, dass man nicht weiß, in welcher Reihenfolge die Elemente der Menge durchlaufen werden. Beispiel:

```
>>> for element in set('Magerquark'):
        print(element, end=" ")

a e g k M q r u
```

Set-Objekte dürfen nur *unveränderbare* Objekte enthalten. Verboten sind z.B. Listen oder andere set-Objekte. Somit kann man mit Sets keine verschachtelten Mengen-Strukturen (Mengen von Mengen) bilden.

Im folgenden Beispiel wird mit Hilfe einer Mengenbildung eine Häufigkeitsverteilung berechnet. Ausgegeben wird, wie häufig jeder Buchstabe im String text vorkommt.

```
>>> text = 'Banane'
>>> for c in set(text):
        print(c, text.count(c))

a 2
B 1
e 1
n 2
```

4.2 Der Typ frozenset

Ein frozenset-Objekt wird durch einen Aufruf von frozenset() aus einer Sequenz oder einem anderen iterierbaren Objekt generiert. Format:

```
frozenset(iterable)
```

Beispiel:

```
>>> a = frozenset('abc')
>>> print(a)
frozenset({'a', 'c', 'b'})
>>> b = set('cd')
>>> c = frozenset(b)
>>> print(c)
frozenset({'c', 'd'})
```

Objekte des Typs frozenset sind nicht änderbar. Sie können deshalb Element einer Menge sein und als Schlüssel in einem Dictionary verwendet werden. Im folgenden Beispiel wird eine Menge aus zwei Mengen gebildet.

```
>>> a = frozenset([1, 2, 3])
>>> b = frozenset([4, 5])
>>> set([a, b])
{frozenset({1, 2, 3}), frozenset({4, 5})}
```

Ein set-Objekt kann in ein frozenset-Objekt überführt werden (und umgekehrt).

```
>>> a = frozenset([1, 2, 3])
>>> set(a)
{1, 2, 3}
```

Python 2.x

Python 2.x stellt frozenset-Objekte etwas anders dar (keine Verwendung von geschweiften Klammern). Beispiel:

```
>>> frozenset([1, 2, 3])
frozenset([1, 2, 3])
```

4.3 Gemeinsame Operationen für set- und frozenset-Objekte

Alle Operationen, bei denen ein Mengenobjekt nicht geändert wird, können sowohl auf frozenset- als auch auf set-Objekte angewendet werden. Tabelle 4.1 gibt einen Überblick.

Operation	Operator	Erklärung
iter(s)		Liefert einen Iterator für die Menge s.
len(s)		Liefert die Kardinalität der Menge s (Anzahl der enthaltenen Elemente).
max(s)		Liefert das kleinste Element der Menge s.
min(s)		Liefert das größte Element der Menge s.
x in s		Liefert True, falls x Element der Menge s ist, und False sonst.
x not in s		Liefert True, falls x *nicht* Element der Menge s ist, und False sonst.
s.copy()		Liefert eine flache Kopie der Menge s.
s.difference(t)	s - t	Liefert die Differenz der Mengen s und t.
s.intersection(t)	s & t	Liefert den Durchschnitt der Mengen s und t.
s.issubset(t)	s <= t	Liefert True, falls s eine Teilmenge von t ist, und False sonst.
s.issuperset(t)	s >= t	Liefert True, falls s eine Obermenge von t ist, und False sonst.
s.union(t)	s | t	Liefert die Vereinigung der Mengen s und t.
s.symmetric_difference(t)	s ^ t	Liefert die Menge aller Elemente, die entweder in s oder in t, aber nicht in beiden Mengen sind.

Tabelle 4.1: Operationen für set*- und* frozenset*-Objekte*

Zu manchen Methoden der Mengenobjekte gibt es äquivalente Operatoren. Zu beachten ist Folgendes: In der Operatorschreibweise müssen die Operanden Mengenobjekte (set oder frozenset) sein. Dagegen akzeptieren die Methoden difference(), intersection(), issubset(), issuperset() und union() beliebige iterierbare Objekte, also auch Listen,

Tupel oder Strings. Sie werden intern jeweils in ein Mengenobjekt verwandelt.

```
>>> s = set('abc')
>>> s.union('bcd')          # String als Argument
{'a', 'c', 'b', 'd'}
>>> s | set('bcd')          # set-Objekte als Operanden
{'a', 'c', 'b', 'd'}
```

copy()

```
copy()
```

Ein Aufruf der Form s.copy() liefert ein neues Mengenobjekt, das genau die Elemente der Menge s enthält.

```
>>> s = set ('abc')
>>> t = s.copy()
>>> print t
{'a', 'c', 'b'}
```

Siehe auch: Aliasieren und Klonen von Listen (Kapitel 2.4)

difference() –

```
difference(iterable)
```

Ein Aufruf der Form s.difference(t) liefert eine neue Menge mit Elementen, die in der Menge s und *nicht* in der Menge t enthalten sind (Mengendifferenz). Als Argument kann ein beliebiges iterierbares Objekt (z.B. auch String oder Liste) verwendet werden. Anstelle des Aufrufs s.difference(t) kann auch der Ausdruck s - t verwendet werden. Hierbei müssen jedoch s und t Mengenobjekte sein.

```
>>> obst =set(['Apfel', 'Birne', 'Kirsche', 'Banane'])
>>> steinobst = set (['Pfirsich', 'Kirsche'])
>>> keinSteinobst = obst - steinobst
>>> keinSteinobst
{'Birne', 'Banane', 'Apfel'}
>>> obst.difference(['Pfirsich', 'Kirsche'])
{'Birne', 'Banane', 'Apfel'}
```

intersection() &

intersection(iterable)

Ein Aufruf der Form *s*.intersection(*t*) liefert eine neue Menge mit genau den Elementen, die sowohl in der Menge *s* als auch in der Menge *t* enthalten sind (Durchschnitt der Mengen *s* und *t*). Alternativ kann der Ausdruck *s* & *t* verwendet werden.

```
>>> zweier = set([2, 4, 6, 8, 10, 12, 14, 16, 18, 20])
>>> fuenfer = set([5, 10, 15, 20])
>>> zweier.intersection(fuenfer)
{10, 20}
>>> zweier & fuenfer
{10, 20}}
```

union() l

union(*iterable*)

Der Aufruf *s*.union(*t*) liefert eine neue Menge, die alle Elemente der beiden Mengen *s* und *t* enthält (Vereinigung von *s* und *t*). Äquivalent ist der Ausdruck *s*|*t*.

```
>>> s = set ('ab')
>>> t = set ('bc')
>>> s.union(t)
{'a', 'c', 'b'}
>>> s | t
{'a', 'c', 'b'}
```

Vergleich von Mengen

Mit Hilfe der Vergleichsoperatoren ==, <=, <, >=, > können Mengen miteinander verglichen werden. Bei disjunkten Mengen (deren Durchschnitt die leere Menge ist) liefern alle Vergleiche den Wahrheitswert False.

Gleichheit ==

Zwei Mengen sind gleich, wenn sie die gleichen Elemente enthalten.

```
>>> {1, 1, 2, 3} == {3, 1, 2}
True
```

Bei Mengen von Zahlen werden nur die numerischen Werte betrachtet. Unterschiedliche Datentypen spielen keine Rolle.

```
>>> {1.0, 2} == {1, 2}
True
```

Echte Teilmenge <

Im Zusammenhang mit Mengen liest man den Operator < als »ist echte Teilmenge von«. Die Menge a ist eine echte Teilmenge von b, wenn alle Elemente aus a auch in b enthalten sind und b Elemente besitzt, die nicht in a sind.

```
>>> {1, 2} < {1, 2, 3}
True
>>> {1, 2} < {1, 2}
False
```

Analog verwendet man den Operator > (»ist echte Obermenge«).

Teilmenge <=

Auf Mengen angewandt bedeutet der Vergleichsoperator <= »ist Teilmenge von«. Die Menge a ist Teilmenge der Menge b, wenn alle Elemente aus a auch in b enthalten sind.

```
>>> {1, 2, 2, 1} <= {1, 2, 3}
True
>>> a = {1, 2}
>>> a <= a  # gleiche Mengen sind Teilmengen voneinander
True
```

Analog verwendet man den Operator >= (»ist Obermenge«).

4.4   Mengen verändern

Für set-Objekte sind weitere Operationen definiert, mit denen Elemente hinzugefügt oder entfernt werden können. Diese Operationen kann man nicht auf die unveränderbaren Objekte der Klasse frozenset anwenden.

Operation	Erklärung
s.add(x)	Der Menge s wird ein neues Element x hinzugefügt.
s.clear()	Alle Elemente der Menge s werden entfernt.
s.discard(x)	Aus der Menge s wird das Element x entfernt, sofern es existiert.
s.pop()	Gibt ein willkürlich ausgewähltes Element aus der Menge s zurück und entfernt es aus der Menge. Wenn s leer ist, gibt es einen KeyError.
s.remove(x)	Aus der Menge s wird das Element x entfernt, sofern es existiert. Wenn x nicht in der Menge enthalten ist, gibt es einen KeyError.

Siehe auch: Standardfunktion iter(), len(), max(), min() (Kapitel 9), for-Anweisung (Kapitel 7), Sequenzen (Kapitel 2)

5 Operatoren

Operatoren sind Funktionszeichen für Operationen. In diesem Kapitel geht es um logische und arithmetische Operatoren für Zahlen und Sequenzen. Einige der hier erwähnten Operatorzeichen sind auch für andere Typen (z.B. Mengen) definiert. Sie werden in anderen Kapiteln erläutert. Die Entwickler von Python sind darum bemüht, die Syntax der Sprache möglichst kompakt zu halten. Deshalb kann ein und derselbe Operator (je nach Kontext) verschiedene Bedeutungen haben.

Die folgende Tabelle bietet eine Übersicht über die wichtigsten Operatoren. Sie sind in der Reihenfolge ihrer Priorität bei der Auswertung von Termen aufgeführt. Die Operatoren der ersten Zeile binden am stärksten. Das heißt, sie werden bei der Auswertung eines Terms durch den Python-Interpreter als erste angewandt.

Operator	Erläuterung
**	Potenz
~x	Bitweise Inversion
-x, +x	Negatives und positives Vorzeichen (unär)
* ,/, //, %	Multiplikation, Division, ganzzahlige Division, Rest (Modulo)
+, -	Addition, Subtraktion
<<, >>	Verschiebungen (Shifts)
&	Bitweise UND
^	Bitweise exklusives ODER (XOR)
|	Bitweise ODER

Operator	Erläuterung
<, <=, >, >=, !=, ==	Vergleiche
is, is not	Identitätstests
in, not in	Test auf Zugehörigkeit zu einer Sequenz, Menge etc.
not	Logisches NICHT
and	Logisches UND
or	Logisches ODER
lambda	Lambda-Ausdruck

5.1 Unäre arithmetische Operatoren + - ~

Unäre arithmetische Operationen besitzen nur einen einzigen Operanden. Dieser muss von einem numerischen Datentyp sein.

▸ Der Minus-Operator - kehrt das Vorzeichen um (Negation).
▸ Der Plus-Operator + belässt das Vorzeichen, wie es ist.
▸ Der Inversionsoperator ~ kann nur auf ganze Zahlen angewandt werden und bewirkt eine Inversion aller Bits der Binärdarstellung. Das entspricht folgender arithmetischen Operation: ~x=-(x+1). Bei ungeeigneten Datentypen gibt es einen TypeError.

Beispiele:

```
>>> ~127
-128
>>> -"Wort"
Traceback (most recent call last):
  File "<pyshell#7>", line 1, in ?
    - "Wort"
TypeError: bad operand type for unary -
```

5.2   Binäre arithmetische Operatoren + - * / % **

Addition +

Der Plus-Operator + kann auf Zahlen oder auf Sequenzen desselben Typs angewendet werden. Im Falle von Zahlen liefert er die Summe. Dabei wählt das System für das Ergebnis einen geeigneten Datentyp. Die Summe aus einer ganzen Zahl und einer Gleitkommazahl ergibt eine Gleitkommazahl.

Sequenzen (Zeichenketten, Tupel, Listen) werden durch den Plus-Operator konkateniert, das heißt zu einer längeren Sequenz verbunden. Die beiden Sequenzen müssen vom gleichen Typ sein. Zum Beispiel können Tupel und Strings nicht konkateniert werden. Beispiele:

```
>>> 1.23 + 5
6.2300000000000004
>>> [1,2,3] + [4,5,6]
[1, 2, 3, 4, 5, 6]
>>> "Guten" + " Morgen!"
'Guten Morgen!'
>>> (1, 2, 3) + (1, 2, 3)
(1, 2, 3, 1, 2, 3)
>>> "Wort" + (1,2)
Traceback (most recent call last):
  File "<pyshell#10>", line 1, in ?
    "Wort" + (1,2)
TypeError: cannot concatenate 'str' and 'tuple' objects
```

Subtraktion -

Der Minus-Operator - liefert die Differenz der beiden Operanden. Er kann auf Zahlen und Mengen, nicht aber auf Sequenzen angewendet werden.

```
>>> 3 - 1
2
```

```
>>> {1, 2, 3} - {2}
{1, 3}
```

Siehe auch: Operationen für Mengen (Kapitel 4)

Multiplikation *

Der Multiplikationsoperator * liefert das Produkt der beiden Operanden. Die Operanden sind entweder zwei Zahlen oder eine ganze Zahl n und eine Sequenz. Im letzteren Fall wird die Sequenz n-mal wiederholt. Beispiel:

```
>>> 4 * "ha"
'hahahaha'
```

Division /

Der Divisionsoperator / liefert den Quotienten zweier Zahlen als Gleitkommazahl (float). Der Versuch einer Division durch null löst einen ZeroDivisionError aus. Beispiele:

```
>>> 5.0 / 2.0
2.5
>>> 5.0 / 2
2.5
>>> 5 / 2.0
2.5
>>> (1 + 1j) / 2
(0.5+0.5j)
```

Neu bei Python 3: Das Ergebnis der Division zweier ganzer Zahlen ist immer eine Gleitkommazahl:

```
>>> 5 / 2
2.5
```

Python 2.x

Falls beide Operanden ganze Zahlen sind, wird bei Python 2.x die ganzzahlige Division durchgeführt und das Ergebnis ist auch wieder eine ganze Zahl (abgerundet).

```
>>> 5 / 2
2.5
>>> 4 / 2
2.0
```

Ganzzahlige Division //

Der Divisionsoperator // (floor division) liefert das Ergebnis einer ganzzahligen Division (nach unten abgerundeter Quotient). Bei einer ganzzahligen Division mit Gleitkommazahlen ist das Ergebnis eine nach unten gerundete Zahl vom Typ float. Die ganzzahlige Division ist für komplexe Zahlen nicht mehr zulässig.

```
>>> 9//2
4
>>> 9.0//2
4.0
```

Modulo-Operator %

Der Modulo-Operator kann auf ganze Zahlen und Gleitkommazahlen aber nicht mehr auf komplexe Zahlen angewendet werden. Er liefert den Rest der Division des ersten Operanden durch den zweiten. In der Praxis wird die Modulo-Operation nur bei ganzen Zahlen angewendet. Python lässt auch Modulo-Rechnungen mit Gleitkommazahlen zu. Zum Beispiel ergibt 5.1 % 0.5 den Wert 0.1, denn 5.1 = 10 * 0.5 + 0.1. (Die Abweichung im unten stehenden Listing ergibt sich aus der Ungenauigkeit der internen Darstellung von Gleitkommazahlen.) Das Ergebnis der Modulo-Operation ist immer kleiner als der zweite Operand.

```
>>> 123 % 10      # 123 = 12 * 10 + 3
3
>>> 5.1 % 0.5     # 5.1 = 10 * 0.5 + 0.1
0.099999999999999645
```

Potenz **

Der Potenz-Operator ** bildet die Potenz aus einer Basis (linker Operand) und dem Exponenten (rechter Operand).

```
>>> 2**3
8
```

Die Bindungen sind wie in der Mathematik: Der Potenz-Operator bindet nach links stärker als das Vorzeichen, aber nach rechts schwächer als das Vorzeichen des Exponenten. Das heißt, in dem Term -2**-2 wird zuerst der Exponent berechnet (stärkere Bindung des Exponentenvorzeichens), dann die Potenz von 2 gebildet (stärkere Bindung des Potenz-Operators gegenüber dem linken Vorzeichen) und dann erst das linke Vorzeichen auf das Ergebnis angewendet. Wollen Sie negative Zahlen potenzieren, müssen Sie Klammern verwenden. Beispiele:

```
>>> -2**-2
-0.25
>>> (-2)**-2
0.25
```

Die Operanden können ganze Zahlen, Gleitkommazahlen und komplexe Zahlen sein. Der Typ des Ergebnisobjektes hängt von den Typen der Operanden ab. Nach Möglichkeit wird für das Ergebnis der Typ der Operanden verwendet. Beispiele:

```
>>> 2**4       # gemeinsamer Datentyp int
16
>>> 2.0**4     # kein gemeinsamer Datentyp der Operanden
16.0
>>> (1 + 1j) ** (1 +1j)
(0.27395725383012109+0.58370075875861471j)
```

Auch von einer negativen (reellen) Zahl kann eine Potenz mit gebrochenem Exponenten (Wurzel) berechnet werden. Das Ergebnis ist eine komplexe Zahl. Beispiel:

```
>>> (-1)**0.5
6.1230317691118863e-017+1j)  # genauer Wert: (0 + 1j)
```

5.3 Bit-Operatoren << >> & ^ |

Bit-Operatoren benötigen ganze Zahlen als Argumente. Sie verarbeiten deren Binärdarstellung.

Verschiebeoperationen << >>

Bei einem Links-Shift a << b wird die Binärdarstellung von a um b Stellen nach links verschoben. An der rechten Seite werden Nullen ergänzt. Das entspricht einer Multiplikation mit 2^b. Beispiel:

```
>>> 3<<2      #Binärdarstellung von 3: 11
12            #Binärdarstellung von 12: 1100
```

Bei einem Rechts-Shift a >> b wird die Binärdarstellung von a um b Stellen nach rechts verschoben. Das entspricht einer ganzzahligen Division durch 2^b. Beispiel:

```
>>> 23>>2     #Binärdarstellung von 23: 10111
5             #Binärdarstellung von 5: 101
```

Bitweises UND &

Die Bits der beiden Argumente werden paarweise UND-verknüpft. Beispiel:

```
>>> 23 & 13
5
```

Man stellt sich die beiden Zahlen in ihrer Binärdarstellung als Bitstrings gleicher Länge vor und vergleicht die Bits paarweise. Besitzen an einer Stelle beide Bits den Wert 1, so erhält das Ergebnis an der gleichen Stelle den Wert 1. Ist das nicht der Fall, erhält das Ergebnis an der Stelle den Wert 0.

```
23:   10111
13:   01101
5:    00101
```

Bei Mengen (set, frozenset) bewirkt der &-Operator eine Durchschnittbildung (siehe Kapitel 4).

Bitweises exklusives ODER ^

Die Bits der beiden Argumente werden paarweise durch das exklusive
ODER (XOR) verknüpft. Beispiel:

```
>>> 23 ^ 13
26
```

Besitzt an einer Stelle genau eines der beiden Bits den Wert 1, so erhält
das Ergebnis an der gleichen Stelle den Wert 1. Ist das nicht der Fall, erhält das Ergebnis an der Stelle den Wert 0.

```
23:   10111
13:   01101
26:   11010
```

Bitweises inklusives ODER |

Die Bits der beiden Argumente werden paarweise durch das inklusive
ODER (OR) verknüpft. Beispiel:

```
>>> 7 | 45
47
```

Besitzt an einer Stelle wenigstens eines der beiden Bits den Wert 1, so
erhält das Ergebnis an der gleichen Stelle den Wert 1. Haben beide den
Wert 0, erhält das Ergebnis an der Stelle den Wert 0.

```
7:    000111
45:   101101
47:   101111
```

Der Operator | wird auch für Mengen verwendet und bedeutet dann
eine Vereinigung (siehe Kapitel 4).

5.4   Vergleiche < <= > >= != ==

Mit den Vergleichsoperatoren < (kleiner), <= (kleiner oder gleich), > (größer), >= (größer oder gleich),!= (ungleich) und == (gleich) können beliebige Zahlen und Sequenzen miteinander verglichen werden.

Den Operator <> (ungleich) gibt es nicht mehr. Man verwendet ausschließlich !=.

Ein Vergleich liefert einen Wahrheitswert: False oder True. Der Test auf Gleichheit == ergibt immer False, wenn Objekte unterschiedlichen Typs verglichen werden. Beispiele:

```
>>> "Haus" == 2   # Objekte unterschiedlichen Typs
False
>>> 2>3
False
>>> 2<3
True
```

Wie in der Mathematik üblich können bei Python Vergleiche beliebig verkettet werden. Der Term a<b<c ist wohl geformt. Das unterscheidet Python von den meisten Programmiersprachen. Bei anderen Sprachen muss häufig eine Vergleichskette wie a<b<c durch eine Konjunktion (UND-Verknüpfung) zweier binärer Vergleiche dargestellt werden: (a<b) and (b<c). Beispiele:

```
>>> 2<45<78
True
>>> 2<23<=10
False
```

Jeder Vergleichsoperator vergleicht die Werte zweier Objekte. Die Semantik des Vergleichs hängt vom Datentyp ab.

Zahlen werden arithmetisch verglichen.

Zeichenketten werden gemäß der lexikographischen Ordnung verglichen. Dabei werden zuerst die ersten Zeichen der beiden Strings verglichen, dann die zweiten usw. Es ist unerheblich, ob im String-Literal die Zeichen explizit angegeben oder durch Escape-Sequenzen codiert werden. Beispiele:

```
>>> "a" < "aa"
True
>>> "Abend" < "Anzug"
True
```

```
>>> "Tasche" == "T\x61sche"
True
>>> b"abc" == bytes([97, 98, 99])
True
```

Normale Strings und Bytestrings sind nicht interoperabel.

```
>>> b"Tasche" == "Tasche"
False
>>> b"Tasche" < "Tasche"
Traceback (most recent call last):
  File "<pyshell#101>", line 1, in <module>
    b"Tasche" < "Tasche"
TypeError: unorderable types: bytes() < str()
```

Tupel und Listen werden ebenfalls lexikographisch verglichen. Sie müssen (wie Zeichenketten) nicht die gleiche Länge besitzen. Beispiele:

```
>>> (1,3) > (1,2,3)
True
>>> [1,2,0] > [1,1,9,9]
True
```

Vergleichsoperatoren können auch für Mengen verwendet werden (siehe Kapitel 4). Dabei haben <, <=, >, >= die Bedeutung von Teilmengen-Operatoren. Beispiel:

```
>>> {2, 1} <= {1, 2, 3}
True
```

5.5   Zugehörigkeit (in, not in)

Die Operatoren in und not in testen die Zugehörigkeit des ersten Operanden zu einer Kollektion (Menge, Sequenz). Beispiele:

```
>>> "Birne" in ["Apfel", "Birne", "Orange"]   # Liste
True
>>> "i" in "Birne"                             # String
True
>>> "o" in "Birne"
False
>>> "i" in ["Apfel", "Birne", "Orange"]
```

```
False
>>> 1 in (1,2,3,4)                          # Tupel
True
>>> 1 in {2, 1, 3}                          # Menge
True
```

Bei benutzerdefinierten Klassen (vgl. Kapitel 15.3) kann der in-Operator
verwendet werden, wenn in der Klasse die Methode __contains__ () definiert ist. Der Ausdruck x in y ist genau dann wahr, wenn y.__con-
tains__(x) wahr ist. Im folgenden Beispiel wird in der Klasse Vokale die
Menge aller deutschen Vokale (außer Umlauten) definiert und anschließend geprüft, ob gewisse Buchstaben in einer Instanz dieser Klasse enthalten sind:

```
>>> class Vokale (object):
        def __init__ (self):
            self.inhalt =["a","A","e","E","i","I",
                          "o","O","u","U"]
        def __contains__(self, c):
            if c in self.inhalt:
                return True
            else:
                return False
>>> v = Vokale() # v ist eine Instanz der Klasse Vokale
>>> "a" in v
True
>>> "e" not in v
False
```

Der Operator not in liefert den inversen Wahrheitswert wie in.

5.6   Identitätsvergleich (is, is not)

In der objektorientierten Programmierung gibt es den feinsinnigen Unterschied zwischen Identität (Objektidentität) und Gleichheit. Jedes Objekt besitzt eine bestimmte Identität, die es von allen anderen Objekten
unterscheidet. Für ein solches Objekt können aber verschiedene Namen
existieren. Zwei Objekte sind gleich, wenn sie exakt dieselben Attribut-

werte haben. Deshalb sind sie aber noch nicht identisch, es kann sich auch um zwei unterschiedliche Objekte mit jeweils eigener Identität handeln (siehe Kapitel 1.5).

Die Operatoren is und is not testen die Objektidentität zweier Objekte. Der Ausdruck a is b liefert den Wahrheitswert True genau dann, wenn a und b identisch sind. Das heißt, a und b sind nur zwei verschiedene Namen für dasselbe (nicht das gleiche) Objekt. Beispiel:

```
>>> a = [1,2,3]
>>> b = a
>>> a is b
True
```

Im folgenden Beispiel sind a und b gleiche, aber nicht identische Objekte:

```
>>> a = [1,2,3]
>>> b = [1,2,3]
>>> a is b
False
```

5.7 Logische Operatoren (not, and, or)

Mit logischen Operatoren (Boole'schen Operatoren) können Wahrheitswerte (True und False) verarbeitet werden.

Die Operatoren not, and und or sind durch folgende Wahrheitstafel definiert:

a	b	not a	a and b	a or b
False	False	True	False	False
False	True	True	False	True
True	False	False	False	True
True	True	False	True	True

Tabelle 5.1: Wahrheitstafel

Python besitzt seit der Version 2.3 den Datentyp bool mit den beiden Werten True und False (großer Anfangsbuchstabe!) für die Wahrheitswerte »wahr« und »falsch«. Darüber hinaus ist jedem Wert eines beliebigen Datentyps auch ein Wahrheitswert zugeordnet. Die folgenden Werte besitzen den Wahrheitswert False: None, der Zahlenwert null bei allen numerischen Datentypen (z.B. 0, 0.0, 0j usw.), alle leeren Kollektionen (leere Zeichenketten wie "", b"" usw., das leere Tupel (), leere Listen [] und das leere Dictionary bzw. die leere Menge {}).

Alle anderen Werte haben den Wahrheitswert False.

Der Operator not liefert den Wert False, falls das Argument wahr ist, und True sonst. Beispiele:

```
>>> not ()
True
>>> not 123
False
>>> not False
True
>>> not "Hallo"
False
```

Die Operatoren and und or liefern nicht nur False und True, sondern auch andere Werte, wenn sie Objekte verknüpfen, die nicht vom Typ bool sind.

Beim Ausdruck a and b wird zuerst a ausgewertet und der Wahrheitswert ermittelt. Ist a falsch, wird der Wert von a zurückgegeben, sonst wird b ausgewertet und der Wert von b zurückgegeben. Beispiele:

```
>>> True and False
False                   # Wahrheitswert: falsch
>>> "" and "Nichts"
''                      # Wahrheitswert: falsch
>>> "Wochenend" and "Sonnenschein"
'Sonnenschein'          # Wahrheitswert: wahr
```

Beim Ausdruck a or b wird zuerst a ausgewertet und der Wahrheitswert ermittelt. Ist a wahr, wird der Wert von a zurückgegeben, sonst wird b ausgewertet und der Wert von b zurückgegeben. Beispiele:

```
>>> False or True
True                        # Wahrheitswert: wahr
>>> False or False
False                       # Wahrheitswert: falsch
>>> "Sekt" or "Selters"
'Sekt'                      # Wahrheitswert: wahr
```

Aufgrund dieser speziellen »Arbeitsweise« ist es möglich, mit Hilfe der Boole'schen Operatoren sehr kompakte Bedingungen für Kontrollstrukturen zu formulieren.

Siehe auch: Kontrollstrukturen (Kapitel 7), Mathematische Funktionen (Kapitel 17)

6 Einfache Anweisungen (Statements)

Eine Anweisung muss sich in einer einzigen logischen Zeile befinden. Ein Beispiel ist ein Aufruf der print()-Funktion.

```
>>> print("Hello")
Hello
```

Es ist möglich (wenn auch nur in Ausnahmefällen empfehlenswert), mehrere Anweisungen, durch Semikolon getrennt, in einer Zeile unterzubringen. Beispiel:

```
>>> print("zwei "); print("Anweisungen")
zwei
Anweisungen
```

Man unterscheidet einfache Anweisungen von zusammengesetzten Anweisungen. Zu den letzteren gehören Kontrollstrukturen und die Definitionen von Klassen und Funktionen. Die folgende Tabelle gibt einen Überblick über die Formen einfacher Anweisungen.

Anweisung	Erläuterung
assert	Eine Zusicherung in Form eines (logischen) Ausdrucks, die zum Debugging eines Skripts dient
Ausdruck-Anweisung	Ein Ausdruck oder eine Liste von Ausdrücken
break	Abbruch einer Schleife
continue	Sprung zum nächsten Schleifendurchlauf
del	Löschen von Objekten
exec	Ausführung von Python-Skripten
global	Namen dem globalen Namensraum zuordnen
import	Modul importieren

Anweisung	Erläuterung
pass	Das leere Statement
raise	Eine Ausnahme auslösen
return	Rückgabe von Werten bei Funktionsdefinitionen (siehe Kapitel 8)
yield	Rückgabe des nächsten Elementes eines Generators in einer Generatorfunktion und Unterbrechung der Ausführung
Zuweisung	Neudefinition oder Änderung der Bindung eines Namens z.B. x = 3
Zuweisung, erweitert	Kombination einer Zuweisung mit einer binären Operation z.B. x += 1

assert

Zusicherungen (asserts) werden zum Debuggen von Skripten eingesetzt (siehe Kapitel 10.4). Eine assert-Anweisung hat folgenden formalen Aufbau:

```
assert_statement ::=
    "assert" expression ["," expression]
```

Hinter dem Schlüsselwort assert steht eine Bedingung (logischer Ausdruck), der erfüllt oder nicht erfüllt sein kann. Dahinter folgt optional ein Text mit Informationen über den Fehler. Zur Laufzeit prüft das System, ob die Bedingung erfüllt ist, und gibt gegebenenfalls eine Fehlermeldung (AssertionError) aus.

```
>>> x = 1
>>> assert x < 1000
>>> assert x >= 900, "x kleiner als 900"

Traceback (most recent call last):
...
AssertionError: x kleiner als 900
```

Siehe auch: Testen von Vor- und Nachbedingungen (Kapitel 10.4)

Ausdruck-Anweisung

Die einfachste Form einer Anweisung besteht aus einem Ausdruck. Ausdrücke sind z.B. mathematische Terme oder logische Ausdrücke mit Vergleichsoperatoren und logischen Operatoren. Ein Gleichheitszeichen (Zuweisung) kommt in einem Ausdruck nicht vor. Zu den Ausdruckanweisungen gehören auch Funktions- und Methodenaufrufe.

Man verwendet Ausdruck-Anweisungen in der Praxis meist nur im interaktiven Modus. Nach Betätigen von Return wertet das System den Ausdruck aus und liefert das Ergebnis in der nächsten Zeile.

```
>>> 7*5
35
>>> 2>3
0
```

Erweiterte Ausdruck-Anweisungen bestehen aus mehreren Ausdrücken, die durch Kommata getrennt sind. Sie können auch als Tupel aufgefasst werden.

```
>>> 2>3, 1!= 4, 3*4
(False, True, 12)
```

Man beachte, dass in Python-Skripten Ausdrücke und Funktionsaufrufe allein stehen dürfen. Sie müssen nicht – wie in anderen Programmiersprachen – Teil einer Zuweisung sein. Der Term 2*x + 3 kann allein in einer Skriptzeile stehen, ohne einen Laufzeitfehler auszulösen. Allerdings hat er keinerlei Wirkung. Bei der Interpretation des Skripts wird das Ergebnis der Auswertung einfach nicht verwendet.

break

Eine break-Anweisung besteht nur aus dem Schlüsselwort break. Sie bewirkt den Abbruch einer for- oder while-Schleife. Im folgenden Beispiel wird die for-Schleife verlassen, sobald ein Teiler für n gefunden worden ist:

```
def primzahl (n):
    prim = True
    for i in range (2,n//2):
```

```
        if n % i == 0:
            prim = False
            break
    if prim:
        print("Primzahl")
    else:
        print("keine Primzahl")
```

Wenn eine for-Schleife durch eine break-Anweisung beendet worden ist, behält der Zähler der Schleife seinen Wert:

```
>>> for i in range(10):
        if i == 4:
            break
>>> i
4
```

In einer try-Anweisung verhindert break nicht die Ausführung einer finally-Klausel.

continue

Die continue-Anweisung besteht allein aus dem Wort continue. Sie darf nur in for- oder while-Schleifen verwendet werden und bewirkt, dass der aktuelle Schleifendurchlauf abgebrochen und das Programm mit dem nächsten Durchlauf der innersten Schleife fortgesetzt wird.

```
>>> for i in range(5):
        if i == 3:
            continue  # naechster Durchlauf
        print(i)
0
1
2
4
>>>
```

del

Mit einer del-Anweisung wird die Bindung eines Namens an ein Objekt aufgehoben. Die Anweisung besteht aus dem Schlüsselwort del, gefolgt von einem Namen oder einer Folge von Namen. Der Name muss im lokalen oder globalen Namensraum existieren, sonst gibt es einen Laufzeitfehler.

```
>>> a, b, c = 1, 2, 3
>>> a
1
>>> del a          # Name a löschen
>>> a
Traceback (most recent call last):
...
NameError: name 'a' is not defined
>>> del b,c        # mehrere Namen löschen
```

Gelöscht wird der Name, (zunächst) nicht aber das Objekt, das bezeichnet wird. Wenn es also mehrere Namen für dasselbe Objekt gibt, bleibt das Objekt erhalten, wenn nur einer der Namen in der del-Anweisung gelöscht wird.

```
>>> a = [1, 2, 3]
>>> b = a
>>> del b
>>> a
[1, 2, 3]
>>> b
Traceback (most recent call last):
...
NameError: name 'b' is not defined
```

Es können Variablen, Namen von Funktionen, Attribute von Objekten und Ausschnitte (Slices) von Listen (nicht aber von Strings oder Tupeln!) gelöscht werden.

```
>>> a = [1,2,3,4,5]
>>> del a[3:]
>>> a
[1, 2, 3]
>>> del a[0]
>>> a
[2, 3]
```

Aus einem Dictionary kann man ein Item löschen:

```
>>> tel = {'Polizei':110, 'Feuerwehr':112}
>>> tel
{'Polizei': 110, 'Feuerwehr': 112}
>>> del tel['Polizei']
>>> tel
{'Feuerwehr': 112}
```

global

Mit dem global-Statement werden Bezeichner dem globalen Namensraum zugeordnet (siehe Kapitel 1.8). Die Anweisung besteht aus dem Schlüsselwort global, gefolgt von einer Sequenz von Bezeichnern. Syntax:

```
global_stmt ::= "global" identifier ("," identifier)*
```

Die aufgelisteten Bezeichner werden im gesamten Anweisungsblock als globale Namen interpretiert.

Betrachten Sie folgendes Beispiel:

```
>>> def greeting():
        print(a)        # globaler Name wird verwendet
>>> a = "hello"
>>> greeting()
hello
```

In der Definition der Funktion greeting() wird eine Variable a zwar verwendet, aber nicht (durch eine Zuweisung) definiert. Wenn eine Variable in einem Block nicht definiert ist, wird automatisch der globale Name verwendet.

Im folgenden Beispiel gibt es zwei Variablen mit dem Namen a. In der Funktionsdefinition wird eine lokale Variable mit dem Namen a definiert. Diese Variable wird auch in der print()-Anweisung innerhalb der Funktion verwendet. Ausgegeben wird »good bye«, der Inhalt der lokalen Variablen. Die Zuweisung innerhalb der Funktion hat keinen Einfluss auf die globale Variable a. Sie bleibt unverändert.

```
>>> def greeting():
        a = "good bye"  # lokaler Name a
        print(a)
```

```
>>> a = "hello"        # globaler Name a
>>> greeting()
good bye
>>> print(a)           # globaler Name wird verwendet
hello
```

Mit der global-Anweisung kann nun erzwungen werden, dass innerhalb der Funktionsdefinition bei der Zuweisung kein neuer lokaler Name erzeugt wird, sondern der globale Name a verwendet wird. Im folgenden Beispiel gibt es nur *eine* (globale) Variable, deren Wert als Seiteneffekt von der Funktion verändert wird:

```
>>> def greeting():
        global a
        a = "good bye"
        print(a)
>>> a = "hello"
>>> greeting()
good bye
>>> print(a)
good bye
```

Bestimmte Bezeichner dürfen nicht in einer global-Anweisung aufgeführt werden. Dazu gehören formale Parameter:

```
>>> def zahlenfolge(n):
        global n
        for i in range(n):
          print(i)
SyntaxError: name 'n' is parameter and global
```

Siehe auch: Namensräume (Kapitel 1.8)

import

Mit der import-Anweisung können Module oder Objekte aus Modulen in den Namensraum eingebunden werden. Die Syntax der Import-Anweisung ist durch folgende Regeln festgelegt:

```
import_stmt ::=
  "import" module ["as" name] ( "," module ["as" name] )*
  | "from" module "import" identifier ["as" name]
```

```
    ( "," identifier ["as" name] )*
  | "from" module "import" "*"
module ::= (identifier ".")* identifier
```

Man kann zwischen zwei Formen der Import-Anweisung unterscheiden: dem Import eines Moduls und dem Import der Objekte (in der Regel Funktionen oder Klassen) eines Moduls. Ferner können die importierten Objekte unter einem neuen Namen eingebunden werden.

Ein komplettes Modul wird importiert, indem hinter das Schlüsselwort import der Name des Moduls aufgeführt wird. Beispiel: Die Anweisung import math bewirkt, dass das Standard-Modul math in den lokalen Namensraum eingebunden wird. Das heißt, der Name math erscheint im Dictionary der lokalen Namen. Mit einem Aufruf der locals()-Funktion kann man dies nachprüfen.

```
>>> import math
>>> locals()
{'__builtins__': <module 'builtins' (built-in)>, '__name__':
'__main__', '__doc__': None, 'math': <module 'math' (built-in)>,
'__package__': None}
```

Die Funktionen, die das importierte Modul bereitstellt, können nun aufgerufen werden, indem man den Namen des Moduls, gefolgt von einem Punkt und dem Namen der Funktion, aufschreibt:

```
>>> math.sin(1)
0.8414709848078965
```

In vielen Fällen ist diese Schreibweise zu umständlich. Dann lohnt es sich, die einzelnen Funktionen des Moduls direkt in den lokalen Namensraum einzubinden. Hierzu verwendet man die zweite Form der import-Anweisung, die mit dem Schlüsselwort from beginnt, gefolgt vom Modulnamen, dem Schlüsselwort from und einer Folge von Bezeichnern. Beispiele:

```
>>> from math import sin
>>> from math import sin, cos, tan
>>> from math import *
```

Der Stern bewirkt, dass alle Objekte des Moduls importiert werden. Nach einer solchen Anweisung können die Funktionsnamen direkt, ohne vorangestellten Modulnamen, verwendet werden.

```
>>> sin (1)
0.8414709848078965
```

Mit der locals()-Funktion stellt man fest, dass alle Bezeichner des Moduls in den lokalen Namensraum aufgenommen worden sind. Beispiel:

```
>>> from math import *
>>> locals()
{'pow': <built-in function pow>, 'cosh': <built-in function
cosh>, 'ldexp': <built-in function ldexp>, 'hypot': <built-in
function hypot>, 'tan': <built-in function tan>, 'asin': <built-
in function asin>, 'log': <built-in function log>, 'fabs':
<built-in function fabs>, 'floor': <built-in function floor>,
'sqrt': <built-in function sqrt>, '__package__': None, 'frexp':
<built-in function frexp>, 'degrees': <built-in function
degrees>, 'pi': 3.1415926535897931, 'log10': <built-in function
log10>, '__doc__': None, 'modf': <built-in function modf>,
'atan': <built-in function atan>, '__builtins__': <module 'buil-
tins' (built-in)>, 'ceil': <built-in function ceil>, 'sinh':
<built-in function sinh>, '__name__': '__main__', 'cos': <built-
in function cos>, 'e': 2.7182818284590451, 'tanh': <built-in
function tanh>, 'radians': <built-in function radians>, 'sin':
<built-in function sin>, 'atan2': <built-in function atan2>,
'fmod': <built-in function fmod>, 'exp': <built-in function
exp>, 'acos': <built-in function acos>}
```

Mit der optionalen Spezifikation as kann den importierten Objekten ein anderer lokaler Name gegeben werden. Beispiel:

```
>>> import math as m
>>> m.sin(1)
0.8414709848078965
```

Siehe auch: Klassenbibliotheken (Kapitel 15.5)

nonlocal

Die nonlocal-Anweisung ist neu in Python 3. Die Grammatik-Regel lautet:

```
nonlocal_stmt ::=
            "nonlocal" identifier ("," identifier)*
```

Hinter dem Schlüsselwort nonlocal steht ein Variablenname oder eine Folge von Variablennamen, die durch Kommata getrennt sind. Die Anweisung bewirkt, dass die hinter nonlocal aufgeführten Namen sich nun auf Variablen des nächstäußeren Namensraums beziehen. Betrachten wir ein Beispiel:

```
>>> def f1():
        x = 1              #1
        def f2():
            nonlocal x     # Name aus dem Namensraum von f1
            print(x)       #2
        f2()               #3
```

Im Körper der Funktion f2() wird eine Variable namens x als nonlocal deklariert. Damit bezieht sich dieser Name auf ein Objekt, das zuvor innerhalb des Funktionskörpers von f1() an den Namen x gebunden wurde (#1). Dieses Objekt ist die Zahl 1.

Testen wir nun die Funktion f1():

```
>>> x = 0              #4
>>> f1()
1
```

Wenn nun die Funktion f1() ausgeführt wird, passiert Folgendes: Die lokale Variable x wird in Zeile #1 auf den Wert 1 gesetzt. In Zeile #2 wird dieser Wert ausgegeben. Beachten Sie, dass der Name x zusätzlich auch noch im Namensraum außerhalb des Körpers von f1() existiert. Denn in der Kommandozeile (#4) der Python-Shell wurde der Name x an das Objekt 0 gebunden, bevor f1() ausgeführt wurde. Aber dieser Wert wird nicht ausgegeben, wie das Beispiel zeigte.

Zweites Beispiel:

```
>>> def f1():
        x = 1
        def f2():
            nonlocal x     #1
            x = 2          #2
```

```
    f2()
    print(x)          #3

>>> f1()
2
```

Hier wird innerhalb der lokalen Funktion f2() der Wert der Variablen x aus dem Namensraum von f1() verändert (auf 2 gesetzt). Denn wegen der nonlocal-Anweisung (#1) ist der Name x nicht im lokalen Namensraum von f2(). Die Zuweisung in Zeile #2 bezieht sich auf das x aus dem übergeordneten (nächstäußeren) Namensraum. In Zeile #3 wird der neue Wert ausgegeben.

Lässt man die nonlocal-Anweisung weg, so wirkt sich die Zuweisung innerhalb von f2() nicht aus.

```
>>> def f1():
    x = 1
    def f2():
        x = 2        # lokale Variable x
    f2()
    print(x)
>>> f1()
1
```

pass

pass ist eine leere Anweisung, die nichts bewirkt. Sie wird manchmal bei Verzweigungen aus syntaktischen Gründen benötigt, um Einrückungsfehler zu vermeiden. Denn nach einem Doppelpunkt muss auf jeden Fall ein neuer Anweisungsblock folgen.

```
>>> x = 2
>>> if x > 3:
    pass        # hier wird nichts getan
else:
    print "nicht größer"

nicht größer
```

raise

Mit einer raise-Anweisung kann explizit eine Ausnahme (und damit auch ein Programmabbruch) hervorgerufen werden. Beispiel:

```
>>> raise RuntimeError
Traceback (most recent call last):
  File "<pyshell#11>", line 1, in <module>
    raise RuntimeError

RuntimeError
```

Der Ausnahme kann ein erklärender Text zugeordnet werden. Man schreibt ihn in Klammern hinter den Namen der Fehlerklasse:

```
>>> raise NameError("nicht definierter Name")
Traceback (most recent call last):
  File "<pyshell#83>", line 1, in <module>
    raise NameError, "nicht definierter Name"
NameError: nicht definierter Name
```

Siehe auch: try-Anweisungen (Kapitel 7.5), Behandlung von Ausnahmen (Kapitel 10.2)

return

Die return-Anweisung darf nur innerhalb des Körpers einer Funktion auftauchen. Syntax:

```
return_stmt ::= "return" [expression_list]
```

Wenn dem Schlüsselwort return eine Liste von Ausdrücken (expression_list) folgt, werden diese ausgewertet und als Funktionswert zurückgegeben. Beispiel:

```
>>> def quadrat (x):
        return x**2
```

Steht return alleine, wird der Wert None zurückgegeben.

Eine Funktionsdefinition darf mehrere return-Anweisungen enthalten. Sobald ein return ausgeführt worden ist, wird die Ausführung der gesamten Funktion abgebrochen.

```
>>> def primzahl (n):
        for i in range(2, n//2):
            if n%i == 0:
                return False    # Abbruch, wenn Teiler gefunden
        return True             # kein Teiler gefunden

>>> primzahl (8)
False
>>> primzahl(37)
True
```

In einer Generatorfunktion darf nur eine einzelne return-Anweisung ohne expression_list enthalten sein. Sie initiiert eine StopIteration-Ausnahme und signalisiert, dass der Generator erschöpft ist.

Siehe auch: Definition von Funktionen (Kapitel 8)

yield

Die yield-Anweisung besteht aus dem Schlüsselwort yield, gefolgt von einem Ausdruck oder einem Tupel von Ausdrücken. Die Syntax-Regel lautet:

```
yield_stmt  ::= "yield" expression_list
```

Eine yield-Anweisung darf nur in der Definition einer Generatorfunktion verwendet werden. Oder anders herum: Wenn eine Funktionsdefinition eine yield-Anweisung enthält, wird sie vom Python-Interpreter als Generatorfunktion aufgefasst. Die yield-Anweisung ähnelt einer return-Anweisung in einer normalen Funktion, bewirkt aber zusätzlich, dass die Ausführung der Funktion angehalten wird. Das folgende Beispiel zeigt eine sehr einfache Generatorfunktion, die ein Generator-Objekt für ganze Zahlen zwischen 0 und n-1 zurückgibt.

```
>>> def generiereZahlen(n):
        for i in range(n):
            yield i
```

In der yield-Anweisung wird der Inhalt der Variablen i als nächstes Element des Generators zurückgegeben. Dann wird die Ausführung der Funktion angehalten. Erst, wenn wieder ein weiteres Element des Generators mittels der next()-Funktion angefordert wird, wird die Ausführung der Funktion fortgesetzt, bis wieder die yield-Anweisung erreicht wird oder das Ende des Funktionskörpers erreicht ist. Weil man aber nicht weiß, ob die Ausführung der Funktion überhaupt irgendwann einmal fortgesetzt wird, darf eine yield-Anweisung nicht in der try-Klausel einer try...finally-Anweisung stehen (siehe Kapitel 7.5). Denn es kann nicht garantiert werden, dass die finally-Klausel ausgeführt werden kann.

Siehe auch: Generatorfunktionen (Kapitel 8.10), try-Anweisungen (Kapitel 7.5)

Zuweisung

In Zuweisungen (assignments) wird Variablen, Objektattributen oder Items veränderbarer Container (Listen, Mengen und Dictionaries) ein Wert zugeordnet. Der Zuweisungsoperator ist ein Gleichheitszeichen. Links vom Gleichheitszeichen steht das Ziel, rechts ein Ausdruck, der den zugewiesenen Wert repräsentiert. Das ist das Prinzip. Zu den Einzelheiten kommen wir später. Die vielfältigen Möglichkeiten zur Konstruktion von Zuweisungen werden formal in folgenden Syntaxregeln beschrieben:

```
assignment_stmt ::=
    (target_list "=")+ expression_list
target_list ::=
    target ("," target)* [","]
target ::= identifier
         | "(" target_list ")"
         | "[" target_list "]"
         | attributeref
         | subscription
         | slicing
         | "*" target
```

Die einfachste Form der Zuweisung besteht aus einem Bezeichner (z.B. der Name einer Variablen), gefolgt von einem Gleichheitszeichen und einem Wert.

```
>>> x = 1
>>> x
1
```

Die erste Regel besagt, dass man in einer einzigen Zuweisung mehreren Variablen gleichzeitig einen (gemeinsamen) Wert zuordnen kann:

```
>>> x = y = z= 1
>>> x, y, z
(1, 1, 1)
```

Statt eines einzelnen Ziels kann links vom Zuweisungsoperator (Gleichheitszeichen) auch eine Folge von Zielen stehen (target list). In diesem Fall muss auf der rechten Seite eine ebenso lange Folge von Werten bzw. Ausdrücken stehen. Das heißt, man kann in einer einzigen Zuweisung mehreren Variablen Werte zuordnen:

```
>>> x, y, z = 1, 2, 3
>>> x, y, z
(1, 2, 3)
```

Variable und zugewiesene Werte können auch in runden oder eckigen Klammern stehen, so als ob Tupel oder Listen verarbeitet würden.

```
>>> (x, y, z) = (1, 2, 3)
>>> x, y, z
(1, 2, 3)
```

Eine Zeichenkette auf der rechten Seite einer Zuweisung wird als Sequenz einzelner Buchstaben interpretiert, wenn links eine Sequenz von Variablen steht. Jeder Buchstabe wird einer Variablen zugewiesen. Die Länge der Zeichenkette muss mit der Anzahl der Variablen übereinstimmen.

```
>>> a, b, c = "Wer"
>>> a, b, c
('W', 'e', 'r')
```

Es ist möglich, in einer einzigen Zuweisung ohne Hilfsvariable die Werte zweier Variablen zu vertauschen.

```
>>> x, y = 1, 2
>>> x, y = y, x    # vertauschen
```

```
>>> x, y
(2, 1)
```

Mittels einer Zuweisung kann man einer Funktion einen neuen (zusätzlichen) Namen geben:

```
>>> laenge = len
>>> laenge ("Hallo")
5
```

Namen mit vorangestelltem Stern * werden verwendet, um einer Variablen einen Teil einer Sequenz zuzuweisen. Betrachten wir ein Beispiel:

```
>>> s = [1, 2, 3, 4]
>>> anfang, *rest = s          #1
>>> anfang
1
>>> rest
[2, 3, 4]
```

Die Zuweisung #1 bewirkt, dass der Variablen anfang das erste Element der Liste s und der Variablen rest der Rest der Liste zugewiesen werden. Die gleiche Wirkung hat folgende Zuweisung:

```
>>> anfang, rest = s[0], s[1:]
```

Auf der linken Seite des Gleichheitszeichens darf insgesamt nur eine mit Stern versehene Variable stehen. Möglich ist:

```
>>> anfang, *mitte, ende = s
>>> anfang, mitte, ende
(1, [2, 3], 4)
```

Nicht erlaubt ist:

```
>>> a, *b, *c, d = s        # zwei gesternte Variablen
```

Zuweisung, erweitert

Eine erweiterte Zuweisung (augmented assignment) ist eine Kombination aus einer Zuweisung und einer binären Operation. Sie wird durch folgende Syntax-Regeln beschrieben:

```
augmented_assignment_stmt ::=
    target augop expression_list
```

```
augop ::= "+=" | "-=" | "*=" | "/=" | "%=" | "**="
        | ">>=" | "<<=" | "&=" | "^=" | "|="
```

Beispiele erweiterter Zuweisungen sind die Anweisungen

```
>>> x += 1
>>> y *= x + 2
```

Sie haben die gleiche Wirkung wie:

```
>>> x = x + 1
>>> y = y *(x+2)
```

Bei einer erweiterten Zuweisung wird der aktuelle Wert des Ziels als erster Operand gewählt. Der zweite Operand ist der Wert des Ausdrucks, der hinter dem Gleichheitszeichen steht. Auf beide Werte wird der Operator (erster Teil des Zuweisungsoperators) angewendet und das Ergebnis dem Ziel zugewiesen.

Die Verwendung erweiterter Zuweisungen führt nicht nur zu kürzerem Quelltext, sondern auch zu kürzeren Programmlaufzeiten. Denn bei einer Anweisung der Art x = x + 1 erstellt das System zuerst eine Kopie des Objektes mit dem Namen x. Das kostet Zeit, die bei erweiterten Zuweisungen gespart wird.

Beispiele:

Veränderung von Variableninhalten:

```
>>> x = y = 1
>>> x += 20
>>> x
21
>>> y *= 2
>>> y
2
```

Verlängerung von Sequenzen:

```
>>> x = [1,2,3]
>>> x += [4]
>>> x
[1, 2, 3, 4]
```

Im Unterschied zu normalen Zuweisungen dürfen als Ziel keine Folgen von Variablen angegeben werden.

```
>>> x, y += 1, 2
SyntaxError: illegal expression for augmented assignment
```

Inkrementierungen und Dekrementierungen (wie z.B. x++, x-- bei Java oder C) gibt es bei Python übrigens nicht.

Weitere Statements in Python 2.x

exec

In Python 2.x gibt es noch die exec-Anweisung. Sie ermöglicht die Ausführung von dynamisch erzeugten Python-Skripten. Die Anweisung besteht aus dem Schlüsselwort exec, gefolgt von einem String, einer geöffneten Datei oder einem Code-Objekt. In Python 3 wird die exec-Anweisung durch eine Funktion exec() ersetzt.

Im folgenden Beispiel enthält die Zeichenkette s ein gültiges Python-Skript. Ein Zeilenende wird durch ein ASCII-Newline-Zeichen (Escape-Sequenz \n) und eine Einrückung durch das Tabulatorzeichen (Escape-Sequenz \t) dargestellt. Man beachte, dass das Skript mit einem Newline-Zeichen enden muss.

```
>>> s = "for i in range(3):\n\t print \"Tor!\"\n"
>>> exec s
Tor!
Tor!
Tor!
```

print

Bei Python 2.x formuliert man Bildschirmausgaben mit print-*Anweisungen*. Bei Python 3 wird stattdessen die *Funktion* print() aufgerufen. Mit einer print-Anweisung kann ein Objekt in die Standardausgabe oder eine Datei geschrieben werden. Die Standardausgabe ist ein File-Objekt mit dem Namen stdout im Modul sys. Wenn Sie ein Python-Skript mit der Entwicklungsumgebung IDLE testen, ist das Shell-Fenster die Standard-Ausgabe. Bei CGI-Skripten werden die Inhalte der Standardausgabe vom Betriebssystem an den HTTP-Server übergeben, der sie an einen Client weiterleitet (siehe Kapitel 18). Die Syntax der print-Anweisungen beschreibt folgende Grammatik-Regel:

```
print_stmt ::=
    "print" ( [expression ("," expression)* [","]]
    | ">>" expression [("," expression)+ [","]] )
```

Danach besteht eine einfache print-Anweisung aus dem Schlüsselwort print und einem Ausdruck. Der Ausdruck wird ausgewertet, das Ergebnis gegebenenfalls in eine Zeichenkette umgewandelt und ausgegeben. Beispiele:

```
>>> print "Hallo!"
Hallo!
>>> print 12.34
12.34
>>> print 2*(3+4)
```

Es können auch mehrere Werte in einer einzigen Anweisung ausgegeben werden. Dazu werden hinter dem Schlüsselwort print mehrere Ausdrücke, durch Kommata getrennt, aufgeführt. Vor jedes ausgegebene Objekt schreibt das System ein Leerzeichen, es sei denn, es handelt sich um das erste Wort in einer Zeile.

```
>>> print 1, 2, 3, 4
1 2 3 4
```

Am Ende einer Ausgabe fügt das System ein ASCII-Newline-Zeichen (Escape-Sequenz: \n) ein, wenn nicht am Ende der print-Anweisung ein Komma steht (die Syntaxregel erlaubt als Option ein Komma am Ende). Das bedeutet, dass ohne Komma jede print-Anweisung eine neue Zeile beginnt.

```
>>> def morgen ():
    print "Guten"      # ohne Komma
    print "Morgen"
>>> morgen()
Guten
Morgen
```

```
>>> def morgen ():
    print "Guten",      # mit Komma
    print "Morgen"
>>> morgen()
Guten Morgen
```

Mit einer erweiterten print-Anweisung (zweite Variante in der Syntax-regel) kann die Ausgabe in ein beliebiges File-Objekt geschrieben wer-den. Die erweiterte print-Anweisung beginnt mit print >>. Der erste Ausdruck dahinter spezifiziert das file-Objekt. Im folgenden Beispiel wird die Standardausgabe als File-Objekt angegeben.

```
>>> import sys
>>> print >> sys.stdout, "Hallo"
Hallo
```

Siehe auch: CGI-Skripte (Kapitel 18), Funktion print() bei Python 3 (Kapitel 9)

7 Kontrollstrukturen

Kontrollstrukturen legen fest, in welcher Reihenfolge und unter welchen Bedingungen die Anweisungen eines Programms abgearbeitet werden.

7.1 Verzweigungen – die if-Anweisung

Bei einer Programmverzweigung wird Programmcode in Abhängigkeit von Bedingungen ausgeführt. Verzweigungen werden durch if-Anweisungen realisiert. Eine if-Anweisung ist eine zusammengesetzte Anweisung, die in der Regel über mehrere Zeilen geht. Ihre Syntax wird durch folgende Regeln definiert:

```
if_stmt ::= "if" expression ":" suite
            ( "elif" expression ":" suite )*
            ["else" ":" suite]
```

Einseitige Verzweigung

Im einfachsten Fall enthält eine if-Anweisung nur eine einzige Bedingung in Form eines logischen Ausdrucks und einen Anweisungsblock (suite). Dieser wird ausgeführt, falls die Bedingung »wahr« ist, und sonst nicht.

```
if x != 0:
    y = 1/x
    print("Kehrwert: ", y)
```

Nach dem Doppelpunkt beginnt in der nächsten Zeile der Anweisungsblock (suite). Er muss gegenüber der ersten Zeile um eine gewisse Anzahl von Stellen eingerückt sein. Es ist auch möglich, Anweisungen direkt hinter den Doppelpunkt zu schreiben. Zwischen den Anweisungen muss dann ein Semikolon stehen.

```
if x != 0: y = 1/x; print("Kehrwert: ", y)
```

Zweiseitige Verzweigung – else

Bei einer zweiseitigen Verzweigung wird hinter else: ein Anweisungsblock angegeben, der ausgeführt wird, falls die Bedingung des if-State-
ments nicht erfüllt ist.

```
if x != 0:
    y = 1/x
    print("Kehrwert: ", y)
else:
    print("Kehrwert nicht definiert")
```

Man beachte, dass das Schlüsselwort else genauso weit eingerückt sein
muss wie if.

Mehrfachverzweigung – elif

Manchmal müssen in einem Algorithmus viele Fälle unterschieden und
in jedem Fall eine andere Anweisungsfolge ausgeführt werden. Man
spricht dann von einer *Mehrfachverzweigung*. Python kennt keine spezielle Kontrollstruktur für Mehrfachverzweigungen, etwa so wie die
switch-case-Anweisung bei Java. Stattdessen wird eine if-Anweisung
mit elif-Klausel verwendet. elif heißt so viel wie »else if«. Wenn die Bedingung hinter dem Schlüsselwort elif wahr ist, wird der dahinter stehende Anweisungsblock ausgeführt. Falls keine der in if- und elif-
Klauseln getesteten Bedingungen erfüllt ist, wird schließlich als »letzte
Alternative« der Anweisungsblock der else-Klausel ausgeführt. Beispiel:

```
if x == 0: print("null")
elif x < 0: print("negativ")
else: print("positiv")
```

Die folgende verschachtelte if-Anweisung hat die gleiche Wirkung:

```
if x == 0: print "null"
else:
    if x < 0: print("negativ")
    else: print("positiv")
```

Die Schlüsselwörter if, elif und else müssen den gleichen Einrückungs-grad haben. Mit elif-Klauseln erspart man sich also bei umfangreichen Fallunterscheidungen viele Einrückungen.

7.2 Bedingte Ausdrücke

Die Schlüsselwörter if und else werden auch verwendet, um bedingte Ausdrücke zu formulieren (ab Python 2.5). Ein bedingter Ausdruck kann zwei unterschiedliche Ergebnisse liefern, je nachdem ob eine Bedingung erfüllt ist oder nicht.

Eine Zuweisung mit bedingtem Ausdruck hat folgende allgemeine Form:

```
x = wert_A if bedingung else wert_B
```

Sie hat die gleiche Wirkung wie folgende if-else-Anweisung:

```
if bedingung:
    x = wert_A
else:
    x = wert_B
```

Als Beispiel definieren wir eine Funktion, die den Absolutwert einer Zahl berechnet:

```
>>> def absolut(x):
        return x if x >=0 else -x

>>> absolut(123)
123
>>> absolut (-7)
7
```

7.3 Verzweigungen mit logischen Operatoren

Die Entscheidung zwischen mehreren Alternativen kann bei Python noch auf ganz andere Weise, nämlich mit Hilfe Boole'scher Operatoren, implementiert werden. Nehmen wir als Beispiel eine Funktion, die den Kehrwert einer Zahl berechnet, sofern er existiert:

```
>>> def kehr (x):
       if x == 0: return "Error"
       else: return 1/x

>>> print(kehr(0))
Error
>>> print(kehr(2.0))
0.5
```

Die folgende Funktion leistet das Gleiche:

```
>>> def kehr1(x):
       return ((x == 0) and "Error") or 1/x
```

Anstelle einer if-Anweisung wird hier ein logischer Ausdruck verwendet. Dass ein solches Konstrukt funktioniert, liegt an der besonderen Art, wie Python Ausdrücke mit Boole'schen Operatoren auswertet (siehe Kapitel 1.5). Bei einer and-Verknüpfung wird zuerst der erste Operand ausgewertet. Falls er den Wahrheitswert »wahr« trägt (und nur dann), wird der zweite Operand ausgewertet. Dessen Wert ist dann der Wert des Gesamtausdrucks. Im obigen Beispiel heißt das: Wenn x == 0 gilt, dann hat der Ausdruck ((x == 0) and "Error") den Wert "Error" (Wert des zweiten Operanden), sonst den Wert False (das ist der Wahrheitswert des ersten Operanden (x == 0)).

Nun gibt es noch eine or-Verknüpfung, die als Nächstes ausgewertet wird. Hier gilt bei Python die Regel, dass der Wert des zweiten Operanden (hier die Zeichenkette »Error«) dann als Wert für den gesamten Ausdruck übernommen wird, wenn der erste Operand den Wahrheitswert »falsch« besitzt.

Zur Illustration noch ein Beispiel:

```
>>> def absolut (x):
       return ((x < 0) and -x) or x
>>> absolut (-10)
10
>>> absolut (5)
5
```

Der Ausdruck ((x < 0) and -x) or x liefert den Absolutwert von x. Wenn x < 0 wahr ist, wird der Wert -x zurückgegeben, sonst der Wert von x.

7.4 Iterationen – die for-Anweisung

Iter ist das lateinische Wort für Marsch oder Gang. Die Idee einer Iteration ist folgende: Es wird eine Folge von Elementen durchlaufen und für jedes einzelne Element ein Anweisungsblock (suite) ausgeführt. Iterationen werden durch for-Anweisungen definiert. Man spricht auch von for-Schleifen. Sie können bei Python sehr vielfältig aufgebaut sein. Das allgemeine Format wird in folgender Grammatik-Regel definiert:

```
for_stmt ::=
     "for" target_list "in" expression_list ":" suite
     ["else" ":" suite]
```

Hinter dem Schlüsselwort for kommt üblicherweise ein Variablenname (Laufvariable) oder ein Tupel aus Variablennamen. Danach folgt das Schlüsselwort in und dahinter ein Ausdruck, der eine Kollektion von Objekten beschreibt. Im einfachsten Fall handelt es sich um eine Sequenz. Es folgt ein Doppelpunkt und dahinter eine Anweisungsfolge (suite). Sie wird für alle Elemente der Sequenz ausgeführt.

```
>>> for farbe in ("rot", "gelb", "grün"):
        print(farbe)
rot
gelb
grün

>>> for i in [1, 2, 3, 4, 5]:
        print(i*i, end=" ")

1 4 9 16 25

>>> for c in "leben":
        print(3*c, end=" ")

lll eee bbb eee nnn
```

Anstelle einer einzelnen Laufvariablen können Sie auch ein Tupel von Variablen verwenden:

```
>>> namenliste = [('Tim', 'Klein'), ('Jane', 'Beck')]
```

```
>>> for vorname, name in namenliste:
        print(vorname, name)

Tim Klein
Jane Beck
```

Optional kann eine for-Anweisung mit einer else-Klausel enden. Der Anweisungsblock hinter dem else wird ausgeführt, nachdem die Iterationssequenz vollständig durchlaufen worden ist.

Skript:

```
for i in s:
    print(i, end=" ")
else:
    print("Ende der Liste")
```

Ausgabe:

```
1 2 3 4 Ende der Liste
```

Siehe auch: Sequenzen (Kapitel 2), Generatoren (Kapitel 8.7)

Verwendung von range()

Hilfreich für die Formulierung vieler Iterationen ist die range()-Funktion (siehe Kapitel 9). Der Aufruf range(n) erzeugt eine Folge ganzer Zahlen von 0 bis n-1.

Einen Aufruf von range() verwenden Sie, wenn eine Anweisungsfolge n-mal wiederholt werden soll.

```
>>> for i in range(10):
        print('*', end=" ")
* * * * * * * * * *
```

Mit verschachtelten for-Schleifen kann man Zahlentupel systematisch aufzählen:

Skript:

```
>>> for i in range(4):
        for j in range(4):
            print((i,j), end=" ")
        print()
```

Ausgabe:

```
(0, 0) (0, 1) (0, 2) (0, 3)
(1, 0) (1, 1) (1, 2) (1, 3)
(2, 0) (2, 1) (2, 2) (2, 3)
(3, 0) (3, 1) (3, 2) (3, 3)
```

Verwendung von Iteratoren

An Stelle einer Sequenz kann die Iteration auch über ein anderes Objekt laufen, das das Iterator-Protokoll unterstützt, z.B. eine Menge oder ein Dictionary. Das ist sogar erheblich effizienter.

Im folgenden Beispiel werden alle Elemente einer Menge ausgegeben. Bei der Ausführung der Schleife verwendet der Interpreter einen Iterator des set-Objektes. Dieser liefert bei jedem Schleifendurchlauf ein »nächstes« Element der Menge, bis alle Elemente genau einmal berührt worden sind. Beachten Sie, dass es bei Mengen keine bestimmte Reihenfolge der Elemente gibt.

```
>>> A = {12, 3, 1, 2, 23, 5}
>>> for element in A:
        print(element, end=" ")

1 2 3 5 6 12 23
```

Im nächsten Beispiel läuft die Iteration über ein Dictionary. Für alle Schlüssel des Dictionaries werden die zugehörigen Werte (hier: Telefonnummern) ausgegeben. Bei der Ausführung wird intern ein Iterator für das Dictionary-Objekt verwendet, der nach und nach alle Schlüssel des Dictionarys liefert.

```
>>> tel = {'Polizei':110, 'Feuerwehr':112}
>>> for key in tel:
        print(tel[key], end=" ")

110 112
```

Diese for-Anweisung wird schneller ausgeführt, als wenn Sie zunächst mit der Dictionary-Methode keys() eine Liste der Schlüssel erzeugen, über die die Iteration läuft. Ungünstiger ist also:

```
>>> for key in tel.keys():
    print(tel[key], end=" ")
```

Siehe auch: Mengen (Kapitel 4), Standardfunktion iter() (Kapitel 9), Dictionaries (Kapitel 3)

Probleme beim Verändern der Iterationsliste

Bei Iterationen über Listen kann ein Problem auftreten, wenn innerhalb der for-Anweisung Elemente aus der Liste gelöscht werden. Bei Listen sind ja Veränderungen möglich (nicht jedoch bei Tupeln oder Strings). In dem anschließenden Beispiel sollen aus einer Zahlen-Liste alle Elemente mit einem negativen Wert entfernt werden. Das Problem ist Folgendes: Der Python-Interpreter speichert bei einer Iteration den Index des aktuellen Listenelementes. Nach jedem Durchlauf des Schleifeninneren wird der Index um eins erhöht. Wenn aber das aktuelle oder ein voriges Element der Liste entfernt worden ist, rutschen die dahinter liegenden nach vorne. Auf diese Weise werden Elemente der Liste übersprungen.

```
>>> liste = [1, 3, -2, -8, 4, -5]
>>> for i in liste:
    if i < 0:
        liste.remove(i)
>>> liste
[1, 3, -8, 4]
```

Wie man sieht, wurden bei diesem Beispiel tatsächlich nicht alle negativen Zahlen gelöscht. Als Abhilfe bietet sich an, als Iterator nicht die zu bearbeitende Liste, sondern einen Klon liste[:] zu verwenden (siehe Abschnitt »Klonen von Listen« auf Seite 60). Ein kleiner Unterschied mit großer Wirkung:

```
>>> liste = [1, 3, -2, -8, 4, -5]
>>> for i in liste[:]:
    if i < 0:
        liste.remove(i)
>>> liste
[1, 3, 4]
```

break und continue

Beispielsweise um Rechenzeit zu sparen, ist es manchmal sinnvoll, eine Iteration vorzeitig, das heißt, bevor das letzte Element der Iterationssequenz erreicht ist, zu beenden. Dies kann mit einer break-Anweisung erreicht werden. Man beachte, dass bei einem vorzeitigen Abbruch durch break auch die else-Klausel übersprungen wird. Im Beispiel wird das Wort »Ende« nicht mehr geschrieben.

```
>>> s = "Eisendraht"
>>> for c in s:
      print(c, end=" ")
      if c == 's': break
else: print('Ende')
E i s
```

Die Anweisung continue bewirkt, dass die aktuelle Ausführung des Anweisungsblocks abgebrochen, der Indexzähler um eins erhöht und der nächste Schleifendurchlauf begonnen wird.

```
>>> s = "Eisendraht"
>>> for c in s:
      if c in 'aeiouAEIOU': continue
      print(c, end=" ")
else: print('Ende')
s n d r h t Ende
```

7.5 Schleifen mit Abbruchbedingung – while

Bei einer while-Anweisung (while-Schleife) wird eine Anweisungsfolge (suite) so lange wiederholt, wie die Schleifenbedingung erfüllt ist. Die folgende Regel beschreibt die Syntax der while-Anweisung. Den Anweisungsblock, der wiederholt wird, nennt man auch das *Schleifeninnere*.

```
while_stmt ::= "while" expression ":" suite
       ["else" ":" suite]
```

Die Schleifenbedingung ist ein logischer Ausdruck, der hinter dem
Schlüsselwort while steht. Vor jedem Schleifendurchlauf wird der Ausdruck ausgewertet und getestet, ob er den Wahrheitswert »wahr« ergibt.
Ist das der Fall, wird der anschließende Anweisungsblock ausgeführt.

```
>>> x = 2
>>> while x < 1000000:
        print(x, end=" ")
        x = x**2
2 4 16 256 65536
```

Der Syntax-Regel entnimmt man, dass eine while-Anweisung optional
eine else-Klausel erhalten kann. Der else-Anweisungsblock wird zum
Schluss, wenn die Schleifenbedingung nicht mehr erfüllt ist, einmal ausgeführt.

```
>>> x = 2
>>> while x <= 1000000:
        x = x*2
else:
        print("Kleinste Zweierpotenz,")
        print("die größer als 1000000 ist: ", x)

Kleinste Zweierpotenz,
die größer als 1000000 ist:  1048576
```

Programme mit while-Anweisungen können versehentlich eine Endlosschleife enthalten. Der Programmlauf endet niemals, weil die Bedingung
immer erfüllt ist. Mit der Tastenkombination [Strg]+[C] können Sie den
Programmlauf jederzeit abbrechen (Keyboard Interrupt).

break und continue

Wie bei for-Schleifen können die Schlüsselwörter break und continue
zur Steuerung des Ablaufs von while-Schleifen verwendet werden. Eine
break-Anweisung führt zum völligen Abbruch der while-Schleife. Auch
die else-Klausel wird übersprungen.

Die continue-Anweisung beendet nur den aktuellen Schleifendurchlauf.
Der Anweisungsblock wird dann aber erneut ausgeführt (nächster
Durchlauf).

```
>>> x = 1
>>> while x < 50:
        x +=1
        if x % 7 != 0: continue
        print(x, end=" ")
7 14 21 28 35 42 49
```

Endlosschleifen

Wenn die Schleifenbedingung immer erfüllt ist, haben wir es mit einer Endlosschleife zu tun, die niemals terminiert.

```
>>> while True: print(1)
```

Das laufende Programm kann in der IDLE-Shell durch einen KeyboardInterrupt abgebrochen werden, den man durch die Tastenkombination Strg+c auslöst. Endlosschleifen entstehen manchmal versehentlich auf Grund eines Programmierfehlers, sie können aber auch – meist in Kombination mit break- und try-Anweisungen – bewusst als »algorithmischer Kniff« eingesetzt werden. Im folgenden Beispiel wird so lange eine Benutzereingabe eingefordert, bis eine Zahl eingegeben worden ist:

```
>>> while True:
        try:
            x = input("Bitte Zahl eingeben: ")
            x = int(x)
            break
        except ValueError:
            print("Das war keine Zahl.",)
            print("Bitte noch einmal ...")
```

7.6 Abfangen von Laufzeitfehlern – try

Während der Laufzeit eines Programms kann es zu Fehlersituationen kommen, die zum Programmabbruch durch das System führen, sofern im Programm keine besonderen Vorkehrungen getroffen worden sind.

‣ Die Auswertung eines Terms wie x/0 oder x%0 führt zu einem ZeroDivisionError.

▸ Die Verwendung einer nicht definierten Variablen führt zu einem NameError.

▸ Der Versuch, eine nicht existierende Datei zu öffnen, führt zu einem IOError.

Mit Hilfe von try-Anweisungen können Reaktionen auf Laufzeitfehler kontrolliert werden. Es gibt zwei Arten von try-Anweisungen.

▸ Eine try...except-Anweisung verhindert einen Programmabbruch durch das System. Sie entspricht einer try...catch-Anweisung bei Java oder C++. Falls ein Fehler eines spezifizierten Typs auftritt, wird eine spezielle Routine aufgerufen.

▸ Bei einer try...finally-Anweisung wird ein Programmabbruch nicht unterdrückt. In der finally-Klausel wird ein Anweisungsblock definiert, der *vor* dem Abbruch ausgeführt wird, z.B. um »Aufräumarbeiten« zu erledigen, die auf jeden Fall durchgeführt werden müssen.

Die folgenden Grammatik-Regeln definieren die Syntax einer try-Anweisung:

```
try_stmt   ::=  try1_stmt | try2_stmt
try1_stmt  ::=  "try" ":" suite
           ("except" [expression ["as" target]] ":" suite)+
           ["else" ":" suite]
           ["finally" ":" suite]
try1_stmt  ::=  "try" ":" suite
           "finally" ":" suite
```

try...except

Eine in der Praxis häufig vorkommende Anwendung der try-Anweisung ist das Abfangen eines Ein-/Ausgabefehlers (IOError), der entsteht, wenn man versucht, auf eine Datei zuzugreifen, die nicht existiert.

```
try:
     f = open ("gibts_nicht.txt", "r")
     print("Datei wurde gelesen.")
except IOError:
     print("Datei konnte nicht geöffnet werden.")
```

Die try-Anweisung wird folgendermaßen abgearbeitet:

▸ Zuerst wird die try-Klausel, genauer gesagt die Anweisungen zwischen den Schlüsselwörtern try und except, ausgeführt.

▸ Wenn kein Laufzeitfehler auftritt, wird die except-Klausel übersprungen und die Ausführung der try-Anweisung ist beendet.

▸ Falls ein Fehler auftritt, wird die Ausführung des try-Anweisungsblocks sofort abgebrochen (das heißt, nachfolgende Befehle dieses Blocks werden übersprungen). Falls der Fehlertyp mit der Fehlerbezeichnung in der except-Klausel übereinstimmt (im Beispiel IOError), wird der Anweisungsblock (suite) der except-Klausel ausgeführt.

▸ Falls in der try-Klausel ein Laufzeitfehler auftritt, dessen Typ nicht in einer except-Klausel berücksichtigt wird, wird bei verschachtelten try-Statements zunächst in einer weiter außen liegenden try-Anweisung nach einer passenden except-Klausel gesucht und – falls es eine gibt – diese ausgeführt. Ist die Suche erfolglos, kommt es zum Abbruch des Programms und einer entsprechenden Fehlermeldung.

Eine try-Anweisung kann mehrere except-Klauseln besitzen, um auf unterschiedliche Fehler-Arten angemessen zu reagieren. Es wird höchstens *eine* Klausel ausgeführt. In einer except-Klausel können auch mehrere Fehlertypen in Klammern aufgeführt werden. Der Anweisungsblock der Klausel wird ausgeführt, falls eine der aufgeführten Exceptions auftritt.

```
>>> except (IOError, NameError, TypeError): pass
```

Fehlt die Angabe eines Fehlertyps in einer except-Klausel, wird der zugehörige Anweisungsblock bei jedem beliebigen Laufzeitfehler ausgeführt – es sei denn, es gibt weiter oben in derselben try-Anweisung eine except-Klausel, die auf diesen Fehlertyp spezialisiert ist:

```
try:
    f = open ("c:\projekt\daten.txt", "r")
    zahl = int(f.read())
except IOError:
    print("Datei konnte nicht geöffnet werden")
except ValueError:
```

```
        print("Datei enthält keine Zahl")
except:
        print("Unerwarteter Fehler")
else:
        print(zahl)
        f.close()
```

Das Beispiel illustriert auch die Verwendung der optionalen else-Klausel, die am Ende einer try-Anweisung (und niemals zwischen except-Klauseln) stehen kann. Der Anweisungsblock der else-Klausel enthält Programmtext, der ausgeführt wird, falls in der try-Klausel kein Laufzeitfehler auftritt.

Technisch werden Laufzeitfehler vom Python-Interpreter durch Objekte des Typs exception repräsentiert. Solch einem exception-Objekt ist ein Wert zugeordnet (String oder Tupel), der die Umstände beschreibt, die den Fehler ausgelöst haben. Bei einem NameError z.B. enthält der assoziierte String den nicht definierten Namen.

```
>>> print(unbekannt)
Traceback (most recent call last):
  File "<pyshell#37>", line 1, in <module>
    print(unbekannt)
NameError: name 'unbekannt' is not defined
```

In einer except-Klausel kann dieser assoziierte Wert verarbeitet werden, wenn man nach der Bezeichnung des Exceptiontyps das Schlüsselwort as und einen Variablenbezeichner angibt (in der obigen Syntaxregel ist das das Nichtterminalsymbol target). Beispiel:

```
>>> try:
        unbekannte_funktion()
except NameError as x:
        print("Fehler: ", x)

Fehler:  name 'unbekannte_funktion' is not defined
```

try...finally

Durch eine try...finally-Anweisung kann eine Anweisungsfolge definiert werden, die in jedem Fall, auch wenn zuvor ein Laufzeitfehler aufgetreten ist, ausgeführt wird. Man verwendet diese Kontrollstruktur, um zu garantieren, dass bei Programmabbrüchen wichtige Aufräumarbeiten, wie z.B. das Schließen von Dateien oder das Trennen von Netzwerkverbindungen doch noch ausgeführt werden. Das folgende Beispiel illustriert die Arbeitsweise der try...finally-Klausel:

▸ Zuerst wird die try-Klausel ausgeführt (Versuch, den gelesenen Text in eine integer-Zahl umzuwandeln).

▸ Falls der Versuch scheitert, merkt sich das System die Ausnahme und führt dann zuerst die finally-Klausel aus (Datei schließen und »fertig« melden).

▸ Im Ausnahmefall folgen dann schließlich der Programmabbruch und die Meldung der Ausnahme (Traceback).

```
>>> try:
        f = open("/projekt/daten.txt", "r")
        x = int(f.read())
    finally:
        f.close()
        print("fertig!")

fertig!
Traceback (most recent call last):
  File "<pyshell#61>", line 3, in <module>
    x = int(f.read())
ValueError: invalid literal for int() with base 10: ''
```

Beachten Sie, dass in diesem Beispiel zuerst fertig! auf den Bildschirm geschrieben wurde und dann erst die Ausnahme ausgelöst wurde.

Python 2.x

Die Formulierung der except-Klausel ist bei Python 2.x etwas anders. Anstelle des Schlüsselwortes as wird hier ein Komma geschrieben, wenn man auf den assoziierten Wert des Ausnahme-Objektes zugreifen will:

```
try1_stmt ::= "try" ":" suite
    ("except" [expression ["," target]] ":" suite)+
    ...
```

Beispiel:

```
try:
    unbekannte_funktion()
except NameError, x:
    print "Fehler: " x)
```

7.7 Kontrollierte Ausführung – with

Objekte, die in irgendeiner Form auf die Umgebung des Programms zu-greifen, z.B. auf eine Datei oder eine Datenbank, können Probleme ver-ursachen. Solche Probleme kann man mit try ... finally abfangen. Beispiel:

```
f = open("x.txt", "r") # Datei zum Lesen öffnen
try:
    # Inhalt der Datei zeilenweise ausgeben
    for line in f:
        print(line)
finally:
    f.close()
```

Hier wird in der finally-Klausel sichergestellt, dass die zuvor geöffnete Datei wieder geschlossen wird.

Die folgende kurze with-Anweisung leistet genau das Gleiche:

```
with open("x.txt", "r") as f:
    for line in f:
        print(line)
```

Falls während der Ausführung des inneren Anweisungsblocks eine Aus-nahme auftritt, wird die geöffnete Datei wieder geschlossen. Das funk-tioniert, weil jedes File-Objekt die magische Methode __exit__() besitzt, die für das Schließen der Datei sorgt.

Man sagt, dass hier Anweisungen in einem *kontrollierten Kontext* aus-geführt werden. Das Objekt, das in der ersten Zeile definiert wird (hier ein File-Objekt mit Namen f), ist ein *Kontextmanager*. File-Objekte sind also gleichzeitig Kontextmanager. Die vollständige Syntax einer with-Anweisung wird durch folgende Grammatik-Regeln definiert:

```
with_stmt ::= "with" with_item ("," with_item)* ":" suite
with_item ::= expression ["as" target]
```

Aus der ersten Regel ergibt sich, dass eine with-Anweisung mehrere Kontextmanager besitzen darf. Beispiel:

```
with A() as a, B() as b:
    ...
```

Das entspricht einer verschachtelten with-Anweisung:

```
with A() as a:
    with B() as b:
        ...
```

Siehe auch: Dateien (Kapitel 11.5)

Das Context Management Protocol

Ein Objekt, das in einer with-Anweisung verarbeitet werden kann, nennt man *Context Manager*. Es muss dem *Context Management Protocol* genügen. Das heißt, es besitzt die beiden magischen Methoden _enter_() und _exit_().

1. Die Methode _enter_() wird zur Laufzeit in der with-Anweisung als Erstes ausgeführt. Sie besitzt als einzigen Parameter das eigene Objekt (self) und muss dieses Objekt auch zurückgeben.

2. Die Methode _exit_() wird zum Abschluss der with-Anweisung ausgeführt. In ihr ist die »Bereinigung« definiert, die am Ende mit jedem Objekt dieser Klasse unbedingt durchgeführt werden muss. Diese Methode muss mit vier Parametern definiert werden. Der erste ist das eigene Objekt self. Die übrigen drei Parameter beschreiben die Ausnahme (Exception), die eventuell während der Ausführung aufgetreten ist (Typ, Wert, Text des Tracebacks).

Das folgende Beispiel zeigt die Definition einer Context-Manager-Klasse und die Anwendung einer Instanz dieser Klasse in einer with-Anweisung.

```
class Reader:
    def readPrint(self):
        for line in self.f:
```

```
            print(line)

    def __enter__(self):
        self.f = open("x.txt", "r")
        return self

    def __exit__(self, exc_type, exc_val, exc_tb):
        self.f.close()

with Reader() as r:
    r.readPrint()
```

Siehe auch: Dateien (Kapitel 11.5), Methoden (Kapitel 15.3)

8 Definition von Funktionen

Funktionen gehören zu aufrufbaren Typen (callable types) der Standard-Typ-Hierarchie. Bei Python sind Funktionen ganz normale Objekte und werden in gewisser Hinsicht mit Datenobjekten wie Zahlen »gleichbehandelt«. Die Besonderheit ist nur, dass man sie aufrufen kann. Mit einer def-Anweisung kann man Funktionen selbst definieren. Die Syntax einer Funktionsdefinition ist im Wesentlichen durch folgende Regeln gegeben:

```
funcdef      ::= [decorators]
    "def" funcname "(" [parameter_list] ")" ":" suite
parameter_list ::=
    (defparameter ",")*
    ( "*" [parameter] ("," defparameter)*
    [,"**" parameter]
    | "**" parameter
    | defparameter [","] )
parameter    ::= identifier [":" expression]
defparameter ::= parameter ["=" expression]
funcname     ::= identifier
```

Eine Funktionsdefinition besteht zumindest aus zwei Teilen, einem Kopf und einem Körper.

▸ Der Funktionskopf beginnt mit dem Schlüsselwort def, gefolgt vom Funktionsnamen und einer eventuell leeren Liste formaler Parameter (Parameterliste) in runden Klammern. Am Ende des Kopfes steht ein Doppelpunkt.

▸ Der Funktionskörper ist ein Anweisungsblock (suite), also eine Folge von Anweisungen, die gegenüber der Kopfzeile eingerückt ist. Die erste Zeile des Funktionskörpers kann einen so genannten *Docstring* enthalten. Das ist ein Text zur Dokumentation der Funktion, der in dreifachen Anführungszeichen steht. Wenn die Funktion einen Wert zurückgeben soll, muss der Funktionskörper eine return-Anweisung enthalten.

Einer solchen Definition können noch Decorators vorangestellt werden. Dazu mehr im letzten Abschnitt.

Im folgenden Beispiel hat die Funktion den Namen oberflaeche und die formalen Parameter heißen laenge, breite, hoehe. Die Funktion berechnet die Oberfläche eines Quaders.

```
>>> def oberflaeche (laenge, breite, hoehe):
        """ Berechnung der Oberfläche eines Quaders """
        flaeche = 2*laenge*breite
        flaeche += 2*laenge*hoehe
        flaeche += 2*breite*hoehe
        return flaeche
>>> oberflaeche (1,2,3)
22
```

Eine Funktionsdefinition ist eine Anweisung. Bei ihrer Ausführung wird der Funktionsname im aktuellen Namensraum an ein Funktionsobjekt gebunden.

8.1 Aufruf und Ausführung einer Funktion

Eine Funktion wird aufgerufen, indem der Name der Funktion angegeben wird, gefolgt von einer Liste aktueller Parameter in Klammern. Die aktuellen Parameter nennt man auch Argumente. Aktuelle Parameter sind entweder konkrete Werte (Literale) oder Variablennamen oder Ausdrücke, deren Auswertung Werte ergeben. Beispiele für Aufrufe der Funktion oberflaeche() sind:

```
>>> x = y = z = 2
>>> oberflaeche (x, y, z)
24
>>> oberflaeche (x+1, y*2, z)
52
>>> oberflaeche (int(2.23), 1, 1)
10
```

Bei der Ausführung einer Funktion wird vom Interpreter eine neue Symboltabelle (Dictionary) angelegt, in der die Werte (genauer gesagt: Referenzen auf Objekte) der lokalen Variablen gespeichert werden (lokaler Namensraum). Wenn im Funktionskörper ein Variablenname benutzt wird, sucht das System zuerst im lokalen Namensraum, dann im globalen und schließlich im Dictionary der Built-in-Namen.

Im folgenden Beispiel gibt es zwei Variablen mit dem Namen x. Im Funktionskörper wird aber nur auf die lokale Variable x zugegriffen.

```
>>> x = "Ich bin global"
>>> def f():
        x = "Ich bin lokal"
        print(x)

>>> f()
Ich bin lokal
>>> x
Ich bin global
```

Die formalen Parameter werden wie lokale Variablen behandelt. Falls das Argument eines Funktionsaufrufs eine Variable eines unveränderbaren Typs ist (z.B. ganze Zahl, Gleitkommazahl, String), verändert eine Zuweisung innerhalb des Funktionskörpers zwar den Inhalt des formalen Parameters, nicht aber den Inhalt der Variablen, die in der Parameterliste des Funktions*aufrufs* auftaucht.

```
>>> def f (x): # (lokaler) formaler Parameter x
        x = 5
        return x

>>> x = 1
>>> f(x)  # Variable im Funktionsaufruf
5
>>> x  # bleibt unverändert
1
```

Um den Mechanismus der Parameterübergabe richtig zu verstehen, muss man sich klar machen, dass Variablen Namen für Objekte sind. Der Wert einer Variablen ist ein Objekt. Beim Aufruf der Funktion werden mit den Parametern – wenn man es ganz genau nimmt – keine *Werte*, sondern *Referenzen auf Objekte* übergeben.

Innerhalb des Körpers der Beispielfunktion befindet sich die Zuweisung x = 5. Bei einer Zuweisung x = a wird ein Variablenname an ein anderes Objekt gebunden. Das vorige Objekt wird zerstört, falls x der einzige Name war. Es bleibt aber erhalten, wenn es noch einen zweiten Namen gibt. Genau diese Situation liegt in obigem Beispiel vor. Für das Objekt 1 gibt es zu Beginn der Ausführung der Funktion f zwei Namen: Die *globale* Variable x und die *lokale* Variable x (bzw. der formale Parameter) der Funktion. Bei der Zuweisung x = 5 wird die Bindung des lokalen x an das Objekt 1 aufgehoben, aber die Bindung des Objektes 1 an das globale x bleibt erhalten.

Eine völlig andere Situation haben wir, wenn das Argument eines Funktionsaufrufs eine Liste ist. Denn eine Liste ist ein veränderbares Objekt. Wenn innerhalb der Funktion die Elemente einer übergebenen Liste verändert werden, dann ist diese Änderung auch außerhalb der Funktion sichtbar. Im folgenden Beispiel ist s keine Kopie der als Parameter übergebenen Liste liste, sondern nur ein anderer Name für dasselbe Objekt.

```
>>> def erhoeheUmEins (s):
      for i in range(len(s)):
        s[i] += 1          # Liste wird verändert
>>> liste = [1, 2, 3, 4]
>>> erhoeheUmEins(liste)
>>> liste                  # Liste wurde verändert
[2, 3, 4, 5]
```

Innerhalb eines Funktionskörpers dürfen auch Variablennamen verwendet werden, die nicht zuvor (durch eine Zuweisung) definiert worden sind. In diesem Fall geht man davon aus, dass es globale Variablen sind, die in einem anderen Namensraum außerhalb der Funktion existieren.

```
>>> def f():
      print(x)   # x nicht im Funktionskörper definiert
>>> x = "Ich bin global"
>>> f()
Ich bin global
```

8.2 Funktionsnamen als Parameter

Die formalen Parameter können praktisch beliebigen Typs sein. Auch Funktions- und Methodennamen sind erlaubt. Die folgende Funktion berechnet zu einer einstelligen mathematischen Funktion eine Wertetabelle für die ganzen Zahlen 0...n-1. Der Name der Funktion und die Länge der Tabelle n werden als Parameter übergeben. Die Funktion f wird dann auf die Zahlen 0...n-1 angewendet.

```
>>> from math import *
>>> def berechneListe (f,n):
        ergebnis = list(range(n))       # Initialisierung
        for i in range (n):
            ergebnis[i] = f(i)
        return ergebnis

>>> berechneListe(exp, 4)
[1.0, 2.7182818284590451, 7.3890560989306504,
20.085536923187668]
>>> berechneListe(tan, 4)
[0.0, 1.5574077246549023, -2.1850398632615189,
-0.1425465430742778]
>>> berechneListe(sqrt, 4)
[0.0, 1.0, 1.4142135623730951, 1.7320508075688772]
```

8.3 Voreingestellte Parameterwerte

Für Parameter einer Funktion können Default-Werte vorgegeben werden. Dann ist es möglich, die Funktion auch mit weniger Argumenten aufzurufen, als definiert sind. Die Zuweisung der voreingestellten Werte erfolgt innerhalb der Liste der formalen Parameter (siehe Syntaxregel: defparameter). Beispiel:

```
>>> def gruss (name="Fremder"):
        return "Hallo " + name + "!"

>>> print(gruss())
Hallo Fremder!
>>> print(gruss("Beate"))
Hallo Beate!
```

Die Default-Werte werden nur *ein einziges Mal* – nämlich bei der Definition der Funktion – eingesetzt und nicht etwa bei jedem Aufruf. Das ist bei veränderbaren Objekten wie z.B. Listen unbedingt zu beachten. Im folgenden Beispiel wird eine Liste mit dem Default-Wert [] (leere Liste) bei jedem Aufruf der Funktion um ein Element verlängert:

```
>>> def f (a, liste =[]):
        liste += [a]
        return liste
>>> f(1)
[1]
>>> f(2)
[1, 2]
>>> f(3)
[1, 2, 3]
```

8.4 Schlüsselwort-Argumente

Beim Aufruf einer Funktion müssen die aktuellen Parameter (Argumente) in der gleichen Reihenfolge aufgeführt werden, wie die zugehörigen formalen Parameter innerhalb des Kopfes der Funktionsdefinition. Man spricht dann von *Positionsargumenten*, weil sich die Zuordnung eines Arguments zu einem formalen Parameter aus der Position in der Argumentliste ergibt. Beispiel:

```
>>> def quadratDifferenz (a, b):
        return a*a - b*b

>>> quadratDifferenz (2, 3)
-5
```

Bei dem Aufruf der Funktion wird dem formalen Parameter a das erste Argument (2) und dem formalen Parameter b das zweite Argument (3) zugeordnet.

Alternativ dazu können bei Funktionsaufrufen *Schlüsselwort-Argumente* (keyword arguments) in der Form *Schlüsselwort=Wert* verwendet werden. Beispiel:

```
>>> def wertetabelle (f, max=3, schritt=0.5):
        x = 0
        while x <= max:
            print(x, "\t", f(x))
            x += schritt

>>> from math import *
>>> wertetabelle (f=sin, max=1, schritt=0.2)
0       0.0
0.2     0.198669330795
0.4     0.389418342309
0.6     0.564642473395
0.8     0.7173560909
1.0     0.841470984808
```

Offensichtlicher Vorteil ist eine bessere Lesbarkeit des Funktionsaufrufs. Schlüsselwort-Argumente können in beliebiger Reihenfolge in der Parameterliste aufgeführt werden. Positionsargumente und Schlüsselwortargumente können gemischt werden, wobei allerdings einem Schlüsselwort-Argument kein Positionsargument folgen darf. Einem Argument darf nur einmal ein Wert zugewiesen werden. Bezogen auf das obige Beispiel sind folgende Funktionsaufrufe erlaubt:

```
wertetabelle (cos)
wertetabelle (cos, 10, 0.1)
wertetabelle (max=10, f=cos, schritt=0.1)
wertetabelle (cos, max=10, schritt=0.1)
```

Ungültig sind dagegen folgende Funktionsaufrufe:

```
wertetabelle()
```

Fehlendes Argument. Da für f kein Default-Wert definiert ist, muss zumindest dieses Argument übergeben werden.

```
wertetabelle (cos, f=cos)
```

Doppelter Wert für den Parameter f.

```
wertetabelle (max=10, f=cos, 0.1)
```

Nicht erlaubtes Positionsargument hinter einem Schlüsselwort-Argument.

8.5 Funktionen mit beliebiger Anzahl von Parametern

Eine Funktion kann so definiert werden, dass sie mit einer beliebigen Anzahl von Parametern aufgerufen werden kann. Wird vor einen formalen Parameter in der Parameterliste ein Stern geschrieben (z.B. *args), so repräsentiert der folgende Bezeichner ein (eventuell leeres) Tupel von Argumenten.

```
>>> def postkarte (adressat, *absender):
        print("Hallo", adressat,"!")
        print("Hier im Urlaub ist alles toll!")
        print("Viele Grüße von ")
        for name in absender:
            print(name, end=" ")

>>> postkarte("Monika", "Hans,", "Charlotte",
              "und den anderen")
Hallo Monika !
Hier im Urlaub ist alles toll!
Viele Grüße von
Hans, Charlotte und den anderen
```

Ein formaler Parameter, dem zwei Sterne vorangestellt sind, bezeichnet ein Dictionary. Es wird beim Funktionsaufruf aus Schlüsselwort-Argumenten gebildet. Das hat zur Folge, dass eine derartig definierte Funktion nur mit Schlüsselwort-Argumenten (und nicht mit Positionsargumenten) aufgerufen werden kann. Beispiel:

```
>>> def druckeMonde(**monde):
        for planet in monde:
            print(planet,":", monde[planet])

>>> druckeMonde(Erde='Mond', Mars='Phobos und Deimos')
Erde : Mond
Mars : Phobos und Deimos
```

8.6 Prozeduren

Prozeduren sind Funktionen, die den Wert None zurückgeben. Fehlt in einer Funktionsdefinition die return-Anweisung, wird automatisch der Wert None zurückgegeben. Es ist kein Fehler, wenn auf der rechten Seite einer Zuweisung ein Prozeduraufruf steht.

```
>>> def dreiMal(a):
      print(a)
      print(a)
      print(a)
>>> x = dreiMal ("Hoch!") # Prozedur-Aufruf
Hoch!
Hoch!
Hoch!
>>> type(x)
<class 'NoneType'>
```

8.7 Rekursive Funktionen

Rekursive Funktionen sind solche, die sich selbst aufrufen. Zu vielen Problemen gibt es elegante rekursive Algorithmen. Ein populäres Beispiel ist der Quicksort-Sortieralgorithmus. Er lässt sich mit Python in wenigen Zeilen implementieren:

```
>>> def qsort(s):
    if len(s)<= 1:
        return s                                    #1
    else:
        links =([x for x in s[1:] if x < s[0]])
        rechts = ([x for x in s[1:] if x >= s[0]])
        return qsort(links) + [s[0]] + qsort(rechts)  #2

>>> qsort ([2, 5, 7, 1, 5, 10, 34, 1])
[1, 1, 2, 5, 5, 7, 10, 34]
```

Die Idee ist folgende:

Eine leere Liste oder eine Liste mit nur einem Element ist bereits sortiert (#1). Aus einer beliebigen Liste s mit mehr als einem Element kann man eine sortierte Liste aus drei Teilen zusammensetzen (#2).

▸ Sortierte Liste aller x aus s, mit x <= s[0]

▸ s[0]

▸ Sortierte Liste aller y aus s mit y >= s[0]

8.8 Funktionen testen mit dem Profiler

Mit dem Profiler können Sie die Performance einer Funktion testen. Importieren Sie das Modul profile und starten Sie die Funktion run(). Als Argument übergeben Sie einen String, der einen Funktionsaufruf enthält. Als Beispiel testen wir die Funktion qsort() aus dem vorigen Abschnitt:

```
>>> import profile, random
>>> s = list(range(10000))     # Zahlen von 0 bis 9999
>>> random.shuffle(s)          # Die Liste wird gemischt
>>> profile.run("qsort(s)")    # Start des Profilers

26757 function calls (13381 primitive calls)
in 0.344 CPU seconds

Ordered by: standard name

ncalls   tottime  percall  cumtime  percall function
13377    0.049    0.000    0.049    0.000   len
1        0.000    0.000    0.000    0.000   setprofile
13377/1  0.294    0.000    0.343    0.343   qsort
```

Die Funktion profile.run() liefert eine Bildschirmausgabe (im obigen Listing aus Platzgründen gekürzt), die folgende Informationen enthält:

▸ Anzahl der Funktionsaufrufe insgesamt (hier: 26757)

▸ Gesamtzeit zur Ausführung des getesteten Funktionsaufrufs (hier: 0.344 Sekunden für die Ausführung von qsort(liste))

- Für jede (innerhalb der gestesteten Funktion) aufgerufene Funktion:
  - 1. Spalte (ncalls): die Anzahl der Funktionsaufrufe (hier z.B. 13377 Aufrufe der Standardfunktion len())
  - 2. Spalte (tottime): Gesamtzeit für die Ausführung aller Funktionsaufrufe der Funktion außer der Zeit zur Ausführung darin aufgerufener Subfunktionen (hier z.B. 0.049 Sekunden für die 13377 Aufrufe der Standardfunktion len())
  - 3. Spalte (percall): Zeit für die Ausführung eines Aufrufs der Funktion, genauer: tottime/ncalls (hier z.B. weniger als 1 Millisekunde für einen Aufruf der Funktion len())
  - 4. Spalte (cumtime): kumulierte Gesamtzeit für die Ausführung aller Funktionsaufrufe der Funktion einschließlich der Gesamtzeit zur Ausführung aller darin aufgerufener Subfunktionen (hier z.B. 0.049 Sekunden für die 13377 Aufrufe der Standardfunktion len())
  - 5. Spalte (percall): kumulierte Zeit für die Ausführung eines Aufrufs der Funktion, genauer: cumtime/ncalls (hier z.B. weniger als 1 Millisekunde für einen Aufruf der Funktion len())
  - 6. Spalte: Name der Funktion (in der obigen Darstellung gekürzt)

8.9 Lokale Funktionen

Innerhalb einer Funktion können weitere Funktionen definiert werden. Sie sind lokale Funktionen, die außerhalb des Funktionskörpers nicht aufgerufen werden können. Beispiel:

```
>>> def quersumme (*a):
        def quer (x):
            ziffern = list(str(x))
            summe = 0
            for c in ziffern:
                summe += int(c)
            return summe
        summe = 0
```

```
    for n in a:
        summe += quer(n) # Aufruf der lokalen Funktion
    return summe

>>> quersumme(1, 11, 111)
6
```

Außerhalb des Namensraumes der Funktion quersumme() ist die lokale
Funktion quer() unbekannt:

```
>>> quer (12)
Traceback (most recent call last):
...
NameError: name 'quer' is not defined
```

8.10 Generatorfunktionen

Generatorfunktionen sind Funktionen, in denen ein yield-Statement
vorkommt. Das Konzept des Generators ist der Programmiersprache Icon
entlehnt, in der es eine zentrale Rolle spielt. (Bei Python sind Generatoren einfach nur eines von vielen Features, die man nutzen kann oder
auch nicht.) Eine Generatorfunktion gibt ein Generator-Objekt zurück,
das das Iterator-Protokoll unterstützt. Sie können sich ein Generator-
Objekt als Sequenz vorstellen, deren Elemente »just in time«, d.h. bei Bedarf berechnet werden. Die Arbeitsweise einer Generatorfunktion sei an
einem sehr einfachen Beispiel verdeutlicht. Die folgende Generatorfunktion liefert einen Generator für Quadratzahlen von 0 bis $n - 1$.

```
>>> def generiereZahlen(n):
        for i in range(n):
            yield i*i
```

Wenn der Python-Interpreter bei der Ausführung der Generatorfunktion
auf eine yield-Anweisung stößt, gibt er den Wert des Ausdrucks hinter
yield zurück, unterbricht dann die Ausführung und merkt sich den aktuellen Zustand des zur Funktion gehörenden Prozesses. Erst wenn das
nächste Element des Generator-Objektes verlangt wird, wird die Ausführung der Funktion fortgesetzt. Bitte beachten Sie: Im Unterschied zu

einer Liste kann man die Elemente eines Generators nicht beliebig lesen, sondern nur in der vorgegebenen Reihenfolge. Dazu besitzen Generatoren (wie alle Iteratoren) die next()-Methode, die das nächste Element der vom Generator erzeugten Folge liefert.

Beispiel:

```
>>> def generiereZahlen(n):
    i = 1
    while i <= n:
        yield i*i
        i += 1

>>> gen = generiereZahlen(3)
>>> gen
<generator object at 0x00A958C8>
>>> next(gen)
1
>>> next(gen)
4
>>> next(gen)
9
>>> next(gen)

Traceback (most recent call last):
...
StopIteration
```

Das Objekt gen ist ein Generator-Objekt, das von der Generatorfunktion generiereZahlen() erzeugt worden ist. Bei jedem Aufruf next(gen) wird das nächste Item berechnet, bis schließlich eine StopIteration-Ausnahme eintritt.

Generator-Objekte können auch für for-Schleifen sowie für Wertzuweisungen bei Tupeln verwendet werden:

```
>>> a, b, c = generiereZahlen(3)
>>> a, b, c
(1, 4, 9)

>>> for i in generiereZahlen(5):
```

```
    print(i, end=" ")
1 4 9 16 25
```

Was ist nun der Vorteil von Generatoren z.B. gegenüber Listen? Zunächst einmal belasten Generatoren nicht den Arbeitsspeicher, denn sie erzeugen ein neues Element erst dann, wenn es gebraucht wird. Listen dagegen enthalten Daten »auf Vorrat«, die im Arbeitsspeicher gehalten werden. Generatoren ermöglichen deshalb effizientere Programme als Listen.

Zum Zweiten ist es möglich, mit Generatoren unendliche Objekte zu erzeugen. Die folgende Generatorfunktion definiert eine unendliche Folge von Quadratzahlen.

```
>>> def generiereZahlen():
        i = 1
        while True:         # Endlosschleife
            yield i*i
            i += 1

>>> gen = generiereZahlen()
>>> next(gen)
1
>>> next(gen)
4
>>> next(gen)
9
```

Iteratoren

Iteratoren sind spezielle Generatoren, die den Zugriff auf die Elemente einer Kollektion (zum Beispiel Sequenz, Menge oder Objekt einer selbst geschriebenen Container-Klasse) kontrollieren. Mit der Standardfunktion next() kann man das nächste Element der Kollektion abfragen. Bei jedem Aufruf von next(i) gibt der Iterator ein Element zurück, bis die gesamte Kollektion durchlaufen ist. Die Standardfunktion iter() liefert zu einer Sequenz oder einem anderen iterierbaren Objekt einen Iterator.

Erzeugt man zu einer Sequenz mehrere Iteratoren, so kann man mit ihnen unabhängig voneinander dieselbe Sequenz durchlaufen.

```
>>> s = [1, 2, 3, 4]
>>> i1 = iter(s)
>>> i2 = iter(s)
>>> next(i1)
1
>>> next(i1)
2
>>> next(i1)
3
>>> next(i2)
1
```

Beachten Sie, dass ein solcher Iterator (im Unterschied zur Liste) nur einmal verwendet werden kann. Hat er das letzte Element ausgegeben, ist er unbrauchbar und es muss ein neuer Iterator erzeugt werden. Im folgenden Beispiel liefert die zweite for-Schleife keine Ausgabe mehr.

```
>>> s = [1, 2, 3, 4]
>>> iterator = iter(s)
>>> for i in iterator: print(i, end=" ")
1 2 3 4
>>> for i in iterator: print(i, end=" ")
>>>
```

Python 2.x

In Python 2.x gibt es die Standardfunktion next() nicht. Stattdessen besitzen alle Generatoren (also auch Iteratoren) die next()-*Methode*, die das nächste Element der Folge liefert.

```
>>> s = [0, 1, 2, 3, 4, 5, 6, 7, 8, 9]
>>> i = iter(s)
>>> i.next()    # Methodenaufruf
0
>>> i.next()
1
```

Siehe auch: Methoden-Definitionen (Kapitel 15.3), Standardfunktion iter() (Kapitel 9), Performance-Tipps für Sequenzen (Kapitel 2)

8.11 Lambda-Formen

Mit Lambda-Formen können kleine anonyme Funktionen definiert werden. Sie haben folgenden syntaktischen Aufbau:

```
lambda_form ::= "lambda" [parameter_list]: expression
```

Der Ausdruck (expression) auf der rechten Seite des Doppelpunktes enthält die Argumente der Parameterliste auf der linken Seite. Seine Auswertung liefert den von der Funktion zurückgegebenen Wert. Ein Beispiel ist die folgende Lambda-Form, die die Summe der Quadrate zweier Zahlen berechnet.

```
lambda x, y: x*x + y*y
```

Die auf diese Weise definierte anonyme Funktion können Sie direkt aufrufen, indem Sie die Lambda-Form in Klammern setzen und eine Parameterliste folgen lassen.

```
>>> (lambda x, y: x*x + y*y) (1, 2)
5
```

Sie können sie auch einem Namen zuweisen und diesen dann für einen Aufruf nutzen.

```
>>> f = lambda x,y: x + y
>>> f (1,2)
5
```

Mit Lambda-Formen können dynamisch neue Funktionen generiert werden. Die folgende Funktion macheInkrementierer() nimmt eine Zahl n als Argument und liefert eine Funktion, die um n inkrementiert. Man beachte, dass der Rückgabewert kein Datum im üblichen Sinne, sondern eine Funktion ist.

```
>>> def macheInkrementierer(n):
        return lambda x: x+n
>>> f = macheInkrementierer (2)
>>> f(1)
3
>>> g = macheInkrementierer (10)
>>> g(1)
11
```

Siehe auch: Standardfunktion `callable()` (Kapitel 9), `return`- und `yield`-Anweisung (Kapitel 6), Namensräume (Kapitel 1.8)

8.12 Decorators

Der Begriff *Decorator* bezieht sich auf eines der bekannten Design Patterns von Gamma, Helm, Johnson und Vlissides (1994). (Allerdings entspricht der Python-Decorator nicht ganz diesem Pattern.) Ganz allgemein dekoriert ein Decorator Information und wertet sie auf. Ein Beispiel für einen Decorator im Alltag ist eine Brille, die die Arbeitsweise der Augen verbessert.

Nun zu Python: In die Zeilen unmittelbar vor einer `def`-Anweisung zur Definition einer Funktion oder Methode können Sie einen oder mehrere Decorators schreiben. Jeder Decorator beginnt mit dem Klammeraffen @, gefolgt von einem Funktionsnamen und eventuell einer Parameterliste, z.B. `@classmethod()`.

Die Funktion (oder Methode), die von einem Decorator repräsentiert wird, gibt immer eine Funktion zurück, die eine Funktion verarbeitet. Man kann es sich so vorstellen, dass durch den Decorator die nachfolgend definierte Funktion verändert wird.

Wenn ein Decorator keine Parameterliste besitzt, verwendet die repräsentierte Funktion die dekorierte Funktion als Argument und verändert sie. Das Programmsegment

```
@f1
def f2():
...
```

ist äquivalent zur Anweisung

```
f2 = f1(f2)
```

Die Funktion `f1()` muss so definiert sein, dass sie ein Funktionsobjekt als Argument übernimmt.

Im folgenden Beispiel erweitert der Decorator die dekorierte Funktion um ein Attribut. Beachten Sie, dass bei Python Funktionen Objekte sind, die auch Attribute besitzen können:

```
def erweitere(f):
    f.attribut = "dekoriert"
    return f

@erweitere
def f():
    pass
```

Die Funktion f ist trivial. Sie leistet nichts. Durch die Dekoration erhält sie ein Attribut, das man abfragen kann. Beachten Sie, dass die Funktion erweitere() so definiert ist, dass sie ein Funktionsobjekt als Argument erhält.

Die Anweisung

```
print(f.attribut)
```

liefert die Ausgabe

```
dekoriert
```

Wenn ein Decorator eine Parameterliste besitzt, wird die zugehörige Funktion (mit den in der Parameterliste aufgeführten Argumenten) aufgerufen. Sie liefert eine Funktion, die ein Funktionsobjekt als Eingabe akzeptiert und eine neue Funktion zurückgibt.

Das Programmsegment

```
@f1(arg)
def f()
    pass
```

ist äquivalent zu

```
def f()
    pass
f = f1(arg)(f)
```

Das heißt, durch f1() wurde das Objekt, das die Definition von f liefert, in Abhängigkeit vom Argument arg verändert. Die Funktion f1 muss eine Funktion zurückgeben. Im folgenden Beispiel liefert die Funktion autor() eine Funktion, die anderen Funktionen ein Attribut namens autor hinzufügt:

```
def autor(name="unbekannt"):
    def decorator(f):
        f.autor = name
        return f
    return decorator
```

Beachten Sie: Im Unterschied zum vorigen Beispiel akzeptiert die Funktion autor() kein Funktionsobjekt, sondern eine Zeichenkette als Argument. Sie gibt aber eine Funktion (mit dem lokalen Namen decorator) zurück, die Funktionen als Eingabe verwendet. Dieses Funktionsobjekt nun, das den lokalen Namen f trägt, wird um ein Attribut erweitert.

Wir verwenden nun die Funktion autor() in einem Decorator für eine triviale Funktion f(), die nichts macht:

```
@autor("Schmidt")
f():
    pass
```

Die Anweisung

```
print(f.autor)
```

liefert die Ausgabe

```
Schmidt
```

Es ist möglich, für eine Funktionsdefinition mehrere Decorators zu verwenden. Sie müssen dann untereinander in verschiedenen Zeilen stehen und werden verschachtelt angewendet. Beispiel:

```
@f1(arg)
@f2
def f():
    pass
```

ist äquivalent zu

```
def f():
    pass
f = f1(arg)(f2(f))
```

Decorators spielen besonders in Klassendefinitionen eine Rolle. In der Praxis wird man eher vorgegebene Decorators anwenden als Decorators definieren. Zum Beispiel kann man mit dem Standard-Decorator @classmethod eine Methode in einer Klassendefinition (die normalerweise eine Instanzmethode ist) zu einer Klassenmethode machen.

Siehe auch: Klassenmethoden, statische Methoden, Properties (Kapitel 15)

9 Standardfunktionen (built in functions) und Standardtypen

Standardfunktionen (*built in functions*) und Standardtypen sind immer verfügbar, ohne dass Module importiert werden müssen.

Typen sind – ebenso wie Funktionen – aufrufbare Objekte. Das heißt, sie können wie Funktionen verwendet werden. Der Aufruf eines Typs T() liefert ein Objekt des jeweiligen Typs T. Zum Beispiel kann man mit str() ein Objekt des Typs str erstellen.

```
>>> str(123)
'123'
```

abs()

abs(*x*)

Der Aufruf abs(*x*) liefert den absoluten Wert einer Zahl. Der Parameter *x* kann eine ganze Zahl oder Gleitkommazahl sein. Falls *x* eine komplexe Zahl ist, wird deren Betrag nach der folgenden Formel berechnet: $|a + bj| == \sqrt{a^2 + b^2}$.

```
>>> abs (-1)
1
>>> abs (2 +2j)
2.8284271247461903
```

all()

all(*iterable*)

Das Argument ist ein beliebiges iterierbares Objekt (z.B. Sequenz oder Menge). Die Funktion liefert den Wert True, wenn alle Elemente des Argumentes den Wahrheitswert True besitzen, und False sonst. Beispiele:

```
>>> all ([1, 1, 1, 1])    # 1 hat den Wahrheitswert True
True
>>> all ([0, 1, 1, 1])    # 0 hat den Wahrheitswert False
False
>>> all ([1 == 1, 2 > 1])
True
>>> all([1, None])        # None hat den Wahrheitswert False
False
```

any()

`any(iterable)`

Das Argument ist ein beliebiges iterierbares Objekt (z.B. Sequenz oder Menge). Der Funktionsaufruf any(s) liefert True, wenn wenigstens ein Element von s den Wahrheitswert True besitzt, und False sonst. Beispiele:

```
>>> any ([False, False, False])
False
>>> any ([True, False, False])
True
```

bin()

`bin(x)`

Die Funktion liefert zu einer ganzen Zahl x einen Binärstring, d.h. eine Zeichenkette, die – entsprechend der Python-Syntax – das Literal einer Binärzahl mit dem numerischen Wert von x enthält.

```
>>> bin(23)
'0b10111'
```

Mit der Standardfunktion int() können Sie aus einem Binärstring eine ganze Zahl (Typ int) gewinnen. Dabei müssen Sie im zweiten Argument die Zahlenbasis 2 angeben.

```
>>> int('0b10111', 2)
23
```

bool()

```
bool([x])
```

Die Funktion liefert zu einem beliebigen Argument x dessen Wahrheits-wert. Zahlen ungleich null und nicht leere Sequenzen, Dictionaries oder Mengen haben den Wahrheitswert True. Das leere Objekt None, die Zahl null und leere Sequenzen, Mengen oder Dictionaries besitzen den Wahr-heitswert False.

```
>>> bool(0)
False
>>> bool(1)
True
>>> bool("")
False
>>> bool("to be or not to be")
True
```

Wird bool() ohne Argument aufgerufen, wird False zurückgegeben.

```
>>> bool()
False
```

bytearray()

```
bytearray ([arg [,encoding [,errors]]])
```

Der Aufruf bytearray(...) gibt ein Objekt vom Typ bytearray zurück. Dies ist eine änderbare Folge von Zahlen zwischen 0 und 255. Alle Argu-mente sind optional. Das erste Argument spezifiziert den Inhalt, das zweite die Codierung (sofern das erste Argument ein String ist) und das letzte Argument Fehlermeldungen.

Mit dem ersten (optionalen) Argument arg kann auf verschiedene Weise der Inhalt des Bytearrays bestimmt werden. Im einfachsten Fall verwen-den Sie ein Bytestring-Literal:

```
>>> b = bytearray(b'abc')
>>> b
bytearray(b'abc')
```

Das Argument *arg* kann auch ein normaler String sein. In diesem Fall muss im zweiten Argument eine Codierung (z.B. utf-8 oder latin-1) angegeben werden:

```
>>> bytearray("abc", "latin-1")
bytearray(b'abc')
```

Wenn das Argument *arg* eine ganze Zahl *n* ist, wird ein Bytearray aus lauter Nullen der Länge *n* erzeugt:

```
>>> bytearray(10)
bytearray(b'\x00\x00\x00\x00\x00\x00\x00\x00\x00\x00')
```

Wenn *arg* ein iterierbares Objekt ist (z.B. eine Liste), müssen die Elemente eine Zahl zwischen 0 und 255 repräsentieren:

```
>>> bytearray([68, 69, 70])
bytearray(b'DEF')
```

Ohne Argument wird ein leeres bytearray-Objekt erzeugt:

```
>>> bytearray()
bytearray(b'')
```

Verändern von bytearray-Objekten

Im Unterschied zu einem bytes-Objekt kann ein bytearray-Objekt geändert werden. Beim Überschreiben eines Elementes oder einer Erweiterung des Arrays müssen Zahlen (keine Zeichenketten), Bytestrings oder Bytearrays verwendet werden:

```
>>> b = bytearray("Rose", "latin-1")
>>> b
bytearray(b'Rose')
>>> b[0] = 68
>>> b
bytearray(b'Dose')
>>> b.append(110)
>>> b
bytearray(b'Dosen')
>>> b + b'bier'
bytearray(b'Dosenbier')
```

Siehe: bytes()

bytes ()

```
bytes ([arg [,encoding [,errors]]])
```

Der Aufruf bytes(...) gibt einen Bytestring, d.h. ein Objekt vom Typ bytes zurück. Dies ist eine nicht änderbare Folge von Zahlen zwischen 0 und 255. Die Argumente *arg*, *encoding* und *errors* haben die gleiche Bedeutung wie bei der Standardfunktion bytearray().

Bytestring-Literale sind wie String-Literale aufgebaut, allerdings steht vor dem ersten Anführungszeichen das Präfix b. Die Zeichen zwischen den Anführungszeichen werden als Zahlen (zwischen 0 und 255) interpretiert. Wenn sie zwischen 0 und 127 liegen, handelt es sich um die ASCII-Nummern der Zeichen des Literals.

```
>>> b = b'Sternstunde'
>>> b[0]
83
>>> for i in b:
        print(i, end=" ")

83 116 101 114 110 115 116 117 110 100 101
```

Bytearrays und Bytearrays besitzen alle Methoden von Strings außer encode(), format() und isidentifier(). Allerdings dürfen als Argumente keine Strings verwendet werden, sondern – je nach Operation – nur Bytearrays, Bytestrings oder Zahlen zwischen 0 und 255.

```
>>> b = b'Bach'
>>> b.replace(b'B', b'D')
b'Dach'
>>> b + b'lauf'
b'Bachlauf'
>>> b.index(b'a')
1
```

chr()

```
chr(i)
```

Die Funktion liefert eine Zeichenkette mit dem einem Zeichen, das die ASCII-Nummer *i* besitzt. Der Parameter *i* muss einen Wert zwischen 0 und 255 haben, sonst gibt es einen ValueError. Die Umkehrfunktion ist ord().

```
>>> print(chr(166))
¦
>>> for i in range(65, 90):
        print(i, chr(i), end=",")

65 A,66 B,67 C,68 D,69 E,70 F,71 G,72 H,73 I,74 J,
75 K,76 L,77 M,78 N,79 O,80 P,81 Q,82 R,83 S,84 T,
85 U,86 V,87 W,88 X,89 Y,
```

Siehe auch: ord()

classmethod()

```
classmethod(function)
@classmethod
```

Die Funktion classmethod() wird in einer Klassendefinition verwendet, um eine Methode zur Klassenmethode zu machen. Üblicherweise gebraucht man die Decorator-Notation und schreibt den Ausdruck @classmethod vor die Methodendefinition. Eine Klassenmethode kann über den Klassennamen aufgerufen. Beispiel:

```
>>> class Adder (object):
        @classmethod
        def add (self, a, b):
            return a + b
>>> Adder.add(1, 2)
3
```

Siehe auch: Decorators (Kapitel 8), statische Methoden und Klassenmethoden (Kapitel 15.3)

cmp()

```
cmp(x, y)
```

Die Funktion vergleicht die beiden Objekte x und y und gibt eine negative Zahl zurück, falls x < y, eine Null, falls x == y, und eine positive Zahl, falls x > y ist. Die Parameter können zu beliebigen Datentypen gehören.

```
>>> cmp( "Morgen", "Abend")
1
>>> cmp ((1,2,3),(1,2))
1
>>> cmp (1,1)
0
>>> cmp (-1, 1)
-1
>>> cmp (1, 1.0)
0
```

compile()

compile(*source*, *filename*, *mode*[,*flags*[,*dont_inherit*]])

Der erste Parameter *source* enthält einen Python-Quelltext. Dieser wird kompiliert und als Code-Objekt zurückgegeben. Der zweite Parameter enthält den Namen der Datei, in der der String mit dem Programmtext abgespeichert ist. Falls (wie im anschließenden Beispiel) keine eigene Datei für den Quelltext, sondern nur das String-Objekt existiert, gibt man (üblicherweise) die Zeichenkette <STRING> an. Der dritte Parameter beschreibt, um welche Art von Quelltext es sich handelt. Die folgende Tabelle erläutert mögliche Werte für den Parameter *mode*:

Werte für den Parameter *mode*	Erläuterung
'exec'	Parameter *string* enthält mehrzeiligen Programmtext, also eine Folge von Anweisungen.
'eval'	Der Programmtext im Parameter *string* besteht aus einem einzelnen Ausdruck.
'single'	*string* ist eine einzelne interaktive Anweisung.

Code-Objekte können in einer exec-Anweisung ausgeführt oder durch Aufruf der Funktion eval() ausgewertet werden.

```
>>> s = "print(\"hallo\")\n"
>>> code = compile (s, "<STRING>", "exec")
>>> exec (code)
```

```
hallo
>>> eval (code)
hallo
```

Die optionalen Argumente *flags* und *dont_inherit* legen fest, welche future-Anweisungen die Kompilation beeinflussen.

Siehe auch: exec(), eval()

complex()

```
complex(real [,imag])
```

Die Funktion erzeugt eine komplexe Zahl mit dem Wert *real* + i* *imag*. Die Parameter *real* und *imag* können beliebige numerische Datentypen sein. Wenn als einziger Parameter eine ganze Zahl oder Gleitkommazahl übergeben wird, liefert sie eine komplexe Zahl mit Imaginärteil 0. Beispiele:

```
>>> complex(2, 3)
(2+3j)
>>> complex(2)
(2+0j)
```

Zulässig als Parameter sind beliebige Ausdrucke, deren Auswertung numerische (auch imaginäre und komplexe) Werte ergeben.

```
>>> complex(2, 3j)          # 2 + 3*j*j == - 1
(-1+0j)
```

Außerdem kann als Argument ein String übergeben werden, der die Beschreibung einer komplexen Zahl enthält. In diesem Fall darf aber nicht ein zweites Argument in der Parameterliste aufgeführt werden:

```
>>> complex("2+3j")
(2+3j)
```

Siehe auch: coerce(), float(), int()

delattr()

```
delattr(object, name)
```

Die Funktion ist verwandt mit setattr(). Das erste Argument bezeichnet ein Objekt, das zweite Argument ist eine Zeichenkette, die den Namen eines Attributs des Objektes darstellt. Die Funktion löscht dieses Attribut. Im folgenden Beispiel wird das Attribut vorname einer Instanz der Klasse Person gelöscht.

```
>>> class Person (object):
    def __init__(self):
        self.vorname= "Susanne"
        self.nachname = "Mustermann"
>>> p = Person()
>>> p.vorname
'Susanne'
>>> delattr(p, "vorname")
>>> p.vorname
Traceback (most recent call last):
  File "<pyshell#50>", line 1, in ?
    p.vorname
AttributeError: Person instance has no attribute 'vorname'
```

Siehe auch: getattr(), hasattr(), setattr()

dict()

dict([*arg*])

Mit dem Aufruf dict() wird ein leeres Directory erzeugt.

```
>>> d = dict()
>>> d
{}
```

Optional kann ein Parameter übergeben werden, der die Initialisierung des Dictionarys definiert. Als Parameter können verschiedene Formen von Sequenzen verwendet werden. Übergibt man eine Liste von Paaren, dann erzeugt der Aufruf ein Dictionary, bei dem die ersten Elemente der Paare die Schlüssel (im folgenden Beispiel 1, 2) und die zweiten Elemente die Werte sind (im folgenden Beispiel a, b).

```
>>> d = dict ([(1,'a'), (2,'b')])
>>> d
{1: 'a', 2: 'b'}
```

Weitere Möglichkeiten für Initialisierungssequenzen zeigen die folgenden Beispiele:

```
>>> dict (([1,2],['a','b']))
{'a': 'b', 1: 2}
>>> dict (('aA', 'bB', 'cC'))
{'a': 'A', 'c': 'C', 'b': 'B'}
>>> dict(a="A", b="B")
{'a': 'A', 'b': 'B'}
```

dir()

dir([*object*])

Ohne Argument liefert ein Aufruf der dir()-Funktion eine Liste der Namen des aktuellen Namensraumes.

```
>>> dir()
['__builtins__', '__doc__', '__name__']
```

Optional kann als Argument der Name eines Objektes angegeben werden. Dann liefert die Funktion eine Liste aller Attribute und Methoden dieses Objektes. Man kann die dir()-Funktion im interaktiven Modus verwenden, um sich einen Überblick über die Funktionen zu verschaffen, die ein Modul bereitstellt. Beispiel:

```
>>> import math
>>> dir(math)
['__doc__', '__name__', '__package__', 'acos', 'asin', 'atan',
'atan2', 'ceil', 'cos', 'cosh', 'degrees', 'e', 'exp', 'fabs',
'floor', 'fmod', 'frexp', 'hypot', 'ldexp', 'log', 'log10',
'modf', 'pi', 'pow', 'radians', 'sin', 'sinh', 'sqrt', 'tan',
'tanh']
```

divmod()

divmod(*a*, *b*)

Falls die Parameter a und b ganze Zahlen sind, liefert die Funktion ein Paar, das aus dem Ergebnis der ganzzahligen Division und dem Rest besteht, also (a/b, a%b). Beispiel:

```
>>> divmod(7,3)
(2, 1)
```

Ist zumindest einer der Parameter eine Gleitkommazahl, wählt Python als gemeinsamen Datentyp Gleitkommazahlen und gibt das Paar (q, a%b) zurück. Dabei ist q der nach unten gerundete Quotient, also math.floor(a/b).

```
>>> divmod (5.5, 2)
(2.0, 1.5)
>>> divmod (5, 1.5)
(3.0, 0.5)
```

enumerate()

enumerate(*iterable*)

Das Argument ist ein beliebiges iterierbares Objekt (z.B. Sequenz oder Menge). Die Funktion liefert ein Aufzählungsobjekt, das Tupel der Form (*Index*, *Item*) repräsentiert. In einer Iteration können diese Tupel aufgezählt werden:

```
>>> for i in enumerate("Sterne"):
        print(i)

(0, 'S')
(1, 't')
(2, 'e')
(3, 'r')
(4, 'n')
(5, 'e')
```

eval()

eval(*expression* [, *globals*[, *locals*]])

Die Funktion eval() kann mit einem einzigen Parameter aufgerufen werden. Dieser Parameter kann eine Zeichenkette enthalten, die einen Ausdruck (z.B. einen Vergleich oder arithmetischen Term) wiedergibt. Die Funktion wertet den Ausdruck aus und gibt das Ergebnis zurück.

```
>>> x = 2
>>> eval ("x * 3")
6
```

Fehlen weitere Parameter, müssen die Namen, die in dem als Parameter übergebenen Ausdruck vorkommen (im Beispiel x), dem aktuellen Namensraum entstammen. In weiteren optionalen Argumenten können jedoch ein globaler und ein lokaler Namensraum in Form von Directories angegeben werden. Im folgenden Beispiel enthält der auszuwertende Ausdruck Namen aus dem Namensraum einer Instanz der benutzerdefinierten Klasse Quader. Das Attribut q.__dict__ enthält diesen Namensraum als Dictionary.

```
>>> class Quader (object):
        def __init__(self):
            self.laenge = 100
            self.breite = 50
            self.hoehe = 10
>>> q = Quader()
>>> eval ("laenge>breite", q.__dict__)
1
```

Die Funktion eval() akzeptiert auch Code-Objekte, die z.B. mit Hilfe der Standardfunktion compile() erzeugt worden sind, als Parameter. In diesem Fall muss die compile()-Funktion den *mode*-Parameter eval erhalten haben.

exec()

exec (*object*[, *globals*[, *locals*]])

Diese Funktion sorgt für die Ausführung eines Python-Skripts, das durch das erste Argument *object* spezifiziert ist. Das Argument *object* kann ein String, eine geöffnete Datei oder ein (mit compile() erstelltes) code-Objekt sein. In den beiden optionalen Parametern können lokale und globale Namensräume als Dictionaries übergeben werden. Fehlen diese, so wird der aktuelle Namensraum als Umgebung verwendet. Der Rückgabewert der Funktion ist None. Beispiel:

```
>>> program = """for i in range(10):
        print(i*i, end=" ")"""
>>> exec(program)
0 1 4 9 16 25 36 49 64 81
>>>
```

filter()

filter(*function*, *iterable*)

Der erste Parameter ist der Name einer Testfunktion, die Wahrheitswerte (True oder False) zurückgibt. Der zweite Parameter ist ein iterierbares Objekt (z.B. Sequenz, Menge) und repräsentiert eine Kollektion von Objekten. Die Funktion filter() ruft die Testfunktion mehrfach auf und übergibt nacheinander die Elemente der Kollektion *iterable* (zweiter Parameter). Es wird eine neue Kollektion generiert, die alle die Elemente enthält, bei denen die Funktion *function()* (erster Parameter) den Wert True liefert. Insofern wird mit Hilfe der Testfunktion gefiltert.

Im folgenden Beispiel filtern wir eine Liste der ganzen Zahlen von 0 bis 49. Die Testfunktion prüft, ob eine Zahl durch 7 teilbar ist. Der Aufruf der filter()-Funktion liefert eine Kollektion aller Zahlen zwischen 0 und 49, die durch 7 teilbar sind.

```
>>> def teilbarDurchSieben(x):
      return x%7 == 0
>>> t7 = filter (teilbarDurchSieben, range(50))
>>> type(t7)
<class 'filter'>
>>> list(t7)
[0, 7, 14, 21, 28, 35, 42, 49]
```

Die gleiche Kollektion kann auch mit einer list comprehension erzeugt werden:

```
>>> [i for i in range(50) if teilbarDurchSieben(i)]
[0, 7, 14, 21, 28, 35, 42, 49]
```

Siehe auch: map()

float()

float([*x*])

Mit einem Aufruf dieses Standardtyps können Sie einen String oder eine Zahl in eine Gleitkommazahl konvertieren. Das Argument kann ein beliebiger Ausdruck sein, dessen Auswertung einen (nicht komplexen) numerischen Wert ergibt.

```
>>> float(1)
1.0
>>> float (1+2)
3.0
>>> float(1>2)
0.0
```

Falls ein String als Argument verwendet wird, muss er eine geeignete Darstellung eines numerischen Literals enthalten. Dabei werden Leerzeichen ignoriert.

```
>>> float("12000")
12000.0
>>> float ("1.0E-12")
9.9999999999999998e-013
>>> float("    1")
1.0
```

Siehe auch: int()

format()

```
format(value[,format_spec])
```

Die Funktion liefert zu einem String oder einer Zahl (erstes Argument) eine formatierte Version. Das Format wird durch eine Formatierungsspezifikation (Zeichenkette im zweiten Argument) festgelegt. Python 3 enthält eine eigene »Minisprache« zur Spezifikation von Formaten (siehe Kapitel 16.4). Beispiele:

Eine Dezimalzahl (d) in einem Feld von 10 Zeichen, linksbündig (<) gesetzt:

```
>>> format(123, "<10d")
'123       '
```

Eine Gleitpunktzahl (f) in einem Feld von insgesamt 10 Zeichen, zwei Nachkommastellen (.2), rechtsbündig gesetzt (>):

```
>>> format(12.345678, ">10.2f") #
'     12.35'
```

Siehe auch: Stringformatierung (Kapitel 16.1 und 16.4)

frozenset()

frozenset([*iterable*])

Ein Aufruf dieses Standardtyps gibt ein unveränderbares Mengenobjekt (Objekt der Klasse frozenset) zurück, dessen Elemente aus *iterable* entnommen worden sind.

```
>>> frozenset([2, 2, 1, 1, 1])
frozenset({1, 2})
```

Ohne Argument liefert der Standardtyp ein frozenset-Objekt, das die leere Menge repräsentiert:

```
>>> frozenset()
frozenset()
```

Siehe auch: set(), Mengen (Kapitel 4)

getattr()

getattr(*objekt, name,*[*default*])

Die Funktion liefert den Wert des mit *name* bezeichneten Attributs des Objektes *objekt*. Der Parameter *name* muss einen String beinhalten. Wenn das spezifizierte Attribut nicht existiert, wird der Inhalt des optionalen Parameters *default* zurückgegeben, sofern er angegeben ist. Anderenfalls gibt es einen AttributeError. Der Aufruf getattr(obj, 'attribut')hat die gleiche Wirkung wie obj.attribut. Beispiel:

```
>>> class Quader (object):
        def __init__(self):
            self.laenge = 100
            self.breite = 50
            self.hoehe = 10
>>> q = Quader()
>>> getattr (q, "laenge", 0)
100
>>> getattr (q,"tiefe",0)
0
```

Siehe auch: delattr(), hasattr(), setattr()

globals()

globals()

Die Funktion liefert ein Dictionary, das den aktuellen globalen Namensraum beschreibt. Innerhalb einer Funktions- oder Methodendefinition ist das der Namensraum des Moduls, in dem die Funktion definiert ist, und nicht der Namensraum des Moduls, innerhalb dessen der Aufruf stattfand. Wenn man Python gerade im interaktiven Modus gestartet hat, liefert globals() folgende Ausgabe:

```
>>> globals()
{'__builtins__': <module '__builtin__' (built-in)>, '__name__':
'__main__', '__doc__': None}
```

Siehe auch: locals()

hasattr()

hasattr(object, name)

Die Parameter enthalten eine Objektreferenz und einen String. Die Funktion liefert den Wert True, falls *object* ein Attribut mit der Bezeichnung *name* besitzt, und False sonst.

Siehe auch: delattr(), getattr(), setattr()

hash()

hash(object)

Die Funktion liefert den Hash-Wert des angegebenen Objektes, sofern einer existiert. Hash-Werte sind immer ganze Zahlen. Python ordnet jedem Objekt einen Hash-Wert zu, der einen schnellen Zugriff (z.B. zum Finden von Schlüsseln in einem Dictionary) ermöglicht.

```
>>> hash ("a")
-468864544
```

Zwei Objekte mit gleichem numerischen Wert haben immer den gleichen Hash-Wert, auch wenn sie zu unterschiedlichen Datentypen gehören:

```
>>> hash(2)
2
>>> hash(2.0)
2
>>> x = 2 + 0j
>>> hash(x)
2
```

Der Hash-Wert ist etwas anderes als die Identitätsnummer eines Objektes:

```
>>> id(2)
7692232
```

help()

help([*object*])

Die help()-Funktion ist für den interaktiven Gebrauch gedacht. Der Aufruf help() ohne Argument startet das integrierte Hilfesystem.

```
>>> help()
Welcome to Python 3.0!  This is the online help utility.
...
help>
```

Hinter dem neuen Prompt help> können Sie ein Stichwort zur Suche nach Hilfetexten eingeben. Mit [Strg]+[D] wird der Help-Modus verlassen.

Als Argument kann der help()-Funktion irgendein Objekt (Modulname, Funktionsname etc.) in Anführungsstrichen übergeben werden. Sie erhalten eine Help-Page zu dem Thema, falls eine existiert.

hex()

hex(*x*)

Die Funktion liefert zu einer ganzen Zahl *x* ein hexadezimales Literal.

```
>>> hex(100)
'0x64'
>>> hex(-1)
'-0x1'
```

Siehe auch: oct()

id()

id(*object*)

Das Argument kann ein beliebiges Objekt sein (Literal, Variablenname, Klasseninstanz, Funktion). Zurückgegeben wird die Identität des Objektes. Das ist eine ganze Zahl, die garantiert einmalig ist und während der Lebenszeit des Objektes konstant bleibt. Objekte mit gleicher Identität sind identisch, also ununterscheidbar. Manchmal sind verschiedene Namen mit demselben Objekt verbunden.

```
>>> a = 1
>>> b = a
>>> id(a)
7692256
>>> id(b)
7692256
>>> id(id)
7680416
```

Numerische Objekte mit gleichem Wert, aber unterschiedlichem Datentyp sind unterschiedliche Literale und haben auch unterschiedliche Identitäten:

```
>>> id(1)
7692256
>>> id(1.0)
8204152
```

input()

input([*prompt*])

Die input()-Funktion ermöglicht, dass über die Tastatur einer Variablen ein Wert zugewiesen wird. Der eingegebene Wert ist (im Unterschied zu Python 2.x) immer ein String (Typ str):

```
>>> x = input()
1
>>> x
'1'
>>> type(x)
<class 'str'>
```

Falls (als optionales Argument) eine Zeichenkette angegeben ist, wird diese als Prompt in die Standard-Ausgabe geschrieben. Dann wartet die Funktion auf eine Eingabe, die nach Drücken von Return zurückgegeben wird.

```
>>> x = input("Zahl: ")
Zahl: 1
>>> x
'1'
```

Mit Typ-Aufrufen wie int(), float() etc. können Sie aus der Eingabe Objekte anderer Typen erzeugen:

```
>>> x = float(input("Zahl: "))
Zahl: 1.234
>>> x
1.234
```

Python 2.x

Bei Python 2.x gibt es zwei Funktionen für Tastatur-Eingaben: raw_input() und input(). Die Funktion raw_input() erzeugt aus der Tastatureingabe einen String (wie die input()-Funktion bei Python 3):

```
>>> x = raw_input("Zahl: ")
Zahl: 1
>>> x
'1'
```

Bei der Funktion input() dagegen muss die Eingabe ein gültiger Python-Ausdruck sein, sonst gibt es einen Laufzeitfehler (SyntaxError).

```
>>> input("Zahl: ")
Zahl: 12.0.0
Traceback (most recent call last):
  File "<pyshell#142>", line 1, in ?
   input("Zahl: ")
  File "<string>", line 1
    12.0.0
        ^
SyntaxError: unexpected EOF while parsing
```

Der eingegebene Python-Ausdruck wird interpretiert und ein Objekt entsprechenden Typs zurückgegeben:

```
>>> x = input()
'Hallo'
>>> x                # Zeichenkette wurde eingegeben
'Hallo'
>>> x = input()
1
>>> x                # Zahl wurde eingegeben
1
>>> x = input()
2 * 3
>>> x                # arithmetischer Term wurde eingegeben
6
```

int()

int(x[, base])

Mit dem Aufruf int() konvertieren Sie einen String oder eine Zahl in eine ganze Zahl. Falls als Parameter eine Gleitpunktzahl übergeben wird, werden Nachkommastellen abgetrennt:

```
>>> int (1.0)
1
>>> int(2e4)
20000
>>> int(1.2)
1
>>> int(False)
0
```

Falls das Argument eine Zeichenkette (String oder Bytestring) ist, muss es eine gültige Darstellung einer ganzen Zahl in einem beliebigen Zahlensystem enthalten. Als optionaler Parameter kann die Basis des verwendeten Zahlensystems angegeben werden. Fehlt dieser zweite Parameter, wird als Zahlenbasis 10 angenommen (Dezimalzahl). Wird als Zahlenbasis 0 angegeben, ermittelt das System eine geeignete Zahlenbasis aus der Form des Literals, das durch den ersten Parameter dargestellt wird. Beginnt die Ziffernfolge z.B. mit 0x, handelt es sich um eine Hexadezimalzahl (siehe Kapitel 1.7).

Gültige Aufrufe der Funktion int() mit String-Parametern sind:

```
>>> int ("101", base=2)    # Binäre Zahl (Zahlenbasis 2)
5
>>> int ("101", 3)         # Ternäre Zahl (Zahlenbasis 3)
10
>>> int ("123")            # Dezimalzahl
123
>>> int ("0x10", 0)        # Hexadezimalzahl
16
```

Nicht erlaubt sind:

```
>>> int("0x10")            # Keine Dezimalzahl
>>> int ("12", 2)          # Keine Zahl zur Basis 2
```

isinstance()

```
isinstance(object, classinfo)
```

Der erste Parameter ist der Name eines Objektes, der zweite spezifiziert eine Klasse oder einen Typ. Dann gibt die Funktion den Wert True zurück, wenn *object* Instanz der Klasse *classinfo* oder einer ihrer Unterklassen ist, und False sonst. Beispiel:

```
>>> a = 1
>>> isinstance(a, int)
True
>>> isinstance(a, str)
False
```

classinfo kann auch ein Tupel von Klassen sein. Dann prüft die Funktion, ob das Objekt Instanz einer der im Tupel aufgeführten Klassen ist.

issubclass()

```
issubclass(class, classinfo)
```

Das erste Argument ist eine Klasse, hinsichtlich des zweiten Arguments kann man zwei Fälle unterscheiden:

1. Fall: Das Argument *classinfo* bezeichnet eine Klasse. Dann liefert die Funktion den Wert True, wenn *class* hinsichtlich der Vererbungsstruktur eine direkte oder indirekte Unterklasse von *classinfo* ist, und False sonst. Dabei wird eine Klasse als Unterklasse ihrer selbst betrachtet. Beispiele:

```
>>> issubclass (int, object)
True
>>> issubclass (int, int)
True
```

2. Fall: Das Argument *classinfo* ist ein Tupel von Klassen. Dann liefert die Funktion den Wert True, wenn *class* direkte oder indirekte Unterklasse einer der Klassen von *classinfo* ist, und False sonst. Beispiele:

```
>>> issubclass(int, (object, int))
True
>>> issubclass(int, (float, str))
False
```

Siehe auch: Objektorientierte Programmierung (Kapitel 15)

iter()

iter(*o* [,*sentinel*])

Die Funktion iter() liefert ein Iterator-Objekt. Ohne das zweite (optionale) Argument muss das erste Argument *iterable* eine Sequenz oder ein anderes Objekt sein, das Iteration unterstützt. Beispiel:

```
>>> iterator = iter("Kabelsalat")
>>> next(iterator)
'K'
>>> next(iterator)
'a'
```

Falls ein zweites Argument *sentinel* verwendet wird, muss das erste Argument eine Funktion oder ein anderes ausführbares Objekt sein. Der Iterator, der in diesem Fall erzeugt wird, ruft bei jedem Aufruf seiner __next__()-Methode diese Funktion ohne Argument auf. Wenn der von der Funktion *o()* zurückgegebene Wert gleich dem Wert des *sentinel*-Arguments ist, gibt es eine StopIteration-Ausnahme und die Iteration wird beendet. Anderenfalls wird der Funktionswert der Funktion *o()* zurückgegeben. Beispiel:

```
>>> def akette(z = [""]):
        z[0] +="a"
        return z[0]
```

```
>>> iterator = iter(akette, "aaaaa")
>>> for c in iterator: print(c, end=" ")
a aa aaa aaaa
```
Siehe auch: Funktion next(), Iteratoren (Kapitel 8.10)

len()

len(*iterable*)

Die Funktion gibt die Länge – das heißt die Anzahl der Items – einer Sequenz, einer Menge (set oder frozenset) oder eines Dictionarys zurück. Beispiele:

```
>>> len("Acker")
5
>>> len((1,3,5))
3
>>> len(set("hahahaha"))
2
```

list()

list([*iterable*])

Das Argument *iterable* kann eine beliebige Sequenz, ein Iterator oder ein anderes iterierbares Objekt sein. Der Aufruf erzeugt daraus eine Liste, deren Items in der gleichen Reihenfolge wie in *iterable* vorliegen, sofern *iterable* eine Sequenz ist. Fehlt das Argument, wird eine leere Liste erzeugt. Beispiele:

```
>>> list()
[]
>>> list("Solo")
['S', 'o', 'l', 'o']
>>> list(((1,2),3,4))
[(1, 2), 3, 4]
```

Ist das Argument *iterable* eine Liste, wird eine Kopie (Klon) erstellt, also ein neues Objekt mit eigener Identität:

```
>>> a = [1, 2, 3]
>>> b = list(a)
```

```
>>> id(a)
28331824
>>> id(b)
28342232
```

Siehe auch: tuple()

locals()

```
locals()
```

Die Funktion gibt ein Dictionary zurück, das die lokale Symboltabelle darstellt.

Siehe auch: globals()

map()

```
map(function, iterable ...)
```

Das zweite Argument *iterable* repräsentiert eine Kollektion (z.B. Liste). Die Funktion map() wendet eine Funktion (erstes Argument) auf jedes Element der Kollektion an und liefert ein iterierbares Objekt mit den Ergebnissen.

```
>>> i = map (log10, [1,10,100,1000]) # dek. Logarithmen
>>> list(i)
[0.0, 1.0, 2.0, 3.0]
```

Dieser Funktionsaufruf leistet das Gleiche wie folgender Generatorausdruck:

```
>>> g = (log10(n) for n in [1,10,100,1000])
```

Bei mehrstelligen Funktionen werden (statt einer einzigen) mehrere Kollektionen (entsprechend der Stelligkeit) übergeben.

```
>>> p = map (pow, [1,2,3], [1,2,3])    # Potenzen
>>> list(p)
[1.0, 4.0, 27.0]
```

Abgesehen von Listen können alle Typen von iterierbaren Objekten verwendet werden, die Kollektionen repräsentieren (Tupel, Strings, Mengen, Iteratoren, Generator-Ausdrücke). Im folgenden Beispiel werden die ASCII-Nummern der Zeichen eines Strings berechnet:

```
>>> list(map (ord, "in Ordnung"))
[105, 110, 32, 79, 114, 100, 110, 117, 110, 103]
```
Siehe auch: filter(), zip()

max()

max(*iterable* [,*args* ...])

Mit nur einem Argument *iterable*, das eine nichtleere Kollektion (Sequenz, Menge) repräsentiert, liefert die Funktion das größte Element von *s*. Beispiele:

```
>>> max("Herzblatt")
'z'
>>> s = set([1, 1, 1, 2, 1])
>>> max(s)
2
```

Bei einem Funktionsaufruf mit mehreren Argumenten wird das größte zurückgegeben:

```
>>> max(1, 2, 3)
3
```

Siehe auch: min()

min()

min(*iterable* [,*args* ...])

Mit nur einem Argument *s*, das eine nichtleere Kollektion repräsentiert, liefert die Funktion das kleinste Element von *iterable*. Bei einem Funktionsaufruf mit mehreren Argumenten wird das kleinste zurückgegeben.

Siehe auch: max()

next()

next(*iterator* [,*default*])

Die Funktion liefert das nächste Item der Kollektion, auf die der Iterator im ersten Argument gerichtet ist. Dabei wird die Methode __next__() des Iterators aufgerufen. Wenn der Iterator erschöpft ist (das heißt, die

Kollektion vollständig durchlaufen ist), wird eine StopIteration-Ausnahme ausgelöst.

```
>>> i = iter("abc")
>>> next(i)
'a'
>>> next(i)
'b'
>>> next(i)
'c'
>>> next(i)
Traceback (most recent call last):
  File "<pyshell#4>", line 1, in <module>
    next(i)
StopIteration
```

Wenn ein zweites (optionales) Argument *default* übergeben worden ist, dann gibt es am Ende der Iteration keine StopIteration-Ausnahme, sondern es wird der Wert von *default* zurückgegeben.

Python 2.x

Die Funktion next() gibt es nicht in Python 2.x. Stattdessen verwendet man die *Methode* next() des Iterators. Beispiel:

```
>>> i = iter ("Hallo")
>>> i.next()
'H'
```

Siehe auch: iter()

object()

```
object()
```

Dieser Standardtyp wird immer ohne Argument aufgerufen und gibt ein triviales Objekt der Klasse object zurück. Die Klasse object ist die Basisklasse aller Python-Klassen.

```
>>> object()
<object object at 0x01197468>
```

oct()

`oct(x)`

Die Funktion liefert zu einer ganzen Zahl (mit etwaigem Vorzeichen) die zugehörige Oktalzahl als Zeichenkette. Beispiel:

```
>>> oct(10)
'012'
>>> oct (-10)
'-0o12'
```

Siehe auch: hex()

open()

`open (filename[, mode[, bufsize]])`

Die Funktion öffnet eine Datei und liefert ein neues File-Objekt, das mit dieser Datei verknüpft ist. Der Parameter `filename` enthält den Pfad zur Datei. Der optionale Parameter `mode` beschreibt, wie die Datei geöffnet werden soll. Die folgende Tabelle gibt einen Überblick über mögliche Werte des `mode`-Parameters:

Mode	Erklärung
r	Öffnen einer Datei ausschließlich zum Lesen. Falls die Datei nicht existiert, gibt es eine Fehlermeldung.
r+	Öffnen einer existierenden Datei zum Lesen und Schreiben
w	Falls eine Datei mit dem angegebenen Namen existiert, wird ihre Länge auf null gesetzt und sie wird neu beschrieben. Anderenfalls wird eine neue Datei zum Schreiben angelegt.
w+	Öffnen einer Datei zum Lesen und Schreiben. Falls die angegebene Datei nicht existiert, wird sie neu angelegt.
a	Öffnen einer Datei zum Anhängen neuer Daten. Der bisherige Inhalt wird nicht zerstört, sondern es wird am Ende weiter geschrieben.
a+	Öffnen einer Datei zum Lesen und Anhängen neuer Daten

Falls binäre Dateien geöffnet werden sollen, wird noch das Zeichen b angehängt. Für das Schreiben einer neuen Binärdatei lautet die Modusbezeichnung beispielsweise 'wb'. Wenn die Angabe des Modus fehlt, wird der Lesemodus (r) als Voreinstellung verwendet. Der optionale Parameter Puffergröße spezifiziert die Größe des Puffers, der für Lese- und Schreiboperationen auf der Datei verwendet wird. Eine negative Zahl bewirkt, dass die Voreinstellungen des Systems verwendet werden. Der Wert Null bedeutet ungepuffert, eine Eins zeilenweise Pufferung. Alle anderen positiven Werte geben die (ungefähre) Größe des verwendeten Puffers an.

Beispiel:

```
>>> f1 = open('daten.txt', 'w') # neue Datei erzeugen
>>> f1.write ('12345')
>>> f1.close()
>>> f2 = open('daten.txt', 'r') # Datei lesen
>>> print(f2.read())
12345
>>> f3 = open('daten.txt', 'a') # Daten anhaengen
>>> f3.write('6789')
>>> f3.close()
>>> print(open('daten.txt', 'r').read())
123456789
```

Siehe auch: Dateien (Kapitel 11.5)

ord()

```
ord(c)
```

Die Funktion liefert zu einem ASCII-Zeichen – genauer gesagt einem String bestehend aus einem einzigen Zeichen – dessen ASCII-Nummer:

```
>>> ord('a')
97
>>> ord('b')
98
```

Das Argument kann auch ein Unicode-Zeichen (im Programmtext durch eine Escape-Sequenz codiert) sein, dessen dezimale Nummer zurückgegeben wird:

```
>>> print('\u2020')
†
>>> ord('\u2020')
8224
```
Siehe auch: chr(), unichr()

pow()

```
pow(x, y [,z])
```

Die Parameter x, y, z müssen numerisch sein. Die Funktion berechnet aus den ersten beiden Argumenten die Potenz x hoch y. Falls ein drittes Argument z aufgeführt ist, berechnet die Funktion x hoch y modulo z. Dies wird schneller berechnet als pow(x, y) % z. Beispiele:

```
>>> pow(2,3)        # 2 hoch 3
8
>>> pow(2, -3)      # 2 hoch -3
0.125
>>> pow(2,3,2)      # 2 hoch 3 modulo 2
0
>>> pow(2.5, 2.5)   # 2.5 hoch 2.5
9.8821176880261845
```

Wenn y negativ ist, muss das dritte Argument fehlen. Wenn ein drittes Argument aufgeführt ist, müssen x und y ganze Zahlen und y nichtnegativ sein.

print()

```
print([arg1, …[,sep=separator [, end=endstring [file=f]]]])
```

Python 3 besitzt an Stelle der früheren print-Anweisung die Funktion print(). Mit einem Aufruf von print() können Daten in die Standardausgabe (sys.stdout) oder eine Datei oder Pseudodatei geschrieben werden. Wenn Sie ein Python-Skript mit der Entwicklungsumgebung IDLE testen, ist das Shell-Fenster die Standardausgabe. Bei CGI-Skripten werden die Inhalte der Standardausgabe vom Betriebssystem an den HTTP-Server übergeben, der sie an einen Client weiterleitet (siehe Kapitel 18).

Als Argumente werden zunächst die auszugebenden Objekte angegeben. Beispiele mit einem Argument:

```
>>> print("Hallo!")
Hallo!
>>> print(12.34)
12.34
>>> print(2*(3+4))
14
```

Ein Aufruf ohne Argumente erzeugt eine leere Zeile:

```
>>> print()

>>>
```

Wenn mehrere Objekte als Positionsargumente aufgeführt sind, werden sie in einer Zeile ausgegeben. Zwischen die Zeichenketten, die die Objekte repräsentieren, schreibt das System einen Separatorstring. Voreingestellt ist ein Leerzeichen.

```
>>> print(1, 2, 3, 4)
1 2 3 4
```

Mit dem Schlüsselwort-Argument sep kann ein anderer Separator gewählt werden:

```
>>> a = "Morgen"
>>> b = "Mittag"
>>> c = "Abend"
>>> print(a, b, c, sep = "...")
Morgen...Mittag...Abend
```

An das Ende einer Ausgabe setzt das System eine spezielle Zeichenkette. Voreingestellt ist das Newline-Zeichen (Escape-Sequenz: \n). Das bedeutet, dass nach jedem Aufruf von print() eine neue Zeile beginnt.

```
>>> for i in range(3):
        print(i)

0
1
2
```

Sie können das ändern, indem Sie dem Schlüsselwort-Argument end eine andere Zeichenkette zuweisen. Beispiel:

```
>>> for i in range(3):
    print(i, end=" ") # Leerzeichen am Ende

0 1 2
```

Voreingestellt ist, dass die Standardausgabe sys.stdout verwendet wird und somit die Daten auf dem Bildschirm ausgegeben werden. Mit dem Schlüsselwortargument file kann aber auch eine geöffnete Datei spezifiziert werden, auf die die Daten als Text geschrieben werden. Beispiel:

```
>>> f = open('projekt(daten.txt', 'w')
>>> print(1, 2, 3, file=f)
>>> f.close()
```

Wir prüfen, ob die Daten auch wirklich gespeichert wurden:

```
>>> f = open('projekt(daten.txt', 'r')
>>> print(f.read())
1 2 3
```

Bei Python 2.x gibt es anstelle der print()-*Funktion* eine print-*Anweisung*. Dabei gibt es keine Klammer. Das, was ausgegeben werden soll, steht einfach hinter dem Schlüsselwort print.

Die Version Python 2.7 ist tolerant. Hier ist beides erlaubt: die Anweisung und der Funktionsaufruf:

```
>>> print "Hallo"
Hallo
>>> print("Hallo")
Hallo
```

Siehe auch: Formatierte Bildschirmausgabe (Abschnitt 11.3), CGI-Skripte (Kapitel 18)

property()

property([fget[, fset[, fdel[, doc]]]])

Die Funktion kann innerhalb der Definition einer New-Style-Klasse verwendet werden, um ein Property-Attribut zu definieren. Die ersten drei (optionalen) Argumente sind die Namen von Methoden der Klasse zum Lesen, Ändern und Löschen eines Attributs. Der Name des Attributs sollte mit zwei Unterstrichen beginnen und so für die Außenwelt unsichtbar sein. Das letzte (optionale) Argument doc ist ein String mit einem Kommentar zu dieser Property.

Beispiel:

```
>>> class C(object):
        def __init__(self, x): self.__x = x
        def getx(self): return self.__x
        def setx(self, value): self.__x = value
        def delx(self): del self.__x
        x = property(getx, setx, delx, "x-Property")
```

Eine Property kann von außen wie ein öffentliches Attribut gehandhabt werden, aber die Zugriffe auf Objektattribute werden allein von den spezifizierten Methoden durchgeführt.

```
>>> c = C(12)
>>> c.x
12
>>> c.x = 77
>>> c.x
77
```

Siehe auch: *Properties* in Kapitel 15.3

range()

range([*start*,] *stop* [,*step*])

Mit der range()-Funktion kann eine Sequenz mit ganzen Zahlen generiert werden. Die Funktion liefert nicht mehr wie früher bei Python 2.x eine Liste, sondern ein spezielles Container-Objekt, aus dem mit der Funktion list() erst noch eine explizite Liste gewonnen werden muss. Im einfachsten Fall enthält der Funktionsaufruf nur ein Argument. Der Aufruf range(*stop*) liefert eine Folge ganzer Zahlen zwischen 0 und *stop*-1. Beispiele:

```
>>> list(range (6))
[0, 1, 2, 3, 4, 5]
```

```
>>> list(range (6.4))
[0, 1, 2, 3, 4, 5]
```

Solche Generatoren werden vor allem für for-Schleifen verwendet.

```
>>> for i in range(10):
        print(i, end=" ")
0 1 2 3 4 5 6 7 8 9
```

Für alle Argumente verwendet man ganze Zahlen. Gleitkommazahlen werden nicht akzeptiert. Ein negatives allein stehendes Argument *stop* führt zu einer leeren Liste:

```
>>> list(range (-6))
[]
```

Wenn drei ganzzahlige Argumente verwendet werden, berechnet die Funktion eine Sequenz folgender Art:

```
[start, start + step, start + 2* step, ... ]
```

Falls *step* positiv ist, ist der Nachfolger eines Elementes um *step* größer. Das letzte Element ist die größte Zahl *start* + *n*step*, die kleiner als *stop* ist. Beispiele:

```
>>> list(range(0,10,2))
[0, 2, 4, 6, 8]
>>> list(range (-10,5,3))
[-10, -7, -4, -1, 2]
```

Falls *step* negativ ist, erhält man eine fallende Zahlenfolge. Das letzte Element der Liste ist die kleinste Zahl *start* + *n*step*, die größer als *stop* ist. Beispiel:

```
>>> list(range (10, -10, -2))
[10, 8, 6, 4, 2, 0, -2, -4, -6, -8]
```

Das Argument *step* darf nicht gleich null sein, sonst gibt es einen ValueError.

repr()

repr(*object*)

Die Funktion liefert eine Zeichenkette mit einer »druckbaren Repräsentation« des übergebenen Objektes. Das Argument kann ein beliebiges

Objekt (bzw. der Name eines Objektes) sein, also z.B. ein Zahlenwert, eine Funktion, ein Typ oder eine Konstante. Wie die folgenden Beispiele zeigen, kann die zurückgegebene »druckbare Repräsentation« ein Wert oder eine allgemeine Beschreibung sein.

```
>>> repr(123)
'123'
>>> repr(locals)
'<built-in function locals>'
>>> repr(int)
"<class 'int'>"
>>> from math import e
>>> repr(e)
'2.7182818284590451'
```

Siehe auch: eval(), str()

reversed()

reversed(*iterable*)

Liefert eine Sicht auf ein iterierbares Objekt (z.B. Sequenz) mit umgekehrter Reihenfolge der Elemente.

```
>>> s = [1, 4, 7, 3]
>>> list(reversed(s))
[3, 7, 4, 1]
```

round()

round(x,[*n*])

Die Funktion liefert eine Gleitkommazahl, die den auf *n* Stellen hinter dem Komma (bzw. Punkt) gerundeten Wert des Argumentes *x* darstellt. Beispiel:

```
>>> round(12.345, 2)
12.35
```

Falls der optionale zweite Parameter n weggelassen wird, wird die ganze Zahl (Typ int) zurückgegeben, die dem Zahlenwert im Argument am nächsten liegt. Eine Besonderheit: Bei Zahlen, die genau in der Mitte zwischen zwei ganzen Zahlen liegen, wird zur geraden Zahl gerundet. Beispiele:

```
>>> round(2.5)
2
>>> round(1.5)
2
>>> round(-1.5)
-2
```

set()

set([iterable])

Das optionale Argument *iterable* ist ein iterierbares Objekt (z.B. Sequenz, Dictionary, frozenset-Objekt) mit unveränderbaren (*immutable*) Elementen. Die Funktion gibt ein Mengenobjekt (Objekt der Klasse set) zurück, dessen Elemente aus *iterable* entnommen worden sind. Beachten Sie, dass es in Python 3 Mengenliterale mit geschweiften Klammern gibt:

```
>>> set([2, 2, 1, 1, 1])
{1, 2}
```

Ohne Argument liefert die Funktion ein set-Objekt, das die leere Menge repräsentiert:

```
>>> set()
set()
```

Zu einem Dictionary liefert set() ein Mengenobjekt, das die Menge der Schlüssel des Dictionarys enthält:

```
>>> set({1:"eins", 2:"zwei"})
{1, 2}
```

Mengen mit veränderbaren Elementen sind nicht möglich:

```
>>> set([[1], [2]])              # Liste aus Listen
Traceback (most recent call last):
  File "<pyshell#61>", line 1, in <module>
    set([[1], [2]])
TypeError: unhashable type: 'list'
```

Siehe auch: frozenset(), Mengen (Kapitel 4)

setattr()

setattr(*object, name, value*)

Die Funktion ist das Gegenstück zu getattr(). Die Argumente sind ein Objektbezeichner, ein String mit dem Namen eines Attributes des Objektes und ein Wert, dessen Datentyp zum Attribut passt. Die Funktion setzt das Attribut des bezeichneten Objektes auf einen neuen Wert. Der Aufruf setattr (obj, "attr", neu) hat die gleiche Wirkung wie obj.attr = neu. Beispiel:

```
>>> class C (object):
        def __init__(self):
            self.a = 0
>>> obj = C()
>>> setattr(obj, "a", 10)
>>> obj.a
10
```

Siehe auch: getattr()

slice()

slice([*start,*]*stop*[*,step*])

Zurückgegeben wird ein slice-Objekt, das die Indexe eines Ausschnitts einer Sequenz repräsentiert. Die drei Parameter sind ganze Zahlen. Der Default-Wert der optionalen Parameter *start* und *stop* ist None. Das zurückgegebene Slice-Objekt enthält drei Read-only-Attribute (start, stop, step), die abgefragt aber nicht geändert werden können. Beispiel:

```
>>> sl = slice (0,10,2)
>>> sl
slice(0, 10, 2)
>>> sl.start
0
>>> sl.stop
10
>>> sl.step
2
```

sorted()

```
sorted(iterable [,cmp[,key[, reverse]]])
```

Die Funktion liefert eine neue sortierte Liste, die sie aus *iterable* berechnet. Das erste Argument ist ein iterierbares Objekt wie z.B. eine Sequenz (Liste, String, Tupel). Die optionalen Argumente haben folgende Bedeutungen: *cmp* ist der Name einer Vergleichsfunktion, *key* ist der Name eine Funktion, die vor der Sortierung auf die Elemente von *iterable* angewendet wird. Wenn *reverse* den Wert True erhalten hat, wird absteigend sortiert.

```
>>> s = [1, 4, 7, 3]
>>> sorted(s)
[1, 3, 4, 7]
>>> sorted(s, reverse=True)
[7, 4, 3, 1]
```

Siehe auch: Listen-Methode sort() (Kapitel 2.4)

staticmethod()

```
staticmethod(function)
@staticmethod
```

Die Funktion kann innerhalb der Definition einer New-Style-Klasse verwendet werden, um eine statische Methode zu definieren. Das Argument *function* ist der Name dieser Methode. Üblicherweise schreibt man einen Decorator @staticmethod in die Zeile oberhalb der Methodendefinition.

Siehe: *Statische Methoden* (Kapitel 15.3)

str()

```
str([object[,encoding[,errors]]])
```

Ein Aufruf der Funktion ohne Argument erzeugt einen leeren String.

```
>>> str()
''
```

Bei einem Aufruf mit nur einem Argument *object*, das beliebigen Typs sein kein, wird eine ASCII-Zeichenkette mit einer druckbaren Repräsentation des Objektes zurückgegeben.

```
>>> str(12.34)
'12.34'
>>> str(None)
'None'
```

Der optionale Parameter *encoding* ist eine Zeichenkette mit dem Namen der Codierung (z.B. latin-1 oder utf-8). Die Codierung ist von Bedeutung, wenn Sie aus einem Bytestring einen String erzeugen wollen. Der Bytestring kann ja eine codierte Repräsentation einer Zeichenkette sein. Wenn Sie str() ohne Angabe einer Codierung verwenden, wird das gesamte Bytestring-Literal unverändert (mit dem Präfix b) als String dargestellt:

```
>>> b = b"Fahrkarte"
>>> str(b)
"b'Fahrkarte'"
```

Wenn Sie eine geeignete Codierung spezifizieren, interpretiert die Funktion den übergebenen Bytestring als codierte Version einer Zeichenkette und gibt das zugehörige String-Objekt zurück:

```
>>> str(b, encoding="utf-8")
'Fahrkarte'
```

sum()

sum(*iterable*[,*start*])

Das Argument *iterable* repräsentiert eine Kollektion von Zahlen. Zurückgegeben wird die Summe dieser Zahlen plus *start* (sofern *start* angegeben ist).

```
>>> s = [1, 4, 7, 3]
>>> sum(s)
15
>>> sum(s, 100)
115
```

super()

super(*type*[, *object-or-type*])

Die Funktion ermöglicht den Zugriff auf die Oberklasse der Klasse *type*. Wenn das optionale zweite Argument ein Objekt ist, muss es eine Instanz von *type* sein. Wenn es eine Klasse ist, muss es sich um eine Unterklasse von *type* handeln.

Im folgenden Beispiel definieren wir zwei Klassen A und B, wobei B eine Unterklasse von A ist. In B wird die Methode m(), die bereits in der Oberklasse A definiert ist, überschrieben.

```
>>> class A (object):
    def m(self):
        print("Hier ist Klasse A")

>>> class B (A):
    def m(self):
        super(B, self).m()  # Aufruf der Methode m von A
        print("Hier ist Klasse B")

>>> b = B()
>>> b.m()
Hier ist Klasse A
Hier ist Klasse B
```

tuple()

tuple([*iterable*])

Ein Aufruf von tuple() ohne Argument liefert ein leeres Tupel:

```
>>> tuple()
()
```

Ansonsten wird das im Argument *iterable* übergebene Objekt in ein Tupel umgewandelt. Als Argument kann eine beliebige Sequenz, Menge oder ein anderes iterierbares Objekt angegeben werden.

```
>>> tuple("Tulpe")
('T', 'u', 'l', 'p', 'e')
```

```
>>> tuple([1,2,3])
(1, 2, 3)
```

Tupel sind unveränderbare Sequenzen.

type()

type (*object*)

Die Funktion, wenn sie mit genau einem Argument aufgerufen wird, liefert den Typ des im Argument übergebenen Objektes.

```
>>> type(123)
<class 'int'>
>>> x = 123
>>> if type (x) == int:
        print("ganze Zahl")
ganze Zahl
```

type()

type (*name, base, dict*)

Wenn man die Funktion type() mit drei Argumenten aufruft, erzeugt man damit eine neue Klasse. Das erste Argument *name* ist ein String mit dem Klassennamen, *base* ist ein Tupel mit den Basisklassen, von denen die neue Klasse abgeleitet ist, und das letzte Argument *dict* ist ein Dictionary, das den Namensraum der neuen Klasse definiert (Attribute und Methoden). Beispiel:

```
>>> def init(self, a):
        self.laenge = a
>>> Strecke = type('Strecke', (object,),
                    dict(__init__ = init))
```

Exakt die gleiche Klasse wird durch das folgende Statement erzeugt:

```
>>> class Strecke (object):
        def __init__(self, a):
            self.laenge = a
```

vars()

`vars([object])`

Bei einem Aufruf ohne Argumente liefert die Funktion ein Dictionary, das die aktuelle Symboltabelle (Belegung der lokalen Namen mit Werten) enthält. Beispiel:

```
>>> vars()
{'__builtins__': <module '__builtin__' (built-in)>, '__name__':
'__main__', '__doc__': None}
```

Als Argument kann ein Objekt übergeben werden. Sofern es über eine eigene Symboltabelle verfügt, wird diese als Dictionary zurückgegeben (anderenfalls gibt es einen TypeError). Beispiel:

```
>>> import math
>>> vars(math)
{'modf': <built-in function modf>, 'fsum': <built-in function
fsum> ...
```

Wenn vars() ohne Argument innerhalb einer Funktionsdefinition aufgerufen wird, liefert es ein Dictionary, das allen lokalen Namen (z.B. auch zu den Parametern der Parameterliste) deren Belegung zuordnet. Das können Sie z.B. verwenden, um einen String mit Platzhaltern zu formatieren:

```
>>> def gratuliere (name, alter):
    text = """Hallo %(name)s!
Alles Gute zu deinem %(alter)i. Geburtstag!""" % vars()
    return text

>>> print(gratuliere("Max", 25))
Hallo Max!
Alles Gute zu deinem 25. Geburtstag!
```

Siehe auch: locals(), globals(), dir(), Formatierung von Strings (Kapitel 16.3)

zip()

`zip(iterable1, ...)`

Als Parameter können Sie der Funktion beliebig viele iterierbare Objekte (z.B. Sequenzen oder Mengen) übergeben. Die Funktion berechnet eine Liste von Tupeln, die jeweils aus Elementen der Eingabeobjekte zusammengesetzt sind. Das i-te Tupel besteht aus den i-ten Elementen der Eingabeobjekte. Im folgenden Beispiel wird aus zwei Listen eine Liste von Paaren gewonnen.

```
>>> list(zip ([1, 2, 3], ['a', 'b', 'c']))
[(1, 'a'), (2, 'b'), (3, 'c')]
```

Es können unterschiedliche Datentypen gemischt werden:

```
>>> list(zip ((1, 2), 'wo'))
[(1, 'w'), (2, 'o')]
```

Die in den Argumenten übergebenen Kollektionen müssen nicht gleich lang sein. Die Elemente der Kollektionen werden nacheinander ausgewertet. Die Ergebnisliste enthält so viele Elemente wie die kleinste Kollektion. Überzählige Elemente werden einfach weggelassen.

```
>>> list(zip ([1, 2, 3], ['a', 'b']))
[(1, 'a'), (2, 'b')]
```

Siehe auch: map()

Weitere Funktionen bei Python 2.x

long()

```
long(x[,radix])
```

Python 2.x hat zwei Typen für ganze Zahlen: int und long. Objekte vom Typ long sind lange Ganzzahlen. Die Literale enden mit dem Buchstaben L, z.B. 123456789L. Die Funktion long() erzeugt eine solche lange Ganzzahl. Das erste Argument kann eine Zahl oder ein String sein, der eine ganze Zahl repräsentiert. Falls das erste Argument ein String ist, gibt das zweite Argument nach dem gleichen Schema wie bei der Funktion int() die Basis des Zahlensystems an, in dem die Zahl dargestellt ist. Beispiele:

```
>>> long(0)
0L
```

```
>>> long("101",2)
5L
>>> long(1E40)
100000000000000003037860284270036666890752L
```

Siehe auch: float(), int()

unichr()

unichr(*i*)

Python 2.x besitzt neben dem Typ str noch den Typ unicode für Strings aus Unicode-Zeichen. Die Funktion unichr() ist die Umkehrung der Funktion ord() für Unicode-Strings. Sie liefert zum Argument *i* das Zeichen mit Unicode-Nummer *i*.

```
>>> unichr(8224)
u'\u2020'
>>> print unichr(8224)
†
```

Siehe auch: ord(), Unicode-Strings (Kapitel 2.2)

unicode()

unicode(*object*[, *encoding*[, *errors*]])

Die Funktion liefert einen Unicode-String.

‣ Ohne die optionalen Argumente liefert unicode(*object*) einen Unicode-String, der das übergebene Objekt repräsentiert. Beispiel:

```
>>> unicode (123)
u'123'
```

‣ Mit Hilfe der Argumente *encoding* und *errors* kann man explizit einen Codierungs-/Decodierungsmechanismus (»Codec«) aus dem Modul codecs auswählen. Das Argument *encoding* enthält einen String, der den Namen des Codecs enthält. Mit dem Argument *errors* können Sie einstellen, wie das System reagiert, wenn es auf nicht codierbare Zeichen im übergebenen Objekt stößt. Weitere Informationen dazu finden Sie in der Dokumentation des codecs-Moduls.

xrange()

xrange([*start*,]*stop*,[,*step*])

Diese Funktion arbeitet genauso wie range() bei Python 3 und liefert einen Generator für Zahlenfolgen. Beachten Sie: Python 2.x besitzt auch eine range()-Funktion. Jedoch gibt diese eine *Liste* von Zahlen zurück. Beispiel:

```
>>> range(3)  # Liste statt Generator
[0, 1, 2]
```

Siehe auch: range()

10 Fehler und Ausnahmen

In diesem Kapitel werden Techniken vorgestellt, mit denen man bei der Python-Programmierung Fehler vermeiden, finden und abfangen kann. Man kann drei Gruppen von Fehlern unterscheiden: Syntaxfehler, Ausnahmen und logische Fehler.

‣ *Syntaxfehler* sind Verstöße gegen die Grammatik-Regeln.

‣ *Ausnahmen* (Exceptions) treten in einem syntaktisch korrekten Programm erst zur Laufzeit auf (Laufzeitfehler). Sie führen zu einem Abbruch des Programmlaufs, wenn sie nicht abgefangen werden. Mit dem Begriff »Abfangen« ist Folgendes gemeint: In Form von try...except-Anweisungen sind bestimmte Routinen (Exceptionhandler) definiert, die aufgerufen werden, wenn eine Ausnahme eintritt. Ausnahmen können in raise-Anweisungen erzeugt und bewusst als algorithmischer Kunstgriff eingesetzt werden.

‣ *Logische Fehler* liegen vor, wenn das Programm nicht das leistet, was es leisten soll. Sie können durch gute Dokumentation, Verwendung von Assert-Anweisungen (teilweise) vermieden und mit Hilfe von Debugging-Techniken erkannt werden.

10.1 Syntaxfehler

Syntaxfehler sind Verstöße gegen die Syntax der Programmiersprache, wie sie in der Grammatik definiert wird. Sie werden in der Regel bereits bei der Erstellung eines Programmtextes erkannt und nicht erst beim Programmlauf. Ein Python-Skript kann überhaupt nicht laufen, wenn es Syntaxfehler enthält. Im Unterschied zu Exceptions müssen Syntaxfehler deshalb auf jeden Fall korrigiert werden. Der Python-Parser reagiert auf Syntaxfehler mit einer Fehlermeldung und markiert die Stelle im Skript, an der der Fehler auftrat. Im interaktiven Modus reagiert das System auf eine fehlerhafte Anweisung (hier: fehlender Doppelpunkt) beispielsweise so:

```
>>> for i in range(10) print(i)
SyntaxError: invalid syntax
```

Es auch spezielle Situationen, in denen Syntaxfehler erst zur Laufzeit eines Skripts bemerkt werden, nämlich dann, wenn ein Stück Python-Programmtext in einem exec-Statement oder mit der eval()-Funktion ausgeführt wird. In diesem Fall wird eine SyntaxError-Ausnahme generiert. Beispiel:

```
>>> eval("x+=-2")
Traceback (most recent call last):
  File "<pyshell#20>", line 1, in <module>
    eval("x+=-2")
  File "<string>", line 1
    x+=-2
       ^
SyntaxError: invalid syntax
```

10.2 Ausnahmen (Exceptions)

Ausnahmen (Exceptions) sind ein Mechanismus zur Unterbrechung des normalen Kontrollflusses eines Programms, um Laufzeitfehler oder andere Ausnahmeereignisse zu handhaben. Das klassische Beispiel für einen Laufzeitfehler ist der Versuch einer Division durch null. Der Term 1/0 ist zwar syntaktisch korrekt, aber mathematisch nicht zulässig und ruft erst zu dem Zeitpunkt, an dem er ausgewertet wird, eine Fehlersituation hervor.

Manche Ausnahmen sind aber gar keine Fehler im landläufigen Sinne, sondern einfach nur ein Signal für ein Ereignis. So kann ein Iterator-Objekt nur über eine StopIteration-Ausnahme mitteilen, dass es über keine weiteren Items verfügt (vgl. Kapitel 8).

Ausnahmen werden bei Python durch Objekte repräsentiert, für die es eine eigene Klassenhierarchie gibt. Die Root-Klasse heißt BaseException. Von ihr sind Unterklassen für die verschiedenen Ausnahmetypen abgeleitet. Diese Klassen sind in einem eigenen Modul namens exceptions, das aber nicht explizit importiert werden braucht. Wenn Sie eigene Ausnahmeklassen definieren wollen, sollten Sie diese nicht von BaseException sondern von der Klasse Exception ableiten. Typen von Ausnahmen

In der folgenden Übersicht sind einige häufige Standard-Ausnahmen beschrieben. Man benötigt ihre Namen, wenn man die Fehlersituationen in try...except-Anweisungen abfangen will.

Exception	Erläuterung
AssertionError	Entsteht, wenn eine Zusicherung (*assert*) nicht zutrifft, z.B. >>> assert 1 == 2.
AttributError	Entsteht, wenn man auf ein Attribut eines Objektes zugreifen will, das es nicht gibt.
EOFError	Entsteht, wenn die Standardfunktionen input()auf eine EOF-Bedingung (*end of file*) stoßen.
ImportError	Entsteht, wenn ein import-Statement das angegebene Modul nicht findet oder in einer from...import-Anweisung die aufgeführten Namen in dem Modul nicht existieren.
IndexError	Tritt auf, wenn beim Zugriff auf ein Sequenz-Item der angegebene Index in der Sequenz nicht existiert.
IOError	Entsteht, wenn eine Ein-/Ausgabe-Operation misslingt (Zugriff auf eine nicht existierende Datei etc.).
KeyError	Tritt auf, wenn ein Schlüssel eines Dictionarys nicht gefunden wird.

Exception	Erläuterung
NameError	Wird erzeugt, wenn ein Name in den lokalen und globalen Symboltabellen nicht existiert. Der assoziierte Wert ist der unbenannte Name.
StopIteration	Wird von der next()-Methode eines Iterators erzeugt, wenn kein weiteres Item existiert.
SyntaxError	Tritt auf, wenn ein String, der Python-Text mit Syntax-Fehlern enthält, in einer exec-Anweisung oder einem eval()-Funktionsaufruf interpretiert wird.
TypeError	Entsteht, wenn ein Operator oder eine Funktion auf ein Objekt eines ungeeigneten Typs angewendet wird.
ZeroDivisionError	Tritt auf, wenn versucht wurde, durch null zu dividieren.

Tabelle 10.1: Die wichtigsten Standard-Ausnahmen

Aufbau einer Fehlermeldung

Sofern eine Ausnahme nicht durch einen Exceptionhandler (except-Klausel in einem try-Statement) abgewickelt wird, bricht Python den Programmlauf ab und gibt eine Fehlermeldung aus. In ihr wird die Ausnahme folgendermaßen beschrieben:

‣ Ort im Programmtext, wo der Fehler auftrat
‣ Name der Exception und assoziierter Wert
‣ Beispiel:

```
>>> print(unbekannt)
Traceback (most recent call last):
  File "<pyshell#83>", line 1, in <module>
    print(unbekannt)
NameError: name 'unbekannt' is not defined
```

In diesem Fall ist der Name der Exception NameError und der zugeordnete Wert die Zeichenkette name 'unbekannt' is not defined.

Ausnahmen auslösen mit raise

Ausnahmen können mit Hilfe einer raise-Anweisung »künstlich« erzeugt werden. Nach dem Schlüsselwort raise folgt der Name der Exception-Klasse. Dahinter kann in Klammern ein Wert (z.B. String) geschrieben werden, der der Ausnahme zugeordnet wird (assoziierter Wert). Beispiel:

```
>>> raise NameError ("unbekannter Name")
Traceback (most recent call last):
  File "<pyshell#82>", line 1, in ?
    raise NameError, "unbekannter Name"
NameError: unbekannter Name
```

Die raise-Anweisung wird vor allem in Funktionsdefinitionen genutzt, z.B. wenn Vorbedingungen getestet werden, die für das einwandfreie Arbeiten der Funktion erforderlich sind. Bei Nichterfüllung der Bedingung wird dann gezielt eine Ausnahme ausgelöst. Diese kann entweder in dem Programmstück, in dem die Funktion aufgerufen worden ist, abgefangen werden, oder sie liefert den Programmentwicklern Informationen, die zum Debuggen genutzt werden können. Denn wenn eine Vorbedingung nicht erfüllt ist, enthält das Programm vielleicht an irgendeiner anderen Stelle einen unerkannten logischen Fehler. Ein ausführlicheres Beispiel zum Testen von Vorbedingungen wird in Kapitel 10.4 vorgestellt.

Ausnahmen abfangen in try-Anweisungen

Um ein Programm vor unvorhersehbaren Abbrüchen zu schützen und es insofern fehlertolerant zu machen, können Ausnahmen durch try...except-Anweisungen abgefangen werden. Auch bei gänzlich fehlerfreien Programmen kann es zu Ausnahmen kommen. Es gibt eine Reihe von Ausnahmesituationen, die durch die Umgebung des Programms hervorgerufen werden und somit außerhalb des Einflussbereiches des Programmentwicklers liegen.

Typische Beispiele solcher Fehlersituationen sind:

▸ Zugriff auf Dateien, die nicht existieren oder durch das Betriebssystem (über Zugriffsrechte) geschützt sind

▸ Benutzungsfehler bei interaktiven Programmen

▸ Verwendung plattformspezifischer Features, die auf dem aktuellen Betriebssystem, unter dem das Skript läuft, nicht verfügbar sind

Programmteile, die für derartige Unwägbarkeiten anfällig sind, werden in einen Anweisungsblock hinter try: geschrieben. In anschließenden except-Klauseln wird die Behandlung etwaiger Ausnahmen, die in dem try-Anweisungsblock auftreten, festgelegt. Im folgenden Beispiel wird die while-Schleife so lange durchlaufen, bis der Benutzer einen gültigen Pfad eingibt und die spezifizierte Datei geöffnet werden kann. Erst in diesem Fall wird die break-Anweisung erreicht und die Schleife verlassen.

```
>>> pfad = ""
>>> while True:
        try:
            pfad = input("Pfad: ")
            text = open(pfad, 'r')
            print(text.read())
            text.close()
            break
        except IOError:
            print("Pfad existiert nicht.")
Pfad: /projekt/test.txt
Datei existiert nicht.
Pfad: /projekt/daten.txt
abcde
```

Weitere syntaktische Details zur try-Anweisung finden Sie in Kapitel 7.6.

10.3 Erstellen einer eigenen Exception-Klasse

Insbesondere bei großen Projekten, die nicht von einer Einzelperson, sondern von einem ganzen Team entwickelt werden, ist eine systematische

Behandlung von Ausnahmen wichtig. In vielen Fällen kann es sinnvoll sein, eigene Fehlerklassen zu definieren, etwa um Verstöße gegen Vorbedingungen sauber zu dokumentieren.

Als Beispiel betrachten wir eine Funktion, die einen binären Wurzelbaum nach dem inorder-Verfahren durchläuft. Ein binärer Wurzelbaum ist ein gerichteter zyklenfreier Graph mit nur einer Wurzel, bei dem jeder Knoten maximal zwei direkte Nachkommen hat. Die unten stehende Abbildung zeigt ein Beispiel.

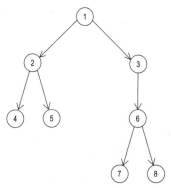

Abbildung 10.1: Binärer Wurzelbaum

Wurzel dieses Baums ist der einzige Knoten ohne Vorgänger, nämlich der Knoten 1. Den inorder-Algorithmus kann man informal folgendermaßen beschreiben:

▸ Besuche die Knoten des linken Unterbaums in inorder-Reihenfolge.
▸ Besuche die Wurzel.
▸ Besuche die Knoten des rechten Unterbaums in inorder-Reihenfolge.

Die inorder-Reihenfolge ist beim Beispielbaum: 4, 2, 5, 1, 7, 6, 8, 3

Die folgende Python-Funktion löst das Problem.

```
>>> def inorder (w,g):
    if w in g.keys():
        links = inorder(g[w][0], g)
        rechts = (len(g[w]) > 1) \
                  and inorder (g[w][1], g) or []
        return links + [w] + rechts
    else:
        return [w]
```

Sie nimmt als Eingabe einen Knoten w (Wurzel) und einen Graphen g, der durch ein Dictionary repräsentiert wird, in dem die Schlüssel Knotennummern und die zugehörigen Werte jeweils Adjazenzlisten sind (Listen mit den Nummern der Kind-Knoten). Zurückgegeben wird eine Liste mit den Nummern der Knoten in inorder-Reihenfolge. Das Dictionary b im folgenden Beispiel repräsentiert den Baum aus Abbildung 10.1.

```
>>> b = {1:[2,3], 2:[4,5], 3:[6], 6:[7,8]}
>>> inorder (1,b)
[4, 2, 5, 1, 7, 6, 8, 3]
```

Man sieht, die Funktion liefert mit *diesen* Argumenten ein korrektes Ergebnis. Stellen wir uns aber vor, unsere Funktion inorder() sei Teil eines Moduls, das wir zur Verarbeitung von Graphen entwickelt haben, und dieses Modul wiederum Teil einer größeren Software. In einem solchen komplexen System kann es leicht dazu kommen, dass die Funktion mit unpassenden Argumenten aufgerufen wird. Mindestens folgende Fehlersituationen sind möglich:

▸ Die Parameter gehören zu einem ungeeigneten Typ. Für den Graphen wird vielleicht eine Liste anstelle eines Dictionarys verwendet. In diesem Fall gibt es bereits in der zweiten Zeile eine Ausnahme, weil die Methode keys() nur für Dictionaries existiert. Hier können wir uns auf »Sicherungen« verlassen, die in den Standardfunktionen eingebaut sind.

▸ Der Graph, der im zweiten Argument übergeben wird, ist kein Baum, sondern er enthält Zyklen. Dieser Fehler wird von den verwendeten Standardfunktionen nicht erkannt. Die Folgen sind fatal: Der Algorithmus gerät in eine Endlosschleife und wird dann in diesem Fall irgendwann, wenn die maximale Rekursionstiefe erreicht ist, vom Python-Interpreter abgebrochen.

Schlimmstenfalls muss ein Programm, das infolge eines Fehlers nicht terminiert, durch einen Keybord-Interrupt abgebrochen werden. Sie können sich denken, dass es in solchen Fällen schwierig sein kann, den Fehler zu finden.

Viele Algorithmen funktionieren nur, wenn bestimmte Vorbedingungen erfüllt sind. In einer Funktion sollte deshalb zu Beginn getestet werden, ob alle Vorbedingungen erfüllt sind, und anderenfalls eine Ausnahme erzeugt werden. In unserem Fall muss geprüft werden, ob der zweite Parameter tatsächlich ein Baum ist. Ist das nicht der Fall, soll eine Ausnahme erzeugt werden, die dem Programmentwickler auch noch mitteilt, an welcher Stelle ein Zyklus vorliegt. Auf diese Fehlersituation passt keine der vorgegebenen Standardausnahmen. Deshalb definieren wir eine eigene Ausnahme-Klasse, die speziell auf unsere Bedürfnisse zugeschnitten ist. Wir definieren sie als Ableitung der Basisklasse Exception. Auf diese Weise kann die ganze Funktionalität, die Python zur Ausnahmebehandlung bereitstellt, genutzt werden. Bei der Definition einer Fehlerklasse müssen folgende Punkte beachtet werden:

▸ Man wählt sinnvolle Attribute, die die Fehlersituation beschreiben.

▸ Im Konstruktor __init__ () müssen den Attributen Anfangswerte zugewiesen werden. Nur durch solche Zuweisungen können ja bei Python überhaupt Attribute erzeugt werden.

▸ Es muss ein Text definiert werden, der als Ausnahme-Meldung auf dem Bildschirm ausgegeben werden kann. Dazu wird die in der Superklasse Exception vorgegebene Methode __str__() überschrieben. Unter Verwendung der Attributwerte wird ein lesbarer Text konstruiert und zurückgegeben. Lässt man die Methode __str__() weg, so erscheint bei einer Fehlermeldung hinter dem Ausnahmetyp der Text <unprintable instance object>.

Für das Beispiel könnte eine geeignete Fehlerklasse folgendermaßen definiert werden:

```
>>> class CycleError (Exception):
        def __init__ (self, knoten, g):
          self.knoten = str(knoten)
          self.g = str(g)
        def __str__ (self):
            return "Der Graph "+self.g \
                   + " ist kein Baum.\n" \
                   + "Knoten "+ self.knoten \
                   + " ist in einem Zyklus."
```

Mit der raise-Anweisung kann die Fehlerklasse getestet werden. Als Parameter übergeben wir eine Knotennummer und einen kleinen Graphen, der offensichtlich einen Zyklus enthält:

```
>>> raise CycleError(1, {1:[2], 2:[1]})
Traceback (most recent call last):
...
CycleError: Der Graph {1: [2], 2: [1]} ist kein Baum.
Knoten 1 ist in einem Zyklus.
```

Nun kann in die inorder()-Funktion die Prüfung der Vorbedingung eingebaut werden. Dazu verwendet man eine Funktion wegsuche(), die zu zwei Knoten in einem gerichteten Graphen einen Weg berechnet und diesen Weg als Liste zurückgibt. Ist der Rückgabewert die leere Liste, existiert kein Weg. Die Implementierung dieser Funktion wird im anschließenden Abschnitt erläutert.

```
def inorder (w,g):
    # Test auf Zyklus
    for v in g.keys():
        for x in g[v]:
            if wegSuche (g,x,v): # Zyklus gefunden
                raise CycleError(v,g)
    if g.has_key(w):
        links = inorder(g[w][0], g)
        rechts = (len(g[w]) > 1) \
                  and inorder (g[w][1], g) or []
        return links + [w] + rechts
```

```
    else:
        return [w]
```

Der Test auf Zyklen ist sehr aufwändig und kostet Rechenzeit. Zur Optimierung kann man es einrichten, dass die Vorbedingung nur im Debug-Modus getestet wird:

```
if __debug__: teste Vorbedingung
```

10.4 Testen von Vor- und Nachbedingungen mit assert

Als zusätzliche Absicherung können in Funktionen neben den Vorbedingungen auch Nachbedingungen getestet werden. Mit Letzteren kann man prüfen, ob die Funktion auch das leistet, was sie leisten soll. Eine einfache Technik ist die Verwendung von assert-Anweisungen. Hinter dem Schlüsselwort assert steht eine Bedingung, die wahr oder falsch sein kann. Ist sie falsch, so wird eine Ausnahme – ein AssertonError – erzeugt.

Als praktisches Programmierbeispiel sei eine Funktion beschrieben, die einen Weg innerhalb eines Graphen von einem Knoten start zu einem Knoten ziel sucht. Als Funktionswert wird der Weg als Liste von Knoten zurückgegeben, falls ein Weg existiert. Gibt es keinen Weg von start nach ziel, liefert die Funktion eine leere Liste. Als Vorbedingung wird geprüft, ob start und ziel überhaupt im Graphen enthalten sind. Die Nachbedingung lautet für den Fall, dass ein Weg gefunden wurde: »Zwischen aufeinanderfolgenden Knoten in der Ergebnisliste existieren im Graphen Kanten.«

```
>>> def macheWeg (vorgaenger, start, ziel):
        k = ziel
        weg = [ziel]
        while k != start:
            k = vorgaenger[k]
            weg = [k] + weg
        return weg
```

```
>>> def wegSuche(g, start, ziel):
        # Teste Vorbedingung
        assert (start in g) and (ziel in g)
        besucht = []
        schlange = [start]
        v = start
        vorgaenger ={}
        while (v != ziel) and (schlange != []):
            v = schlange.pop()
            besucht += [v]
            if v in g:
              for i in g[v]:
                if i not in besucht:
                   vorgaenger[i] = v
                   if i not in schlange:
                      schlange = [i]+ schlange
        if v == ziel:
            weg = macheWeg (vorgaenger, start,ziel)
            # Teste Nachbedingung
            for i in range (1, len(weg)):
                assert weg[i] in g[weg[i-1]]
        else: weg = []
        return weg
>>> g = {1:[2,3], 2:[1,3,6], 3:[2,1,4,5], 4:[3,5],
         5:[3,4,6], 6:[2,5], 6:[2,5,7], 7:[6]}

>>> print(wegSuche(g, 2, 4))
[2, 1, 3, 4]
```

10.5 Selbstdokumentation im Debugging-Modus

Um logische Fehler in einem Programm zu finden oder sich die Funktionsweise eines schwer durchschaubaren Algorithmus klar zu machen, können Sie eine Tracing-Technik verwenden und das Programm so gestalten, dass es seine Arbeitsweise selbst dokumentiert. Dazu streut man an bestimmten kritischen Stellen print()-Aufrufe ein, in denen z.B.

die Inhalte wichtiger Variablen ausgegeben werden. Wenn das geschickt gemacht ist, kann das Programm geradezu didaktische Qualitäten bekommen. Das folgende Beispiel zeigt eine Variante der Quicksort-Funktion, die eine Liste von Zahlen aufsteigend sortiert:

```
>>> def qsort(L):
    # Quicksort mit Tracing
    if __debug__:
        if len(L) > 0:
            print("Ich sortiere: ", L)
            print("Element zum Teilen der Liste: ",L[0])
    if len(L) <= 1: return L
    else:
        return qsort( [ x for x in L[1:] if x < L[0]])\
        + [L[0] ] \
        + qsort( [ y for y in L[1:] if y >= L[0] ] )
>>> quicksort([25,12, 23, 128, 1, 56, 78])
Ich sortiere: [25, 12, 23, 128, 1, 56, 78]
Element zum Teilen der Liste: 25
Ich sortiere: [12, 23, 1]
Element zum Teilen der Liste: 12
Ich sortiere: [1]
Element zum Teilen der Liste: 1
Ich sortiere: [23]
Element zum Teilen der Liste: 23
Ich sortiere: [128, 56, 78]
Element zum Teilen der Liste: 128
Ich sortiere: [56, 78]
Element zum Teilen der Liste: 56
Ich sortiere: [78]
Element zum Teilen der Liste: 78
[1, 12, 23, 25, 56, 78, 128]
```

Die print()-Anweisungen zur Selbstdokumentation werden nur dann ausgeführt, wenn der Debugging-Modus eingestellt ist. In diesem Fall trägt die Read-only-Variable __debug__ den Wert True. Innerhalb eines Skripts kann diese Variable nur gelesen, nicht aber verändert werden. Voreingestellt ist für __debug__ der Wert True. Der Debugging-Modus kann abgeschaltet werden, indem man beim Aufruf des Skripts von der

Konsole aus die Option -o verwendet. Python-Programme können in unterschiedlichen Modi ausgeführt werden, die mit Hilfe von Optionen beim Start des Interpreters ausgewählt werden. Beispiel:

```
C:\> python meinSkript.py -o
```

Das Skript wird nun im optimierten Modus ausgeführt und die Variable __debug__ auf 0 gesetzt. Die print()-Anweisungen im obigen Beispiel werden übersprungen.

10.6 Das Modul logging

Das Standard-Modul logging bietet ausgefeilte Möglichkeiten des Tracings, also der Dokumentation eines Programmlaufs. Schon bei etwas größeren Projekten (z.B. bei den CGI-Programmen in diesem Buch in Kapitel 18 und 21) hat man ohne ein Tracing praktisch keine Chance, logische Fehler aufzuspüren.

Probieren Sie das folgende Skript aus:

```
import logging
logging.warning('Dringende Warnung!')
logging.info('Nicht ganz so dringende Information')
```

Nach dem Start erhalten Sie folgende Ausgabe:

```
WARNING:root:Dringende Warnung!
```

Der (voreingestellte) root-Logger meldete eine Warnung. Die zweite Meldung wurde nicht gezeigt, weil als Dringlichkeitsstufe WARNING voreingestellt ist. Unwichtigere Mitteilungen werden dann unterdrückt.

Fügen Sie in das Skript folgende Zeile hinter die import-Anweisung ein.

```
logging.basicConfig(level=logging.INFO)
```

Damit haben Sie eine niedrigere Dringlichkeitsstufe (level) eingestellt. Nun erhalten Sie in der Ausgabe zwei Meldungen:

```
WARNING:root:Dringende Warnung!
INFO:root:Nicht ganz so dringende Information
```

Das Grundkonzept von logging

Wenn Sie mit logging ein Programmtracing implementieren, müssen Sie grundsätzlich folgende Dinge beachten:

▸ Log-Einträge werden von Logger-Objekten vorgenommen. Bereits vorgegeben ist ein root-Logger. Er kann mit der Funktion basicConfig() konfiguriert werden. Durch Aufrufe der Methode logging.getLogger() erzeugen Sie weitere Logger-Objekte mit spezifischen Eigenschaften.

▸ Ausgaberessourcen für die Log-Information müssen festgelegt werden. Dies kann eine Datei oder ein Stream (z.B. die Standardausgabe sys.stdout) sein.

▸ Mit Hilfe des Logger-Objektes generieren Sie an kritischen Stellen des Programmtextes Meldungen mit Informationen über den aktuellen Status des Programms.

▸ Jede Meldung hat eine Dringlichkeitsstufe (level). Vorgegebene Stufen (mit aufsteigender Dringlichkeit) sind DEBUG, INFO, WARNING, ERROR, CRITICAL. Sie können einstellen, ab welcher Mindestdringlichkeit Meldungen in die Log-Ausgabe geschrieben werden.

▸ Für Meldungen können Sie ein Format festgelegen. Neben der eigentlichen Nachricht (die vom Programmierer explizit formuliert worden ist) kann eine Meldung auch automatisch generierte Information enthalten wie z.B. die Dringlichkeitsstufe, den Namen des Loggers und einen Zeitstempel.

Hier ein kleines Beispiel: Im folgenden Programmtext wird die Tracing-Information in ein Log-File mit dem Pfad '/tmp/logging_test.log' geschrieben:

```
# logging_test.py
import logging
LOG_FILENAME = '/tmp/logging_test.log'
logging.basicConfig(filename=LOG_FILENAME,
                    level=logging.DEBUG)
```

```
log=logging.getLogger("logging_test")
log.debug("Programm ist gestartet")
for i in range(3):
    log.info("i: " + str(i))
```

Führen Sie dieses Skript z.B. in der Kommandozeile aus:

```
> python loggingtest.py
```

Wenn die Programmdatei zum ersten Mal ausgeführt worden ist, ist im Ordner /temp/ eine neue Textdatei mit dem Namen logging_test.log angelegt worden. Sie enthält folgenden Text:

```
DEBUG:logging_test:Programm ist gestartet
INFO:logging_test:i: 0
INFO:logging_test:i: 1
INFO:logging_test:i: 2
```

Bei weiteren Programmläufen werden neue Log-Einträge an den bereits bestehenden Text angehängt.

basicConfig()

Durch einen Aufruf der Funktion basicConfig() aus dem Modul logging können Sie die Basiskonfiguration des Logging-Systems einstellen. Die Konfiguration bezieht sich auf den root-Logger. Dieser wird verwendet, wenn Sie logging-Funktionen aufrufen (an Stelle von Methoden eines spezifischen logging-Objektes).

Die Einstellungen legen Sie mit verschiedenen (optionalen) Schlüsselwort-Argumenten fest. Die folgende Tabelle gibt einen Überblick:

Schlüsselwort-Argument	Erläuterung
filename	Wenn die Log-Einträge über ein File ausgegeben werden (und kein Stream verwendet wird), wird diesem Schlüsselwort der Dateiname (als String) zugewiesen.

Schlüsselwort-Argument	Erläuterung
filemode	Hier wird der Modus des Zugriffs auf die Datei festgelegt. Voreingestellt ist 'a', so dass neue Einträge an den bestehenden Inhalt der Datei angehängt werden. Im Modus 'w' dagegen wird bei jedem Programmlauf der vorige Inhalt der Log-Datei gelöscht.
format	Formatierungsstring, der für einen Log-Eintrag verwendet wird
datefmt	Formatierungsstring für die Ausgabe einer Datumsangabe in einem Log-Eintrag
level	Dringlichkeitsniveau, ab dem eine Meldung ausgegeben werden soll. Für das Dringlichkeitsniveau gibt es fünf Konstanten, mit aufsteigender Dringlichkeit: DEBUG, INFO, WARNING, ERROR, CRITICAL.
stream	Wenn kein Dateiname angegeben worden ist, kann ein Stream für die Ausgabe des Logs spezifiziert werden, z.B. sys.stderr oder sys.stdout. Falls das Schlüsselwort-Argument filename verwendet worden ist, wird die Spezifikation von stream einfach ignoriert.

Tabelle 10.2: Schlüsselwörter zur Konfiguration des root-Loggers

Im folgenden Beispielskript wird der root-Logger konfiguriert (#1) und dann ein logging-Objekt instanziiert, das die Einstellungen des root-Loggers übernimmt (#2).

Es folgt ein Aufruf der Funktion critical() aus dem Modul logging (#3). Sie veranlasst den root-Logger, eine Meldung der Stufe CRITICAL zu schreiben.

```
import logging
logging.basicConfig(
        filename="/tmp/config_test.log",
        filemode="w",
        level=logging.DEBUG,
        format='%(name)s %(asctime)s %(message)s',
        datefmt='%H:%M:%S')                              #1

log=logging.getLogger("logging_test")                   #2
logging.critical("Kritischer Zustand")                  #3
log.critical("Kritischer Zustand")                      #4
```

Die Datei enthält den Log-Text, dem man die Format-Einstellungen des root-Loggers, die in der basicConfig()-Anweisung festgelegt worden sind, ansehen kann: Zuerst kommt der Name des Loggers, der den Eintrag verursacht hat, danach die Zeitangabe und schließlich die Nachricht.

```
root 15:02:36 Kritischer Zustand
logging_test 15:02:36 Kritischer Zustand
```

Im nächsten Beispielskript lassen wir in der Konfiguration die Angabe eines Dateinamens weg und setzen stattdessen mit dem Schlüsselwort-Argument stream das Pseudofile sys.stderr (Standardausgabe für Fehlermeldungen) als Ausgabe für die Log-Information ein.

```
# config_test2.py
import logging
import sys
logging.basicConfig(
            level=logging.DEBUG,
            format='%(name)s %(asctime)s %(message)s',
            datefmt='%H:%M:%S',
            stream=sys.stderr)
log=logging.getLogger("logging_test")
log.critical("Kritischer Zustand log")
```

Wenn Sie das Skript in der Kommandozeile aufrufen, erscheint nun direkt darunter die Tracing-Information:

```
>python config_test2.py
logging_test 15:21:10 Kritischer Zustand log
```

Logger-Objekte

Ein Logger-Objekt wird mit der Funktion getLogger() erzeugt.

```
>>> import logging
>>> log = logging.getLogger()
```

Es übernimmt zunächst die Merkmale des root-Loggers, die mit der Funktion basicConfig() eingestellt werden können. Nach seiner Instanziierung können Sie einen Logger mit weiteren spezifischen Eigenschaften ausstatten. Dazu später mehr.

Logger besitzen Methoden, mit denen Meldungen über den aktuellen Zustand des Programmlaufs abgesetzt werden. Durch die Wahl der Methode wird der Meldung eine Dringlichkeitsstufe (logging level) zugeordnet. Jedes logging level ist durch eine ganze Zahl zwischen 0 und 50 repräsentiert.

Methode	Erläuterung
addHandler(hdl)	Das Argument ist ein Objekt einer Handler-Klasse (z.B. StreamHandler). Dem Logger wird das Handler-Objekt zugeordnet, so dass Meldungen über diesen Handler in eine Ausgaberessource (z.B. Datei) geschrieben werden (siehe removeHandler()).
critical(msg)	Ausgabe einer Meldung msg mit Dringlichkeitsstufe CRITICAL (numerischer Wert 50)
debug(msg)	Ausgabe einer Meldung msg mit Dringlichkeitsstufe DEBUG (numerischer Wert 10)
error(msg)	Ausgabe einer Meldung msg mit Dringlichkeitsstufe ERROR (numerischer Wert 40)
info(msg)	Ausgabe einer Meldung msg mit Dringlichkeitsstufe INFO (numerischer Wert 20)

Methode	Erläuterung
log(*lvl*, *msg*)	Ausgabe einer Meldung *msg* mit (numerischer) Dringlichkeitsstufe *lvl*
removeHandler(*hdl*)	Ein Logger kann mit mehreren Handlers verbunden sein. Mit dieser Methode wird der Handler *hdl* vom Logger-Objekt entfernt.
setLevel(*lvl*)	Der Schwellenwert für die Dringlichkeit (logging level) wird auf den Wert *lvl* gesetzt. Das Argument ist eine ganze Zahl größer oder gleich null. Man kann auch die Konstanten NOTSET, DEBUG, INFO, WARNING, ERROR, CRITICAL verwenden.
warning(*msg*)	Ausgabe einer Meldung *msg* mit Dringlichkeitsstufe WARNING (numerischer Wert 30)

Tabelle 10.3: Die wichtigsten Methoden von Logger-Objekten

Mit einem Aufruf der Methode setLevel() setzen Sie den Schwellenwert eines Loggers auf einen bestimmten Wert. Das Argument ist eine ganze Zahl zwischen 0 und 50. Sie können auch die Konstanten NOTSET, DEBUG, INFO, WARNING, ERROR, CRITICAL verwenden. Dann schreibt der Logger nur Meldungen, die zumindest diese Dringlichkeitsstufe besitzen. Beispiel:

```
# test_level.py
import logging
import sys
logging.basicConfig(stream=sys.stderr)
log=logging.getLogger("level_test")
log.critical("Kritischer Zustand")
log.error("Fehler")
log.warning("Warnung")
log.info("Information")
log.debug("Hinweis zum Debugging")
log.log(37, "Meldung der Stufe 37")
```

Wenn Sie das Skript von der Kommandozeile aus aufrufen, erhalten Sie einige der Log-Meldungen über die Standardausgabe:

```
>python test_level.py
CRITICAL:level_test:Kritischer Zustand
ERROR:level_test:Fehler
WARNING:level_test:Warnung
Level 37:level_test:Meldung der Stufe 37
```

Warum fehlen die Meldungen mit den logging levels DEBUG und INFO? Wenn ein Logger instanziiert worden ist, übernimmt er den level-Schwellenwert des root-Loggers. Und dieser ist mit der Stufe WARNING voreingestellt.

Wenn alle Meldungen angezeigt werden sollen, müssen Sie in das Skript die Zeile

```
log.setLevel(DEBUG)
```

einfügen und so den Schwellenwert des Logger-Objektes herabsetzen.

Zu den Methoden der Logger-Objekte zum Absetzen von Meldungen bietet das Modul logging gleichlautende Funktionen. Der Funktionsaufruf

```
logging.debug("Meldung")
```

bewirkt, dass unter der Regie des root-Loggers eine Meldung der Dringlichkeitsstufe DEBUG geschrieben wird.

Handler-Objekte

Ein Logger-Objekt wird mit dem Handler des root-Loggers instanziiert. Der Handler spezifiziert die Ausgaberessource (z.B. Standardausgabe oder Datei). Einem Logger-Objekt können mit der Methode addHandler() weitere Handler-Objekte zugeordnet werden. Ein Handler ist durch drei Merkmale gekennzeichnet:

▸ Eine Ausgabe-Ressource (z.B. Datei),

▸ Format für die Meldungen (spezifiziert durch ein Formatter-Objekt)

▸ eine Mindest-Dringlichkeitsstufe (logging level), ab der Meldungen eines angeschlossenen Loggers in die Ausgabe-Ressource geschrieben werden

Das Modul `logging` bietet eine ganze Reihe von unterschiedlichen Handler-Typen. Hier gehen wir nur auf `StreamHandler` und `FileHandler` ein.

Mit einem Konstruktoraufruf im Format

```
StreamHandler([strm])
```

erzeugen Sie einen Streamhandler. Das optionale Argument bezeichnet einen Ausgabe-Stream. Das ist `sys.stderr`, `sys.stdout` oder ein anderes File-artiges Objekt, das eine `flush()`- und eine `write()`-Methode besitzt. Ohne Argument wird `sys.stderr` verwendet.

Mit einem Konstruktoraufruf im Format

```
FileHandler(filename[, mode[, encoding]])
```

wird ein `FileHandler`-Objekt generiert und die im ersten Argument spezifizierte Datei geöffnet. Das zweite optionale Argument enthält den Modus, unter dem sie geöffnet wird. Voreingestellt ist `'a'`, das heißt, der bisherige Inhalt der Log-Datei bleibt erhalten und neue Meldungen werden angehängt. Im Modus `'w'` wird der bisherige Inhalt der Datei durch das Protokoll des aktuellen Programmlaufs überschrieben. Im letzten optionalen Argument kann schließlich eine Codierung zum Speichern der Texte angegeben werden.

Methode	Erläuterung
setLevel(lvl)	Festlegung eines Schwellenwertes für die Dringlichkeit, ab der eine Meldung von dem Handler ausgegeben wird. Das Argument ist eine ganze Zahl größer oder gleich null oder eine der Konstanten für logging levels (DEBUG, INFO etc.).
setFormatter(form)	Das Argument form ist ein Objekt der Klasse Formatter, das ein Format für die Ausgabe einer Meldung spezifiziert. Dieses Format wird dem Handler zugeordnet.

Tabelle 10.4: Die wichtigsten Methoden von Handler-Objekten

Formate für Meldungen

Um einem Handler-Objekt ein Format für Meldungen zuzuordnen, muss zunächst ein Formatter-Objekt erzeugt werden. Das Format des Konstruktoraufrufs lautet:

```
Formatter([fmt[,datefmt]])
```

Beide Argumente sind optional. Im ersten Argument fmt wird das allgemeine Ausgabeformat einer Meldung in Form eines Strings mit folgenden Platzhaltern festgelegt.

Platzhalter	Bedeutung
%(asctime)s	Angabe des Zeitpunkts, zu dem die Meldung während des Programmlaufs abgesetzt worden ist. Das Format der Zeitangabe wird im zweiten Argument einer Formatter-Instanziierung festgelegt.
%(filename)s	Name der Programmdatei mit dem Python-Skript
%(funcName)s	Name der Funktion, innerhalb der der Log-Eintrag erfolgte
%(levelname)s	Name des logging levels (Dringlichkeitsstufe) der Nachricht, z.B. DEBUG
%(levelno)s	Nummer des logging levels (Dringlichkeitsstufe) der Nachricht
%(lineno)d	Nummer der Programmzeile, in der die Meldung erzeugt wurde
%(message)s	Nachricht, die vom Logger ausgegeben wird
%(msecs)d	Millisekundenteil der Zeitangabe (wird in %(asctime)s nicht dargestellt)
%(name)s	Name des Logger-Objektes, das die Meldung verursacht hat

Tabelle 10.5: Einige Platzhalter für den Formatierungsstring

Voreingestellt ist der Formatierungsstring '%(message)s'. Das heißt, es wird nur die »nackte« Meldung ohne weitere Systeminformation ausgegeben.

Das zweite Argument datefmt spezifiziert das Format für Zeit- und Datumsangaben. Es ist ein Formatierungsstring mit den gleichen Direktiven, die auch die Funktion time.strftime() verwendet (siehe Kapitel 14). Eine Direktive besteht aus dem Prozentzeichen und einem Buchstaben. Beispielsweise steht %Y für eine vierstellige Jahresangabe. Der Formatierungsstring

```
"%d.%m.%Y um %H Uhr %M"
```

liefert eine Zeitangabe der Art

```
21.02.2008 um 12 Uhr 24
```

Wenn Sie das zweite Argument datefmt weglassen, wird das voreingestellte Datumsformat nach ISO8601 verwendet. Beispiel:

```
# test_format.py
import logging
format = "%(name)s (%(levelname)s at %(asctime)s): " +\
         %(message)s"
zeitformat = "%H:%M:%S"
form = logging.Formatter(format, zeitformat)
stream = logging.StreamHandler() # Ausgabe in sys.stderr
stream.setLevel(logging.DEBUG)
stream.setFormatter(form)
log = logging.getLogger("log_1") # Logger namens log_1
log.addHandler(stream)
log.warning("Warnung 1")          # Ausgabe einer Warnung
```

Ausführung des Skripts in der Kommandozeile:

```
> python test_format.py
log_1 (WARNING at 13:31:57): Warnung 1
```

11 Ein- und Ausgabe

Ein populäres Modell zur Beschreibung der prinzipiellen Arbeitsweise von Computern ist das *EVA-Konzept*. Die drei Buchstaben stehen für Eingabe, Verarbeitung und Ausgabe. Ein Computer empfängt Daten über eine Eingabeeinheit, verarbeitet sie in der Zentraleinheit und gibt das Ergebnis über Ausgabeeinheiten wieder aus. Bei einem Python-Skript erfolgen Ein- und Ausgabe von Daten im Wesentlichen über Files oder File-artige Objekte (Pseudofiles):

▸ Eingaben über die Tastatur werden vom Pseudofile `sys.stdin` gelesen.

▸ Bildschirmausgaben werden in das Pseudofile `sys.stdout` geschrieben.

▸ Fehlermeldungen werden in das Pseudofile `sys.stderr` geschrieben.

▸ Daten können über File-Objekte auf externen Datenträgern gespeichert und von ihnen gelesen werden.

11.1 Interaktive Eingabe über die Tastatur

Mit Hilfe der Standardfunktion `input()`können Benutzereingaben verarbeitet werden. Der Aufruf `input(prompt)` schreibt die Zeichenkette *prompt* auf den Bildschirm und gibt die Tastatureingabe, die mit ⌈Return⌉ abgeschlossen wird, stets als Zeichenkette (Typ `str`) zurück. Dies ist ein Unterschied zur `input()`-Funktion bei Python 2.x. Beispiel:

```
>>> x = input("Zahl: ")
Zahl: 45
>>> print(x*2)          # x ist vom Typ str
4545
```

Damit der Variablen x eine Zahl zugewiesen wird, müssen Sie explizit ein Objekt des gewünschten Typs (z.B. int oder float) erzeugen:

```
>>> x = int(input("Zahl: "))
Zahl: 45
>>> print(x*2)        # x ist vom Typ int
90
```

Siehe auch: input(), raw_input() (Kapitel 10.1), grafische Benutzungsoberflächen mit tkinter (Kapitel 22)

11.2 Kommandozeilen-Argumente lesen

Ein sehr einfacher Mechanismus zur Eingabe von Werten ist die Übergabe als Kommandozeilen-Argumente. Das heißt, beim Aufruf des Skripts in einem Konsolenfenster des Betriebssystems (z.B. Unix-Shell oder MS-DOS-Eingabeaufforderung) werden Eingabewerte – durch Leerzeichen getrennt – hinter den Namen des Skripts geschrieben. Im folgenden Beispiel sind caesar1.py der Name des Skripts und Hallo und 1 die Argumente:

```
> python caesar1.py Hallo 1
```

Verwendung von sys.argv

Mit Hilfe der Variablen argv (»Argumentevektor«) des Moduls sys kann auf die Kommandozeilenargumente zugegriffen werden. Diese Variable enthält eine Liste aller übergebenen Argumente als Liste von Zeichenketten. Dabei ist argv[0] der Dateiname des Skripts, argv[1] das erste Argument (oder die erste Option) usw. Das folgende Skript chiffriert nach Caesars Algorithmus (Verschiebechiffre) den im ersten Argument übergebenen String. Das zweite Argument ist die Anzahl der Stellen, um die die Buchstaben im Alphabet verschoben werden sollen. Man beachte, dass das zweite Argument – das wie alle Kommandozeilenargumente ein String ist – mit der Funktion int() in eine ganze Zahl umgewandelt werden muss.

```
# caesar1.py
import sys
alphabet = "abcdefghijklmnopqrstuvwxyz"
klartext = sys.argv[1]
n = int(sys.argv[2])
chiffriert =''
for c in klartext:
    if c in alphabet:
        i = (alphabet.index(c) + n) % len(alphabet)
        chiffriert += alphabet[i] # verschlüsseln
    else:
        chiffriert += c            # nicht verschlüsseln
print(chiffriert)
```

Aufruf des Skripts im Konsolenfenster:

```
> python caesar1.py "guten morgen" 1
hvufo npshfo
```

Siehe auch: argv (Kapitel 12)

getopt()

getopt (*args, options*[*, long_options*])

Die Funktion getopt() im Modul getopt wird verwendet, um Optionen zu lesen, die nach dem Unix-Standard bei einem Skriptaufruf übergeben worden sind. Bei Unix wird zwischen kurzen und langen Optionen unterschieden:

▸ Kurze Optionen bestehen aus einem Buchstaben, dem ein Minuszeichen vorangestellt ist. Danach kann eine Zeichenkette ohne führendes Minuszeichen folgen, das man als Argument der Option bezeichnet. Mehrere kurze Optionen werden durch ein Leerzeichen getrennt. Beispiel:

```
> ls -a -l
```

▸ Alternativ können nach dem Minuszeichen die Buchstaben der Einzeloptionen direkt hintereinander geschrieben werden:

```
> ls -al
```

▸ Lange Optionen (GNU-Optionen) beginnen mit einem doppelten Minuszeichen. Nach der Optionsbezeichnung können ein Gleichheitszeichen und ein Wert folgen. GNU-Optionen sind zwar länger, aber auch besser lesbar. Beispiel:

```
> ls --all --format=long
```

Man beachte, dass diese Konventionen zwar aus der Unix-Welt stammen, aber auch auf anderen Systemen (z.B. DOS/Windows) angewandt werden können.

Beim Aufruf von getopt() muss das erste Argument *args* eine Liste von Strings enthalten. Verwendet man als erstes Argument die Variable sys.argv, so enthält es eine Liste aller Kommandozeilenargumente.

Das zweite Argument *options* ist eine Zeichenkette, die aus den Buchstaben besteht, die als kurze Optionen erkannt werden sollen. Handelt es sich um eine Option mit Argument, so ist dem Buchstaben ein Doppelpunkt : anzuhängen.

Die Funktion getopt() gibt ein Tupel aus zwei Werten zurück. Der erste ist eine Liste von Paaren der Form (option, wert), der zweite ist eine Liste von Argumenten, die nicht bereits als Optionen ausgefiltert wurden.

Im folgenden Beispiel wird die Liste der Kommandozeilenargumente *args* in der ersten Zeile »von Hand« erzeugt (#1). In der Praxis würden die »echten« Kommandozeilenargumente der Variablen sys.argv entnommen.

```
>>> from getopt import *
>>> args = ['-a', '-b', 'bwert', '-ccwert', 'x', 'y'] #1
>>> optionen, argumente = getopt(args, 'ab:c:')
>>> optionen
[('-a', ''), ('-b', 'bwert'), ('-c', 'cwert')]
>>> argumente
['x', 'y']
```

Falls die Kommandozeilenargumente eine Option enthalten, die nicht im Argument *options* vorkommt, gibt es einen GetoptError.

Das optionale dritte Argument *long_options* eines Aufrufs von getopt()
ist eine Liste der langen Optionen, die den Kommandozeilenargumenten
entnommen werden sollen. Bei langen Optionen mit Argument (z.B.
--format=long) muss ein Gleichheitszeichen = angehängt werden. Wenn
ausschließlich lange Optionen akzeptiert werden sollen, sollte der Parameter *options* ein leerer String '' sein. In der Kommandozeile müssen
die langen Optionen nicht vollständig ausgeschrieben sein. Sie können
auch Abkürzungen verwenden. Die Option muss jedoch Präfix von genau einem Element der Optionsliste *long_options* sein, sonst gibt es
einen GetoptError. Im Fall *long_options* =['kurz', 'klein'] sind die Optionen --ku und --kl erlaubt, nicht aber -k.

Das folgende Beispiel ist eine Implementierung von Caesars Algorithmus
mit einer langen Option. Man beachte, dass von der Liste sys.argv nur
der Slice sys.argv[1:] an getopt() übergeben wird. Denn das erste Element sys.argv[0] enthält kein Argument, sondern den Dateinamen des
Skripts.

```
# caesar2.py
import sys
import getopt
alphabet = "abcdefghijklmnopqrstuvwxyz"
try:
    optionen, argumente = getopt.getopt(sys.argv[1:],
                                        '', ['weite='])
    n = int(optionen[0][1])                              #1
    klartext = " ".join (argumente)                      #2
    chiffriert =''
    for c in klartext:
      if c in alphabet:
        i = (alphabet.index(c) + n) % len(alphabet)
        chiffriert += alphabet[i]
      else:
        chiffriert += c
    print(chiffriert)
except:
    print('Format: python caesar2.py --weite=n
```

Erläuterung:

#1: optionen ist eine Liste mit einem Tupel der Form [('?weite=', 'n')].
Hier wird aus dieser Liste die ganze Zahl n extrahiert.

#2: Die Elemente der Liste argumente (eine Liste von Wörtern) werden zu
einem einzigen String konkateniert, wobei zwischen den Wörtern ein
Leerzeichen steht.

Beim Aufruf des Skripts in der Kommandozeile muss hinter dem Dateinamen zuerst die Option (hier eine lange Option) und dann das Argument kommen (hier beliebig viele Wörter):

```
> python caesar2.py --weite=1 guten morgen
hvufo npshfo
```

So ist es falsch:

```
> python caesar2.py guten morgen --weite=1
Format: python caesar2.py --weite=n klartext
```

Siehe auch: sys.arg (Kapitel 12)

11.3 Formatierte Bildschirmausgabe

Um Daten über den Bildschirm auszugeben, verwendet man bei
Python 3 die print()-Funktion. Eine detaillierte Beschreibung der Syntax enthält Kapitel 9. In den folgenden Abschnitten geht es um Techniken, wie man Datenobjekte in gut lesbarem Format über sys.stdout auf
den Bildschirm bringt.

Formatierte Ausgabe von Werten mit dem Formatierungsoperator %

Um Werte (Zahlen oder Zeichenketten) in einem bestimmten Format
auszugeben, kann man den Formatierungsoperator % in Kombination
mit einem Formatierungsstring verwenden. Das allgemeine Format einer
solchen print()-Anweisung lautet:

```
print(formatierungsstring % wert)
```

Im folgenden Beispiel ist "%f" der Formatierungsstring und 1.2E-3 der Wert:

```
>>> print("%f" % 1.2E-3)
0.001200
```

Der Formatierungsstring enthält eine Formatspezifizierung, die (vereinfacht) folgenden allgemeinen Aufbau hat:

- Das Zeichen %
- Angabe zur minimalen Feldweite, das ist die Anzahl von Stellen, die für die Ausgabe des Wertes vorgesehen wird (optional)
- Punkt, gefolgt von der Anzahl der dargestellten Zeichen des Wertes bzw. bei Gleitkommazahlen Anzahl der Nachkommastellen (optional). Statt einer Zahl kann nach dem Punkt auch ein Stern geschrieben werden. Dann muss als *wert* ein Tupel eingesetzt werden, dessen erste Komponente die Anzahl der Zeichen bzw. Nachkommastellen angibt.
- Buchstabe, der das Datenformat kennzeichnet:
  - Ganze Zahlen: i oder d für Dezimalzahlen mit Vorzeichen
  - Gleitkommazahlen: f (Dezimalbruch), e (Exponentialformat)
  - Strings: s oder r

Beispiele für formatierte ganze Zahlen:

```
>>> print("%i" % 123)
123
>>> print("%6i" % 123)          # Feldweite 6
   123
>>> print("%6.5i" % 123)        # Feldweite 6, 5 Ziffern
 00123
>>> print("%6.*i" % (4,123))    # Feldweite 6, 4 Ziffern
  0123
```

Beispiele für formatierte Gleitkommazahlen:

```
>>> print("%.5f" % 1)           # 5 Nachkommastellen (NKS)
1.00000
>>> print("%10f" % 1.234E-2)    # Feldweite 10
  0.012340
```

```
>>> print("%10.2e" % 1.234E-2) # Feldweite 10, 2 NKS
 1.23e-002
>>> print("%15.2e" % 1.234E-2)
      1.23e-002
```

Beispiele für formatierte String-Ausgaben:

```
>>> print("%10s" % "Python")
    Python
>>> print("%10.3s" % "Python")
       Pyt
```

Siehe auch: print() (Kapitel 9), Formatierung von Strings (Kapitel 16.3)

Ausgabe von Tabellen

Ein Formatierungsstring (siehe voriger Abschnitt) kann mehrere Format-spezifizierungen enthalten. In diesem Fall muss der Wert hinter dem %-Operator ein Tupel sein, das ebenso viele Elemente enthält, wie Format-spezifizierungen vorgegeben sind. Auf diese Weise lässt sich eine Tabelle mit ausgerichteten Spalten ausgeben:

```
>>> for i in range(65,70):
      print("%3i%6s" % (i, chr(i)))

 65      A
 66      B
 67      C
 68      D
 69      E
```

Ein Minuszeichen (-) vor der Feldweite bewirkt Ausrichtung nach links:

```
>>> tel ={'Monika': 12345, 'Hans':34546, 'Polizei':110}
>>> for name, nummer in tel.items():
      print("%-8s%8d" % (name, nummer))

Hans        34546
Monika      12345
Polizei       110
```

Siehe auch: Formatierung von Strings (Kapitel 16)

11.4 Lesbare Darstellung komplexer Objekte – das Modul pprint

Das Modul pprint(*pretty print*) stellt die Klasse PrettyPrinter und die Funktion pprint() bereit, mit deren Hilfe man komplexe Datenobjekte (z.B. Dictionarys, Listen von Listen usw.) übersichtlich auf dem Bildschirm darstellen kann.

pprint()

```
pprint(object, [file])
```

Die Funktion pprint() gibt die Elemente einer Liste zeilenweise untereinander aus, falls sie nicht komplett in eine Zeile passen. Außerdem werden bei verschachtelten Strukturen die Elemente einer Hierarchieebene mit der gleichen Einrückung auf den Bildschirm gebracht. Falls das optionale Argument *file* weggelassen wird, erfolgt die Ausgabe auf sys.stdout, ansonsten wird in das angegebene File-Objekt geschrieben.

Im folgenden Beispiel wird ein kleines Wörterbuch, das englischen Wörtern (Schlüssel) jeweils eine Liste deutscher Übersetzungen zuordnet, einmal mit print und dann mit pprint() ausgegeben:

```
>>> from pprint import *
>>> englischdeutsch={'fair':['schön','hell',
 'lieblich', 'sauber', 'rein','tadellos', 'makellos'],
 'faith':['Glaube','Vertrauen']}

>>> print(englischdeutsch)
{'faith': ['Glaube', 'Vertrauen'], 'fair': ['sch\xf6n', 'hell',
'lieblich', 'sauber', 'rein', 'tadellos', 'makellos']}
```

Das Dictionary sieht nicht besonders übersichtlich aus. Außerdem werden Umlaute (z.B. das ö in schön) als Escape-Sequenz dargestellt. Lesbarer wird es mit pprint():

```
>>> pprint(englischdeutsch)
{'fair': ['schön',
          'hell',
```

```
        'lieblich',
        'sauber',
        'rein',
        'tadellos',
        'makellos'],
'faith': ['Glaube', 'Vertrauen']}
```

PrettyPrinter

```
class PrettyPrinter([stream=s[,indent=i[,depth=d[,width=w]]]] )
```

Eine zweite (objektorientierte) Möglichkeit, eine formatierte Ausgabe mit pprint zu bewerkstelligen, ist die folgende:

▸ Zuerst wird ein Objekt der Klasse PrettyPrinter – sozusagen ein »Drucker« – generiert und mit spezifischen Attributen ausgestattet, mit denen das Ausgabeformat gestaltet werden kann.

▸ Dann ruft man die Methode pprint() auf. Sie verwendet als einzigen Parameter den Namen des zu druckenden Objektes.

Beim Aufruf des Konstruktors können optional folgende Schlüsselwort-Argumente verwendet werden:

▸ stream ist der Name eines File-Objektes, in das die Ausgabe geschrieben werden soll, der Default-Wert ist sys.stdout.

▸ indent ist die Anzahl der Stellen, um die bei jeder Hierarchieebene zusätzlich eingerückt werden soll.

▸ depth ist die maximale Tiefe, d.h. Anzahl der Hierarchieebenen, die höchstens dargestellt werden sollen. Ist das Datenobjekt noch tiefer strukturiert, werden die weggelassenen Ebenen durch drei Punkte ... symbolisiert.

▸ width ist die Weite, d.h. die Anzahl von Zeichen für ein Datenelement.

Beispiel:

```
>>> p = PrettyPrinter(indent = 4, width = 4)
>>> p.pprint(englischdeutsch)
{   'fair': [   'schön',
```

```
              'hell',
              'lieblich',
              'sauber',
              'rein',
              'tadellos',
              'makellos'],
  'faith': [   'Glaube',
               'Vertrauen']}
```

11.5   Dateien

Dateien (files) sind Datenobjekte, die unter einem Dateinamen auf einem Peripheriespeicher (Diskette, CD-ROM, Festplatte, Mediacard) dauerhaft gespeichert sind und dort vom Betriebssystem verwaltet werden. Typische Aufgaben des Betriebssystems im Zusammenhang mit Dateimanagement sind:

▸ Erstellen und Löschen von Dateien

▸ Verwaltung der Zugriffsrechte (z.B. das Recht, Dateien zu lesen oder zu verändern)

▸ Pflege einer Verzeichnisstruktur, innerhalb derer Dateien angeordnet sind

Um von einem Python-Skript auf eine Datei lesend oder schreibend zugreifen zu können, muss mit Hilfe der Funktion open() ein File-Objekt generiert werden. Als Parameter wird der Pfad und der Modus (z.B. 'r' für lesen und 'w' für schreiben) übergeben. Man sagt, die Datei wird geöffnet. Beispiel:

```
>>> f = open('/projekt/daten.txt','w')
```

Hinweis

Auch unter Windows kann der Pfad einer Datei im Unix-Stil angegeben werden, sofern der Python-Interpreter auf dem gleichen Datenträger gespeichert ist, wie die Datei (z.B. Festplatte c:).

Wird anstelle eines vollständigen Pfades nur ein Dateiname angegeben, so wird die Datei im aktuellen Verzeichnis gespeichert. Das ist das Verzeichnis, in dem sich das Skript befindet.

```
f = open('daten.txt','w')
```

Weitere Einzelheiten zur Standardfunktion open() finden Sie in Kapitel 9.

Ein File ähnelt von der Idee her einem Magnetband, das mit einem Schreib-Lesekopf sequenziell beschrieben und gelesen werden kann. Das File ist (im Prinzip) beliebig lang, sein Ende wird durch das Sonderzeichen eof (*end of file*) gekennzeichnet. Ein File ist in Felder der Länge 1 Byte (8 Bit) aufgeteilt. Das heißt, jedes Feld kann ein Oktett (das z.B. ein Zeichen repräsentiert) aufnehmen. Mit einem Aufruf der Methode seek() kann der Cursor (vergleichbar mit dem Schreib-Lesekopf einer Bandmaschine) auf ein bestimmtes Feld gesetzt werden. Mit tell() fragt man die momentane Position des Cursors ab. Bei Schreib- und Leseoperationen (write() und read()) wird der Cursor um die entsprechende Anzahl von Stellen weitergerückt. Sie können dies im interaktiven Modus nachprüfen:

```
>>> f = open('/projekt/daten.txt','w')
>>> f.tell()
0
```

Der Cursor befindet sich am Anfang.

```
>>> f.write("Apfel")
5
```

Auf das File werden die Zeichen des Wortes *Apfel* geschrieben. Die write()-Methode gibt die Anzahl der geschriebenen Zeichen zurück. Die Position des Cursors ist nun 5.

```
>>> f.tell()
5
```

Wir schreiben nun weitere 6 Zeichen auf das File und fragen wieder die Cursor-Position ab:

```
>>> f.write(" Birne")
6
>>> f.tell()          # Erfrage Cursor-Position
11
```

Offenbar ist der Cursor weiter gewandert und befindet sich an Position 11. Schließen wir nun das File und öffnen es erneut zum Lesen:

```
>>> f.close()
>>> f = open('/projekt/daten.txt', 'r')
>>> f.read()
'Apfel Birne'
>>> f.tell()
11
```

Mit read() wird der gesamte Inhalt des Files gelesen. Danach befindet sich der Cursor am Ende des Files hinter dem letzten Zeichen. Beim erneuten Leseversuch wird ein leerer String zurückgegeben:

```
>>> f.read()
''
```

Wenn wir aber den Cursor wieder an den Anfang setzen, kann erneut gelesen werden:

```
>>> f.seek(0)         # Cursor an den Anfang
0
>>> f.read()
'Apfel Birne'
```

Attribute und Methoden	Erklärung
close()	Datei schließen
closed	Hat den Wert True, falls Datei geschlossen ist, und False sonst.
flush()	Datei speichern, ohne zu schließen
isatty()	Testet, ob die Datei mit der Tastatur oder der Bildschirmausgabe oder einem anderen »Teletype-artigen« Ein-/Ausgabegerät »verbunden« ist.

Attribute und Methoden	Erklärung
fileno()	Liefert den File-Deskriptor (ganze Zahl).
mode	I/O-Modus (z.B. 'r' für Datei, die zum Lesen geöffnet ist)
name	Name der Datei, falls Datei mit open() geöffnet worden ist, sonst Beschreibung der externen Quelle des File-Objektes
read([size])	Inhalt der Datei lesen (höchstens ein Stück der Länge size, falls der Parameter size angegeben ist)
readline([size])	Die nächste Zeile lesen (höchstens ein Stück der Länge bytes, falls der Parameter bytes angegeben ist)
readlines([size])	Datei zeilenweise lesen (ungefähr ein Stück der Länge size, falls der Parameter size angegeben ist)
seek(offset[,whence])	Cursorposition setzen
softspace	Zeigt an, ob bei print-Anweisungen Leerzeichen vor dem nächsten Wert gedruckt werden sollen (Default-Wert ist False).
tell()	Liefert Cursorposition.
truncate([size])	Datei auf Länge size kürzen
write(str)	Zeichenkette str in die Datei schreiben
writelines (sequence)	Eine Folge von Zeichenketten in die Datei schreiben

Tabelle 11.1: Methoden und Attribute von File-Objekten

close(), closed

Die Datei wird mit close() geschlossen und der Inhalt abgespeichert. Eine geschlossene Datei kann weder gelesen noch verändert werden. Die close()-Methode darf mehrfach aufgerufen werden. Das Attribut closed gibt darüber Auskunft, ob eine Datei geschlossen ist. Es hat den Wert True, wenn die Datei geschlossen ist, und False sonst.

```
>>> f = open('/projekt/daten.txt', 'r')
>>> f.closed
False
>>> f.close()
>>> f.closed
True
>>> f.close()
```

flush()

Wird ein Skript z.B. durch eine Exception unterbrochen, so kann es sein, dass Veränderungen auf einem geöffneten File noch nicht persistent gemacht worden sind. Das heißt, die aktuelle Version des Files ist noch nicht auf dem Peripheriespeicher dauerhaft abgespeichert. Mit der Methode flush() wird die Datei gespeichert, ohne sie zu schließen.

isatty()

Es gibt Files, die nicht der Datenspeicherung dienen sondern Eingabe- oder Ausgabegeräte darstellen. Dazu gehören sys.stdin und sys.stdout. Sie repräsentieren Daten, die über die Tastatur eingegeben werden (sys.stdin) und die Ausgabe von Daten über den Bildschirm z.B. im Shell-Fenster des Python-Interpreters (sys.stdout). Diese Objekte werden programmtechnisch wie Files behandelt, können aber z.B. nicht abgespeichert werden. Man nennt sie auch »tty-artige« Files. Dabei steht *tty* für teletype (Fernschreiber), sozusagen in Erinnerung an die Frühzeit der Computertechnik, als Fernschreiber für Eingaben und Ausgaben verwendet wurden. Mit der Methode isatty() kann getestet werden, ob es sich um ein tty-artiges File handelt. In diesem Fall liefert ein Aufruf der Methode den Wert True.

```
>>> import sys
>>> sys.stdout.isatty()
True
```

```
>>> f = open('/projekt/daten.txt','r')
>>> f.isatty()
False
```

mode

Das Attribut mode enthält den Modus, in dem ein File geöffnet wurde. Beispiel:

```
>>> f = open('/projekt/daten.txt', 'r')
>>> f.mode
'r'
```

Siehe auch: open()-Funktion (Kapitel 9)

read()

```
read([size])
```

Mit der read()-Methode wird von einer Datei gelesen. Zurückgegeben wird ein Objekt der Klasse str. Wenn das Argument weggelassen wird oder eine negative Zahl enthält, wird die gesamte Datei von der aktuellen Position des Cursors bis zum Ende gelesen. Ansonsten werden höchstens *size* Zeichen gelesen. Anschließend wird der Cursor an das Ende des Files gesetzt. Der Cursor ist ein interner Zeiger, der die aktuelle Schreib-/Leseposition markiert.

Damit von einer Datei gelesen werden kann, muss sie in einem geeigneten Modus geöffnet worden sein (z.B. 'r' oder 'w+')

Ist das Dateiende erreicht, liefert read() einen leeren String; es gibt keine Fehlermeldung.

```
>>> f = open('/projekt/daten.txt', 'w')
>>> f.write('Apfel')
5
>>> f.close()
>>> f = open('/projekt/daten.txt', 'r')
>>> f.read()    # lesen
'Apfel'
>>> f.read()    # Dateiende erreicht
''
```

```
>>> f.seek(0)  # Cursor an den Anfang setzen
0
>>> f.read(1)  # ein Zeichen lesen
'A'
>>> f.read(2)  # zwei Zeichen lesen
'pf'
```

Siehe auch: Hinweise zu Beginn des Abschnitts

readline()

```
readline([size])
```

Mit readline() wird die Datei zeilenweise gelesen. Bei fehlendem Argument wird ein String mit dem Dateistück von der aktuellen Position des Cursors bis zum nächsten Zeilenwechselzeichen \n (einschließlich) zurückgegeben. Falls der Parameter size eine positive Zahl enthält, werden höchstens size Zeichen der aktuellen Zeile gelesen.

```
>>> f = open('/projekt/daten.txt', 'w')
>>> f.write('erste Zeile\nzweite Zeile\ndritte Zeile')
37
>>> f.close()

>>> f = open('/projekt/daten.txt', 'r')
>>> f.readline()      # erste Zeile lesen
'erste Zeile\n'
>>> f.readline(6)     # 6 Zeichen lesen
'zweite'
>>> f.readline()      # Rest der Zeile lesen
' Zeile\n'
>>> f.readline(20)    # höchstens 20 Zeichen lesen
'dritte Zeile'
>>> f.readline()      # Dateiende erreicht
''
```

readlines()

```
readlines(size)
```

Die Datei wird zeilenweise gelesen. Zurückgegeben wird eine Liste von Strings, die jeweils eine Zeile der Datei enthalten. Falls das optionale Argument benutzt wird, werden so viele vollständige Zeilen ausgegeben, bis ungefähr die Gesamtlänge size erreicht ist. Unter Umständen wird *size* aufgerundet.

```
>>> f = open('/projekt/daten.txt', 'w')
>>> f.write('erste Zeile\nzweite Zeile\ndritte Zeile')
37
>>> f.close()

>>> f = open('/projekt/daten.txt', 'r')
>>> f.readlines()
['erste Zeile\n', 'zweite Zeile\n', 'dritte Zeile']
```

seek()

```
seek(offset[,whence])
```

Mit seek() kann der Cursor an die gewünschte Position gesetzt werden. Das erste Argument gibt die neue Position an, im optionalen zweiten Argument wird die Art und Weise der Positionsberechnung festgelegt:

whence	**Bedeutung**
0	Absolute Position
1	Position relativ zur augenblicklichen Position des Cursors: *neue_Position* = *alte_Position* + *offset*
2	Position relativ zum Ende des Files *neue_Position* = *Position_Fileende* + *offset*

Der Default-Wert für das zweite Argument ist 0 (absolute Position).

```
>>> f = open('/projekt/daten.txt', 'w+')
>>> f.write('0123456789')
10
>>> f.seek(3)
3
>>> f.read(1)    # Zeichen an Position 3
'3'
>>> f.seek(0,2) # letztes Zeichen
```

```
10
>>> f.seek(20)   # Position ist hinter dem Ende des Files
20
>>> f.write('Ende')
4
>>> f.seek(0)
0
>>> f.read()
'0123456789\x00\x00\x00\x00\x00\x00\x00\x00\x00\x00Ende'
```

Wenn die Datei im Modus a (*append*) geöffnet worden ist, ist seek() faktisch wirkungslos, denn es kann mit der write()-Methode nur etwas an den bestehenden Inhalt angehängt werden, damit dann der Cursor wieder automatisch an das Ende der Datei gesetzt wird. Im Modus 'a+' kann unter Verwendung der seek()-Methode an beliebigen Stellen gelesen werden, aber wiederum nur an das Ende anhängend geschrieben werden.

tell()

Die Methode tell() liefert die aktuelle Position des Cursors (Schreib-/Leseposition).

```
>>> f.seek(12)
12
>>> f.tell()
12
```

truncate()

```
truncate([size])
```

Die Datei wird auf eine Länge von *size* gekürzt.

```
>>> f = open('/projekt/daten.txt', 'w+')
>>> f.write("0123456789")
10
>>> f.read()
'0123456789'
>>> f.truncate(5)
```

```
>>> f.seek(0)      # an den Anfang gehen
0
>>> f.read()
'01234'
```

write()

write(str)

Mit write() wird ein String (Objekt der Klasse str) in die Datei an die aktuelle Position geschrieben. Felder, die bereits beschriftet waren, werden überschrieben. Die Änderung des Dateiinhalts wird zunächst gepuffert und erst mit einem Aufruf von close() oder flush() persistent gemacht, d.h. dauerhaft gespeichert.

```
>>> f = open('/projekt/daten.txt', 'w+')
>>> f.write('0123456789')
10
>>> f.seek(2)         # setze Cursor an Position 2
2
>>> f.write('abc')    # schreibe ab Position 2
3
>>> f.seek(0)         # setze Cursor an Position 0
0
>>> f.read()
'01abc56789'
```

writelines()

writelines(sequence)

Der Parameter enthält eine Sequenz von Strings. Diese werden konkateniert und in die Datei geschrieben. Obwohl der Name der Methode anderes vermuten lässt, werden keine Zeilenwechsel eingefügt.

```
>>> f.writelines(('rot', 'gelb', 'grün'))
>>> f.seek(0)
0
>>> print(f.read())
rotgelbgrün
```

Iterationen

Die Klasse `File` unterstützt das Iterator-Protokoll. Das heißt, File-Objekte können als Iterator in einer `for`-Anweisung verwendet werden. Jede Iteration liefert eine Zeile des Files. Bei folgendem Beispiel beachte man, dass sowohl die `print`-Anweisung als auch das Sonderzeichen `\n` am Ende jeder Zeile des Files einen Zeilenwechsel verursachen (deshalb die großen Abstände):

```
>>> f.write('rot\ngelb\ngrün\n')
14
>>> f.seek(0)
0
>>> for farbe in f: print(farbe)    # Iteration über f
rot

gelb

grün
```

11.6   Objekte speichern – pickle

Serialisierung

Das Modul `pickle` stellt einen Mechanismus bereit, mit dem man (fast) beliebige Objekte auf einem Peripheriespeicher (Festplatte etc.) speichern und gespeicherte Objekte wieder laden und der Verarbeitung in einem Skript zugänglich machen kann. Der Name des Moduls leitet sich von dem englischen Verb *to pickle* ab, das »einlegen« oder »einpökeln« im Sinne von haltbar machen bedeutet. Bekannt sind sicherlich »mixed pickles«, sauer eingelegte kleine Gurken, Maiskolben und anderes Gemüse.

Der Pickle-Mechanismus funktioniert so: Ein strukturiertes Datenobjekt wird zu einer Bytefolge (Typ `bytes`) serialisiert, die in einer Datei abgespeichert werden kann. Die folgende Abbildung illustriert das Prinzip.

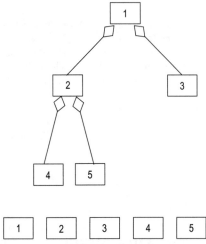

Abbildung 11.1: Serialisieren eines strukturierten Datenobjektes (Aggregat)

Verwendung von pickle

Das Modul enthält die beiden Klassen Pickler und Unpickler mit Methoden zum Speichern (Serialisieren) und Laden (Deserialisieren). Im objektorientierten Programmierstil geht man folgendermaßen vor:

1. Speichern eines Objektes

   ‣ Ein File-Objekt mit der Standardfunktion open() im binären Schreib-Modus (wb) öffnen

   ‣ Ein Objekt der Klasse Pickler erzeugen

   ‣ Mit der Methode dump() das gewünschte Objekt in das File übertragen

   ‣ File schließen und damit speichern

2. Laden eines Objektes

   ‣ Die Datei mit dem serialisierten Objekt mit Hilfe der Standardfunktion open() im binären Lesemodus (rb) öffnen

   ‣ Ein Objekt der Klasse Unpickler erzeugen

   ‣ Mit der Methode load() das Objekt vom File deserialisieren

Daneben gibt es im Modul pickle auch entsprechende Funktionen dump() und load(), die in imperativer Programmierweise genutzt werden können, ohne dass man erst Pickler- und Unpickler-Objekte instanziieren muss.

Folgende Objekt-Arten können mit dem pickle-Mechanismus gespeichert werden:

‣ None

‣ Zahlen

‣ Strings und Bytestrings

‣ Funktionen auf der obersten Ebene eines Moduls

‣ Klassen und Instanzen (Objekte) von Klassen

‣ Listen

‣ Dictionaries

dump()

```
dump(obj, file)
```

Die Funktion dump() schreibt eine serialisierte Repräsentation des Objektes *obj* in die Binärdatei mit dem im zweiten Argument angegebene Namen *file*.

```
>>> import pickle
>>> f = open('zahl.dmp', 'wb')  # Modus: schreiben, binär
>>> i = 1234567890
>>> pickle.dump (i, f)
>>> f.close()                    # schließen und speichern
```

Soll die gespeicherte Zahl wieder geladen werden, muss die Datei im Binärmodus zum Lesen geöffnet werden:

```
>>> f = open('zahl.dmp', 'rb')
>>> pickle.load(f)
1234567890
```

dumps()

dumps(*obj*)

Mit der Funktion dumps() wird das serialisierte Objekt nicht in eine Datei geschrieben, sondern bei Python 3 als Bytestring (Typ bytes) zurückgegeben.

```
>>> import pickle
>>> i = 1234567890
>>> pickle.dumps(i)
b'\x80\x02J\xd2\x02\x96I.'

>>> pickle.dumps ([1,2,3])
b'\x80\x02]q\x00(K\x01K\x02K\x03e.'
```

Bei Python 2.x liefert dumps() einen String (Typ str).

load()

load(*file*)

Mit load() wird ein String aus dem File-Objekt file gelesen, rekonstruiert und als Objekt zurückgegeben. Beachten Sie beim folgenden Beispiel, dass i tatsächlich eine Zahl ist (keine Anführungszeichen) und nicht etwa eine Zeichenkette.

```
>>> import pickle
>>> f = open('zahl.dmp', 'rb')
>>> i = pickle.load(f)
>>> i
1234567890
```

loads()

loads(*bytes*)

Die Funktion loads() liefert zu einem Bytestring (Typ bytes), der ein serialisiertes Objekt repräsentiert, das Originalobjekt. Beispiel:

```
>>> import pickle
>>> pickle.loads(b'\x80\x02]q\x00(K\x01K\x02K\x03e.')
[1, 2, 3]
```

Pickler

```
class Pickler(file)
```

Bei der Instanziierung eines Objektes der Klasse Pickler wird dem Konstruktor im ersten Argument der Name des File-Objektes übergeben, in das später die serialisierte Repräsentation eines Objektes geschrieben werden soll. Beachten Sie, dass die Dateien im Binärmodus geöffnet werden. Die Klasse Pickler besitzt die Methode dump(objekt), die für die Serialisierung eines Objektes verwendet wird. Im folgenden Beispiel wird eine Liste mit zwei Gleitkommazahlen abgespeichert.

```
>>> import pickle
>>> f = open('zahlen.dmp', 'wb')
>>> p = pickle.Pickler(f)
>>> p.dump([1.23, 4.56])
>>> f.close()
```

Unpickler

```
class Unpickler (file)
```

Dem Konstruktor wird als Parameter der Name des File-Objektes übergeben, in dem sich ein serialisiertes Objekt befindet. Mit der Methode load() kann dieses Objekt rekonstruiert (deserialisiert) werden. Im folgenden Beispiel wird eine Liste aus zwei Gleitkommazahlen geladen.

```
>>> import pickle
>>> f = open('zahlen.dmp', 'r')
>>> up = pickle.Unpickler(f)
>>> up.load()
[1.23, 4.5599999999999996]
```

Python 2.x

Python 2.x kennt keine Bytestrings. Deshalb sind Aufrufe der Funktion dump() und der Klasse Pickler() etwas anders. Die Formate sind:

```
dump(obj, file[, bin])
Pickler(file[, bin])
```

Falls der optionale Parameter *bin* den Wert True trägt, wird das effizientere Binärformat und sonst das Textformat verwendet. Beachten Sie: Wenn Sie das Binärformat verwenden, müssen auch die Dateien im Binärmodus (wb, rb) geöffnet werden. Ansonsten verwenden Sie den Textmodus (w, r). Beispiel:

```
>>> import pickle
>>> f = open('zahl.dmp', 'wb')  # Modus: schreiben, binär
>>> i = 1234567890
>>> pickle.dump(i, f, True)      # Modus binär
>>> f.close()                    # schließen und speichern
```

Anwendungsbeispiel für die Verwendung von pickle

Das folgende Beispiel demonstriert die Funktionalität des Moduls pickle an Hand eines komplexen Objektes, das aus mehreren Unterobjekten besteht (Aggregat). Es repräsentiert folgenden kleinen Stammbaum:

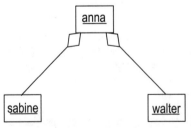

Abbildung 11.2: UML-Objektdiagramm eines Mini-Stammbaums

In der Session wird

- zunächst ein Baum aus drei Objekten der Klasse Stammbaum generiert
- dieser dann mittels dump() in einem File gespeichert
- und dann das Objekt mit load() wieder rekonstruiert

```
>>> class Stammbaum (object):
        def __init__(self, name, mutter, vater):
            self.name = name
            self.mutter = mutter
            self.vater = vater
>>> sabine = Stammbaum('Sabine', None, None)
>>> walter = Stammbaum ('Walter', None, None)
>>> anna = Stammbaum ('Anna', sabine, walter)

>>> import pickle
>>> f = open('anna.stb', 'wb')
>>> pickle.dump(anna, f)
>>> f.close()
>>> del anna

>>> f = open('anna.stb', 'rb')
>>> anna = pickle.load(f)
>>> anna.vater.name
'Walter'
```

Sie sehen, dass das gesamte Objektaggregat serialisiert und gespeichert wurde.

11.7 Zugriff auf beliebige Ressourcen über deren URL

Eine Datei, die Sie mit open() öffnen, muss sich auf dem gleichen Rechner befinden, auf dem Ihr Python-Skript läuft. Mit Hilfe der Funktion urlopen() aus dem Standard-Modul urllib.request können Sie auf beliebige Ressourcen zugreifen, die über das Internet erreichbar sind. Vereinfachtes Format:

```
urlopen(url)
```

Das Argument *url* enthält einen String mit dem URL der Ressource, die geöffnet werden soll. Ein URL (Uniform Resource Locator) hat folgenden allgemeinen Aufbau:

```
Schema://Ort
```

Dabei bezeichnet *Schema* einen Zugriffsmechanismus. Das ist entweder ein Internet-Protokoll (z.B. http oder ftp) oder file, wenn auf eine Datei auf dem lokalen Rechner zugegriffen werden soll. Der zweite Teil bezeichnet den Ort, an dem sich die Ressource befindet. Das ist bei einer lokalen Datei der Pfad und bei einer Datei auf einem entfernten Rechner der Domain-Name oder die IP-Nummer, gefolgt von dem Pfad. Beispiel für einen Zugriff auf eine lokale Datei:

```
>>> from urllib.request import urlopen
>>> f= urlopen("file:///Python36/README.txt")
>>> readme = f.read()
>>> f.close()
>>> print(str(readme, encoding="utf-8"))
This is Python version 3.4.3
...
```

Beispiel für einen Zugriff auf eine Ressource im WWW:

```
>>> from urllib.request import urlopen
>>> f = urlopen("http://www.python.org/")
>>> index = f.read()
>>> print(index)
b'<!DOCTYPE html PUBLIC "-//W3C//DTD XHTML
...
```

12 Schnittstelle zum Laufzeitsystem – sys

Überblick

Das Modul sys stellt eine Reihe von Variablen und Funktionen zur Verfügung, die eine Schnittstelle zum Python-Interpreter darstellen.

Objekt	Erklärung
argv	Liste mit Kommandozeilen-Argumenten
builtin_module_names	Tupel mit den Namen aller kompilierten Module
copyright	String mit Hinweisen zum Copyright
displayhook(wert)	Hook-Funktion zum Anzeigen des Ergebnisses eines Ausdrucks im interaktiven Modus, kann angepasst werden
__displayhook__ __excepthook__	Objekte, die die Originalfunktionen displayhook() und excepthook() enthalten; sie dienen dazu, Customizing rückgängig zu machen.
exc_info()	Liefert ein Tupel mit drei Werten, die die Informationen über die Exception enthalten, die gerade behandelt wird.
exec_prefix	Eine Zeichenkette, die das Verzeichnis enthält, in dem die plattformabhängigen Python-Dateien installiert sind (z.B. 'C:\\Python30')
executable	Eine Zeichenkette, die den kompletten Pfad der ausführbaren Datei des Python-Interpreters enthält (z.B. 'C:\\Python30\\pythonw.exe')
exit([arg])	Beendigung der Ausführung des Python-Skripts

Objekt	Erklärung
getrefcount(object)	Liefert die Anzahl der Referenzen auf object.
getrecursionlimit()	Liefert die maximal erlaubte Rekursionstiefe des Interpreters (Default = 1000).
hexversion	Liefert die Versionsnummer des Python-Interpreters als ganze Zahl.
last_traceback	Das Traceback-Objekt, das bei der letzten Ausnahme erzeugt worden ist; es kann zum »post mortem«-Debugging verwendet werden (Kapitel 10.6).
modules	Dictionary mit allen Standard-Modulen von Python
path	Liste von Strings, die den Suchpfad für Module beschreiben
platform	String mit Bezeichnung der aktuellen Plattform (z.B. Linux1 oder win32)
prefix	Ein String mit dem Verzeichnis, in dem die plattformunabhängigen Programmdateien von Python abgespeichert sind
ps1	String für das primäre Prompt des Interpreters im interaktiven Modus (Default: '>>> ')
ps2	String für das sekundäre Prompt des Interpreters im interaktiven Modus (Default: '... ')
setrecursionlimit(limit)	Setzen der oberen Grenze für die Rekursionstiefe des Python-Interpreters (Default = 1000)
settrace(function)	Setzen einer selbst erstellten Trace-Funktion
stdin stdout stderr	File-Objekte für die Standard-Eingabe, -Ausgabe und -Fehlerausgabe, sie können durch andere Objekte ersetzt und so die Datenströme umgeleitet werden.

Objekt	Erklärung
__stdin__ __stdout__ __stderr__	Ursprüngliche Werte für stdin, stdout, stderr
tracebacklimit	Variable mit einer ganzen Zahl, die die Anzahl der Ebenen der Traceback-Information beschreibt, die bei einer Ausnahme ausgegeben werden
version	String mit Versionsbezeichnung des Python-Interpreters
version_info	Ein Tupel mit fünf Komponenten der Versionsbezeichnung des Python-Interpreters. Beispiel: (3, 0, 0, 'alpha', 2)

argv

Die Variable argv (»Argumentevektor«) enthält eine Liste von Kommando-zeilen-Argumenten, die an ein Python-Skript übergeben worden sind. Dabei ist argv[0] der Dateiname des Skripts, argv[1] das erste Argument (oder die erste Option) usw. Man beachte, dass die Elemente von argv immer Zeichenketten sind (Typ str). Vor einer Verwendung im Skript sind also manchmal Typumwandlungen notwendig. Das folgende Beispielskript wandelt eine Zeichenkette in eine Zeichenkette aus Großbuchstaben um:

```
# grossschreiben.py
from sys import *
if len(argv) < 2:
    print("Bitte Zeichenkette als Argument angeben!")
    exit
else:
    print((argv[1]).upper())
```

In einem Konsolenfenster kann das Programm aufgerufen werden:

```
> python grossschreiben.py
Bitte Zeichenkette als Argument eingeben
> python grossschreiben.py klein
KLEIN
```

Das Beispiel illustriert zwei typische Verwendungszwecke des Argumentevektors:

▸ Es wird über die Länge von `argv` getestet, ob beim Aufruf des Programms die richtige Anzahl von Argumenten übergeben worden ist und anderenfalls eine Fehlermeldung ausgegeben.

▸ Über den Zugriff auf einzelne Elemente von `argv` können die Argumente verarbeitet werden.

displayhook()

`displayhook(value)`

Hooks sind Funktionen, die eigentlich nur für den internen Betrieb des Interpreters vorgesehen sind, aber deren Name zugänglich ist. Die Funktion `displayhook()` wird in einer interaktiven Python-Session vom System aufgerufen, wenn das Ergebnis der Auswertung eines Ausdrucks ausgegeben werden soll. Normalerweise schreibt `displayhook()` den ihr übergebenen Wert in die Standardausgabe `stdout`. Gibt man im interaktiven Modus z.B. einen Term ein, so sieht man in der nächsten Zeile das Ergebnis:

```
>>> 2+2
4
```

Ein Programmentwickler nutzt den Hook, indem er dem Funktionsnamen eine andere selbst definierte Funktion oder Klassenmethode zuordnet (*customizing*). Die neue Funktion muss nur die gleiche Stelligkeit (Anzahl der Parameter) haben und wird dann anstelle der Originalfunktion verwendet.

Im folgenden Beispiel wird durch die Zuweisung #1 die Ausgabe der Auswertung eines Ausdrucks auf ein selbst definiertes Ausgabefenster umgeleitet. Das Ergebnis der Ausdrücke, die in #2 und #3 eingegeben werden, erscheint nun nicht mehr in der jeweils folgenden Zeile, sondern im neuen Ausgabefenster.

```
>>> from tkinter import *
>>> import sys
>>> class Ausgabefenster(object):
    def __init__ (self):
        fenster = Tk()
        fenster.title("Ausgabefenster")
        self.text = Text(fenster,
                        width = 80, height = 10)
        self.text.pack()
    def aus(self,s):
        self.text.insert(END, str(s)+"\n")
>>> ausgabe = Ausgabefenster()
>>> sys.displayhook = ausgabe.aus                    #1
>>> "Neues Ausgabefenster"                            #2
>>> 2+2                                                #3
```

Abbildung 12.1: Ausgabefenster

Das Customizing kann mit Hilfe der Variablen sys. __displayhook__ wieder rückgängig gemacht werden. Diese Variable enthält die originale displayhook()-Funktion. Die Anweisung

```
>>> sys.displayhook = sys.__displayhook__
```

stellt also die ursprünglichen Verhältnisse wieder her.

exc_info()

exc_info()

Die Funktion wird üblicherweise innerhalb einer except-Klausel aufgerufen. Sie liefert dann ein Tupel aus drei Werten mit Informationen über die Exception, die gerade behandelt wird. Die Werte des Tupels sind:

▸ Typ der Exception (bzw. Klassenname)

▸ assoziierter Wert

▸ Referenz auf das Traceback-Objekt, das durch die Ausnahme erzeugt wurde

Wird die Funktion außerhalb einer except-Klausel aufgerufen, liefert sie das Tupel (None, None, None). Ein Beispiel zum Ausprobieren:

```
>>> try:
    raise NameError("unbekannt")
except:
    error = exc_info()
    print("Typ: ", error[0])
    print("Wert: ", error[1])
    print("Traceback-Objekt: ", error[2])

Typ:  <class 'NameError'>
Wert:  unbekannt
Traceback-Objekt:  <traceback object at 0x01B03F30>
```

exit()

```
exit([arg])
```

Der Aufruf der Funktion exit() bewirkt, dass die Ausführung des Skripts beendet wird. Optional kann ein Integer-Wert als Argument übergeben werden. Diese Zahl gibt den Status an, unter dem das Programm verlassen worden ist (Default ist null). Üblicherweise kennzeichnet der Status etwaig aufgetretene Fehler, die eine Programmbeendigung erforderlich machten. Ist der Status null, so ist kein Fehler aufgetreten.

Die exit()-Funktion löst intern eine SystemExit-Ausnahme aus, die wie andere Ausnahmen in einer try...except-Anweisung abgefangen werden kann. Das folgende Skript zeigt ein Beispiel:

```
from sys import *
try:
    antwort = input("Programm beenden? (j/n)")
    if antwort == 'j': exit()
```

```
except SystemExit:
    antwort = input("Sind Sie sicher? (j/n)")
    if antwort == 'j': exit(0)
print("Programm läuft weiter")
```

Wird die exit()-Funktion im interaktiven Modus (z.B. im Shell-Fenster von IDLE) aufgerufen, wird der Python-Interpreter beendet.

getdefaultencoding()

Die Funktion gibt die gegenwärtig voreingestellte Codierung für die Stringcodierung zurück. Sie wird z.B. verwendet, wenn ein String aus Unicode-Zeichen in eine Datei schreibt, die im Textmodus (das ist der voreingestellte Modus) geöffnet wurde. Denn die physische Datei speichert nur eine Folge von Oktetten (*bytes*). Die Codierung (z.B. utf-8) entscheidet, wie ein Zeichen durch ein oder mehrere Oktette repräsentiert wird.

```
>>> import sys
>>> sys.getdefaultencoding()
'utf-8'
```

getfilesystemencoding()

Wenn eine Datei mit open() geöffnet wird, muss der übergebene Dateiname (eine Unicode-Zeichenkette) in einen System-Dateinamen umgewandelt werden. Die Codierung, die das System für die Verarbeitung von Dateinamen verwendet, kann mit der Funktion getfilesystemencoding() abgefragt werden.

```
>>> sys.getfilesystemencoding()
'mbcs'
```

getrefcount()

```
getrefcount(object)
```

Die Funktion liefert die Anzahl der Referenzen auf ein Objekt. Dabei wird die Referenz im Argument des Funktionsaufrufs mitgezählt. Das heißt, die ermittelte Anzahl der Referenzen ist immer mindestens eins. Beispiel:

```
>>> import sys
>>> a = [1]
>>> b = a
>>> print(sys.getrefcount(a))
3
```

getrecursionlimit(), setrecursionlimit()

Die Funktion getrecursionlimit() liefert die Grenze für die maximal erlaubte Rekursionstiefe. Genauer gesagt handelt es sich um die maximale Größe des Stacks, der für Funktionsaufrufe verwendet wird, um den Zustand des aufrufenden Frames zu speichern. Der Default-Wert ist 1000. Das heißt: Eine Funktion darf nur höchstens tausendmal (eigentlich sogar etwas weniger oft) rekursiv aufgerufen werden, dann bricht der Interpreter mit einer RuntimeError-Ausnahme ab, um das System vor Überlastung zu schützen. Mit einem Funktionsaufruf setrecursionlimit(limit) kann das Limit für die Rekursionstiefe herauf- oder herabgesetzt werden.

- Ein Heraufsetzen auf einen höheren Wert ist sinnvoll bei Algorithmen mit großer Rekursionstiefe.
- Ein Herabsetzen kann beim Debugging eines schwer durchschaubaren rekursiven Algorithmus hilfreich sein, wenn man versucht, eine Endlosrekursion zu finden.

hexversion, version, version_info

Die Versionsbezeichnung des verwendeten Python-Interpreters kann durch Abfragen der Variablen sys.hexversion, sys.version und sys.version_info ermittelt werden. Beispiel:

```
>>> import sys
>>> print(sys.hexversion)
50331810
>>> print(sys.version_info)
((3, 0, 0, 'alpha', 2)
>>> print(sys.version)
3.0a2 (r30a2:59405M, Dec  7 2007, 15:23:28)
[MSC v.1500 32 bit (Intel)]
```

Programmierhinweis

Die Variable hexversion enthält eine Bezeichnung der verwendeten Python-Version als ganze Zahl. Dabei ist garantiert, dass die Nummern in der Reihenfolge der Versionen aufsteigen. Somit können Sie hexversion leicht nutzen, um z.B. zu testen, ob der Interpreter mindestens Version 2.2.2 ist:

```
if sys.hexversion >= 33686256:
    verwende ein modernes Feature von Python
    ...
else:
    verwende Alternative, die auch bei älteren
    Python-Versionen läuft
```

path

Diese Variable enthält eine Liste mit Strings, die die Pfade zu allen Verzeichnissen mit Python-Modulen enthalten, die in der Umgebungsvariablen PYTHONPATH registriert sind. Beispiel (Windows):

```
['',
'C:\\Users\\Standard\\AppData\\Local\\Programs\\Python\\
Python36-32\\Lib\\idlelib', ...
'C:\\Users\\Standard\\AppData\\Local\\Programs\\Python\\
Python36-32\\lib',
'C:\\Users\\Standard\\AppData\\Local\\Programs\\Python\\
Python36-32\\lib\\site-packages']
```

Wenn Sie über die import-Anweisung ein Modul laden wollen, muss es sich in einem dieser Verzeichnisse befinden. Das gilt natürlich auch für selbst angefertigte Module. Wenn Sie nun eigene Module in einem speziellen Verzeichnis untergebracht haben, muss dessen Pfad an die Pfadliste angehängt werden, bevor Sie die Module importieren können. Dies geht z.B. mit der append()-Methode. Beispiel:

```
>>> sys.path.append('c:\\projekt')
```

Siehe auch: Module (Kapitel 15.5), import-Anweisung (Kapitel 6)

stdin, stdout, stderr

Diese drei Variablen enthalten File-Objekte für die Standard-Eingabe, -Ausgabe und -Fehlerausgabe des Interpreters. Die Variable stdin wird für Eingaben über die Tastatur im Rahmen von input()-Funktionsaufrufen verwendet. stdout ist zuständig für Ausgaben von print()-Aufrufen und Ausdrucksanweisungen sowie das Prompt bei einem Aufruf von input(). Den Variablen können neue – selbst geschaffene – Ein- und Ausgabeobjekte zugewiesen werden. Dabei braucht es sich nicht um Files zu handeln, sondern es können beliebige Objekte sein, die eine write()-Methode besitzen. Der folgende Programmiertipp enthält ein Skript, bei dem die Standardausgabe in Zeile #1 auf ein zuvor erzeugtes Ausgabefenster umgeleitet wird.

```
Programmiertipp
from tkinter import *
import sys
class Ausgabefenster(object):
    def __init__ (self):
        fenster = Tk()
        fenster.title("Ausgabefenster")
        self.text = Text(fenster,
                         width = 80, height = 10)
        self.text.pack()
    def write(self, s):
        self.text.insert(END, s)
ausgabe = Ausgabefenster()                   #1
sys.stdout = ausgabe
print("Dies ist ein Ausgabefenster")
```

Mit Hilfe der Variablen sys.__stdin__, sys.__stdout__ und sys.__stderr__ können die Default-Werte für die entsprechenden Objekte wiedergewonnen werden.

13 Schnittstelle zum Betriebssystem – os und os.path

Python-Skripte sind portabel, zumindest sollten sie es sein. Das heißt, sie laufen (idealerweise) auf allen Betriebssystem-Plattformen, also unter Windows, Unix, Mac OS usw. Das Modul os und das Untermodul os.path stellen einen einheitlichen, plattformunabhängigen Satz von Funktionen und Variablen bereit, über die man die Funktionalität des Betriebssystems nutzen kann, ohne sich Gedanken machen zu müssen, mit welchem Betriebssystem man es zu tun hat. Geboten wird also eine Schnittstelle, die die besonderen Merkmale der verschiedenen Betriebssysteme für den Programmentwickler transparent (das heißt unsichtbar) macht.

Um den Rahmen des Buches nicht zu sprengen, werden in diesem Kapitel nur die wichtigsten Facetten dargestellt, vorzugsweise solche, die unter Unix, MS Windows und Mac OS gleichermaßen verfügbar sind. os-Funktionen mit eingeschränkter Verfügbarkeit werden entsprechend gekennzeichnet.

13.1 Das Modul os

Typische Aufgaben eines Betriebssystems, die von einem Python-Skript aus angesprochen werden können, sind:

‣ Prozess-Management
‣ Verwaltung von Zugriffsrechten
‣ Verwaltung von Dateien und Verzeichnissen

Auf diese drei Punkte konzentrieren sich die Funktionen im Modul os. Die meisten Funktionen werden analog zu (gleichlautenden) Unix-Kommandos verwendet, allerdings mit dem Unterschied, dass Parameter in Klammern gesetzt werden.

Hier eine Übersicht:

Objekt	Erklärung
access(*path*, *mode*)	Prüft die Zugriffsrechte oder die Existenz einer Datei (nur Unix und Windows).
chdir (*path*)	Wechselt das Arbeitsverzeichnis.
chmod (*path*, *mode*)	Zugriffsrechte ändern
cpu_count()	Liefert die Anzahl der Prozessoren.
curdir	String für das aktuelle Verzeichnis (z.B. ».« bei DOS und Unix)
environ	Directory mit Umgebungsvariablen
getcwd()	Gibt das aktuelle Arbeitsverzeichnis zurück.
getenv(*varname*[,*value*])	Liefert den Wert der Umgebungsvariablen *varname*.
getpid()	Liefert id-Nummer des laufenden Prozesses (nur Windows und Unix).
linesep	Zeichen oder Zeichenkette zur Markierung des Endes einer Zeile (z.B. \n bei Unix und \r\n bei DOS und Windows)
listdir(*path*)	Liefert Verzeichniseinträge als Liste.
mkdir(*path*[,*mode*])	Neues Verzeichnis erstellen und Zugriffsrechte festlegen
mkdirs(*path*[,*mode*])	Neues Verzeichnis mit allen Zwischenverzeichnissen des Pfades erstellen und Zugriffsrechte festlegen
name	Name des Betriebssystems
pardir	String für das Parent-Verzeichnis (z.B. »..« bei DOS und Unix)
pathsep	Zeichen zur Trennung von Einträgen im Suchpfad (z.B. »:« bei Unix und »;« bei DOS)

Objekt	Erklärung
putenv(*varname*, *value*)	Setzt die Umgebungsvariable *varname* auf einen neuen Wert.
remove(*path*)	Datei löschen
removedirs(*path*)	Leere Verzeichnisse löschen
rename (*old*, *new*)	Umbenennen einer Datei oder eines Verzeichnisses
renames (*old*, *new*)	Umbenennen eines Pfades
rmdir(*path*)	Leeres Verzeichnis löschen
sep	Zeichen zur Trennung von Pfadkomponenten (z.B. »/« bei Unix)
stat(*path*)	Liefert Statusinformationen zu einer Datei oder einem Verzeichnis.
system(*command*)	Führt das Kommando (ein String) aus.
walk(*path*)	Liefert einen Verzeichnisbaum mit Wurzel *path*.

Hinweis: Pfadangaben bei Funktionen des Moduls os

▸ Pfade können absolut oder relativ (entsprechend der Syntax von DOS oder Unix) sein.

Beispiele für Zeichenketten, die absolute Pfade darstellen:

```
"c:\\projekt\\daten.txt"
'/projekt/daten.txt'
```

Beispiele für Zeichenketten, die relative Pfade darstellen:

"libs" (Unterverzeichnis libs des aktuellen Arbeitsverzeichnisses)

'../LICENSE.txt' (Datei LICENSE.txt im übergeordneten Verzeichnis des Verzeichnisbaums)

▸ Bei Windows kann für Pfadbezeichnungen sowohl die Windows-spezifische Notation mit Backslash \ als auch die Unix-Schreibweise mit Schrägstrich / verwendet werden. Man beachte, dass in einem String ein Backslash als Escape-Sequenz durch zwei Backslashs \\ dargestellt wird.

> Die folgenden Beispiele sind unterschiedliche Schreibweisen für ein
> und denselben Pfad:
> 'c:\\Python36\\libs'
> '/Python36/libs'
> ▸ Falls ein angegebener Pfad nicht existiert, gibt es einen OSError.

access()

```
access(path, mode)
```

Verfügbar nur unter Unix und Windows

Mit der Funktion access() können die Existenz einer Datei oder eines Verzeichnisses sowie die Zugriffsrechte geprüft werden. Das erste Argument enthält als String eine Pfadbezeichnung, im zweiten Argument wird der Modus der Abfrage übergeben. Für den Modus verwendet man Werte, die in der unten stehenden Tabelle aufgeführt sind. Dabei ist es möglich, mehrere Werte durch or oder and logisch zu verknüpfen.

Die Funktion liefert den Wert True, falls der Test positiv ausfällt, und False sonst.

Modus	Erklärung
F_OK	Testen, ob Pfad existiert
R_OK	Testen, ob Leserecht (r) gegeben ist
W_OK	Testen, ob Schreibrecht (w) gegeben ist
X_OK	Testen, ob Recht zum Ausführen (x) gegeben ist

Tabelle 13.1: Mögliche Werte für das zweite Argument der Funktion access()

Beispiele:

```
>>> from os import *
>>> access("/Python36/README.txt", F_OK)
True
>>> access("/Python36/", X_OK)
True
```

```
>>> access("/Python36/falsch.txt", R_OK)
False
>>> access("/Python36/README.txt", R_OK and W_OK)
True
```

chdir ()

```
chdir (path)
```

Das aktuelle Arbeitsverzeichnis wird entsprechend der Pfadangabe gewechselt. Man kann absolute oder relative Pfade verwenden.

```
>>> chdir("libs")
>>> getcwd()
'C:\\Python36\\libs'

>>> chdir("/projekt/daten")
>>> getcwd()
'C:\\projekt\\daten'
```

Siehe auch: getcwd()

chmod()

```
chmod(path, mode)
```

Verfügbar nur unter Unix und Windows

Die Zugriffsrechte zum im Pfad angegebenen Verzeichnis bzw. zur Datei (erstes Argument) werden geändert. Die neuen Zugriffrechte werden als numerischer Modus im Unix-Stil spezifiziert (zweites Argument). Der numerische Modus ist eine dreistellige Oktalzahl (das Literal beginnt mit 0o), die sich durch Addition von neun Zahlen ergibt. Jede Zahl repräsentiert ein Zugriffsrecht für eine bestimmte Personengruppe:

Zahl	Zugriffsrecht	Personengruppe
400	Lesen	Besitzer (*owner*)
200	Schreiben	Besitzer (*owner*)
100	Ausführen	Besitzer (*owner*)

Zahl	Zugriffsrecht	Personengruppe
40	Lesen	Gruppe (*group*)
20	Schreiben	Gruppe (*group*)
10	Ausführen	Gruppe (*group*)
4	Lesen	andere (*others*)
2	Schreiben	andere (*others*)
1	Ausführen	andere (*others*)

Beispiele:

```
>>> chmod("/projekt/daten", 0o777)
```

Im Verzeichnis /projekt/daten gilt Lese-, Schreib- und Ausführungsrecht für alle.

```
>>> chmod("/projekt/daten/daten.txt", 0o704)
```

Für die Datei /projekt/daten/daten.txt hat der Besitzer Lese-, Schreib- und Ausführungsrecht und die anderen haben nur das Leserecht.

Siehe auch: access(), Oktalzahlen (Kapitel 2)

cpu_count()

Die Funktion liefert die Anzahl der Prozessoren des Computers.

```
>>> cpu_count()
4
```

environ

Die Variable environ enthält ein Directory-artiges Objekt mit den Werten der Umgebungsvariablen. Sie können es mit der Funktion dict() auf ein Dictionary abbilden und ausgeben:

```
>>> dict(environ)
{'PROCESSOR_IDENTIFIER': …}
```

Siehe auch: getenv(), putenv()

getcwd()

Die Funktion liefert als Zeichenkette den Pfad des aktuellen Arbeitsverzeichnisses.

```
>>> getcwd()
'C:\\Python30'
```

Siehe auch: chdir()

getenv()

```
getenv(varname[,value])
```

Verfügbar unter den meisten Unix-Varianten und Windows

Die Funktion liefert den Wert der Umgebungsvariablen *varname*, falls sie existiert; value ist ein optionaler Ersatzwert, falls *varname* nicht existiert. Beispiel:

```
>>> getenv('NUMBER_OF_PROCESSORS')
'1'
```

Siehe auch: environ, putenv()

listdir()

```
listdir(path)
```

Die Funktion liefert eine Liste der Einträge des Verzeichnisses, das durch den Pfad spezifiziert ist. Beispiel:

```
>>> listdir('/Python36/Lib/xml')
['dom', 'etree', 'parsers', 'sax', '__init__.py', '__pycache__']
```

mkdir()

```
mkdir(path[,mode])
```

Ein neues Verzeichnis mit dem im ersten Argument angegebenen Pfad wird erstellt. Optional können im zweiten Argument Zugriffsrechte als numerischer Modus im Unix-Stil vergeben werden (nur unter Windows und Unix). Der Default-Modus ist 0777 (oktal). Falls das Verzeichnis bereits existiert, wird eine Ausnahme erzeugt (OSError). Im folgenden Beispiel wird das Verzeichnis /daten im bereits vorhandenen Verzeichnis /projekt neu erstellt.

```
>>> mkdir('/projekt/daten', 0o705)
```

mkdirs()

```
mkdirs(path[,mode])
```

Die Funktion erstellt wie makedir() ein neues Verzeichnis. Zusätzlich werden aber (sofern noch nicht vorhanden) alle Zwischenverzeichnisse des Pfades neu geschaffen. Falls bereits ein Verzeichnis mit dem gleichen Pfad existiert, gibt es einen OSError.

name

Die Variable name enthält den Namen des aktuellen Betriebssystems. Folgende Namen sind zurzeit registriert: 'ce', 'dos', 'java', 'mac', 'nt', 'os2', 'posix', 'riscos'.

putenv()

```
putenv(varname, value)
```

Verfügbar unter den meisten Unix-Varianten und Windows

Die Umgebungsvariable varname erhält einen neuen Wert, der im zweiten Argument übergeben wird. Beide Argumente sind Zeichenketten.

Siehe auch: environ, getenv()

removedirs()

```
removedirs(path)
```

Die Funktion entfernt das durch den Pfad spezifizierte Verzeichnis sowie (»von rechts nach links«) rekursiv alle Zwischenverzeichnisse des Pfades, die nach der Löschoperation leer und damit entfernbar sind.

rename()

```
rename(old, new)
```

Die Funktion dient dem Umbenennen von Verzeichnissen oder Dateien. Die beiden Parameter sind Pfadangaben. Die Datei (bzw. das Verzeichnis), welche(s) durch den ersten Parameter *old* spezifiziert ist, erhält als neuen Namen den Namen am Ende des Pfades *new*. Beispiel:

```
>>> rename('/projekt/daten', '/projekt/data')
```

Das Verzeichnis daten wird in data umbenannt.

renames()

```
renames(old, new)
```

Der Pfad *old*, einschließlich aller Zwischenverzeichnisse, wird umbenannt, so dass folgende Bedingungen erfüllt sind:

▸ Nach der Operation gibt es einen neuen Pfad, der dem zweiten Argument *new* entspricht. Damit ist unter Umständen verbunden, dass neue Verzeichnisse geschaffen werden.

▸ Kein anderer existierender Pfad wird zerstört. Das heißt: Zwischenverzeichnisse des Pfades, die noch andere Dateien oder Unterverzeichnisse enthalten, werden nicht umbenannt oder entfernt.

Beispiel:

```
>>> renames('/projekt/daten', '/project1/data')
```

rmdir()

```
rmdir(path)
```

Das im Argument *path* angegebene Verzeichnis wird gelöscht, falls es existiert und die Zugriffsrechte des Prozesses ausreichen.

stat()

stat(path)

Die Funktion stat() liefert ein Tupel mit zehn Zahlen, die den Status der Datei bzw. des Verzeichnisses in *path* beschreiben. Einzelne Werte des Status-Tupels können auch mit get-Funktionen des Moduls os.path abgefragt werden. Die folgende Tabelle gibt einen Überblick über die Bedeutung der Elemente des Tupels:

Nr.	Name des stat-Attributs	Bedeutung
0	st_mode	Inode-Modus
1	st_ino	Inode-Nummer
2	st_dev	Gerät, in dem Inode residiert
3	st_nlink	Anzahl der harten Links zur Datei
4	st_uid	User-ID des Besitzers der Datei
5	st_gid	Group-ID des Besitzers der Datei
6	st_size	Größe in Byte
7	st_atime	Zeitpunkt des letzten Zugriffs
8	st_mtime	Zeitpunkt der letzten Änderung des Inhalts
9	st_mode	Zeitpunkt der letzten Änderung von Inhalt oder Metadaten

Beispiel (Windows):

```
>>> from os import *
>>> status = stat('/python36/Lib/__future__.py')
>>> for i in range(10): print(i, status[i])

0 33206
1 0
2 0
5 0
```

```
3 1
4 0
6 4718
7 1351671469
8 1343815514
9 1343815514
```

system()

```
system(command)
```

Das Argument *command* ist ein String mit einem Kommandozeilenbefehl. Dieser Befehl wird in einem Unterprozess ausgeführt. Es ist so, als ob Sie den Befehl auf der Kommandozeile einer Konsole absetzen. Mit system() können Sie von Python aus ein anderes Programm starten. Beispiel (Windows):

```
>>> from os import system
>>> system("DATE")
0
```

Hier ist das Kommando der Windows-Befehl DATE. Es öffnet sich ein Eingabeaufforderungsfenster und Sie haben die Möglichkeit, das Datum zu ändern.

walk()

```
walk(path)
```

Der Funktionsaufruf walk(*path*) liefert die Namen aller Dateien und Unterverzeichnisse in einem Verzeichnisbaum mit Wurzel *path*.

Genauer ausgedrückt wird ein Objekt zurückgegeben, das eine Folge von Tripeln beschreibt. Jedes dieser Tripel ist folgendermaßen aufgebaut:

- Name eines Verzeichnisses im Verzeichnisbaum mit Wurzel *path*
- Liste mit den Namen aller Unterverzeichnisse in diesem Verzeichnis
- Liste mit den Namen aller Dateien in diesem Verzeichnis

Beachten Sie, dass walk() ein spezielles Generatorobjekt zurückgibt. Sie können es sichtbar machen, indem Sie es in eine Liste umwandeln.

```
>>> from os import walk
>>> baum = walk("/Python36/Lib/email")
>>> baum
<generator object walk at 0x0252EF08>
>>> list(baum)
[('/Python36/Lib/email', ['mime', '__pycache__'],
...
```

Man verwendet die walk()-Funktion, wenn man viele oder alle Dateien eines Verzeichnisbaums in irgendeiner Weise verarbeiten möchte, z.B. umbenennen, zählen oder löschen. Das folgende Programm berechnet die Anzahl der Python-Dateien in den Unterverzeichnissen eines Verzeichnisbaums.

```
import os
for verzeichnis, unterverzeichnisse, dateien in \
          os.walk('/Python36/Lib/email'):
    python_dateien = [d for d in dateien
                          if d.endswith(".py")]
    print(verzeichnis, len(python_dateien), "Dateien")
```

Ausgabe:

```
/Python36/Lib/email 20 Dateien
/Python36/Lib/email\mime 9 Dateien
/Python36/Lib/email\mime\__pycache__ 0 Dateien
/Python36/Lib/email\__pycache__ 0 Dateien
```

13.2   Das Modul os.path

Im Modul os.path – einem Untermodul von os – befinden sich Funktionen zur Verarbeitung von Pfadnamen. Alle besitzen ein Argument *path*, das eine Zeichenkette beinhaltet, die eine Pfadbezeichnung darstellt.

Die folgende Übersicht enthält die wichtigsten Funktionen, die bis auf wenige gekennzeichnete Ausnahmen auf allen Plattformen verfügbar sind:

Funktion	Erklärung
abspath(*path*)	Liefert absoluten Pfad.
basename(*path*)	Liefert Basisnamen des Pfades (zweite Hälfte von split(*path*)).
dirname(*path*)	Liefert Verzeichnisnamen des Pfades (erste Hälfte von split(*path*)).
exists(*path*)	Testet, ob Pfad existiert.
getatime(*path*)	Zeitpunkt des letzten Zugriffs
getmtime(*path*)	Zeitpunkt des letzten modifizierenden Zugriffs
getsize(*path*)	Dateigröße in Byte
issabs(*path*)	Testet, ob *path* eine absolute Pfadbezeichnung ist.
isdir(*path*)	Testet, ob *path* ein Verzeichnis ist.
isfile(*path*)	Testet, ob *path* eine Datei ist.
islink(*path*)	Test auf symbolische Links
join(*path1* ...)	Intelligente Vereinigung mehrerer Pfadkomponenten
normcase(*path*)	Normalisierung der Schreibweise eines Pfadnamens
split(*path*)	Aufspalten eines Pfadnamens
splitdrive(*path*)	Abtrennen der Gerätebezeichnung vom Pfadnamen
splitext(*path*)	Abtrennen der Extension vom Pfadnamen

abspath()

abspath(*path*)

Die Funktion liefert zu einem (eventuell relativen) Pfad den absoluten Pfad im Verzeichnisbaum. Beispiel:

```
>>> from os.path import *
>>> chdir('libs')
>>> getcwd()
'C:\\Python36\\libs'
>>> abspath('..')
'C:\\Python36'
```

basename()

`basename(path)`

Die Funktion liefert den Basisnamen des Pfades. Das ist der Teilstring nach dem letzten Pfadtrennungssymbol (Slash oder Backslash) oder die zweite Hälfte des Tupels, das `split(path)` liefert.

```
>>> basename('/projekt/daten/daten.txt')
'daten.txt'
```

dirname()

`dirname(path)`

Die Funktion liefert den Verzeichnisnamen des Pfades. Das ist der Teilstring bis zum letzten Pfadtrennungssymbol (Slash oder Backslash). Beispiel:

```
>>> dirname('/projekt/daten/daten.txt')
'/projekt/daten'
```

exists()

`exists(path)`

Die Funktion liefert den Wert `True`, falls der Pfad existiert, und `False` sonst.

getatime()

`getatime(path)`

Die Funktion liefert eine Zahl, die den Zeitpunkt des letzten Zugriffs auf *path* kennzeichnet. Es handelt sich um die Zeit in Sekunden seit Beginn der »Epoche«, dem 1.1.1970 um 0.00 Uhr. Mit Hilfe der Funktion `ctime()` aus dem Modul `time` kann daraus eine lesbare Zeitangabe gewonnen werden.

```
>>> getatime('/Python36/README.txt')
1349453700.7263901
>>> import time
>>> time.ctime(getatime('/Python36/README.txt'))
'Fri Oct  5 18:15:00 2012'
```

getmtime()

getmtime(*path*)

Die Funktion liefert eine ganze Zahl, die den Zeitpunkt des letzten modifizierenden Zugriffs auf *path* kennzeichnet (Zeit in Sekunden seit Beginn der »Epoche«).

getsize()

getsize(*path*)

Die Funktion gibt die Größe der Datei in bytes an.

```
>>> getsize('/Python36/README.txt')
6683
```

isabs()

isabs(*path*)

Die Funktion liefert den Wert True, falls es sich um einen absoluten Pfad handelt, und False sonst.

isdir()

isdir(*path*)

Die Funktion liefert den Wert True, falls es sich bei *path* um ein Verzeichnis handelt, und False sonst.

```
>>> isdir('/Python36/README.txt')
False
```

isfile()

isfile(*path*)

Die Funktion liefert den Wert True, falls es sich um eine Datei handelt, und False sonst. Bei Systemen, die symbolische Verknüpfungen unterstützen (symbolic links bei Unix), folgt isfile() den Links und testet, ob das verknüpfte Objekt eine Datei ist.

islink()

islink(*path*)

Die Funktion liefert den Wert True, falls es sich bei *path* um eine symbolische Verknüpfung (*symbolic link* bei Unix) handelt, und False sonst. Falls das Betriebssystem symbolische Verknüpfungen nicht unterstützt (z.B. Windows), wird immer der Wert False zurückgegeben.

join()

join(*path1* [,*path2*[,...]])

Die Funktion join() vereinigt »auf intelligente Weise« eine oder mehrere Pfadkomponenten zu einem einzigen Pfad. Die Komponenten werden hintereinander gehängt. Beispiel (Windows):

```
>>> pfad1 ='c:\\projekt'
>>> pfad2= 'daten\\dat1.txt'
>>> print(join(pfad1, pfad2))
c:\projekt\daten\dat1.txt
```

Ist einer der Pfadkomponenten ein absoluter Pfad, werden die bisher zusammengesetzten Stücke »weggeworfen« und die Konkatenation beginnt von Neuem. Beispiel (Windows):

```
>>> print(join('daten\\dat1.txt', 'c:\\projekt'))
c:\projekt
```

normcase()

normcase(*path*)

Die Pfadbezeichnung wird hinsichtlich der Schreibweise normalisiert. Auf Unix-Systemen bleibt die Pfadbezeichnung unverändert. Unter Windows, wo Groß- und Kleinschreibung nicht unterschieden wird, wird alles kleingeschrieben. Außerdem werden Slashs / (die unter Windows in Pfaden auch akzeptiert werden) in Backslashs \ umgewandelt. Beispiel (Windows):

```
>>> print(normcase ('c:\\Projekt/DATEN/Dat1.txt'))
c:\projekt\daten\dat1.txt
```

split()

```
split(path)
```

Der Pfad wird durch split() in zwei Teile aufgespalten. Die Funktion gibt ein Tupel aus zwei Strings zurück. Der erste String ist der Verzeichnisname (Teilstring bis zum letzten Pfadtrennungssymbol) und der zweite ist der Basisname des Tupels (Teilstring hinter dem letzten Pfadtrennungssymbol). Beispiel:

```
>>> split('c:\\projekt\\daten\\dat1.txt')
('c:\\projekt\\daten', 'dat1.txt')
```

splitdrive()

```
splitdrive(path)
```

Zurückgegeben wird als Tupel zweier Strings eine Zerlegung des Pfades in die Gerätebezeichnung und den Rest des Pfades. Beispiel:

```
>>> splitdrive ('c:\\projekt\\daten\\dat1.txt')
('c:', '\\projekt\\daten\\dat1.txt')
```

splitext()

```
splitext(path)
```

Die Funktion trennt die Extension des Basisnamens vom Pfad ab. Die Extension ist entweder leer oder sie ist der letzte Teilstring des Pfades, der mit einem Punkt beginnt. Zurückgegeben wird ein Tupel zweier Strings, wobei der erste String den ersten Teil der Pfadbezeichnung bis zum letzten Punkt enthält und der zweite String die Extension. Beispiel:

```
>>> splitext ('c:\\projekt\\daten\\dat1.txt')
('c:\\projekt\\daten\\dat1', '.txt')
```

14 Datum und Zeit

14.1 Das Modul time

Das Modul time stellt grundlegende zeitbezogene Funktionen zur Verfügung. Dazu gehören die Angabe des Datums oder der genauen Uhrzeit, die Umwandlung von Zeitformaten, aber auch die Möglichkeit, einen Prozess für eine bestimmte Zeit zu unterbrechen.

Für Zeitangaben gibt es drei Formate:

▸ Die Anzahl der Sekunden seit Beginn der so genannten *Epoche*, dem Nullpunkt aller Zeitangaben. Bei Unix-Systemen ist das der 1. Januar 1970 um 0 Uhr.

▸ Ein String aus 24 Zeichen. Beispiel: 'Wed Nov 27 11:57:49 2002'

▸ Ein Zeit-Objekt (struct_time), das in seinen Attributen einen Zeitpunkt definiert. Beispiel: time.struct_time(tm_year=2012, tm_mon=10, tm_mday=16, tm_hour=16, tm_min=9, tm_sec=37, tm_wday=1, tm_yday=290, tm_isdst=0)

Die Präzision der Zeitangaben ist vom Betriebssystem abhängig, bei Unix-Systemen liegt sie bei einer Fünfzigstel- oder einer Hundertstelsekunde. Manche Funktionen liefern Zeitangaben in der UTC-Skala. Das Akronym *UTC* steht für Universal Time Coordinated, früher bekannt als Greenwich Mean Time oder GMT. Es handelt sich um eine einheitliche Weltzeit-Skala.

Die wichtigsten Zeit-Funktionen im Überblick:

Funktion	Erklärung
asctime([*tuple*])	Wandelt ein Zeit-Objekt in einen 24-Zeichen-String um.
ctime([*secs*])	Wandelt eine Zeit, die in Sekunden seit Beginn der Epoche angegeben ist, in einen 24-Zeichen-String um.

Funktion	Erklärung
gmtime([secs])	Wandelt eine Zeit, die in Sekunden seit Beginn der Epoche angegeben ist, in ein Zeit-Objekt in UTC um.
localtime([secs])	Wie gmtime(), liefert aber die lokale Zeit
mktime(tuple)	Wandelt ein Zeit-Objekt in die Zahl der Sekunden seit Beginn der Epoche um.
sleep(secs)	Die Ausführung des Programms wird für secs Sekunden unterbrochen.
strftime (format[,tuple])	Liefert zu einem Format-String und einem Zeit-Objekt einen String mit Datums- und Zeitangaben.
strptime (string[,format])	Liefert zu einem Zeit-String und einem Format-String einen String mit Datums- und Zeitangaben.
time()	Liefert die Anzahl der Sekunden seit Beginn der Epoche in UTC.

Tabelle 14.1: Funktionen des Moduls time

asctime()

asctime([t])

Datumsangaben oder Uhrzeiten werden häufig in dynamisch erzeugte Texte eingebaut. Dabei können die Formatierungsfunktionen des Moduls time hilfreich sein. Sie wandeln das Zeit-Objekt, das man z.B. mit localtime() erhalten hat, in einen String um. Am einfachsten geht es mit der Funktion asctime(). Sie liefert zu einem Zeit-Objekt einen String nach einem gängigen Muster mit abgekürzten englischen Bezeichnungen für den Wochentag und Monat:

```
>>> asctime(localtime())
'Fri Feb 22 16:39:29 2008'
```

ctime()

ctime([secs])

Der Aufruf ctime(secs)wandelt eine Zeit, die in Sekunden seit Beginn der Epoche angegeben ist, in einen 24-Zeichen-String um. Lässt man das optionale Argument weg, wird die aktuelle Zeit als Eingabe verwendet. Beispiel:

```
>>> ctime(0)
'Thu Jan 01 01:00:00 1970'
```

Siehe auch: asctime()

gmtime()

gmtime([secs])

Die Funktion gibt die aktuelle Weltzeit (UTC, früher GMT) als Zeit-Objekt zurück. Als optionales Argument kann auch eine Zeitangabe in Sekunden seit Beginn der Epoche übergeben werden. Das Zeit-Objekt kann nach folgender Tabelle ausgewertet werden:

Nr.	Attribut	Bedeutung	Mögliche Werte
0	tm_year	Jahr	Zumindest 1970 bis 2038
1	tm_mon	Monat	1 bis 12
2	tm_mday	Tag	1 bis 31
3	tm_hour	Stunde	0 bis 23
4	tm_min	Minute	0 bis 59
5	tm_sec	Sekunde	0 bis 59
6	tm_wday	Wochentag	0 bis 6 (0 ist Montag)
7	tm_yday	Tag im Jahr	1 bis 366 (Schaltjahr)
8	tm_isdst	Sommerzeit	0, 1, -1 (0 = nein, 1 = ja, -1 = unbekannt)

Tabelle 14.2: Attribute eines Zeit-Objektes (struct_time)

Beispiel:

```
>>> gmtime()
time.struct_time(tm_year=2012, tm_mon=10, tm_mday=17, tm_hour=7,
tm_min=47, tm_sec=46, tm_wday=2, tm_yday=291, tm_isdst=0)
```

Auf die einzelnen Attribute des Objektes, etwa die Jahreszahl, kann man über die Attributnamen zugreifen. Beispiel:

```
>>> jahr = gmtime().tm_year
>>> print("Wir befinden uns im Jahr", jahr)
Wir befinden uns im Jahr 2012
```

Zeit-Objekte sind so genannte named tuples. Das heißt, man kann auch über den Index (die Nummer) eines Attributs dessen Wert abfragen. Beispiel:

```
>>> gmtime()[0]
2012
```

localtime()

```
localtime([secs])
```

Die Funktion arbeitet wie gmtime(), liefert aber die lokale Zeit.

mktime()

```
mktime(t)
```

Das ist die inverse Funktion zu localtime(). Sie liefert zu einem Zeit-Objekt eine Gleitkommazahl, die die Zeit in Sekunden seit Beginn der Epoche angibt.

sleep()

```
sleep(secs)
```

Die Funktion unterbricht die Ausführung des Programms für die angegebene Zahl von Sekunden. Das heißt, der Prozess wird »schlafen gelegt« und nach der angegebenen Zeit wieder geweckt. Im interaktiven Modus kann man mit sleep() eine kleine Uhr programmieren, wie in folgendem Beispiel:

```
>>> from time import *
>>> for i in range (5):
      print(ctime())
      sleep(1)

Fri Feb 22 16:43:56 2008
Fri Feb 22 16:43:57 2008
Fri Feb 22 16:43:58 2008
Fri Feb 22 16:43:59 2008
Fri Feb 22 16:44:00 2008
```

In der Praxis wird man sleep() nur innerhalb von Threads verwenden, weil anderenfalls das gesamte Python-Laufzeitsystem während der »Schlafzeit« lahmgelegt wird. Bei Programmen mit grafischer Oberfläche führt das zur Katastrophe.

Siehe auch: Threads (Kapitel 24)

strftime()

strftime(*format*[, *tuple*])

Die Funktion konvertiert ein Zeit-Objekt in einen String mit »maßgeschneidertem« Format, das durch einen Formatierungsstring (erstes Argument) definiert wird. Falls kein Zeit-Objekt übergeben wird, nimmt die Funktion die aktuelle Zeit als Eingabe. Der Formatierungsstring setzt sich aus verschiedenen Direktiven zusammen, mit denen die Komponenten der Zeitangabe ausgewählt werden. Die folgende Tabelle enthält die wichtigsten Direktiven.

Direktive	Bedeutung
%a	Abgekürzter Name des Wochentages
%A	Voll ausgeschriebener Name des Wochentages
%b	Abgekürzter Monatsname
%B	Monatsname
%c	Lokales Datum und lokale Zeit
%d	Tag im Monat als Dezimalzahl

Direktive **Bedeutung**

Direktive	Bedeutung
%H	Stunde als zweistellige Dezimalzahl (01 bis 24)
%I	Stunde als zweistellige Dezimalzahl (01 bis 12)
%j	Tag des Jahres als dreistellige Dezimalzahl (001 bis 366)
%m	Monat als zweistellige Dezimalzahl (01 bis 12)
%M	Minute als zweistellige Dezimalzahl (01 bis 60)
%p	AM oder PM
%S	Sekunde als Dezimalzahl (00 bis 60)
%U	Nummer der Woche im Jahr als Dezimalzahl (00 bis 53), wobei der Sonntag als erster Wochentag gezählt wird
%w	Wochentag als Dezimalzahl (Sonntag hat die Nummer 0)
%W	Nummer der Woche im Jahr als Dezimalzahl (00 bis 53), wobei der Montag als erster Wochentag gezählt wird
%x	Datum
%X	Zeit
%y	Jahr ohne Jahrhundertangabe (00 bis 99)
%Y	Jahr mit Jahrhundertangabe
%Z	Name der lokalen Zeitzone oder leerer String, falls keine existiert
%%	%-Zeichen

Tabelle 14.3: Direktiven für strftime()

Beispiel:

```
>>> print(strftime("Uhrzeit: %X %Z"))
Uhrzeit: 09:54:29 Mitteleuropäische Sommerzeit
```

time()

```
time()
```

Die Funktion time() liefert die Zeit in Sekunden ab dem 1.1.1970, und zwar als Gleitkommazahl. Beispiel:

```
>>> from time import *
>>> time()
1350461458.227838
```

14.2 Das Modul datetime

Das Modul datetime enthält Klassen zur Modellierung von Zeitpunkten, Zeitabschnitten und Kalenderdaten. Damit lassen sich Zeit-bezogene Berechnungen sehr elegant programmieren.

Das Modul verwendet zwei Konstanten: MINYEAR ist die kleinste Jahreszahl, die dargestellt werden kann und beträgt 1. MAXYEAR ist die größte darstellbare Jahreszahl und hat den Wert 9999.

Die Klasse timedelta

Objekte der Klasse timedelta repräsentieren Zeitabschnitte. Mit Hilfe von timedelta-Objekten lassen sich auf Kalenderdaten und Zeitpunkte arithmetische Operationen anwenden.

Ein timedelta-Objekt kann durch einen Konstruktoraufruf folgenden Formats generiert werden:

```
timedelta (days[, seconds[, microseconds[, milliseconds
          [, minutes[, hours[, weeks]]]]]]])
```

Beispiel:

```
>>> td1 = timedelta(days = 15,
                    hours = 17, seconds = 1000)
>>> td1
datetime.timedelta(15, 62200)
```

Die Attribute eines timedelta-Objektes repräsentieren nur Tage, Sekunden und Mikrosekunden.

Attribut	Werte
days	Tage, zwischen -999999999 und 999999999 einschließlich

Attribut	Werte
seconds	Sekunden, von 0 bis 86399 einschließlich
microseconds	Mikrosekunden, von 0 bis 999999 einschließlich

Tabelle 14.4: Attribute der timedelta-Objekte (read only)

Ein timedelta-Objekt kann auch einen negativen Zeitabschnitt darstellen. Dann hat allein das days-Attribut einen negativen Wert. Beispiel:

```
>>> timedelta(hours=-12)
datetime.timedelta(-1, 43200)
```

Term	Ergebnis
t1 + t2	Summe der Zeitabschnitte
t1 - t2	Differenz der Zeitabschnitte
t1 * n	Das n-Fache des Zeitabschnitts t1
t1//n	Der n-te Teil des Zeitabschnitts t1 (nach unten gerundet)
-t1	Der negative Wert des Zeitabschnitts t1
abs(t1)	Absolutwert (positiv) des Zeitabschnitts t1

Tabelle 14.5: Arithmetische Operationen für timedelta-Objekte t1, t2

Die Klasse date

Objekte der Klasse date repräsentieren Kalenderdaten. Mit einem der Konstruktoren aus der folgenden Tabelle erzeugen Sie ein date-Objekt.

Konstruktor	Erklärung
date(*year*, *month*, *day*)	Die Argumente sind Zahlen für Jahr, Monat und Tag.
date.fromordinal(*ordinal*)	Das Argument ist eine Zahl, die einen Tag in der Nummerierung des proleptischen gregorianischen Kalenders angibt (beginnend am 1. Januar 1).

Konstruktor	Erklärung
date.fromtime-stamp(*timestamp*)	Erzeugt ein date-Objekt aus einem POSIX-Zeitstempel, der z.B. von time.time() zurückgegeben wird.
date.today()	Erzeugt ein date-Objekt für das aktuelle lokale Kalenderdatum.

Tabelle 14.6: Konstruktoren für date-Objekte

Die Methoden der date-Objekte dienen dazu, eine lesbare Form für das Datum zu generieren oder spezielle Information wie den Wochentag des Datums zu gewinnen.

Attribut bzw. Methode	Erklärung
day	Tag im Monat (1–31)
month	Nummer des Monats (1–12)
year	Jahreszahl
isoformat()	Zurückgegeben wird ein String mit einer Darstellung des Datums im ISO-Format 8601 YYYY-MM-DD, z.B. 2008-3-11.
isoweekday()	Liefert den Wochentag als Ganzzahl zwischen 1 und 7, wobei 1 für Montag und 7 für Sonntag steht (ISO-Format).
replace(*year*, *month*, *day*)	Die Argumente sind Zahlen, die Jahr, Monat und Tag eines Datums bezeichnen. Die aktuellen Attributwerte des date-Objektes werden mit diesen Daten überschrieben.
toordinal()	Liefert die Nummer des Tages im proleptischen gregorianischen Kalender (beginnend am 1. Januar 1).

Attribut bzw. Methode	Erklärung
weekday()	Liefert den Wochentag als Ganzzahl zwischen 0 und 6, wobei 0 für Montag und 6 für Sonntag steht.

Tabelle 14.7: Attribute und Methoden der date-Objekte

Beispiele:

```
>>> from datetime import *
>>> d = date.today() # heutiges Datum
>>> d
datetime.date(2008, 2, 22)
>>> d.isoweekday()              # ISO-Wochentag (1=Montag)
5
>>> d.year                     # Jahr
2008
>>> d + timedelta(weeks=4)     # Datum in vier Wochen
datetime.date(2008, 3, 21)
>>> d = date(3000,1, 1)
>>> (d - date.today()).days    # Tage bis zum Jahr 3000
362268
```

Die Klasse time

Der Konstruktoraufruf hat folgendes Format:

```
time([hour[, minute[, second[, microsecond
[, tzinfo]]]]])
```

Alle Argumente sind optional. Das letzte Argument tzinfo enthält Information über die Zeitzone und ist mit None voreingestellt. Alle anderen Argumente sind ganze Zahlen mit der Voreinstellung 0.

Attribut bzw. Methode	Erklärung
hour, minute, second, microsecond	Objektattribute (*read only*), die die Werte für Stunden, Minuten, Sekunden und Mikrosekunden enthalten

Attribut bzw. Methode	Erklärung
isoformat() __str__()	Liefert einen String mit einer Repräsentation der Zeit im ISO-Format 8601 HH:MM:SS.mmmmmm oder, falls die Mikrosekunden 0 sind, HH:MM:SS.

Tabelle 14.8: Einige Attribute und Methoden von time-Objekten

Beispiel:

```
>>> import datetime
>>> t = datetime.time(11, 11)
>>> t
datetime.time(11, 11)
>>> print(t.isoformat())
11:11:00
```

Die Klasse datetime

Objekte der Klasse datetime sind eine Kombination aus Kalenderdatum und Uhrzeit. Ein datetime-Objekt kann auf vielfältige Weise generiert werden. Die nächste Tabelle gibt einen Überblick.

Konstruktor	Erklärung
datetime(*year*, *month*, *day*[, *hour*[, *minute*[, *second*[, *microsecond*[, *tzinfo*]]]]])	Erzeugt ein datetime-Objekt aus den angegebenen Daten. Für die Uhrzeit-Werte ist jeweils 0 voreingestellt. Das letzte Argument ist für Informationen über die Zeitzone (ein tzinfo-Objekt) und ist mit None voreingestellt.
datetime.combine(*date*, *time*)	Erzeugt ein datetime-Objekt durch Kombination eines date-Objektes und eines time-Objektes.
datetime.fromordinal(*ordinal*)	Das Argument ist eine Zahl, die einen Tag in der Nummerierung des proleptischen gregorianischen Kalenders angibt (beginnend am 1. Januar 1).

Konstruktor	Erklärung
datetime.fromti-mestamp(*timestamp*)	Erzeugt ein datetime-Objekt aus einem POSIX-Zeitstempel, der z.B. von time.time() zurückgegeben wird.
datetime.today() datetime.now()	Liefert ein datetime-Objekt für die augenblickliche lokale Zeit.
datetime.utcnow()	Liefert ein datetime-Objekt für die augenblickliche UTC-Zeit.

Tabelle 14.9: Konstruktoren für datetime-Objekte

Beispiele:

```
>>> from datetime import *
>>> t1 = datetime(1970, 1, 1)
>>> t1
datetime.datetime(1970, 1, 1, 0, 0)
>>> t2 = datetime.now()
>>> t2
datetime.datetime(2008, 2, 23, 2, 54, 34, 625000)
```

Neue datetime-Objekte können auch durch arithmetische Operationen aus anderen datetime-Objekten erzeugt werden:

```
>>> t3 = t1 + timedelta(days=1000)
>>> t3
datetime.datetime(1972, 9, 27, 0, 0)
```

Attribut bzw. Methode	Erklärung
year, month, day, hour, minute, second, microsecond	Objektattribute (*read only*), die die Werte für das Jahr, den Monat, Tag, die Stunde etc. enthalten
date()	Erzeugt ein date-Objekt mit den gleichen Datumsangaben.
time()	Erzeugt ein time-Objekt mit den gleichen Uhrzeitangaben, tzinfo ist None.

Attribut bzw. Methode	Erklärung
tztime()	Erzeugt ein time-Objekt mit den gleichen Uhrzeitangaben und dem gleichen tzinfo-Objekt.
replace(…)	Analog zu date.replace()
datetime.utcnow()	Liefert ein datetime-Objekt für die augenblickliche UTC-Zeit.

Tabelle 14.10: Einige Attribute und Methoden der datetime-Objekte

Beispiele für Rechnungen mit datetime-Objekten:

```
>>> from datetime import *
>>> t1 = datetime.now()
>>> t2 = t1 + timedelta(hours=10)     # Zeit in 10 Stunden
>>> print(t2.time().isoformat())
23:28:18.781000
```

15 Objektorientierte Programmierung mit Python

Objektorientierte Programmierung ist der letzte Schritt einer objektorientierten Software-Entwicklung, die man durch folgende drei Phasen beschreiben kann:

▸ **Objektorientierte Analyse (OOA):** Analyse eines Wirklichkeitsausschnitts, der durch ein Software-System abgebildet werden soll, und Festlegung der Systemfunktionalität aus Benutzersicht. Durch Abstraktion und Vereinfachung gelangt man zu einem OOA-Modell.

▸ **Objektorientierter Entwurf (object oriented design, OOD):** Gesichtspunkte der Effizienz und Standardisierung werden in die Modellierung einbezogen. Klassen und Beziehungen zwischen ihnen werden festgelegt – zunächst noch losgelöst von den Besonderheiten einer konkreten Programmiersprache. Häufig bedient man sich einer Dreischichtenarchitektur und differenziert zwischen Benutzungsoberfläche, Fachkonzept und Datenhaltung.

▸ **Objektorientierte Programmierung (OOP):** Unter Verwendung einer objektorientierten Programmiersprache (hier: Python) wird das OOD-Modell implementiert und ein funktionstüchtiges Programm erstellt und getestet.

Ein Vorteil der objektorientierten Software-Entwicklung ist, dass in allen Phasen die gleichen Grundkonzepte zur Beschreibung von Systemen verwendet werden. Im Zentrum steht der Begriff Objekt. Ein objektorientiertes Programm besteht aus Objekten, die untereinander Botschaften austauschen. Ein Objekt kann einen realen Gegenstand (Lampe, Büro, Haus), eine Person, ein Ereignis (Fehler, Betätigung einer Taste) oder ein abstrakteres Konzept (Zahl, Krankheit) repräsentieren. Die wesentlichen Merkmale von Objekten sind folgende:

▸ Ein Objekt befindet sich immer in einem Zustand. Es besitzt Attribute, die es von anderen Objekten unterscheidet. Meist kann man sich die Attribute als Variablen vorstellen, die jeweils mit einem Wert belegt sind. Der Zustand des Objektes ergibt sich aus der Belegung seiner Attribute mit Werten. Die Attribute stellen einen Datenbestand dar, über den das Objekt verfügt.

▸ Ein Objekt kann ein Verhalten zeigen. Es besitzt Methoden, die von anderen Objekten aus aufgerufen werden können. Man sagt auch: Das Objekt empfängt eine Botschaft und wird dadurch veranlasst, eine bestimmte Operation auszuführen.

▸ Ein Objekt besitzt eine Identität, die es von allen anderen Objekten unterscheidet.

Eine Lampe könnte man »objektorientiert« folgendermaßen beschreiben:

Attribute:

▸ eingeschaltet (ja, nein)
▸ Helligkeit (Wert zwischen 3 und 100 Watt)

Methoden:

▸ einschalten
▸ ausschalten
▸ neues Leuchtmittel mit bestimmter Wattzahl einschrauben

15.1 Definition von Klassen

Klassen können als Baupläne für Objekte betrachtet werden. In ihnen werden der prinzipielle Aufbau und das Verhalten eines Objekttyps beschrieben. Ein objektorientiertes Python-Skript besteht überwiegend aus Klassendefinitionen. Der syntaktische Aufbau einer Klassendefinition bei Python wird im Groben durch folgende Grammatik-Regeln beschrieben:

```
classdef ::= "class" classname [inheritance] ":" suite
inheritance ::= "(" [expression_list] ")"
classname ::= identifier
```

Eine Klassendefinition besteht aus folgenden Komponenten:

▸ Zu Beginn steht das Schlüsselwort class, danach kommt der Name der Klasse, optional kann in Klammern eine Liste von Basisklassen (Oberklassen) folgen, dann ein Doppelpunkt. Üblicherweise beginnen Klassennamen mit einem großen Buchstaben. Beispiele:

```
class MeineKlasse:
class MeineKlasse(Basisklasse):
class MeineKlasse(Basisklasse1, Basisklasse2):
```

▸ Definition der Klassenattribute (siehe unten) im folgenden Format:

```
klassenattribut = wert
```

▸ Definition der Konstruktormethode __init__(). Beispiel:

```
def __init__(self , attribut1, attribut2, …):
    self.attribut1 = attribut1
    self.attribut2 = attribut2
    ...
```

▸ Definition weiterer Methoden (Operationen)

Objekte instanziieren

Um ein Objekt zu erzeugen, muss man den Konstruktor der Klasse aufrufen. Dabei ist Folgendes zu beachten: Als Konstruktorname verwendet man den Namen der Klasse. Als Argumente übergibt man die in der Parameterliste der Konstruktordefinition geforderten Parameter, lässt aber das erste Argument weg.

Beispiel:

Definition des Konstruktors:

```
class Lampe(object):
    def __init__(self, helligkeit):
    ...
```

Aufruf des Konstruktors:

```
>>> lampe1 = Lampe(10)          # nur ein Argument
```

Ein Objekt, das durch einen Konstruktor-Aufruf nach dem Bauplan einer Klasse erstellt worden ist, nennt man *Instanz* der Klasse.

Den Zustand von Objekten zu einem bestimmten Zeitpunkt kann man durch UML-Objektdiagramme visualisieren. Die oberste Zeile im Objektsymbol enthält den Namen des Objektes in folgendem Format: *Objekt:Klasse* und ist unterstrichen. Darunter werden die Namen der Attribute und ihre (momentanen) Werte aufgeführt.

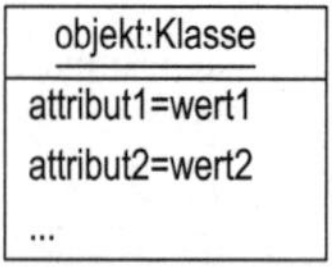

objekt:Klasse
attribut1=wert1
attribut2=wert2
...

Abbildung 15.1: UML-Objektdiagramm

Objekte als Modelle

Im folgenden Beispiel soll der Modellbildungscharakter der objektorientierten Programmierung herausgestellt werden. Die Klasse Lampe beschreibt ein stark vereinfachtes Modell einer realen Leuchte, die mit einer gewissen Helligkeit brennt, die man ein- und ausschalten und bei der man das Leuchtmittel wechseln kann.

Lampe
eingeschaltet
helligkeit
einschalten()
ausschalten()
neue_Birne()

Abbildung 15.2: UML-Klassendiagramm für die Klasse Lampe

```
class Lampe(object):
    def __init__(self, helligkeit):
        self.helligkeit = helligkeit
        self.eingeschaltet = False

    def einschalten(self):
        self.eingeschaltet = True
        print("Lampe brennt mit",
                str(self.helligkeit), "Watt.")

    def ausschalten(self):
        self.eingeschaltet = False
        print("Lampe ist aus.")

    def neue_Birne(self, watt):
        if self.eingeschaltet:
            print("Erst Lampe ausschalten!")
        else:
            self.helligkeit = watt
            print("Neue Birne hat", str(watt), " Watt.")
```

Hinweis: Klassen testen mit Idle

Geben Sie die Klassendefinition in einem Idle-Editorfenster ein und speichern Sie die Datei ab. Starten Sie das Skript (Menü *Run* Auswahlfeld *Run Module*). Geben Sie dann im Shell-Fenster Anweisungen zum Testen der Klasse ein.

Durch Aufruf des Konstruktors Lampe() werden Instanzen dieser Klasse generiert. An diese können dann Botschaften geschickt und so die Lampenobjekte »gesteuert« werden. Beispiel:

```
>>> l1 = Lampe(5)
>>> l2 = Lampe(5)
>>> l1.einschalten()
Lampe brennt mit 5 Watt.
>>> l2.einschalten()
```

```
Lampe brennt mit 5 Watt.
>>> l2.neue_Birne(10)
Erst Lampe ausschalten!
>>> l2.ausschalten()
Lampe ist aus.
>>> l2.neue_Birne(10)
Neue Birne hat 10 Watt.
```

Die folgenden UML-Objektdiagramme geben den Zustand der beiden Objekte nach dieser kleinen Session wieder:

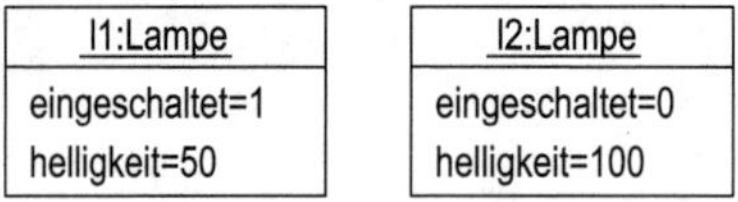

l1:Lampe
eingeschaltet=1
helligkeit=50

l2:Lampe
eingeschaltet=0
helligkeit=100

Abbildung 15.3: UML-Objektdiagramme

15.2 Attribute

Objekt- und Klassenattribute

Attribute beschreiben die Merkmale eines Objektes. Es sind Daten. Ein Attribut besteht aus einem Attributnamen und einem Attributwert. Alle Objekte einer Klasse besitzen die gleichen Attributnamen, aber unterschiedliche Attributwerte. Man unterscheidet zwischen Klassenattributen und Objektattributen.

Klassenattribute – gelegentlich auch Klassenvariablen genannt – sind Merkmale, die alle Objekte einer Klasse besitzen. Ein typisches Beispiel sind Naturkonstanten. Alle Dinge in der Welt unterliegen diesen Konstanten, sie sind kein individuelles Kennzeichen eines einzelnen Objektes. Klassenvariablen werden bei Python durch eine Zuweisung der Form *attribut = wert* definiert. Diese Zuweisung steht innerhalb der Klassendeklaration, aber außerhalb einer Methode.

Objektattribute dagegen beziehen sich auf Eigenschaften einzelner Objekte. Objektattribute werden bei Python durch Zuweisungen der Form self.*attribut* = *wert* innerhalb des Konstruktors __init__() erzeugt. Häufig werden Anfangswerte für die Attribute als Parameter dem Konstruktor übergeben.

Auf Attribute kann man »von außen« zugreifen, indem man hinter dem Namen eines Objektes (Instanz) einen Punkt und dann den Namen des Attributs schreibt: *objekt.attribut*.

Der Vollständigkeit halber seien noch *abgeleitete Attribute* erwähnt. Diese stellen keine eigenständigen Daten dar, sondern ihre Werte können zu jedem Zeitpunkt aus vorhandenen Attributen berechnet werden.

In einem UML-Klassendiagramm (siehe Abbildung) werden die Namen von Objektattributen und Klassenattributen angegeben. Dabei werden Klassenattribute unterstrichen und abgeleiteten Attributen wird ein Schrägstrich vorangestellt.

Klasse
Attribut
Klassenattribut
/abgeleitetes Attribut

Abbildung 15.4: UML-Klassendiagramm mit Attributen

Im folgenden Beispiel werden einfache Gegenstände durch Objekte der Klasse Ding modelliert. Jeder Gegenstand hat ein Volumen (Kubikzentimeter) und besteht aus einem bestimmten Stoff. Für diese Merkmale verwenden wir die Attribute stoff und volumen. Das Dictionary dichte ist ein Klassenattribut. Darin ist zu verschiedenen Stoffen die Dichte (in Gramm pro Kubikzentimeter) angegeben. Dieses Dictionary wird von allen Objekten in der Methode masse() zur Berechnung der Masse des Gegenstandes (nach der Formel *Masse = Dichte ∗ Volumen*) verwendet. Das Klassenattribut *dichte* enthält also einen Attributwert, den alle Objekte der Klasse haben.

Ding
stoff
volumen
<u>dichte</u>
masse()

Abbildung 15.5: UML-Klassendiagramm der Klasse Ding

```
class Ding(object):
    dichte = {"Gold":19.32, "Eisen":7.87, "Silber":10.5}
    def __init__(self, stoff, volumen):
        self.volumen = volumen
        self.stoff = stoff
    def masse(self):
        return self.dichte[self.stoff]*self.volumen

>>> d = Ding("Eisen", 20)
>>> d.masse()
157.40000000000001
>>> d.volumen
20
>>> d.stoff
'Eisen'
```

Öffentliche und private Attribute

Attribute eines Objektes oder einer Klasse sind in der Regel öffentlich. Das heißt, von jeder Stelle des Programms aus kann man sie lesen oder verändern. Dagegen sind private Attribute nicht für die Öffentlichkeit gedacht sondern werden nur innerhalb der Methoden einer Klasse gelesen und verändert. Man sagt, sie sind nach außen nicht sichtbar. Bei Python kann man private Attribute nicht wirklich vor einem Zugriff von außen schützen. Aber man kann sie gegenüber der Öffentlichkeit verstecken, indem man ihnen einen Namen gibt, der mit einem oder zwei Unterstrichen beginnt. Python unterscheidet zwischen schwacher und starker Privatheit.

‣ Stark private Attribute haben Namen, die mit zwei Unterstrichen beginnen, z.B. __ganzprivat. Diese Namen können nur innerhalb einer Klassendefinition verwendet werden.

‣ Die Namen schwach privater Attribute beginnen mit einem einfachen Unterstrich, z.B. _privat. Diese Namen werden durch from ... import * nicht in den Namensraum importiert. Es ist aber möglich, von außen auf das Attribut zuzugreifen, wenn man seinen Namen kennt.

‣ Beispiel:

```
class Privat(object):
    def __init__ (self):
        self.__ganzprivat = 1
        self._privat = 2
        self.oeffentlich = 3

>>> p = Privat()
>>> p.oeffentlich
3
>>> p._privat
2
>>> p.__ganzprivat
Traceback (most recent call last):
...
AttributeError: Privat instance has no attribute
'__ganzprivat'
```

Sie können ein stark privates Attribut (mit zwei Unterstrichen) sichtbar machen, in dem Sie dem Attributnamen einen Unterstrich und den Namen der Klasse voranstellen:

```
>>> p._Privat__ganzprivat
1
```

15.3 Methoden

Methoden werden im Prinzip wie Funktionen definiert (siehe Kapitel 8). Ein übliches Format ist: def methode (self, arg1, arg2, ...).

Der Unterschied zu Funktionen liegt in folgenden Punkten:

‣ Methoden werden innerhalb einer Klassendeklaration definiert.

‣ In der Liste der formalen Parameter der Methodendefinition bezeichnet der erste Parameter immer die Instanz (self).

‣ Eine Methode eines Objektes wird aufgerufen, indem man den Namen des Objektes angibt, gefolgt von einem Punkt, dem Namen der Methode und in Klammern der Parameterliste. Format: *objekt.methode(arg1, ...)*. Dabei ist die Argumentliste des Aufrufs um eins kürzer als die Argumentliste der Methodendefinition. Bei der Ausführung der Methode wird die Instanz das erste Argument (self).

Als Namen für Methoden wählt man meist Tätigkeitswörter (drucke_ Ergebnis, berechne_Durchmesser etc.). Wie bei den Attributen gibt es auch öffentliche, schwach private und stark private Methoden. Die Namen von stark privaten Methoden, die nur innerhalb der Klasse aufgerufen werden können, beginnen mit einem doppelten Unterstrich (__machedies). Schwach private Methoden, die zwar von außen aufgerufen werden können, deren Namen aber mit from ... import * nicht importiert werden, haben Namen, die mit einem Unterstrich beginnen (_machedas). Alle anderen Namen bezeichnen öffentliche Methoden.

Polymorphismus, Überladen von Operatoren

Ein wichtiges Konzept der objektorientierten Programmierung ist der Polymorphismus (bzw. die Polymorphie). Damit ist die Möglichkeit gemeint, den gleichen Namen für (mehr oder weniger) gleichartige Operationen zu verwenden, die auf Objekte unterschiedlicher Klassen angewendet werden. Man spricht auch vom *Überladen* (overloading) einer Operation. So kann der Operator + auf Zahlen und auf Strings angewendet werden. Sind die Operanden Zahlen, bewirkt + eine Addition. Handelt es sich dagegen um Strings, werden die Operanden konkateniert. Der Plusoperator ist also überladen:

```
>>> 1+2
3
```

```
>>> "Morgen" + "rot"
'Morgenrot'
```

Bei Python können arithmetische Operatoren (+, -, /, *) und Vergleichsoperatoren (>, <, ==, >=, <=) »zusätzlich« überladen werden, indem man
bei einer neuen Klasse bestimmte Methoden definiert, deren Namen mit
doppelten Unterstrichen beginnen und enden. Der Plusoperator wird z.B.
durch die Methode __add__() repräsentiert. Wenn man in einer Klasse
eine Methode mit diesem Namen definiert, kann der Plusoperator auch
auf Objekte der neuen Klasse angewendet werden. Im folgenden Beispiel
definieren wir eine Klasse M zur Repräsentation von Längenmaßen mit
verschiedenen metrischen Einheiten. Ein Objekt der Klasse M besteht aus
zwei Komponenten: einem Zahlenwert und einer Längeneinheit (Milli-
meter, Zentimeter, Meter). Der »Clou« ist folgender: Bei der Addition
zweier Längenobjekte wird die Einheit mitberücksichtigt, z.B. ist die
Summe von 1 cm und 2 m 2,01 m.

```
class M(object):
    def __init__(self, wert, einheit="m"):
        self.wert = wert
        self.einheit = einheit
        if einheit == "mm": self.mm = wert
        elif einheit == "cm": self.mm = wert*10
        elif einheit == "m":self.mm = wert*1000

    def __lt__(self,other):                          #1
        return self.mm < other.mm
    def __le__(self,other):
        return self.mm <= other.mm
    def __eq__(self,other):
        return self.mm == other.mm
    def __gt__(self,other):
        return self.mm > other.mm
    def __ge__(self,other):
        return self.mm >= other.mm

    def __add__(self,other):                         #2
        summe = float(self.mm) + float(other.mm)
```

```
      if summe > 1000:
          einheit = "m"
          summe /= 1000
      elif summe > 10:
          einheit = "cm"
          summe /= 10
      else: einheit = "mm"
      return M(summe, einheit)

  def __str__ (self):                          #3
      return str(self.wert) + " " + self.einheit

  def __repr__ (self):                         #4
      return "< M object " + str(self.wert) + \
                 self.einheit +">"
```

Hier werden einige Überladungen definiert:

▶ Mit den Methoden __lt__, __le__, __eq__, __gt__, __ge__ werden Vergleichsoperatoren überladen. Das heißt, für zwei Objekte m1, m2 der Klasse M werden Vergleiche wie m1==m2 oder m1<m2 sinnvoll ausgewertet.

▶ Mit der Methodendefinition für __add__() wird der Plusoperator überladen. Zwei Objekte m1 und m2 der Klasse M kann man also addieren. Das Ergebnis von m1+m2 ist wieder ein Objekt der Klasse M und erhält eine sinnvolle Längeneinheit.

▶ Mit der Methode __str__() wird eine »druckbare Form« für Objekte der Klasse M als String definiert. Damit ist es z.B. möglich, die print()-Funktion auf Objekte der Klasse M anzuwenden.

▶ Die Methode __repr__ definiert eine lesbare Repräsentation für Objekte der Klasse M, die in allen Systemmeldungen (z.B. Fehlermeldungen) verwendet wird.

Zur Illustration hier ein paar Python-Anweisungen mit Objekten der Klasse M:

```
>>> m1 = M(1,"cm")
>>> m2 = M(2,"m")
```

```
>>> m3 = m1 + m2
>>> m3                    # Repräsentation __repr__
< M object 2.01m>
>>> print(m3)             # Repräsentation __str__
2.01 m
>>> M(24,"mm") <= M(1,"m")
True
>>> M(0.01,"m") == M(1,"cm")
True
```

»Magische« Methoden – customizing

Es gibt eine Reihe reservierter Methodennamen, die für besondere Zwecke gedacht sind. Sie beginnen und enden mit doppelten Unterstrichen. Dazu gehören die Namen __init__(), __add__() oder __lt__(). Diese Methoden nennt man manchmal »magisch«, weil sie auf »geheimnisvolle« Weise das Verhalten des Laufzeitsystems beeinflussen. So führt – wie im vorigen Abschnitt an einem Beispiel beschrieben – die Definition einer Methode __add__() zu einer Erweiterung der Funktionalität (Überladen) des Plusoperators +. Der Zusammenhang zwischen Operatorsymbol + und der Methode __add__() ist folgender: Bei der Anweisung a+b wird die Methode a.__add__(b) aufgerufen.

Durch magische Methoden kann man eingebaute Operatoren und Standardfunktionen (built in functions) auf den eigenen Bedarf »zuschneiden«; im Englischen spricht man von »customizing«.

Die folgende Tabelle gibt einen Überblick über die wichtigsten Methodennamen mit doppelten Unterstrichen.

Methode	Erläuterung
__abs__(self)	Überladen der Funktion abs()
__add__(self, other)	Überladen des Plusoperators +
__contains__(self, item)	Überladen des in-Operators für eine Container-Klasse. Zurückgegeben wird der Wahrheitswert True genau dann, wenn das Objekt self das Element item enthält.

Methode	Erläuterung
__del__(self)	Die Methode wird aufgerufen, wenn ein Objekt (durch eine Anweisung der Form del x) gelöscht werden soll. Man nennt sie auch einen Destruktor.
__delitem__(self, key)	Überladen der Löschoperation für Container-Klassen. Entfernt wird das Item mit Schlüssel key. Die Anweisung del d[key] bewirkt einen Aufruf der Methode d.__delitem__[key].
__div__(self, other)	Überladen des Divisionsoperators /. Die Operation a/b bewirkt einen Aufruf a.__div__(b).
__eq__(self, other)	Überladen des Gleichheitsoperators ==. Die Auswertung des Vergleichs a==b führt zum Methodenaufruf a.__eq__(b).
__float__(self)	Überladen der Standardfunktion float()
__ge__(self, other)	Überladen des Größer-oder-gleich-Operators >=
__getitem__(self, key)	Implementiert die Anweisung self[key] bei Container-Klassen. Die Methode liefert das Element mit dem Schlüssel key.
__gt__(self, other)	Überladen des Größer-als-Operators >
__iadd__(self, other)	Überladen der erweiterten Operation +=
__idiv__(self, other)	Überladen von /=
__imul__(self, other)	Überladen von *=
__int__(self)	Überladen der Standardfunktion int()
__isub__(self, other)	Überladen von -=
__iter__(self)	Überladen der Standardfunktion iter() bei Container-Klassen
__le__(self, other)	Überladen des Kleiner-oder-gleich-Operators <=
__len__(self)	Überladen der Standardfunktion len()
__lt__(self, other)	Überladen des Kleiner-als-Operators <

Methode	Erläuterung
__mod__(*self, other*)	Überladen des Modulo-Operators %
__mul__(*self, other*)	Überladen des Multiplikationsoperators *
__ne__(*self, other*)	Überladen des Ungleich-Operators !=
__neg__(*self*)	Überladen des Negationsoperators -
__nonzero__(*self*)	Implementiert das Testen von Wahrheitswerten. Die Methode sollte den Wert True zurückgeben, falls das Objekt als »wahr« gelten soll, und False sonst.
__pow__(*self, other*[, *modulo*])	Überladen der Potenzfunktion pow()
__rpr__(*self*)	Definiert lesbare Repräsentation der Objekte, die in allen Systemmeldungen (z.B. Fehlermeldungen) verwendet wird.
__setitem__(*self, key, value*)	Implementiert die Zuweisung *self*[*key*]=*value* bei Container-Klassen.
__str__(*self*)	Definiert lesbare Repräsentation der Objekte, die in print()-Anweisungen verwendet wird.

Tabelle 15.1: Einige reservierte Methodennamen mit doppelten Unterstrichen

Properties – Zugriff auf Attribute über Methoden

Wenn Objektattribute von außen unkontrolliert verändert werden können, besteht das Risiko, dass das Objekt in einen inkonsistenten Zustand gerät. Nehmen wir als einfaches Beispiel eine Klasse, die Thermometer modelliert. Eine Temperatur kann niemals unter -273,15 °C sein (absoluter Nullpunkt). Somit dürfte das Temperatur-Attribut eines solchen Thermometer-Objektes nicht auf kleinere Werte gesetzt werden.

Weil nur das Objekt selbst »weiß«, welche Zustandsänderungen erlaubt sind und welche nicht, gehört es bei hochwertiger Software zu den Aufgaben eines Objektes, den Zugriff auf seine Attribute zu überwachen.

Sie können Attribute so definieren, dass man auf sie von außen scheinbar direkt zugreifen kann, der Zugriff aber von speziellen, in der Klasse definierten Methoden kontrolliert wird. Diese Attribute nennt man *Properties*. Sie gehen folgendermaßen vor:

Alle Attribute sind privat, ihre Namen beginnen mit zwei Unterstrichen.

Für jedes öffentliche Attribut definieren Sie spezielle Methoden für lesenden und schreibenden Zugriff. Die Namen dieser Methoden sind beliebig, aber üblicherweise beginnt – wie im folgenden Beispiel – die Lesemethode mit get und die Schreibmethode mit set.

Am Ende der Klassendefinition definieren Sie mit Hilfe der Funktion property() so genannte *Properties* (Eigenschaften). Vereinfachtes Format:

```
attr = property(fget=getattr, fset=setattr)
```

Jede Property korrespondiert mit einem (privaten) Attribut, das nach außen sichtbar sein soll. Als Argumente werden die Namen der Zugriffsmethoden übergeben, zuerst die Methode zum Abfragen und dann die Methode zum Ändern.

Skript:

```
class Thermometer(object):
    def __init__(self):
        self.__temp = 20.0                          #1

    def setTemp(self, temp):
        if type(temp) in [type(1), type(1.0)]:      #2
            if temp >= -273.15:
                self.__temp = float(temp)

    def getTemp(self):
        return self.__temp

    temp = property(fget=getTemp, fset=setTemp)     #3
```

Erläuterung:

#1: Zu Beginn hat das Thermometer Raumtemperatur.

#2: Hier wird geprüft, ob das Argument eine ganze Zahl oder eine Gleit-kommazahl ist und ob es eine zulässige Temperaturangabe in Grad Celsius darstellt (nicht unter dem absoluten Nullpunkt).

#3: Definition einer Property temp, die von außen wie ein öffentliches Attribut behandelt wird.

Testen:

```
>>> t = Thermometer()
>>> t.temp
20.0
>>> t.temp = -300   # unzulässig
>>> t.temp          # keine Änderung
20.0
>>> t.temp = 30     # zulässig
>>> t.temp          # Attribut geändert
30.0
```

Siehe auch: Funktion property() (Kapitel 9)

Statische Methoden

Statische Methoden können in folgendem Format aufgerufen werden:

```
klasse.methode(arg1, ...)
```

Der Aufruf beginnt also nicht mit dem Namen eines Objektes (Instanz der Klasse) sondern mit dem Klassennamen. Eine Klasse mit statischen Methoden kann man sich als Sammlung thematisch zusammengehöriger Operationen vorstellen (Toolbox). Eine statische Methode definiert man folendermaßen:

- Bei der Definition der statischen Methoden wird in der Parameterliste kein Argument self aufgeführt, das sonst bei normalen Methoden das aktuelle Objekt der Klasse repräsentiert.

- Am Ende der Klassendefinition wird die Funktion staticmethod() aufgerufen und als Argument der Name der statischen Methode übergeben, oder Sie dekorieren die Methodendefinition mit dem Decorator @staticmethod.

Das folgende Skript enthält die Definition einer Toolbox-Klasse für Temperaturumrechnungen von Celsius nach Fahrenheit und umgekehrt:

```
class Temp(object):
      def cf (t_celsius):
            return t_celsius *9.0/5.0 + 32
      def fc (t_fahrenheit):
            return (t_fahrenheit - 32)*5.0/9.0
      cf = staticmethod(cf)
      fc = staticmethod(fc)
```

Anstelle der letzten beiden Zeilen können Sie auch den Decorator @staticmethod vor die Methodendefinitionen setzen:

```
class Temp(object):
      @staticmethod
      def cf (t_celsius):
            return t_celsius*9.0/5.0 + 32

      @staticmethod
      def fc (t_fahrenheit):
            return (t_fahrenheit-32)*5.0/9.0
```

Zum Aufruf der statischen Methoden brauchen Sie kein Objekt zu instanziieren, sondern verwenden einfach den Klassennamen:

```
>>> Temp.cf(0)
32.0
>>> Temp.fc(451)
232.77777777777777
```

Iteratoren für Container-Klassen

Container-Klassen sind Klassen, die Datenkollektionen verwalten. Wenn Sie für eine solche Klasse eine Generator-Methode mit dem Namen __iter__ definieren, überladen Sie die Standardfunktion iter(), mit der ein Iterator erzeugt wird. Außerdem ist es dann möglich, Instanzen Ihrer Container-Klasse für for-Schleifen zu verwenden.

In der Generator-Methode __iter__() wird festgelegt, in welcher Weise die Elemente der Kollektion durchlaufen werden. Die Methodendefinition enthält kein return, sondern eine yield-Anweisung, die bei Bedarf das nächste Element der Kollektion liefert.

Im folgenden Beispiel wird eine triviale Container-Klasse definiert, die eine Kollektion von Personennamen verwaltet. Die __iter__()-Methode sorgt dafür, dass bei Iterationen die Namen in alphabetischer Reihenfolge durchlaufen werden.

```
>>> class Personen(object):
        def __init__(self, liste):
            self.liste = liste
        def __iter__(self):        # Ueberladen von iter()
            sortiert = self.liste[:] # Kopie
            sortiert.sort()
            for name in sortiert:
                yield(name)

>>> p = Personen(['Bert', 'Cornelia', 'Anke'])
>>> i = iter(p)           # Iterator erzeugen
>>> next(i)
'Anke'
>>> next(i)
'Bert'
>>> for name in p:        # Verwendung eines Iterators von p
        print(name, end =' ')
Anke Bert Cornelia
```

Siehe auch: Generatorfunktionen (Kapitel 8.9), Standardfunktionen iter() und next() (Kapitel 9)

15.4 Vererbung

Von Klassen können *Unterklassen* (Subklassen) abgeleitet werden. Unterklassen besitzen alle Attribute und Methoden, die bereits in der *Basisklasse* (Oberklasse, Superklasse) definiert worden sind. Man sagt: Die Basisklasse hat Attribute und Methoden an die Unterklasse *vererbt*. In der Regel hat die abgeleitete Klasse noch zusätzliche Attribute und Methoden, sie stellt also eine Erweiterung der Basisklasse dar. Bei der Definition einer abgeleiteten Klasse schreibt man in der ersten Zeile hinter den Klassennamen in Klammern den Namen der Basisklasse. Format:

```
class Unterklasse(Basisklasse):
```

In UML-Klassendiagrammen bringt man die Beziehung Unterklasse-Oberklasse durch Pfeile mit nicht ausgefüllten Pfeilspitzen zum Ausdruck.

Besitzt eine Methode aus der Definition der Unterklasse denselben Namen wie eine Methode der Basisklasse, gilt für Objekte der Unterklasse allein die Definition in der Unterklasse. Man sagt: Die Methodendefinition der Basisklasse wird überschrieben. Auch Attribute der Basisklasse können durch neue Attributsdefinitionen in der Unterklasse überschrieben werden.

Im folgenden Beispiel werden zwei neue Klassen von der Basisklasse Ding abgeleitet. Sie repräsentieren Kugeln und Quader. Diese Klasse erben die Attribute stoff, volumen, dichte und die Methode masse() von der Basisklasse.

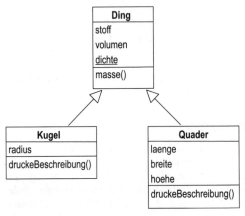

Abbildung 15.6: Einfache Vererbung

```
class Ding(object):
    dichte={"Gold":19.32, "Eisen":7.87, "Silber":10.5}
    def __init__(self, stoff, volumen):
        self.volumen=volumen
        self.stoff=stoff
    def masse(self):
        return self.dichte[self.stoff]*self.volumen

class Kugel(Ding):
    def __init__(self, stoff,radius):
        Ding.__init__(self, stoff,
                pow(radius,3)*4.0/3.0*3.14)
        self.radius = radius

    def druckeBeschreibung (self):
        print("Eine Kugel aus", self.stoff,
            "mit Radius", str(self.radius))

class Quader(Ding):
    def __init__(self, stoff, l, b, h):
        Ding.__init__(self, stoff, l*b*h)
        self.laenge = l
        self.breite = b
        self.hoehe = h

    def druckeBeschreibung (self):
        print("Ein Quader aus", self.stoff)

>>> k = Kugel("Gold",1)
>>> k.druckeBeschreibung()
Eine Kugel aus Gold mit Radius 1
>>> print("Volumen:", k.volumen)
Volumen: 4.18666666667
>>> print("Masse:", k.masse)
Masse: 80.9274267565
>>> q = Quader("Silber",2, 3, 4)
>>> q.druckeBeschreibung()
Ein Quader aus Silber
```

Python erlaubt auch Mehrfachvererbung. Eine Klasse kann von mehreren Basisklassen abgeleitet werden und erbt dann deren Eigenschaften. In der Definition stehen dann hinter dem Klassennamen in Klammern die Namen der Basisklassen:

```
class Unterklasse (Basisklasse1, Basisklasse2, …):
```

15.5 Definition von Klassenbibliotheken

Klassenbibliotheken sind organisierte Sammlungen von Klassen. Eine Klassenbibliothek kann in verschiedenen Software-Projekten immer wieder verwendet werden. Python unterstützt zwei Prinzipien zum Aufbau von Klassenbibliotheken: Module und Pakete.

Module

Module sind Dateien, die Definitionen von Klassen, Funktionen, Konstanten sowie direkt ausführbare Python-Anweisungen enthalten können. Der Dateiname endet mit der Extension .py. Mit Modulen ist es möglich, ein umfangreiches Programm in mehreren überschaubaren Dateien abzuspeichern. Bei besonders strikter objektorientierter Programmierung wird manchmal jede Klassendefinition in einem eigenen Modul (d.h. in einer eigenen Datei mit Endung .py) abgespeichert.

Um in einem Skript ein Modul verwenden zu können, muss es importiert werden. Das geschieht in einer import-Anweisung, die z.B. eines der folgenden Formate besitzt:

```
import modul
from modul import Klasse
from modul import *
```

Im ersten Fall wird nur der Name des Moduls in den lokalen Namensraum importiert. Um ein Objekt einer Klasse zu instanziieren, die in diesem Modul definiert ist, muss dem Namen der Klasse der Name des Moduls und ein Punkt vorangestellt werden. Beispiel: *objekt = modul.Klasse()*.

Der Name des Moduls ist immer der Dateiname ohne die Extension `.py`.

Im zweiten Fall wird der Name einer einzelnen Klasse und im dritten Beispiel sämtliche Namen, die im angegebenen Modul definiert sind, importiert. Um ein Objekt zu instanziieren, kann nach diesen beiden `import`-Anweisungen direkt der Name der Klasse verwendet werden: *objekt= Klasse()*.

Wenn ein Modul namens `modul` importiert wird, sucht der Python-Interpreter nach einer Datei namens `modul.py`. Findet er sie nicht, gibt es einen `ImportError`. Python sucht in den Verzeichnissen, die in der Variablen `sys.path` aufgeführt sind. Diese enthält eine Liste mit verschiedenen Pfaden, darunter auch der aktuelle Pfad, in dem das Skript gespeichert ist.

Um ein neues Modul für den Import zugänglich zu machen, gibt es vor allem drei Möglichkeiten:

▸ Die einfachste zuerst: Sie speichern alle Module Ihres Projekts in ein und demselben Verzeichnis ab. Insbesondere befindet sich dann das Modul im gleichen Verzeichnis wie das Skript, das das Modul importiert.

▸ Sie speichern die Modul-Datei im vorgegebenen Ordner `c:\Python36\ Lib\site-packages\` (Windows) Ihrer Python-Installation ab.

▸ An die Verzeichnisliste `sys.path` wird ein neuer Pfad zu dem Modulverzeichnis angehängt. Beispiel:

```
>>> import sys
>>> sys.path.append("/projekt/module")
```

Nachdem ein Modul erstmalig importiert worden ist, entsteht in dem Modulverzeichnis neben der Moduldatei *modul.py* ein neuer Ordner namens *__pycache__*. Darin befindet sich eine Datei mit den Namen *modul .cpython-33.pyc*. Dabei handelt es sich um eine Moduldatei mit kompiliertem Programmtext in einem plattformunabhängigen Bytecode. Bei einem erneuten Import des Moduls verwendet Python vorzugsweise (sofern zwischenzeitlich das Modul nicht geändert worden ist) die Dateien *modul.cpython-33.pyc*. Dadurch wird das Laden der Module (nicht aber die Ausführung selbst) beschleunigt.

Module in einem Verzeichnis abspeichern

Nehmen wir an, die Klasse M aus dem Beispiel in Abschnitt 15.3 soll in einem Modul abgespeichert werden, das Teil eines kleinen Softwaresystems werden soll.

▸ Zunächst erstellen Sie ein Verzeichnis, das für die Module der Software vorgesehen ist. Beispiel (Windows): c:\projekt\

▸ Im Editorfenster der Programmierumgebung (z.B. IDLE) wird die Definition der Klasse erstellt, beginnend mit einem Dokumentationsstring, der eine Kurzbeschreibung enthält:

```
""" meter - Modul zur Darstellung von Längen

Das Modul enthält die Klasse M, deren Instanzen
Längenangaben mit Einheiten darstellen.
Beispiel für das Überladen von Operatoren.
Python gepackt Kapitel 15
Michael Weigend 10. 10. 2012
"""
class M:
    def __init__(self, wert, einheit="m"):
    ...
```

▸ Dieses Skript wird unter einem geeigneten Namen wie z.B. meter.py in dem Verzeichnis c:\projekt\ abgespeichert.

▸ Alle weiteren Skripte speichern Sie im gleichen Verzeichnis c:\projekt\ ab.

▸ Alle Skripte, die die Klasse M verwenden, importieren das Modul mit einer der folgenden Anweisungen:

```
from meter import *
from meter import M
import meter
```

Siehe auch: import-Anweisung (Kapitel 6), sys.path (Kapitel 12), Modul-Übersicht (Anhang C)

Module im Verzeichnis site-packages speichern

Betrachten wir nun den Fall, dass ein Modul von verschiedenen Skripten verwendet werden soll, die zu verschiedenen Projekten gehören. Wir nehmen wieder als Beispiel die Klasse M aus Abschnitt 15.3, die in der Datei meter.py gespeichert ist. In diesem Fall empfiehlt es sich, den Ordner site-packages zu nutzen. Dieses Verzeichnis wird bei der Installation von Python automatisch angelegt. Bei einem MS-Windows-System lautet der genaue Pfad c:\Python36\Lib\site-packages\.

Sie können die Datei meter.py einfach in dieses Verzeichnis speichern. Das Modul ist dann über die üblichen Import-Anweisungen von jedem beliebigen Skript auf Ihrem Rechner aus erreichbar. Sie können es auch im interaktiven Modus testen:

```
>>> from meter import M
>>> durchmesser = M(37, "cm")
>>> print durchmesser
37 cm
```

Eine weitere Möglichkeit ist, für Ihr Projekt ein Paket anzulegen (siehe nächster Abschnitt). Das geht z.B. so: Richten Sie im Ordner site-packages ein Unterverzeichnis mit dem Namen meter ein. Erstellen Sie in dem neuen Verzeichnis meter ein Skript mit dem Namen __init__.py, in das Sie den Programmtext mit der Klassendefinition von M schreiben. Nun können Sie die Klasse M (auch in der Python-Shell) auf die übliche Weise importieren:

```
>>> from meter import M
```

Pakete

Besonders große Software-Systeme werden in Pakete (packages) aufgeteilt. Pakete können selbst wieder Pakete enthalten. In UML-Diagrammen wird ein Paket durch ein Rechteck mit einem Reiter dargestellt. Der Name des Pakets steht entweder im Rechteck oder in dem Reiter.

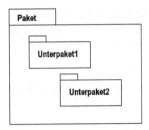

Abbildung 15.7: UML-Symbole für Pakete

Bei Python werden Paketstrukturen durch Verzeichnishierarchien implementiert. Ein Paket ist ein Verzeichnis, das

- beliebig viele Unterverzeichnisse (als Unterpakete)
- beliebig viele Moduldateien
- ein Initialisierungsskript mit dem Namen __init__.py

enthält.

Das Initialisierungsskript ist notwendig, damit das Verzeichnis vom Laufzeitsystem als Paket erkannt wird. Sie kann im einfachsten Fall völlig leer sein, enthält aber häufig Initialisierungsroutinen, Angaben über Autor und Version und eine Liste namens __all__, auf die wir später eingehen. Beim Import wird das Initialisierungsskript ausgeführt.

Ein Verzeichnisbaum, der ein Paket repräsentiert, kann folgendes Aussehen haben (Unix-Schreibweise):

```
paket/
        __pycache__
        __init__.py
        unterpaket1/
                        __pycache__
                        __init__.py
                        modul11.py
                        modul12.py
                        ...
        unterpaket2/
```

```
__pycache__
__init__.py
modul21.py
modul22.py
...
```

Aus einem Paket können Unterpakete, Module oder einzelne Namen (Klassen, Funktionen, Konstanten) eines Moduls importiert werden. Dazu kann man import-Anweisungen in verschiedenen Formaten verwenden:

```
import paket.unterpaket1
from paket import unterpaket1
```

Importiert wird hier ein ganzes Unterpaket, das im ersten Fall durch einen Pfad mit Punkten spezifiziert wird.

```
import paket.unterpaket1.modul12
from paket.unterpaket1 import modul12
```

Dies ist der Import eines Moduls aus einem Unterpaket. Beachten Sie, dass nur der Modulname ohne die Extension .py verwendet wird.

Ein Problem ist die Verwendung des Sterns * bei from ... import-Anweisungen. Die Anweisung

```
from paket.unterpaket1 import *
```

soll bewirken, dass alle Module des Unterpakets importiert werden sollen. Das kann mit umfangreichem Suchen im Verzeichnisbaum verbunden sein. Um etwaige Probleme zu vermeiden, sollte bei großen Projekten in der __init__.py-Datei einer Variablen namens __all__ eine Liste mit allen Modulnamen zugewiesen werden, die importiert werden können. Beispiel:

```
__all__ = ["modul11", "modul12", "modul13"]
```

16 Verarbeitung von Zeichenketten

Eine Zeichenkette (String) ist ein Objekt der Klasse str, das über eine Reihe von Methoden verfügt. In Kapitel 2.2 wurden Formate für Stringliterale beschrieben. In diesem Kapitel behandeln wir Techniken zur Verarbeitung von Zeichenketten. Im Einzelnen geht es um

- Standardmethoden der String-Objekte, die man verwenden kann, ohne Module zu importieren
- Funktionen und Konstanten des Moduls string
- die Verwendung des %-Operators zur Formatierung von Strings
- den Einsatz regulärer Ausdrücke (Modul re) insbesondere zur Erkennung von Mustern in Zeichenketten

16.1 Standardmethoden für String-Objekte

Die folgende Tabelle gibt einen Überblick über die wichtigsten String-Methoden. Sie verändern das aktuelle Objekt *nicht*, sondern geben ein neues Objekt zurück, das auf irgendeine Weise aus dem String berechnet worden ist.

Methode	Erklärung
capitalize()	Die Schreibweise wird so abgeändert, dass der String mit einem Großbuchstaben beginnt, dem lauter kleine Buchstaben folgen.
center(*width*)	String wird rechts und links mit Leerzeichen ausgefüllt, bis ein String der Länge *width* entsteht.

Methode	Erklärung
count(*sub* [,*start*,[,*end*]])	Anzahl der Vorkommen der Zeichenkette *sub* im Bereich [*start*:*end*]
decode([*encoding*])	Das aktuelle Objekt wird als Folge von Oktetten (Bytestring) interpretiert, die eine Zeichenkette repräsentiert. Die Methode ermittelt aus dem Bytestring die repräsentierte Zeichenkette und gibt sie als unicode-Objekt zurück. Das optionale Argument ist eine Codierung (z.B. "latin-1", "utf-8" oder "utf-16"), die für das Decodieren verwendet werden soll. Fehlt das Argument, wird eine Default-Codierung verwendet.
encode([*encoding*])	Codiert eine Zeichenkette mit Hilfe der (optional) angegebenen Codierung oder (falls das Argument fehlt) mit Hilfe der Default-Codierung (siehe auch decode()).
endswith(*suffix* [,*start*,[,*end*]])	True, falls der String im Bereich [*start*:*end*] mit Zeichenkette *suffix* endet, und False sonst
expandtabs([*tabsize*])	Jedes Tabulatorzeichen wird durch *tabsize* (Default 8) Leerzeichen ersetzt.
find(*sub* [,*start*,[,*end*]])	Kleinster Index im Bereich [*start*:*end*], an dem Zeichenkette *sub* als Teilstring vorkommt; -1, falls nicht gefunden
format(...)	In einem Formatstring Platzhalter durch Werte ersetzen
index(*sub* [,*start*,[,*end*]])	Wie find(), allerdings wird ein ValueError erzeugt, wenn *sub* nicht gefunden wird.
isalnum()	True, falls der String nicht leer ist und alle Zeichen im String alphanumerisch sind, und False sonst
isalpha()	True, falls alle Zeichen im String Buchstaben sind und mindestens ein Zeichen existiert, und False sonst
isdigit()	True, falls alle Zeichen im String Ziffern sind, und False sonst

Methode	Erklärung
islower()	True, falls alle Buchstaben kleingeschrieben sind, und False sonst
isspace()	True, falls nur leere Zeichen (Whitespaces) im String sind, und False sonst
istitle()	True, falls der String als Titel gesetzt, und False sonst (siehe title())
isupper()	True, falls alle Buchstaben großgeschrieben sind, und False sonst
join(seq)	Konkatenation aller Strings in der Sequenz seq
ljust(width)	String wird mit angehängten Leerzeichen auf die Länge width verlängert.
lower()	Kopie des Strings mit kleinen Buchstaben
lstrip([chars])	Führende Buchstaben aus chars oder (bei fehlendem Argument) Whitespaces werden entfernt.
replace(old, new[,maxreplace])	Zurückgegeben wird ein String, in dem alle oder höchstens maxreplace Vorkommen der Zeichenkette old durch new ersetzt worden sind.
rfind(sub [,start,[,end]])	Größter Index im Bereich [start:end], in dem Zeichenkette sub als Teilstring vorkommt; -1, falls nicht gefunden
rindex(sub [,start,[,end]])	Wie rfind(), allerdings wird ein ValueError erzeugt, wenn sub nicht gefunden wird.
rjust(width)	String wird mit vorangestellten Leerzeichen auf die Länge width verlängert.
rstrip([chars])	Am Ende des Strings werden Buchstaben aus chars oder (bei fehlendem Argument) Whitespaces entfernt (siehe lstrip()).
split([sep [,maxsplit]])	String wird in eine Liste von Wörtern aufgespalten, Separatorsymbol ist als Default das Leerzeichen.
splitlines()	String wird in Zeilen aufgespalten.

Methode	Erklärung
startswith(*prefix* [,*start*,[,*end*]])	True, falls der String im Bereich [*start*:*end*] mit Zeichenkette *prefix* beginnt, und False sonst
strip([*chars*])	Am Anfang und Ende des Strings werden Buchstaben aus *chars* oder (bei fehlendem Argument) Whitespaces entfernt (siehe lstrip()).
swapcase()	Groß- und Kleinschreibung wird vertauscht.
title()	String wird als Titel gesetzt, das heißt, alle Wörter beginnen mit einem Großbuchstaben.
translate(*table* [,*deletechars*])	Alle Zeichen, die in der optionalen *deletechars* (ein String) vorkommen, werden entfernt, die übrigen werden gemäß *table* (ein 256-Zeichen-String) ersetzt.
upper()	Alle kleinen Buchstaben werden durch Großbuchstaben ersetzt.
zfill(*width*)	Numerischer String wird links mit Nullen aufgefüllt, so dass ein String der Länge *width* entsteht.

Tabelle 16.1: Die wichtigsten Methoden der String-Objekte

Ein String-Objekt kann erzeugt werden, indem man in einer Zuweisung einem Namen ein String-Literal zuordnet. Beispiel:

```
>>> a = "Wort"
```

Eine String-Methode kann aufgerufen werden, indem man hinter den Namen eines String-Objektes einen Punkt und den Methodennamen mit Parameterliste schreibt:

```
>>> a.upper()
'WORT'
```

Es ist aber auch möglich, einen Methodenaufruf direkt an ein (namenloses) String-Literal zu richten:

```
>>> "wort".upper()
'WORT'
```

capitalize()

```
capitalize()
```

Zurückgegeben wird eine Kopie des Strings, die mit einem Großbuchstaben beginnt. Die übrigen Buchstaben sind kleingeschrieben. Beispiel:

```
>>> "dURCHeinANdER".capitalize()
'Durcheinander'
```

center()

```
center(width)
```

Zurückgegeben wird eine Kopie des Strings, die vorne und hinten gleichmäßig so weit mit Leerzeichen verlängert worden ist, dass ein String der Länge *width* entstanden ist. Beispiel:

```
>>> for wort in ("Kaffee", "und", "Kuchen"):
    print("*", wort.center(20), "*")

*        Kaffee        *
*         und          *
*        Kuchen        *
```

count()

```
count(sub[,start,[,end]])
```

Falls die optionalen Argumente fehlen, wird die Anzahl der Vorkommen des Strings *sub* zurückgegeben. Beispiel:

```
>>> "Erbsensuppe mit Kartoffeln".count("e")
3
```

Die optionalen Argumente markieren Anfang und Ende eines Bereiches (Slice), in dem gesucht werden soll. Beispiel:

```
>>> "Erbsensuppe mit Kartoffeln".count("e",0,15)
2
```

encode()

```
encode([encoding[, errors]])
```

Die Methode codiert den aktuellen String als Oktettfolge und gibt ein Objekt vom Typ bytes zurück. Dabei verwendet sie die als erstes Argument übergebene Codierung (z.B. "utf-8"). Fehlt das Argument, wird die voreingestellte Codierung des Laufzeitsystems verwendet. Sie können die voreingestellte Codierung folgendermaßen abfragen:

```
>>> import sys
>>> sys.getdefaultencoding()
'utf-8'
```

Beispiele:

```
>>> "Körpersprache".encode()
b'K\xc3\xb6rpersprache'
>>> "Apfel".encode("utf-8")
b'Apfel'
>>> "Apfel".encode("utf-16")
b'\xff\xfeA\x00p\x00f\x00e\x00l\x00'
```

Das zweite optionale Argument ist ein String, der die Reaktion auf Fehler spezifiziert. Voreingestellt ist "strict", was zur Folge hat, dass bei einem Fehler ein UnicodeError ausgelöst wird. Andere Werte sind "ignore" (unbekanntes Zeichen übergehen), "replace" (unbekanntes Zeichen wird durch ein Fragezeichen ? ersetzt), "xmlcharrefreplace" (Ersetzen durch XML-Zeichenreferenz) oder "backslashreplace" (Ersetzen durch Escape-Sequenz).

Beispiele:

```
>>> "Ärger".encode("ascii")
Traceback (most recent call last):
...
UnicodeEncodeError: 'ascii' codec can't encode character '\xc4'
in position 0: ordinal not in range(128)
>>> "Ärger".encode("ascii", "ignore")
b'rger'
>>> "Ärger".encode("ascii", "replace")
b'?rger'
>>> "Ärger".encode("ascii", "backslashreplace")
b'\\xc4rger'
```

Eine Codierung ordnet einem Zeichen ein oder mehrere Oktette zu (nicht umgekehrt!). Die Interpretation einer Oktettfolge als Zeichenfolge nennt man *Decodieren*. Nun gibt es verschiedene Codes für Zeichen:

▸ ASCII (American Standard Code for Information Interchange) codiert Buchstaben aus dem angelsächsischen Sprachraum, Ziffern und Satzzeichen (insgesamt 95 druckbare Zeichen) und 33 nicht druckbare Sonderzeichen (wie Zeilenumbruch) durch Zahlen zwischen 0 und 127.

▸ Latin-1 (ISO 8859-1) stimmt in den Zahlen 0 bis 127 mit ASCII überein und stellt weitere Buchstaben aus den Alphabeten westeuropäischer Sprachen (darunter auch die deutschen Umlaute und ß) durch Zahlen von 160 bis 255 dar.

▸ UTF-8 (Unicode Transform Format, 8 Bit) ist die Standardcodierung für Unicode-Zeichen. Mit UTF-8 lassen sich ca. eine Million Zeichen darstellen. Wiederum stimmen die ersten 128 Zeichen mit ASCII überein. Jedes Nicht-ASCII-Zeichen wird durch eine Folge von ein bis vier Oktetten codiert.

▸ UTF-16 (Unicode Transform Format, 16 Bit) ist eine Codierung für Unicode-Zeichen aus der Basis von 16-Bit-Blöcken.

endswith()

```
endswith(suffix[,start,[,end]])
```

Falls die optionalen Argumente fehlen, gibt die Methode den Wert True (»wahr«) zurück, wenn der String mit dem Teilstring *suffix* endet, sonst False (»falsch«). Beispiel:

```
>>> "Erbsensuppe".endswith("suppe")
True
```

Wenn die optionalen Argumente angegeben sind, wird der Slice [*start:end*] untersucht, also der Bereich von Index *start* bis Index *end-1*. Beispiel:

```
>>> for i in range(6):
        print("abcde".endswith("c",1,i), end=" ")
False False False True False False
```

find()

```
find(sub[,start,[,end]])
```

Falls der String *sub* als Teilstring enthalten ist, wird der kleinste Index zurückgegeben, an dem *sub* beginnt. Ist *sub* nicht enthalten, ist der Rückgabewert -1. Wenn die optionalen Argumente fehlen, wird im gesamten String gesucht, ansonsten nur im Bereich von Index *start* bis Index *end-1*. Beispiele:

```
>>> s = "Let it be, let it be"
>>> s.find("it")            # Suche im ganzen String
4
>>> s[4]                    # 1. Zeichen des Suchstrings
'i'
>>> s.find("it",10)         # Suche ab s[10]
15
>>> s.find("it", 10,14)     # Suche von s[10] bis s[13]
-1
```

format()

```
format([*args[,**kargs]])
```

Python 3 enthält ein neues Feature zur Formatierung von Strings. Darunter versteht man die Konstruktion eines Strings aus einem konstanten Teil mit Platzhaltern und variablen Teilen, die die Platzhalter ersetzen. Der aktuelle String ist ein Formatstring, der einer speziellen Syntax genügt, die in Abschnitt 16.4 ausführlicher erklärt wird. Die Platzhalter sind durch geschweifte Klammern eingerahmt. Die Argumente können beliebig viele Positions- und Schlüsselwortargumente sein. Nach Aufruf der `format()`-Methode werden die Platzhalter auf bestimmte Weise durch Argumente ersetzt.

Im einfachsten Fall sind die Platzhalter ganze Zahlen in geschweiften Klammern und die Argumentliste enthält irgendwelche Werte als Positionsargumente. Die Nummer des Platzhalters ist dann die Position des Arguments:

```
>>> "{0} Erwachsene und {1} Kinder".format(2, 3, 10, 20)
```

'2 Erwachsene und 3 Kinder'

In diesem Fall steht in der Klammer hinter format an Position 0 die Zahl 2 und an Position 1 die Zahl 3. Die danach folgenden Zahlen 10 und 20 spielen keine Rolle.

```
>>> s = "Wähle {0}{0}{0} auf dem {1} ..."
>>> print(s.format(3, "Telefon"))
Wähle 333 auf dem Telefon ...
```

Für die Platzhalter können auch Bezeichner verwendet werden, denen in Schlüsselwortargumenten des format()-Aufrufs Werte zugewiesen werden. Die Reihenfolge der Argumente in der Parameterliste ist dann unerheblich. Beim Formatieren wird ein Platzhalter {key} durch den Wert value ersetzt, der im Schlüsselwortargument key=value spezifiziert ist:

```
>>> form = "{name} ist {alter} Jahre alt."
>>> print(form.format(alter=26, name="Sandra"))
Sandra ist 26 Jahre alt.
```

join()

join(seq)

Das Argument ist eine Sequenz (Liste, Tupel, String) oder Menge von Strings. Diese werden konkateniert, wobei der String, an den die Botschaft geschickt wird, immer als »Bindeglied« zwischen zwei Textstücke eingefügt wird. Beispiel:

```
>>> "; ".join (("Messer", "Gabel", "Schere", "Licht"))
'Messer; Gabel; Schere; Licht'
>>> " - ".join("SOS")
'S - O - S'
```

lstrip()

lstrip([chars])

Die Methode liefert eine Kopie des Strings, aus dem führende Buchstaben, sofern sie den Anfang des Strings chars bilden, entfernt worden sind. Falls das Argument fehlt, werden führende Whitespaces (Leerzeichen, Tabulatorzeichen etc.) gelöscht. Beispiel:

```
>>> s="\n    \t Platz"
>>> print(s)

     Platz
>>> print(s.lstrip())
Platz
>>> "Karneval".lstrip("Karl")
'neval'
```

replace()

```
replace(old, new[,maxsplit])
```

Alle Vorkommen der Zeichenkette *old* werden durch *new* ersetzt; falls *max* angegeben ist, werden die ersten *maxsplit*-Vorkommen ersetzt.

```
>>> preisliste="Cola: 1,50 DM, Bier: 2 DM, Pommes: 2 DM"
>>> preisliste.replace ("DM", "EUR")
'Cola: 1,50 EUR, Bier: 2 EUR, Pommes: 2 EUR'
```

split()

```
split([sep[,maxsplit]])
```

Der String wird in eine Liste von Wörtern aufgespalten. Das Separatorsymbol ist als Default das Leerzeichen. Es kann aber als optionales erstes Argument *sep* ein anderes Trennsymbol bestimmt werden. Das zweite optionale Argument enthält eine positive ganze Zahl, die angibt, wie viele Aufspaltungen es höchstens geben soll.

Programmierhinweis

Mit Hilfe der split()-Methode können Texte analysiert und in Datenstrukturen überführt werden. Im folgenden Beispiel ist ein Wörterbuch als String gegeben, der zuvor aus einer Textdatei gelesen wurde. In jeder Zeile steht ein Eintrag in der Form:

deutsch: englisch1, englisch2, ...

Das folgende Skript erzeugt aus dem Text ein Dictionary.

```
>>> f = open("/projekt/daten/woerterbuch", "r")
>>> wtext =f.read()
>>> print(wtext)
formen: to form, to shape
Formkrise: loss of form
Formsache: matter of form, formality
>>> zeilen = wtext.splitlines()
>>> d = {}
>>> for z in zeilen:
        eintrag = z.split(":")
        links = eintrag[0].strip()
        rechts=eintrag[1].split(",")
        rechts1 = []
        for s in rechts:
            rechts1.append(s.strip()) # entferne Blanks
        d[links]=rechts1

>>> d
{'formen': ['to form', 'to shape'], 'Formsache': ['matter
of form', 'formality'], 'Formkrise': ['loss of form']}
```

16.2 Das Modul string

Konstanten

Das Modul string enthält Konstanten mit Strings, die gewisse Zeichen-
mengen definieren. Man verwendet sie häufig zum Testen, ob ein gege-
benes Zeichen zu einer bestimmten Klasse von Zeichen gehört. Beispiel:

```
>>> from string import *
>>> for c in "qw23-!()":
    if c in ascii_letters: print(c, end=" ")
q w
```

Konstante	Erklärung
ascii_letters	ASCII-Buchstaben
ascii_lowercase	String mit allen ASCII-Kleinbuchstaben: 'abcdefghijklmnopqrstuvwxyz'

Konstante	Erklärung
ascii_uppercase	String mit allen ASCII-Großbuchstaben: 'ABCDEFGHIJKLMNOPQRSTUVWXYZ'
digits	String mit allen Ziffern: '0123456789'
hexdigits	'0123456789abcdefABCDEF'
octdigits	'01234567'
printable	String aus druckbaren ASCII-Zeichen
punctuation	String mit Punktuierungszeichen: '!"#$%&\'()*+,-./:;Ü?@[\\]^_`{|}~'
whitespace	String mit »leeren Zeichen« (Whitespaces), wie Leerzeichen, Tabs und Newline: '\t\n\x0b\x0c\r ', wichtig für die Funktionen strip(), rstrip(), lstrip()

Tabelle 16.2: Einige Konstanten im Modul string

Schablonen (Templates)

Templates (*template*: engl. *Schablone*) bieten einen einfachen Mechanismus zur Ersetzung variabler Teile in einem String (seit Python 2.4). Die variablen Teile sind mit $-Zeichen gekennzeichnet. Man spricht deshalb von $-basierter Substitution. Das Prinzip ist folgendes:

‣ Es gibt einen String, der als Schablone fungiert und Platzhalter der Form $*bezeichner* oder ${*bezeichner*} enthält.

‣ $*bezeichner* wird durch eine Zeichenkette ersetzt, die z.B. der Wert einer Variablen mit Namen *bezeichner* ist.

‣ ${*bezeichner*} (mit geschweiften Klammern) ist äquivalent zu $*bezeichner* und wird in bestimmten Fällen verwendet, um das Ende des Platzhalters eindeutig zu bestimmen.

‣ $$ wird durch $ ersetzt.

Das Modul string enthält eine Klasse Template mit zwei Methoden substitute() und safe_substitute(), die die Ersetzung der Platzhalter bewerkstelligen und einem Attribut template, das die Schablone enthält.

Zuerst instanziieren Sie ein Template-Objekt. Als Argument übergeben Sie einen String mit der Schablone:

```
>>> from string import Template
>>> schablone = "Happy birthday dear $geburtstagskind!"
>>> song = Template(schablone)
```

Durch einen Aufruf der Methode substitute() erzeugen Sie einen String, in dem die Platzhalter durch konkrete Zeichenketten ersetzt werden. Die variablen Textteile können durch Schlüsselwort-Argumente der Form *bezeichner=wert* in der Parameterliste spezifiziert werden:

```
>>> song.substitute(geburtstagskind="Tim")
'Happy birthday dear Tim!'
```

Alternativ können die variablen Textteile auch in einem Dictionary den Platzhalterbezeichnern zugeordnet werden:

```
>>> d = {'Geburtstagskind':'Tim'}
>>> song.substitute(d)
'Happy birthday dear Tim!'
```

Statt Zeichenketten können auch Objekte anderer Datentypen (z.B. Zahlen) den Platzhaltern zugeordnet werden. Sie werden dann intern in Zeichenketten umgewandelt.

```
>>> gruppe = [("Tina", 23), ("Tom", 28)]
>>> text = Template("$person ist $alter Jahre alt.")
>>> for p, a in gruppe:
        print(text.substitute(person=p, alter=a))

Tina ist 23 Jahre alt.
Tom ist 28 Jahre alt.
```

Das Attribut template enthält einen String mit der Schablone des Template-Objektes:

```
>>> text.template
'$person ist $alter Jahre alt.'
```

Wenn die Argumente beim Aufruf von substitute() nicht zu den Platzhaltern in der Schablone passen, wird ein Laufzeitfehler (KeyError) ausgelöst:

```
>>> text.substitute(person="Sandra")        # alter fehlt
Traceback (most recent call last):
...
KeyError: 'alter'
```

Die Methode safe_substitute() unterdrückt derartige Programmabbrüche. Wenn eine Platzhalterbelegung fehlt, erscheint an der betreffenden Textstelle der Platzhalter selbst:

```
>>> text.safe_substitute(person="Sandra")    # alter fehlt
'Sandra ist $alter Jahre alt.'
```

16.3 Formatierung mit dem %-Operator

Mit Hilfe des Formatierungsoperators % können Sie in einen String Variableninhalte oder Zahlen einbauen. Zahlen müssen zuvor in Zeichenketten konvertiert werden, deren Format spezifiziert werden kann. Das allgemeine Format für die Anwendung des %-Operators ist:

formatstring % *werte*

Dabei ist *formatstring* ein String, der einen oder mehrere so genannte *Konvertierungsspezifikatoren* (*conversion specifiers*) enthält. Bei der Interpretation des Skripts werden die Konvertierungsspezifikatoren durch Inhalte von Variablen oder durch Werte ersetzt, die hinter dem %-Operator aufgeführt sind. Das Prinzip ist der sprintf()-Funktion der Programmiersprache C entlehnt. Beispiel:

```
>>> a = "%d Erwachsene und %d Kinder" % (2,3)
>>> print(a)
2 Erwachsene und 3 Kinder
```

Ein Konvertierungsspezifikator (im obigen Beispiel %d) besteht aus mindestens zwei Zeichen und enthält folgende Komponenten, die in der angegebenen Reihenfolge erscheinen müssen:

▸ Zu Beginn das Zeichen %

▸ Optional: Schlüsselwert eines Dictionarys als Bezeichner in Klammern. Als *werte* muss dann hinter dem %-Operator das zugehörige Dictionary angegeben werden.

▸ Optional: Konvertierungsflag. 0 bedeutet, dass der einzufügende Wert mit führenden Nullen ausgefüllt wird.

▸ Optional: Minimale Feldweite für den einzufügenden Wert. Wird ein Stern * verwendet, wird die aktuelle Feldlänge dem nächsten Wert des Tupels *werte* entnommen.

▸ Optional: Präzision, dargestellt durch einen Punkt, gefolgt von der Anzahl der dargestellten Zeichen des Wertes bzw. bei Gleitkommazahlen Anzahl der Nachkommastellen. Statt einer Zahl kann nach dem Punkt auch ein Stern geschrieben werden. Dann muss als *wert* ein Tupel eingesetzt werden, dessen erste Komponente die Anzahl der Zeichen bzw. Nachkommastellen angibt.

▸ Konvertierungstyp (siehe Tabelle)

Konvertierungstyp	Erklärung
c	Einzelnes Zeichen
d, i	Ganze Zahl mit Vorzeichen
e, E	Gleitkommazahl in Exponentialschreibweise
f, F	Gleitkommazahl als Dezimalbruch
g, G	Gleitkommazahl, je nach Präzision entweder als Dezimalbruch oder in Exponentialschreibweise
o	Oktalzahl ohne Vorzeichen
r	String, beliebiges Objekt wird mit repr() in String konvertiert.
s	String, beliebiges Objekt wird mit str() in String konvertiert.
u	Dezimalzahl ohne Vorzeichen
x, X	Hexadezimalzahl
%	Dient der Darstellung des %-Zeichens (die komplette Spezifikation ist %%).

Tabelle 16.3: Konvertierungstypen

Die ersten Beispiele zeigen die Wirkung von Präzisionsangaben bei ganzen Zahlen und Gleitkommazahlen:

```
>>> print("%.4d und %.4d Nacht" %(1000,1))
1000 und 0001 Nacht

>>> d={"Stephan":245.2, "Dung":288.7}
>>> for k in d.keys():
    print("%s fuhr mit %.2f km/h." % (k,d[k]))
Dung fuhr mit 288.70 km/h.
Stephan fuhr mit 245.20 km/h.
```

Im folgenden Beispiel wird das Dictionary der Variablenbelegung verwendet, das die Funktion vars() liefert:

```
>>> n1 = "Fabian"
>>> n2 = "Leonie"
>>> print("%(n1)s und %(n2)s arbeiten zusammen."
            % vars())
Fabian und Leonie arbeiten zusammen.
```

Eine Alternative:

```
>>> print("%s und %s arbeiten zusammen." % (n1,n2)
Fabian und Leonie arbeiten zusammen.
```

Darstellung eines Prozentzeichens:

```
>>> print("Umsatzsteigerung: %d%%" % (25,))
Umsatzsteigerung: 25%
```

16.4 Formatstrings

Die Methode str.format() verwendet Formatstrings zur Darstellung von Zeichenketten. Ein Formatstring enthält Platzhalter (*replacement fields*), die durch geschweifte Klammern eingerahmt sind. Der Text außerhalb der geschweiften Klammern wird unverändert übernommen, die Platzhalter in geschweiften Klammern werden bei der Formatierung mit der format()-Methode ersetzt. Einfaches Beispiel:

```
>>> w = "Zähle bis {0}!"      # Formatstring
>>> print(w.format(10))       # {0} wird durch 10 ersetzt
Zähle bis 10!
```

Feldnamen

Zwischen den geschweiften Klammern eines Platzhalters (*replacement field*) muss ein Feldname stehen. Das kann eine nicht negative ganze Zahl oder ein Bezeichner sein.

Eine *Zahl* gibt die Position eines Argumentes in der Parameterliste des format()-Aufrufs an, das den Platzhalter ersetzen soll. Beispiel:

```
>>> form = "Am {0} gibt es {2}."
>>> print(form.format("Montag", "Dienstag", "Pommes"))
Am Montag gibt es Pommes.
```

Es müssen mindestens so viele Argumente wie Platzhalterreferenzen vorhanden sein, sonst wird ein IndexError ausgelöst.

Ein einfacher *Bezeichner* bezieht sich auf ein Schlüsselwortargument der Parameterliste. Beim Formatieren wird ein Platzhalter {*key*} durch den Wert *value* ersetzt, der im Schlüsselwortargument *key=value* spezifiziert ist. Mit geschickt gewählten Bezeichnern erhält man verständlichere Formatstrings:

```
>>> w= "Am {wochentag} gibt es {essen}."
>>> print(w.format(wochentag="Montag", essen="Pommes"))
Am Montag gibt es Pommes.
```

Feldnamen können auch Elemente einer Liste bezeichnen:

```
>>> wochentag =["Montag", "Dienstag", "Mittwoch",
    "Donnerstag", "Freitag", "Samstag", "Sonntag"]
>>> essen = ["Pommes", "Hühnersuppe", "Pizza"]
>>> form = "Am {wochentag[3]} gibt es {essen[0]}."
>>> print(form.format(wochentag=wochentag, essen=essen))
Am Donnerstag gibt es Pommes.
```

Auch Attribute von Objekten sind als Feldnamen erlaubt:

```
>>> class Menu(object):
    def __init__ (self, t, e):
        self.tag, self.essen = t, e
>>> m = Menu("Donnerstag", "Pommes")
>>> form = "Am {menue.tag} gibt es {menue.essen}."
>>> print(form.format(menue=m))
Am Donnerstag gibt es Pommes.
```

Formatspezifikation

Voreingestellt ist, dass die Werte, die die Platzhalter ersetzen, Zeichenketten sind (Typ str). Sie werden lückenlos in den Text eingefügt.

Manchmal möchte man jedoch, dass variable Werte an ganz bestimmten Positionen und mit ganz bestimmten Abständen zu benachbarten Textteilen gesetzt werden. Um die Lesbarkeit von Zahlenkolonnen zu verbessern, möchte man Gleitkommazahlen in einem einheitlichen Format, mit einer festen Zahl von Nachkommastellen darstellen.

In diesen Fällen verwendet man Formatspezifikationen. Hinter den Feldnamen wird ein Doppelpunkt : geschrieben, dann folgt die Formatspezifikation. Beispiel:

```
>>> speiseplan = [("Montag", "Pommes"),
                  ("Dienstag", "Pizza")]
>>> form = "{tag:10}{speise:10}"
>>> for tag, speise in speiseplan:
        print(form.format(tag=tag, speise=speise))

Montag    Pommes
Dienstag  Pizza
```

Hier besteht die Formatspezifikation allein aus einer Zahl (10), die die Feldweite für das eingefügte Element angibt (10 Zeichen).

Die folgenden Grammatikregeln beschreiben den allgemeinen syntaktischen Aufbau von Formatspezifikationen:

```
format_spec ::=
    [[fill]align][sign][0][width][.precision][type]
fill        ::= <beliebiges Zeichen außer '}'>
align       ::= "<" | ">" | "=" | "^"
sign        ::= "+" | "-" | " "
width       ::= integer
precision   ::= integer
type        ::= "b" | "c" | "d" | "e" | "E" | "f" | "F"
              | "g" | "G" | "n" | "o" | "x" | "X" | "%"
```

Eine Formatierungsspezifikation besteht also aus Komponenten, die nach Bedarf hintereinander geschrieben werden:

- ein Füllzeichen zum Auffüllen nicht benutzter Stellen des Feldes, das für den einzusetzenden Wert reserviert ist
- eine Ausrichtungsoption (Tabelle 16.4)
- bei Zahlen: eine Option zur Handhabung von Vorzeichen (Tabelle 16.5)
- die Feldweite, d.h. die Anzahl insgesamt reservierter Stellen für den Wert
- die Präzision, d.h. die Anzahl der Nachkommastellen
- der Formattyp für eine Zahl (Tabelle 16.6)

Option	Bedeutung
<	Linksbündige Ausrichtung im zur Verfügung stehenden Feld (Voreinstellung)
>	Rechtsbündige Ausrichtung
=	Bei Zahlen werden nach dem Vorzeichen so viele führende Nullen eingefügt, bis das Feld komplett ausgefüllt ist, z.B. +00012.
^	Zentrierte Ausrichtung innerhalb des Feldes

Tabelle 16.4: Bedeutung der Ausrichtungsoptionen

Option	Bedeutung
+	Alle Zahlen (positive und negative) haben ein Vorzeichen.
-	Nur negative Zahlen werden mit Vorzeichen dargestellt (Voreinstellung).
<Leerzeichen>	Vor negativen Zahlen steht -, vor positiven Zahlen ein Leerzeichen.

Tabelle 16.5: Optionen zur Handhabung von Vorzeichen

Typ	Bedeutung
b, d, h, o	Binärzahl, Dezimalzahl (voreingestellt), Hexadezimalzahl, Oktalzahl
c	Buchstabe. Eine Zahl wird durch den zugehörigen Unicode-Buchstaben dargestellt.
e, E	Exponentialschreibweise für Gleitkommazahlen (float)
f, F	Gleitkommazahl als Festkommazahl
g, G	Generelles Format für Gleitkommazahlen. Das System wählt selbst die günstigste Darstellungsweise aus (Voreinstellung für Gleitkommazahlen).
%	Prozentformat. Die Zahl wird mit 100 multipliziert und als Festkommazahl mit Prozentzeichen am Ende dargestellt.

Tabelle 16.6: Formattypen für Zahlen

Beispiele:

```
>>> form = "Der Umsatz betrug {umsatz:d} EUR" + \
        " (Zuwachs:{zuwachs:.2%})"
>>> print(form.format(umsatz=234000.0, zuwachs=0.2521))
Der Umsatz betrug 234000 EUR (Zuwachs:25.21%)

>>> form = "{ueberschrift:.<40}Seite {seite:>2d}"
>>> for u, s in inhalt:
        print(form.format(ueberschrift=u, seite=s))

Einleitung...............................Seite  1
Theoretische Grundlagen..................Seite  7
Praktische Anwendung.....................Seite 34
```

Geschweifte Klammern

Geschweifte Klammern { } im konstanten Teil des Formatstrings werden durch zwei geschweifte Klammern {{ }} dargestellt:

```
>>> s = "Die Menge {{{0}, {1}}} enthält 2 Elemente"
>>> print(s.format(12, 37))
Die Menge {12, 37} enthält 2 Elemente
```

16.5 Reguläre Ausdrücke – das Modul re

Reguläre Ausdrücke sind Suchmuster, die zur Analyse von Zeichenketten verwendet werden. Ein regulärer Ausdruck definiert eine Menge von Strings, auf die er »passt«. Wenn re ein regulärer Ausdruck ist, so bezeichnet man die Menge der passenden Strings auch als Sprache des regulären Ausdrucks oder L(re).

Der reguläre Ausdruck 'ab' passt auf alle Strings, die die Zeichenkette 'ab' enthalten. Die Zeichenketten 'Stab', 'aber' und 'blamabel' gehören zu L('ab'), nicht aber 'Abt' (großes 'A') oder 'bald'.

Typische Verwendungszwecke für reguläre Ausdrücke sind:

▸ Testen, ob ein gegebener String zu einer bestimmten Menge von Strings gehört (z.B. handelt es sich um einen englischen Text?)

▸ Zerlegen eines komplexen Strings nach bestimmten Kriterien

▸ aus einem umfangreichen Text gezielt bestimmte Passagen extrahieren (z.B. E-Mail-Adressen aus einem HTML-Dokument)

Für diese Zwecke bietet das Modul re eine Reihe von Funktionen. Sie haben in der Regel mindestens zwei Argumente:

▸ einen regulären Ausdruck

▸ einen String, der untersucht werden soll

Beispielsweise liefert ein Aufruf der Funktion match(re, s) ein Match-Objekt, falls der reguläre Ausdruck re auf den String s passt, und None sonst.

Alternativ zur Verwendung von Funktionen kann in objektorientierter Manier mit Hilfe eines regulären Ausdrucks (Zeichenkette) ein Objekt der Klasse Regular Expression generiert und anschließend dessen Methoden aufgerufen werden.

Die Syntax regulärer Ausdrücke

Syntaktisch gesehen ist ein regulärer Ausdruck eine Zeichenkette aus ASCII-Zeichen. Die meisten Zeichen stehen für sich selbst. Der reguläre Ausdruck 'a' passt auf alle Zeichenketten, die 'a' enthalten. Es gibt aber auch Sonderzeichen und Zeichenfolgen, die eine spezielle Bedeutung haben. Sie repräsentieren häufig eine ganze Klasse von Zeichen oder aber bestimmen die Art und Weise, wie andere Zeichen in ihrer Nachbarschaft interpretiert werden müssen. Die folgende Tabelle gibt einen Überblick.

Sonderzeichen/ Sequenz	Bedeutung
.	Jedes Zeichen außer Zeilenwechsel (\n)
^	Beginn eines Strings oder das erste Zeichen nach \n oder Bildung des Kompliments einer Zeichenmenge
$	Ende eines Strings und das letzte Zeichen vor \n
*	Beliebig häufiges (eventuell keinmaliges) Wiederholen des vorausgehenden regulären Ausdrucks
+	Ein- oder mehrmaliges Wiederholen des vorausgehenden regulären Ausdrucks
?	1) Kein- oder einmaliges Auftreten des vorhergehenden regulären Ausdrucks 2) Vorausgehendes '+'- oder '*'-Zeichen wird als nicht »gierig« qualifiziert.
{m}	Genau m-maliges Wiederholen des vorausgehenden regulären Ausdrucks
\	Maskieren eines Sonderzeichens
\A	Beginn der Zeichenkette
\d	Dezimalziffer, entspricht der Menge [0-9]
\D	Alle Zeichen außer Dezimalziffern
\s	Ein Whitespace-Zeichen aus der Menge [\t\n\r\f\v]

Sonderzeichen/ Sequenz	Bedeutung
\S	Alle Zeichen außer Whitespace-Zeichen
\w	Irgendein alphanumerisches Zeichen aus [a-zA-Z0-9_]
\W	Irgendein *nicht*alphanumerisches Zeichen aus [^a-zA-Z0-9]
\Z	Ende der Zeichenkette
[ ]	Definition einer Menge von Zeichen
		Oder
( )	Zeichengruppe
(?)	Setzen von Flags

Tabelle 16.7: Die wichtigsten Sonderzeichen und -sequenzen in regulären Ausdrücken

Punkt .

Ein Punkt . repräsentiert ein beliebiges Zeichen. Beispiele: 'G.as' passt auf 'Gras' und 'Glaskanne'. 'a..a' passt auf 'Manta', aber nicht auf 'Banane'.

Dach ^

Das Dach ^ bedeutet, dass das folgende Zeichen am Anfang eines passenden Strings stehen muss. Falls das MULTILINE-Flag gesetzt ist (siehe Abschnitt 16.4), kann das Zeichen auch unmittelbar nach einem \n-Zeichen (also zu Beginn einer Zeile) stehen. Beispiel: Der reguläre Ausdruck '^Ga' passt auf alle Strings, die mit 'Ga' anfangen, also auf 'Gallien', aber nicht auf 'Ein Gallier'.

Dollar $

Das Dollarzeichen $ bedeutet, dass das davor stehende Zeichen am Ende eines passenden Strings stehen muss. Falls das MULTILINE-Flag gesetzt ist (siehe Abschnitt 16.4), kann das Zeichen auch unmittelbar vor einem

\n-Zeichen (also am Ende einer Zeile) stehen. Beispiel: `'ss$'` passt auf `'Schluss'`, nicht aber auf `'Kessel'`.

Stern *

Der reguläre Ausdruck re* passt auf Strings, auf die der vorhergehende reguläre Ausdruck re in beliebiger Wiederholung passt. Beispiel: `'ab*c'` passt auf alle Strings, die kein oder beliebig viele `'b'`s hinter einem `'a'` und vor einem `'c'` enthalten , also `'ac'`, `'abc'`, `'abbc'`, `'abbbbc'` usw.

Plus +

Der reguläre Ausdruck re+ passt auf Strings, auf die der vorhergehende reguläre Ausdruck re in einmaliger oder mehrmaliger Wiederholung passt. Beispiele: `'ab+c'` passt auf alle Strings, die mindestens ein `'b'` zwischen einem `'a'` und einem `'c'` enthalten, also `'abc'`, `'abbc'`, `'abbbbc'` usw., nicht aber `'ac'`. Der reguläre Ausdruck `'(ha)+'` passt auf `'ha'`, `'haha'`, `'hahaha'` usw.

Fragezeichen ?

Der reguläre Ausdruck re? passt auf Strings, auf die der vorhergehende reguläre Ausdruck re in kein- oder einmaliger Wiederholung passt. Beispiele: Der reguläre Ausdruck `'gehe?t? nach'` passt auf `'Ich gehe nach Hause.'`, `'Sie geht nach Hause.'`, aber nicht auf `'Wir gehen nach Hause.'`.

+?, *?

An dieser Stelle müssen wir etwas ausholen. Reguläre Ausdrücke können dazu verwendet werden, bestimmte (passende) Abschnitte in einer langen Zeichenkette zu finden, etwa um sie durch anderen Text zu ersetzen. Mit Hilfe der Funktion findall() werden alle Teilstrings herausgelöst, die zum Muster des regulären Ausdrucks passen. Nun ist Folgendes zu bedenken: Die Operatoren * und + bewirken eine Suche nach einem passenden Teilstring der *maximalen* Länge. Deshalb bezeichnet man sie anschaulich als *gierig* (greedy). Beispiel:

```
>>> from re import *
>>> findall('<.*>', '<h1> Meine Homepage </h1>')
['<h1> Meine Homepage </h1>']
```

Der gierige reguläre Ausdruck '<.*>' verursacht, dass die Funktion findall() als passenden Teilstring den längsten Teilstring zurückgibt, der mit '<' beginnt und mit '>' aufhört. Ein kürzerer, ebenfalls passender Teilstring wäre in diesem Beispiel '<h1>', doch der wird ignoriert.

Nun können die Operatoren + und * als »nicht gierig« qualifiziert werden, indem man hinter sie ein Fragezeichen ? schreibt. In diesem Fall werden dann die kürzesten passenden Teilstrings gesucht. Beispiel (beachten Sie das Fragezeichen):

```
>>> findall('<.*?>', '<h1> Meine Homepage </h1>')
['<h1>', '</h1>']
```

{m}

Der reguläre Ausdruck re{m} passt auf alle Strings, auf die der vorhergehende reguläre Ausdruck re in genau m-maliger Wiederholung passt. Der reguläre Ausdruck 'a{5}' passt auf alle Strings, die mindestens fünf 'a's hintereinander enthalten, also z.B. 'aaaaa' oder 'haaaaaaaaaallo'. Im folgenden Beispiel werden aus einem Text alle Zahlen herausgesucht, die aus mindestens vier Ziffern bestehen (potenzielle Telefonnummern):

```
>>> findall('\d{4}\d*','Meine Telefonnummer ist 89723')
['89723']
```

Backslash \

Unter Umständen wollen Sie das Vorkommen eines Sonderzeichens testen. Das heißt, Sie möchten in einem regulären Ausdruck ein Sonderzeichen (., $, ? usw.) als normales Zeichen verwenden. In diesem Fall müssen Sie einen Backslash \ voranstellen und so das Sonderzeichen »maskieren«. Beispiele: Der reguläre Ausdruck '1\.1 ' passt auf '1.1' und '4561.1'. Der reguläre Ausdruck 'c:\\d' passt z.B. auf 'c:\daten'. Eine zweite Maskierungsmöglichkeit ist die Verwendung von eckigen Klammern (siehe unten).

\A

Die Sequenz \A kennzeichnet den Anfang eines Strings. Der reguläre Ausdruck \Are passt auf alle Strings, bei denen der reguläre Ausdruck re auf ein Anfangsstück passt. Zum Beispiel passt der reguläre Ausdruck '\AReise' auf alle Zeichenketten, die mit 'Reise' beginnen, also etwa auf 'Reise nach Indien', nicht aber auf 'Sie machte eine Reise nach Indien'.

\d

Die Sequenz repräsentiert eine beliebige Ziffer, also ein Zeichen aus der Menge [0-9]. Beispiele:

```
>>> findall('Konto.*\d+?',
            'Meine Kontonummer ist 677760943')
['Kontonummer ist 677760943']
>>> findall('\d+',
   'Wir sind 12 Erwachsene, 5 Kinder und 1 Hund')
['12', '5', '1']
```

\D

Die Sequenz \D repräsentiert ein Zeichen, das keine Ziffer ist, also ein Zeichen aus der Menge [^0-9]. Im folgenden Beispiel werden alle Paare von Zahlen gefunden, die jeweils durch ein Zeichen getrennt sind:

```
>>> findall('\d+\D\d+', '1/2, 3, 45 67')
['1/2', '45 67']
```

\s

Die Sequenz \s repräsentiert ein Whitespace-Zeichen aus der Menge [\t\n\r\f\v]. Beispiel: Der reguläre Ausdruck 'ende\s' passt auf 'dringende Sache', nicht aber auf 'beenden'.

\S

Die Sequenz \S repräsentiert ein Zeichen aus der Menge [^ \t\n\r\f\v]. Es handelt sich also um ein beliebiges Zeichen, das kein Whitespace ist. Beispiel: '\S\S' passt auf '12 34', nicht aber auf '1 2 3' (keine Folge von zwei Nicht-Whitespaces enthalten).

\w

Die Sequenz \w steht für ein Zeichen aus der Menge [a-zA-Z0-9_]. Das heißt, es handelt sich um irgendein alphanumerisches Zeichen oder einen Unterstrich. Ein Wort besteht aus solchen Zeichen. Im folgenden Beispiel wird eine Zeichenkette in eine Liste von Wörtern zerlegt:

```
>>> findall('\w+', 'Worte, nichts als Worte')
['Worte', 'nichts', 'als', 'Worte']
```

\Z

Die Sequenz \Z kennzeichnet das Ende eines Strings. Der reguläre Ausdruck *re*\A passt auf alle Strings, bei denen der reguläre Ausdruck *re* auf ein Endstück passt. Zum Beispiel passt 't\Z' auf alle Strings, die mit 't' enden wie z.B. 'Es ist kalt'.

[ ]

Die eckigen Klammern werden zur Beschreibung einer Menge von Zeichen verwendet. Zwischen den Klammern steht ein String, der die Elemente der Menge enthält. Die Zeichen können einzeln aufgelistet werden oder man definiert einen Bereich durch zwei Zeichen und einem Minuszeichen '-' dazwischen. So ist der String 'a-z' eine Kurzschreibweise für 'abcdefghijklmnopqrstuvwxyz'. Beim Vergleich eines Strings mit dem regulären Ausdruck wird geprüft, ob ein Zeichen aus der Zeichenmenge passt. So passt der reguläre Ausdruck '[xyz]' auf alle Strings, die ein 'x', 'y' oder 'z' enthalten. '[1-5]' passt auf alle Zeichenketten, in denen eine Ziffer zwischen 1 und 5 vorkommt.

Sonderzeichen wie '?', '$' (nicht aber Escapesequenzen wie '\W') verlieren innerhalb der eckigen Klammern ihre Wirkung (Maskierung). Der reguläre Ausdruck '[$?]' passt auf alle Strings, die ein Dollarzeichen oder Fragezeichen enthalten.

Steht hinter der öffnenden Klammer ein Dach ^, wird das Komplement der durch den folgenden String dargestellten Zeichenmenge gebildet. Mit [^0-9] wird beispielsweise die Menge aller Zeichen außer Ziffern bezeichnet.

|

Der reguläre Ausdruck *re1*|*re2* passt auf alle Strings, auf die der reguläre Ausdruck *re1* oder der reguläre Ausdruck *re2* passt. Beim Vergleich des regulären Ausdrucks mit einem String geht das System von links nach rechts vor. Das heißt, zuerst wird *re1* ausprobiert und dann (bei Misserfolg) *re2*. Beispiele: Der reguläre Ausdruck 'EUR|DM' passt auf alle Strings, die 'EUR' oder 'DM' enthalten. Der reguläre Ausdruck 'geh(en|t)' passt auf alle Strings, in denen 'gehen' oder 'geht' vorkommt.

()

Durch runde Klammern werden Zeichen zu einer Gruppe zusammengefasst, auf die man dann z.B. die Operatoren + und * anwenden kann. Beispiele: Der reguläre Ausdruck '(ab)+c' passt auf 'ababc', nicht aber auf 'abac', da die komplette Gruppe (ab) wiederholt werden muss.

(?)

Mit einer Zeichenfolge der Form (?*flags*) können gewisse Optionen (Flags) festgelegt werden. Diese beeinflussen die Art und Weise, wie der reguläre Ausdruck ausgewertet wird (siehe compile()-Funktion). Der String *flags* enthält eines oder mehrere der folgenden Zeichen, die jeweils ein Flag repräsentieren:

Zeichen	Flag
i	IGNORECASE
m	MULTILINE
s	DOTALL

Tabelle 16.8: Setzen von Flags mit (?)

Beispiel: Der reguläre Ausdruck '(?i)All' passt auf alle Strings, die unabhängig von Groß- und Kleinschreibung die Zeichenkette 'All' enthalten, also z.B. 'All' oder 'Fall'.

Funktionen

compile()

```
compile(pattern[,flags])
```

Das erste Argument *pattern* ist ein String, der einen regulären Ausdruck enthält. Die Funktion »kompiliert« diesen String zu einem Objekt der Klasse Regular Expression (diese Klassenbezeichnung wird jedoch nicht explizit in der Python-Syntax verwendet). Im optionalen Argument *flags* können Optionen aufgeführt werden. Sie beeinflussen in einigen Details die Art und Weise, wie der reguläre Ausdruck ausgewertet wird. Die folgende Tabelle enthält die wichtigsten Flags:

Flag, Kurzform	Bedeutung
IGNORECASE, I	Beim Vergleich mit einem String wird Groß- und Klein-schreibung ignoriert.
MULTILINE, M	Das Sonderzeichen ^ kennzeichnet den Anfang eines Strings und den Beginn einer Zeile.
DOTALL, S	Das Sonderzeichen . im regulären Ausdruck steht für jedes beliebige Zeichen einschließlich \n (sonst nur be-liebiges Zeichen außer \n)

Tabelle 16.9: Die wichtigsten Flags für reguläre Ausdrücke

Mehrere Flags werden jeweils durch einen |-Operator (bitweises Oder) voneinander getrennt. Beispiel:

```
>>> from re import *
>>> r1 = compile('(?i)All', I|M)
>>> r1.findall('Alle fallen')
['All', 'all']
```

findall()

```
findall(pattern, string)
```

Die Funktion liefert eine Liste von nicht überlappenden Teilstrings, auf die der reguläre Ausdruck *pattern* passt. Mit dieser Funktion ist es möglich, aus einer (unter Umständen sehr langen) Zeichenkette bestimmte Textstellen zu extrahieren. Das folgende Beispiel deutet an, wie man aus einem HTML-Dokument sämtliche Links herauslesen kann (dies ist eine wichtige Aufgabe von Suchrobotern):

```
>>> text = """<html>
<body>
<a href = "http://www.python.org/">Weitere Infos </a>
</body>
</html>"""
>>> a = findall('<a href=".+">', text)
>>> a
['<a href = "http://www.python.org/">']
```

match()

```
match(pattern, string[, flags])
```

Das erste Argument *pattern* enthält als Zeichenkette einen regulären Ausdruck. Es wird geprüft, ob der reguläre Ausdruck auf ein Anfangsstück des Strings *string* passt, und im positiven Fall wird ein Match-Objekt zurückgegeben. Falls *pattern* auf kein Anfangsstück passt, wird None zurückgegeben.

Siehe auch: search(), Match-Objekte, compile()

search()

```
search(pattern, string[, flags])
```

Das erste Argument *pattern* enthält als Zeichenkette einen regulären Ausdruck. Mit seiner Hilfe wird der String im zweiten Argument geprüft und ein Match-Objekt zurückgegeben. Falls der reguläre Ausdruck nicht auf den String passt, wird None zurückgegeben. Das Match-Objekt kann auf verschiedene Weise ausgewertet werden. Optional können als drittes Argument Flags in der gleichen Weise wie bei der compile()- Funktion übergeben werden. Beispiel:

```
>>> m = search('Pfeffer',
        'Mit Pfefferminz bin ich dein Prinz')
>>> m.string[m.start():m.end()]
'Pfeffer'
```

Siehe auch: match(), Match-Objekte, compile()

split()

```
split(pattern, string[,maxsplit])
```

Der String wird in eine Liste mehrerer Teilstrings aufgespalten. Die Trennstrings (Zeichenketten, die im Originalstring zwischen den später getrennten Stücken stehen) werden durch den regulären Ausdruck *pattern* definiert. Mit dem optionalen dritten Argument kann die maximale Anzahl von Splits festgelegt werden. In den folgenden Beispielen wird ein String in Wörter zerlegt:

```
>>> split('\W+', 'Worte, nichts als Worte ...')
['Worte', 'nichts', 'als', 'Worte', '']
>>> split('\W+', 'Worte, nichts als Worte ...', 1)
['Worte', 'nichts als Worte ...']
```

sub()

```
sub(pattern, replace, string[,count])
```

Das erste Argument *pattern* ist ein String mit einem regulären Ausdruck oder ein Objekt der Klasse Regular Expression, das zweite kann eine Funktion oder ein String sein (wir betrachten hier nur Strings). Zurückgegeben wird eine Zeichenkette, die aus dem String im dritten Argument nach folgendem Verfahren berechnet wird: Von links beginnend werden nicht überlappende Vorkommen von Teilstrings, auf die *pattern* passt, durch den String *replace* ersetzt. Bei fehlendem optionalen Argument *count* werden alle passenden Substrings ersetzt, ansonsten gibt *count* die maximale Anzahl von Ersetzungen an.

Regular-Expression-Objekte

Die Funktion compile() erzeugt ein Objekt einer Klasse mit dem (technischen) Namen _sre.SRE_Pattern. Objekte diese Klasse nennen wir kurz *RE-Objekte*.

RE-Objekte verfügen unter anderem über folgende Methoden:

```
findall(string)
match(string[, pos[, endpos]])
search(string[, pos[, endpos]])
split(string[, maxsplit])
sub(replace, string[, count])
```

Die Methoden entsprechen im Wesentlichen den gleichlautenden Funktionen des Moduls. Lediglich match() und search() weichen in einem Detail etwas ab: Die optionalen Argumente *pos* und *endpos* markieren einen Bereich im String, innerhalb dessen nach Substrings gesucht wird, auf die der reguläre Ausdruck passt. Bei fehlendem *pos* und *endpos* wird im ganzen String gesucht.

RE-Objekte besitzen u.a. folgende Attribute:

▸ flags ist eine Nummer, in der die gesetzten Flags codiert sind.

▸ pattern ist ein String mit dem regulären Ausdruck, aus dem das RE-Objekt gebildet wurde.

Beispiel:

```
>>> r1 = compile('a',I)
>>> r1.flags
2
>>> r1.pattern
'a'
```

Match-Objekte

Die Funktionen bzw. Methoden search() und match() geben ein so genanntes *Match-Objekt* zurück, falls der reguläre Ausdruck auf den geprüften String passt. Es kann durch Abfragen von Attributen bzw. Aufruf von Methoden ausgewertet werden.

Attribut/Methode	Erklärung
end()	Liefert den Index vom Ende des passenden Teilstrings.
re	Der reguläre Ausdruck (als RE-Objekt), der beim Aufruf von search() oder match() verwendet wurde

Attribut/Methode	Erklärung
start()	Liefert den Index des Anfangs des passenden Teil-strings.
string	Der String, der geprüft wurde

Tabelle 16.10: Die wichtigsten Methoden und Attribute von Match-Objekten

Beispiel:

```
>>> m = match('Es', 'Es geht mir gut')
>>> print(m.string[m.start():m.end()])
Es
>>> m.string              # geprüfter String
'Es geht mir gut'
>>> m.re                  # RE-Objekt
<_sre.SRE_Pattern object at 0x00A98C00>
>>> m.re.pattern          # regulaerer Ausdruck
'Es'
```

16.6 Performance-Tipps zur Zeichenkettenbearbeitung

String-Konkatenationen mit dem Plusoperator kosten relativ viel Rechenzeit. Wenn Sie aus einer Liste von Strings einen langen String erzeugen wollen, verwenden Sie am besten die Methode join().

Ungünstig ist z.B.:

```
neuerString = ""
for s in liste:
    neuerString += s
```

Die folgende Anweisung leistet das Gleiche und ist schneller:

```
neuerString="".join(liste)
```

Manchmal kommt es vor, dass man die Elemente einer Liste von Strings einzeln bearbeitet und aus den Ergebnissen einen neuen String zusammensetzt.

Ungünstig ist z.B.

```
>>> liste = ['Monika', 'Otto', 'Naomi', 'Dino']
>>> ergebnis = ""
>>> for s in liste:
        ergebnis += s[0] # haenge den ersten Buchstaben an
>>> print(ergebnis)
MOND
```

Das Programm wird schneller, wenn Sie aus der Liste von Strings zuerst eine neue Liste generieren (z.B. mit einer *list comprehension*) und dann die Strings dieser Liste mit join() konkatenieren:

```
>>> neueListe=[s[0] for s in liste]
>>> ergebnis = "".join(neueListe)
>>> print(ergebnis)
MOND
```

Verwenden Sie den Formatierungsoperator % anstelle des Operators +, um einen String aus Einzelteilen zusammenzusetzen (siehe Abschnitt 16.3).

Ungünstig ist z.B.

```
webseite = "<html>" + head + body + "</html>"
```

Schneller ist:

```
webseite = "<html>%s%s</html>" % (head, body)
```

Siehe auch: Performance-Tipps für Sequenzen (Kapitel 2.5)

17 Mathematische Funktionen

Neben den eingebauten Operatoren und Funktionen bietet Python eine Reihe weiterer mathematischer Funktionen zur Verarbeitung von Zahlen. Sie befinden sich in folgenden Modulen des Standardpakets:

- Das Modul array enthält die Klasse Array, die eine effiziente Verarbeitung typisierter numerischer Arrays ermöglicht.
- Das Modul cmath enthält Funktionen für komplexe Zahlen.
- Das Modul decimal unterstützt dezimale Gleitkommaarithmetik.
- Das Modul math enthält spezielle mathematische Funktionen für ganze Zahlen und Gleitkommazahlen sowie einige Konstanten.
- Das Modul random enthält Funktionen zur Erzeugung von Zufallszahlen.

17.1 array

Numerische Arrays (Felder) können mit Hilfe normaler Listen von Zahlen dargestellt werden. Beispiel: zahlenfeld = [1, 2, 3]. Besonders bei der Verarbeitung numerischer Daten kommt es auf Effizienz an. Im Modul array wird die Klasse Array definiert, deren Instanzen Arrays sind, die besonders schnell verarbeitet werden können.

Während eine Liste Objekte beliebiger Typen enthalten kann, sind Arrays auf einen ganz bestimmten Datentyp festgelegt. Dieser wird bei der Erzeugung des Objektes in einem Attribut namens typecode durch ein einzelnes Zeichen definiert.

In der folgenden Tabelle sind die verfügbaren Datentypen für Array-Objekte aufgelistet. Sie orientieren sich an Datentypen der Programmiersprache C.

typecode	C-Datentyp	Größe in Byte
'b'	signed char	1
'B'	unsigned char	1
'u'	Py_UNICODE	2
'h'	signed short	2
'H'	unsigned short	2
'i'	signed int	2
'I'	unsigned int	2
'l'	signed long	4
'L'	unsigned long	4
'q'	signed long long	8
'Q'	unsigned long long	8
'f'	float	4
'd'	double	8

Ein Array-Objekt wird durch einen Aufruf des folgenden Konstruktors instanziiert:

```
array(typecode[,initializer])
```

Als erstes Argument wird ein Einzeichen-String zur Spezifizierung des Datentyps übergeben (siehe Tabelle). Das optionale zweite Argument kann eine Liste oder ein String sein und enthält geeignete Werte für eine Initialisierung des Arrays. Beispiele:

```
>>> from array import *
>>> a = array('u', "Buchstaben")
>>> b = array('h',[1, 2, 3, 4, 5])
```

Um den Inhalt von Array-Objekten auf dem Bildschirm auszugeben, müssen Sie sie zuerst mit Hilfe der Methoden tostring() oder tolist() in eine lesbare Form, nämlich einen String oder eine Liste, überführen:

```
>>> print(a)                 # liefert Objektbezeichnung
array('u', 'Buchstaben')
>>> print(a.tostring())      # Ausgabe als Bytestring
b'B\x00u\x00c\x00h\x00s\x00t\x00a\x00b\x00e\x00n\x00'
>>> print(b.tolist())        # Ausgabe als Liste
[1, 2, 3, 4, 5]
```

Die folgende Tabelle beschreibt die wichtigsten Attribute und Methoden von Array-Objekten:

Attribute/ Methoden	Erklärung
append(x)	Anhängen eines neuen Items x an das Array
count(x)	Anzahl der Vorkommen von x im Array
extend(a)	a ist ein Array desselben Typs. Die Items von a werden angehängt.
fromfile(f, n)	Von dem File-Objekt f werden n Items gelesen und an das Array angehängt.
fromlist(list)	Die Elemente der Liste list werden an das Array angehängt.
fromstring(s)	Der String wird byteweise gelesen und aus den Bytes gemäß dem Datentyp des Arrays werden neue Items gebildet und angehängt.
index(x)	Gibt den kleinsten Index eines Items mit dem Wert x zurück.
insert (i, x)	Ein neues Element mit Wert x wird vor der Position i eingefügt.
itemsize	Attribut, das die Größe eines Items des Arrays in Byte enthält.
pop([i])	Entfernt das Item mit Index i und gibt seinen Wert zurück. Falls das Argument fehlt, wird das letzte Item entfernt.
remove(x)	Entfernt das erste Vorkommen von x aus dem Array.

Attribute/ Methoden	Erklärung
reverse()	Die Reihenfolge der Items wird umgekehrt.
tofile(f)	Alle Items werden byteweise auf das File-Objekt f geschrieben.
tolist()	Zurückgegeben wird eine normale Liste mit den Items des Arrays.
tostring()	Das Array wird in ein Array aus Bytes umgewandelt und dieses in Form eines Strings zurückgegeben.
typecode	Attribut, das den Buchstaben enthält, der den Datentyp des Arrays festlegt.

Tabelle 17.1: Die wichtigsten Attribute und Methoden der Klasse array

17.2 cmath

Das Modul cmath enthält Funktionen für komplexe Zahlen und die beiden reellwertigen Konstanten e und pi. Die Namen der Funktionen sind identisch mit den entsprechenden reellen Funktionen des Moduls math. Das Repertoire an Funktionen der beiden Module math und cmath ist ähnlich, aber nicht identisch.

Funktion/Konstante	Erklärung
acos(x)	Arcuskosinus von x
acosh(x)	Hyperbolischer Arcuskosinus von x
asin(x)	Arcussinus von x
asinh(x)	Hyperbolischer Arcussinus von x
atan(x)	Arcustangens von x
atanh(x)	Hyperbolischer Arcustangens von x
cos(x)	Kosinus von x
cosh(x)	Hyperbolischer Kosinus von x

Funktion/Konstante	Erklärung
e	Die mathematische Konstante e== 2.7182818284590451
exp (x)	e^x
log (x)	Natürlicher Logarithmus von x (Basis e)
Log10(x)	Logarithmus von x zur Basis 10
sin(x)	Sinus von x
sinh(x)	Hyperbolischer Sinus von x
pi	Die mathematische Konstante pi == 3.1415926535897931
sqrt (x)	Quadratwurzel von x
tan(x)	Tangens von x
tanh(x)	Hyperbolischer Tangens von x

Tabelle 17.2: Mathematische Funktionen und Konstanten des Moduls cmath

17.3 decimal

In der Finanzmathematik spielt die Korrektheit und kontrollierte Genauigkeit von Rechnungen mit Dezimalzahlen eine große Rolle. Bilanzen müssen stimmen und bei Rechnungen mit Geldbeträgen darf nichts verloren gehen. Für manche Bereiche (z.B. Währungsumrechnungen) gibt es sogar gesetzliche Vorschriften zur Genauigkeit, die erfüllt werden müssen.

Für die Dezimalarithmetik enthält Python seit der Version 2.4 das Modul decimal. Es orientiert sich am ANSI/IEEE Standard 854-1987 für Basisunabhängige Gleitkomma-Arithmetik. Die dezimale Gleitkomma-Arithmetik mit Python basiert auf folgenden Konzepten:

▸ Dezimalzahlen werden durch Objekte der Klasse decimal exakt dargestellt. Binärzahlen, die das System intern verwendet, können Dezimalzahlen dagegen nur näherungsweise repräsentieren.

▸ Das dezimale Rechnen findet in einem konfigurierbaren *Kontext* (Objekt der Klasse Context) statt, durch den bestimmte Bedingungen für die Ausführung von Operationen festgelegt werden (z.B. Art und Weise der Rundung).

▸ Bestimmte Ereignisse – wie. z.B. das Auftreten eines Rundungsfehlers bei einer arithmetischen Operation – erzeugen *Signale* (*signals*), die das aktuelle Context-Objekt als *Flags* speichert. Kritische Ereignisse hinterlassen also Spuren, die man im Kontext später nachlesen kann. Dies ist ein zusätzlicher Sicherheitsmechanismus, der das Vertrauen in die numerische Korrektheit eines Rechenergebnisses verbessert.

▸ Man kann den Kontext so einstellen, dass bestimmte Signale eine Ausnahme auslösen und die Ausführung des Programms unterbrechen. Man spricht hier von *Traps* (engl. *Fallen*). Der Programmierer stellt gewissermaßen Fallen auf, die bei bestimmten Ereignissen »zuschnappen«.

Objekte der Klasse Decimal

Decimal-Objekte instanziieren

Mit Hilfe des Konstruktors Decimal() können Sie Decimal-Objekte instanziieren. Als Argument verwenden Sie

▸ eine ganze Zahl (int) oder

▸ einen String, der eine Gleitkommazahl (float) darstellt.

Beispiele:

```
>>> from decimal import *
>>> x = Decimal(10)
>>> x
Decimal("10")

>>> y = Decimal (1234567890)
>>> y
Decimal('1234567890')
```

```
>>> z = Decimal ('1.23')
>>> z
Decimal('1.23')
```

Seit Python 3.2 können Sie ein Decimal-Objekt auch direkt aus einer Gleitkommazahl (float) erzeugen:

```
>>> Decimal.from_float(0.1)
Decimal('0.1000000000000000055511151231257827021181583404541015625')
```

Arithmetik

Decimal-Objekte stellen Dezimalbrüche exakt dar. Gleitkommazahlen (float) dagegen werden intern durch Binärzahlen repräsentiert. Bereits ein einfacher Dezimalbruch wie 0.1 wird deshalb nur näherungsweise, aber nicht exakt wiedergegeben:

```
>>> 0.1
0.10000000000000001
```

Additionen und Subtraktionen, die in der Dezimalarithmetik exakte Ergebnisse liefern, führen deshalb bei der Gleitkommaarithmetik zu Fehlern.

```
>>> 0.1 + 0.1 + 0.1 - 0.3
5.5511151231257827e-017
```

Verwendet man Decimal-Objekte, erhält man für den obigen Term das erwartete exakte Ergebnis:

```
>>> x = Decimal ('0.1')
>>> y = Decimal ('0.3')
>>> x + x + x - y
Decimal('0.0')
```

Auf Decimal-Objekte können arithmetische Operatoren angewendet werden. Das Ergebnis ist dann wieder ein Objekt der Klasse Decimal.

```
>>> Decimal(2) ** Decimal(3)      # Potenzieren
Decimal('8')
>>> Decimal (2) / Decimal(5)      # exakte Division
Decimal('0.4')
```

Sofern Sie das Modul math importiert haben, können Sie mathematischen Funktionen Decimal-Objekte übergeben. Die Funktion gibt aber dennoch eine Gleitkommazahl zurück:

```
>>> sqrt (Decimal(2))
1.4142135623730951
```

Für die Berechnung der Wurzel haben Decimal-Objekte die Methode sqrt(). Sie liefert im Unterschied zur Funktion sqrt aus dem Modul math ein Decimal-Objekt.

```
>>> Decimal(2).sqrt()
Decimal('1.414213562373095048801688724')
```

Spezielle Decimal-Objekte

Es gibt spezielle Objekte für die Werte *unendlich*, *minus unendlich* und NaN (*not a number*, ungültiger Zahlenwert, der z.B. bei der Division 0/0 entsteht). Um Rechnungen mit diesen Objekten zu ermöglichen, muss erst die Trap für Divisionen durch null deaktiviert werden.

```
>>> getcontext().traps[DivisionByZero]= False
>>> Decimal(1) / Decimal(0)
Decimal('Infinity')
>>> Decimal(-1) / Decimal(0)
Decimal('-Infinity')
>>> Decimal(0) / Decimal(0)
Decimal('NaN')
```

Mit dem Dezimalobjekt für *unendlich* kann man Rechnungen durchführen:

```
>>> x = Decimal('Infinity')
>>> x + 100
Decimal('Infinity')
>>> x + x
Decimal('Infinity')
```

Kontexte

Rechnungen mit Dezimalobjekten finden immer in einem Kontext statt, der durch ein Objekt der Klasse Context repräsentiert wird. Für jeden

Thread wird automatisch ein Kontext erzeugt. Tabelle 17.3 erklärt die Attribute von Context-Objekten.

Attribut	Erklärung
capitals	Hat den Wert 1, wenn für die Exponentialschreibweise ein großes E verwendet wird, und 0, wenn ein kleines e verwendet wird.
Emax	Größter Exponent bei Exponentialschreibweise
Emin	Kleinster Exponent bei Exponentialschreibweise
flags	Ein Dictionary, in dem festgehalten ist, welche Signale bei der Rechnung erzeugt worden sind
prec	Präzision, d.h. die Anzahl signifikanter Stellen einer Gleitkommazahl
rounding	Rundungsverfahren, das bei arithmetischen Operationen angewendet wird. Mögliche Werte sind: ROUND_CEILING, ROUND_DOWN, ROUND_FLOOR, ROUND_HALF_DOWN, ROUND_HALF_EVEN, ROUND_HALF_UP, ROUND_UP
traps	Dictionary mit den gesetzten Traps. Es spezifiziert die Signale, die zu einer Ausnahme (Programmabbruch) führen.

Tabelle 17.3: Attribute eines Context-Objektes

Eine Beschreibung des aktuellen Kontextes erhalten Sie durch Aufruf der Funktion getcontext(). Im folgenden Beispiel sieht man die Beschreibung des Standard-Kontextes, der nach dem Import des Moduls decimal vorgegeben wird (DefaultContext).

```
>>> from decimal import *
>>> getcontext()
Context(prec=28, rounding=ROUND_HALF_EVEN, Emin=-999999, Emax=
999999, capitals=1, clamp=0, flags=[], traps=[InvalidOperation,
DivisionByZero, Overflow])
```

Sie können den vorgegebenen Standard-Kontext (das Objekt Default-Context) verwenden oder einen eigenen Kontext definieren. Das Format des Konstruktors ist

```
Context(prec=None, rounding=None, Emin=None, Emax=None,
    capitals=None, clamp=None, flags=None, traps=None)
```

Die Attribute, die vom Standard abweichen, werden als Schlüsselwort-Argumente übergeben. Für alle nicht spezifizierten Attribute werden die Werte aus dem Standardkontext DefaultContext übernommen. Beispiel:

```
>>> meinKontext = Context(prec=3)
```

In diesem Fall wird im neu definierten Kontext die Präzision auf 3 gesetzt. Durch einen Aufruf der Funktion setcontext() bestimmen Sie den aktuellen Kontext neu. Beispiel:

```
>>> setcontext(meinKontext)
>>> x = Decimal("0.123456789")
>>> x/7
Decimal('0.0176')
```

Sie sehen, dass im neuen Kontext meinKontext Dezimalzahlen, die bei einer Rechnung entstehen, nur noch mit einer Präzision von drei signifikanten Stellen dargestellt werden, während der DefaultContext 28 Stellen vorsieht.

Für Context-Objekte gibt es die bereits erwähnten Funktionen setcontext() und getcontext(). Darüber hinaus verfügen Context-Objekte über einige Methoden. Tabelle 17.4 fasst die wichtigsten Operationen zusammen.

Operation	Erklärung
getcontext()	Die Funktion liefert das aktuelle Context-Objekt.
setcontext(*context*)	Das Context-Objekt *context* wird zum aktuellen Kontext.
c.clear_flags()	Im Kontext c werden alle Flags (die zuvor von Signalen gesetzt worden sind) gelöscht.
c.copy()	Liefert eine Kopie des Kontextes c.

Tabelle 17.4: Einige Operationen für Context-Objekte

Das Modul decimal enthält einige vorkonfigurierte Kontexte. Das Objekt DefaultContext haben wir bereits erwähnt. Darüber hinaus gibt es

▸ einen erweitererten Kontext (ExtendedContext), in dem keine Traps gesetzt sind, und

▸ einen Basiskontext mit sehr vielen Traps (BasicContext).

```
>>> ExtendedContext
Context(prec=9, rounding=ROUND_HALF_EVEN, Emin=-999999, Emax=
999999, capitals=1, clamp=0, flags=[], traps=[])

>>> BasicContext
Context(prec=9, rounding=ROUND_HALF_UP, Emin=-999999, Emax=
999999, capitals=1, clamp=0, flags=[], traps=[Clamped, InvalidO-
peration, DivisionByZero, Overflow, Underflow])
```

Signale

Ein Signal (*signal*) repräsentiert ein besonderes Ereignis, das bei einer Rechenoperation mit einem Dezimalobjekt aufgetreten ist, z.B. eine ungültige Operation oder eine Rundung. Das Signal bewirkt, dass in die Flagliste des aktuellen Kontextes ein Flag eingetragen wird. Tabelle 17.5 zeigt eine Übersicht der wichtigsten Flags. Nach einer Rechnung kann man die Flags des Kontextes prüfen und z.B. feststellen, ob bei einer Rechnung ein Rundungsfehler aufgetreten ist oder das Ergebnis exakt ist. Das Attribut flags des Kontextes ist ein Dictionary. Schlüssel sind die Flags der verschiedenen Signale (siehe Tabelle 17.5). In dem Dictionary ist zu jedem Flag vermerkt, ob das korrespondierende Ereignis (z.B. Rundung) aufgetreten ist. Nach diesem Check sollten Sie die Flags mit clear_flags() wieder zurücksetzen, bevor Sie eine neue Rechnung durchführen. Beispiel:

```
>>> getcontext().prec=3
>>> x = Decimal(1)
>>> x = x/3
>>> x
Decimal('0.333')
>>> getcontext().flags[Rounded] # Wurde gerundet?
```

```
True
>>> getcontext()                # Der aktuelle Kontext
Context(prec=3, rounding=ROUND_HALF_EVEN, Emin=-999999, Emax=
999999, capitals=1, clamp=0, flags=[Inexact, Rounded], traps=
[InvalidOperation, DivisionByZero, Overflow])
```

Den Flags in der Kontextbeschreibung kann man ablesen, dass gerundet wurde und die berechnete Zahl nicht exakt ist. Diese Flags können Sie zurücksetzen:

```
>>> getcontext().clear_flags()  # Flags zurücksetzen
>>> getcontext()
Context(prec=3, rounding=ROUND_HALF_EVEN, Emin=-999999, Emax=
999999, capitals=1, clamp=0, flags=[], traps=[InvalidOperation,
DivisionByZero, Overflow])
```

Nun ist die Liste der Flags wieder leer.

Flag	Erklärung
ConversionSyntax	Es wurde versucht, einen ungeeigneten String in eine Dezimalzahl zu konvertieren, z.B. Decimal("eins").
DivisionByZero	Signalisiert die Division einer endlichen Zahl ungleich null durch null, z.B. 1/0.
DivisionUndefined	Signalisiert die ungültige Division 0/0.
Inexact	Zeigt an, dass gerundet worden ist und das Ergebnis nicht exakt ist.
InvalidOperation	Zeigt eine ungültige Operation an, für die es kein spezifischeres Signal gibt, z.B. *unendlich - unendlich*, $0 *$ *unendlich*, nicht aber 1/0 (DivisionByZero).
Overflow	Signalisiert, dass der Exponent eines Rechenergebnisses nach Rundung größer als Emax ist.
Rounded	Signalisiert, dass gerundet worden ist.
Underflow	Signalisiert, dass der Exponent eines Rechenergebnisses nach Rundung kleiner als Emin ist.

Tabelle 17.5: Die Flags einiger Signale

Traps

Eine Besonderheit der Dezimalarithmetik mit Python ist, dass ungültige arithmetische Operationen (z.B. Division durch null) nicht unbedingt zum Programmabbruch führen. Mit Traps können Sie individuell einstellen, welche Ereignisse Ausnahmen auslösen und welche nicht.

Wenn Sie als aktuellen Kontext den ExtendedContext wählen, sind alle Traps deaktiviert. Nun ist praktisch alles erlaubt aber es gibt folgende Besonderheiten:

‣ Die Division einer endlichen Zahl ungleich null liefert als Ergebnis
   –unendlich oder *+unendlich.*

‣ Andere ungültige Operationen liefern den Sonderwert NaN (*not a number*).

Beispiel:

```
>>> from decimal import *
>>> setcontext(ExtendedContext)  # Traps ausschalten
>>> Decimal(1)/Decimal(0)
Decimal('Infinity')
>>> Decimal(-1)/Decimal(0)
Decimal('-Infinity'')
>>> Decimal('Infinity') * 2
Decimal('Infinity')
>>> Decimal("Eins")
Decimal("NaN")
>>> Decimal('Infinity') - Decimal('Infinity')
Decimal('NaN')
>>> Decimal(0)/Decimal(0)
Decimal('NaN')
```

Will man erreichen, dass ein Signal eine Ausnahme (mit Programmabbruch) auslöst, muss im aktuellen Kontext für dieses Signal eine Trap (*Falle*) gesetzt werden. Das Context-Attribut traps (siehe Tabelle 17.3) ist ein Dictionary, das Sie verändern können. Schlüssel sind die Flags der Signale (siehe Tabelle 17.5). Tragen Sie zum Flag des gewünschten Signals

(Schlüssel) den Wert 1 ein. Die folgende Beispielsession illustriert das Setzen einer Trap:

```
>>> from decimal import *
>>> setcontext(ExtendedContext)        # Traps ausschalten
>>> Decimal(1)/Decimal(0)              # erlaubt
Decimal('Infinity')
>>> getcontext().traps[DivisionByZero]= True  # Trap
>>> Decimal(1)/Decimal(0)              # nicht erlaubt
Traceback (most recent call last):
  ...
DivisionByZero: x / 0
```

17.4 math

Das Modul math enthält mathematische Funktionen entsprechend dem C-Standard sowie die beiden Konstanten e und pi. Die Funktionen akzeptieren ganze Zahlen, Gleitkommazahlen und Decimal-Objekte (das Modul decimal muss dann zusätzlich importiert worden sein). Für komplexe Zahlen gibt es das Modul cmath. Funktionen, die auf Decimal-Objekte angewandt werden, liefern Gleitkommazahlen oder ganze Zahlen:

```
>>> from math import *
>>> from decimal import *
>>> sqrt (Decimal(2))
1.4142135623730951
>>> floor(Decimal(2.1))
2
```

Funktion/Konstante Erklärung

Funktion/Konstante	Erklärung
acos(x)	Arcuskosinus von x
asin(x)	Arcussinus von x
atan(x)	Arcustangens von x
atan2(y,x)	atan(y/x)
ceil(x)	Der nach oben gerundete ganzzahlige Wert von x
cos(x)	Kosinus von x

Funktion/Konstante   Erklärung

Funktion/Konstante	Erklärung
cosh(x)	Hyperbolischer Kosinus von x
degrees(x)	Liefert zu einem Winkel von x rad den Winkel in Grad.
e	Die mathematische Konstante e == 2.7182...
exp (x)	e^x
fabs(x)	Absolutwert der Gleitkommazahl x
floor(x)	Der nach unten gerundete Wert von x
fmod(x, y)	Der Wert von x modulo y als Gleitkommazahl
frexp(x)	Liefert Mantisse und Exponent von x als Paar (m, e); dabei ist m eine Gleitkommazahl und e eine ganze Zahl, so dass $x = m*2^e$.
hypot(x, y)	Euklidischer Abstand $\div x^2 + y^2$
ldexp(x, i)	$x*2^i$
log (x)	Natürlicher Logarithmus von x (Basis e)
log10(x)	Logarithmus von x zur Basis 10
modf(x)	Liefert ein Paar bestehend aus dem Nachkommateil und dem ganzzahligen Teil der Gleitkommazahl x. Beispiel: modf(4.2) ergibt (0.2, 4.0).
pow(x,y)	x hoch y
radians(x)	Berechnet zum Winkel von x Grad das Bogenmaß in Radianten.
sin(x)	Sinus von x
sinh(x)	Hyperbolischer Sinus von x
pi	Die mathematische Konstante pi == 3.1415...
sqrt (x)	Quadratwurzel von x
tan(x)	Tangens von x
tanh(x)	Hyperbolischer Tangens von x

Tabelle 17.6: Mathematische Funktionen und Konstanten des Moduls math

17.5 random

Das Modul random enthält Funktionen zur Generierung von Zufallszahlen oder zur zufälligen Auswahl von Elementen einer Sequenz. Hier eine Übersicht:

Funktion	Erklärung
choice(*seq*)	Wählt zufälliges Element aus der Sequenz *seq*.
expovariate(*lambd*)	Liefert Gleitkommazahl gemäß einer Exponentialverteilung.
gauss(*mu*, *sigma*)	Liefert Gleitkommazahl gemäß einer Normalverteilung zum Mittelwert *mu* mit der Standardabweichung *sigma*.
getstate()	Liefert Zustand des Zufallsgenerators.
jumpahead(*n*)	Überspringen von *n* Aufrufen des Zufallsgenerators
randint(a,b)	Liefert zufällige ganze Zahl aus dem Intervall [*a*,*b*].
random()	Liefert zufällige Gleitkommazahl aus dem Intervall (0.0,1.0).
shuffle(*x*)	»Mischt« die Liste *x*, das heißt, die Elemente bekommen eine zufällige Reihenfolge.
seed([*x*])	Initialisierung des Zufallsgenerators
setstate(*state*)	Zufallsgenerator wird in neuen Zustand versetzt.
uniform(a,b)	Liefert zufällige Gleitkommazahl aus dem Intervall [*a*,*b*).

Tabelle 17.7: Die wichtigsten Funktionen des Moduls random

Neben den Funktionen wird im Modul random die Klasse Random definiert, von der Zufallsgenerator-Objekte instanziiert werden können. Ein Zufallsgenerator-Objekt wird durch einen Aufruf des Konstruktors Ran-

dom() erzeugt. Als optionaler Parameter kann eine Zahl übergeben werden, die als »seed« für die Initialisierung verwendet wird. Fehlt das Argument, wird die aktuelle Uhrzeit zur Initialisierung herangezogen. Beispiel:

```
>>> g = Random()
>>> g = Random(15)
```

Zufallsgenerator-Objekte verfügen über genau die Methoden, die auch
als Funktionen im Modul enthalten sind.

Programmierhinweis

Die Funktionen des Moduls sind nicht threadsicher. Das heißt, dass
unter bestimmten Umständen nebenläufige Threads die gleiche
Zufallszahl erhalten können. Um dies zu vermeiden, sollte jeder
Thread, der Zufallszahlen benötigt, über einen eigenen Zufallsgenerator verfügen. Die folgende Funktion erzeugt eine Liste mit *anzahl* Zufallsgeneratoren, die unterschiedlich initialisiert werden.
Übrigens dürfen hier die Zufallsgeneratoren nicht allein auf der Basis der Uhrzeit initialisiert werden, da die Zeitabstände zwischen
den Aufrufen von Random() zu kurz sind:

```
>>> def erzeuge_generatoren(anzahl):
        import time
        ergebnis = []
        for i in range(anzahl):
            g = Random(time.time()+i)
            ergebnis.append(g)
        return ergebnis

>>> g1,g2 = erzeuge_generatoren(2)
>>> g1.random()
0.16696536478674351
>>> g2.random()
0.17826405321384708
```

choice()

```
choice(seq)
```

Aus der Sequenz *seq* wird nach dem Zufallsprinzip ein Element ausgewählt. Beispiele:

```
>>> farbe = ["Karo", "Herz", "Pik", "Kreuz"]
>>> choice(farbe)
'Karo'
>>> choice("Schwartemagen")
'h'
```

expovariate()

```
expovariate(lambd)
```

Die Funktion liefert zufällige Gleitkommazahlen gemäß einer Exponentialverteilung. Das heißt, sie liefert Werte zwischen null und plus unendlich, wobei für die Dichte der Zufallswerte x gilt: $f(x) = lambd * exp(-lambd*x)$. Der Parameter *lambd* (in der Mathematik verwendet man den griechischen Buchstaben Lambda, aber lambda ist ein Python-Schlüsselwort und darf nicht als Name verwendet werden) ist der Kehrwert des Erwartungswertes.

Programmierhinweis

Zufallsereignisse, bei denen die Zeit eine Rolle spielt, sind häufig in guter Näherung exponentialverteilt, wie z.B. die Dauer von Telefongesprächen oder die Lebensdauer von Glühbirnen. Das folgende Skript simuliert das Durchbrennen von Glühbirnen der Lebensdauer 1000 Stunden (Erwartungswert).

```
>>> for i in range(10):
    print("Die", str(i+1)+". Birne brennt nach",
          str(int(expovariate(1/1000.0))),
          "Stunden durch.")
```

```
Die 1. Birne brennt nach 284 Stunden durch.
Die 2. Birne brennt nach 1975 Stunden durch.
Die 3. Birne brennt nach 1853 Stunden durch.
Die 4. Birne brennt nach 470 Stunden durch.
Die 5. Birne brennt nach 915 Stunden durch.
Die 6. Birne brennt nach 579 Stunden durch.
Die 7. Birne brennt nach 1539 Stunden durch.
Die 8. Birne brennt nach 1062 Stunden durch.
Die 9. Birne brennt nach 348 Stunden durch.
Die 10. Birne brennt nach 60 Stunden durch.
```

gauss()

gauss(*mu*, *sigma*)

Die Funktion liefert eine Gleitkommazahl, die gemäß einer Normalverteilung zum Mittelwert *mu* mit der Standardabweichung *sigma* gebildet wurde. Das heißt, die zurückgegebene Zahl liegt in der Nähe von *mu*; je größer die Standardabweichung ist, desto stärker weichen die produzierten Werte von *mu* ab.

```
>>> gauss(100,10)
97.838696356692722
>>> gauss(100,10)
115.58162929893652
```

Programmierhinweis

Das folgende Skript erzeugt zwei Bilder (Canvas-Objekte) mit jeweils hundert »zufälligen« Punkten, deren Koordinaten mittels gauss() generiert werden. Man kann es sich vorstellen als das Ergebnis eines Zielscheibenschießens zweier unterschiedlich guter Schützen. Zweierlei ist zu beobachten:

▸ Die Punkte häufen sich um den Mittelpunkt (100,100)

> Im rechten Bild, bei der größeren Standardabweichung (*sigma* =
> 50), streuen die Punkte stärker.

```python
import random
from tkinter import *
def normal (sigma):
    mu = 100
    fenster = Tk()
    canvas = Canvas(fenster, height=200,
                    width=200, bg = "white")
    canvas.grid()
    for i in range (100):
        x = random.gauss(mu, sigma)
        y = random.gauss(mu, sigma)
        canvas.create_oval(x-2,y-2,x+2,y+2,
                           fill="black")

normal(10)
normal(50)
```

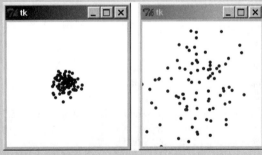

Abbildung 17.1: Punkte mit normal verteilten zufälligen Koordinaten

getstate()

getstate()

Ein Zufallsgenerator befindet sich immer in einem Zustand. Mit get-state() kann dieser Zustand abgefragt und gespeichert werden.

```
>>> a = getstate()
>>> a
(1, (5908, 583, 291), None)
```

Der Zufallsgenerator liefert nun bei jedem Aufruf z.B. von random() eine neue Zufallszahl und wechselt in einen neuen Zustand.

```
>>> random()
0.31643506170748203
>>> random()
0.78763523120042311
>>> random()
0.43371913010517171
```

Versetzt man den Zufallsgenerator mit setstate() wieder in den gleichen Zustand zurück, so liefert er bei random()-Aufrufen exakt die gleiche Zahlenfolge wie beim ersten Mal. Das heißt, die Folge der Zufallszahlen ist durch die Initialisierung vorbestimmt.

```
>>> setstate(a)
>>> random()
0.31643506170748203
>>> random()
0.78763523120042311
```

jumpahead()

jumpahead(n)

Die Funktion bzw. Methode bewirkt, dass n Aufrufe des Zufallsgenerators übersprungen werden. Der Zufallsgenerator befindet sich anschließend genau in dem Zustand, in dem er sich auch nach n-maligem Aufruf von random() befinden würde.

randint()

randint(*a,b*)

Die Funktion liefert eine ganze Zufallszahl *x* (Gleichverteilung) aus dem geschlossenen Intervall [*a,b*]. Das heißt, es gilt *a* <= *x* <= *b*. Beispiel:

```
>>> for i in range (10): print randint(1,5),
5 1 5 4 3 5 1 3 4 1
```

random()

random()

Alle Zufallsfunktionen basieren auf der Funktion random(). Sie liefert (gleich verteilt) eine zufällige Gleitkommazahl *x* mit $0 <= x < 1$. Python verwendet einen Wichmann-Hill-Generator mit der Periode 6953607871644. Das heißt, nach 6953607871644 Aufrufen von random() wird die gleiche Zufallszahlen-Sequenz von Neuem durchlaufen. Beispiel:

```
>>> random()
0.26641883469861172
```

shuffle()

shuffle(*x*)

Die Prozedur (Funktion ohne Rückgabe) mischt die Liste *x* »in place«, das heißt, die Elemente der Liste werden in eine zufällige Reihenfolge gebracht. Beispiel:

```
>>> s =["Karo","Herz","Pik", "Kreuz"]
>>> shuffle(s)
>>> s
['Pik', 'Herz', 'Kreuz', 'Karo']
```

seed()

seed([x])

Der Zufallsgenerator wird durch einen Aufruf dieser Funktion (neu) initialisiert. Als Argument kann optional eine Zahl oder ein hashbares Objekt (d.h. Objekt, zu dem ein Hash-Wert erzeugt werden kann) angegeben werden. Lässt man das Argument weg, wird die aktuelle Uhrzeit als »seed« herangezogen. Bei der Generierung eines Zufallsgenerator-Objektes wird dieses automatisch mit seed() initialisiert. Der Aufruf g = Random(x) hat die gleiche Wirkung wie die beiden Aufrufe

```
g = Random()
g.seed(x)
```

Programmierhinweis

Zwei Generatorobjekte, die mit Random() instanziiert worden sind und mit dem gleichen Seed-Wert initialisiert worden sind, befinden sich in dem gleichen Anfangszustand. Sie erzeugen dann auch exakt gleiche Folgen von Zufallszahlen. Beispiel:

```
>>> g1=Random()
>>> g1.seed(123)
>>> g2=Random()
>>> g2.seed(123)
>>> g1.getstate()
(1, (124, 1, 1), None)
>>> g1.random()
0.71180024446653056
>>> g2.getstate()
(1, (124, 1, 1), None)
>>> g2.random()
0.71180024446653056
```

setstate()

`setstate(state)`

Der Zufallsgenerator wird in den Zustand `state` gebracht, den man normalerweise zuvor mit `getstate()` gespeichert hat.

Siehe auch: `getstate()`

uniform()

`uniform(a,b)`

Die Funktion liefert (gleich verteilt) eine zufällige Gleitkommazahl x aus dem halboffenen Intervall $[a,b)$. Das heißt, es gilt $a <= x <= b$. Beispiel:

```
>>> print uniform(1, 1000)
664.257832055
```

17.6 statistics

Das Modul `statistics` (neu in Python 3.4) enthält einige nützliche Funktionen zur statistischen Auswertung numerischer Daten. Das Argument eines Funktionsaufrufs ist in der Regel eine beliebige Kollektion (Liste, Tupel etc.) von Zahlen. Es werden die Standardklassen `int` und `float` sowie die Klassen `Decimal` und `Fraction` unterstützt. Die Tabelle gibt einen Überblick über die wichtigsten Funktionen.

Funktion	Erklärung
`mean(data)`	Mittelwert der Zahlen aus `data`
`median(data)`	Median der Zahlenkollektion `data`
`mode(data)`	Der am häufigsten vorkommende Wert in `data`
`pstdev(data)`	Standardabweichung einer Population (N Freiheitsgrade)
`pvariance(data)`	Varianz einer Population (N Freiheitsgrade), das Quadrat der Standardabweichung der Population.

Funktion	Erklärung
stdev(*data*)	Standardabweichung einer Stichprobe (N-1 Freiheitsgrade)
variance(*data*)	Varianz einer Stichprobe (N-1 Freiheitsgrade), das Quadrat der Standardabweichung

Tabelle 17.8: Einige Statistik-Funktionen

mean()

```
mean(data)
```

Das Argument *data* ist eine nicht-leere Kollektion (Liste, Tupel, Menge etc.) von Zahlen. Zurückgegeben wird der Mittelwert, also $(a_0 + a_1 + \ldots + a_{n-1})/n$. Beispiele:

```
>>> from statistics import *
>>> mean ([1, 2, 3, 4])
2.5
>>> mean({1.2, 1.6, 0.5})
1.0999999999999999
```

median()

```
median(data)
```

Das Argument *data* ist eine nicht-leere Kollektion von Zahlen. Zurückgegeben wird der Median. Der Median einer Kollektion von Zahlen ist der Wert, der in der Mitte steht, wenn man die Zahlen der Größe nach sortiert.

```
>>> from statistics import *
>>> median ([1, 3, 8, 12, 13])
8
```

Bei einer geraden Anzahl von Elementen ist der Median der Mittelwert der beiden mittleren Werte, wenn man die Zahlen der Größe nach sortiert:

```
>>> median ([1, 3, 4, 8])
3.5
```

mode()

```
mode(data)
```

Das Argument *data* ist eine beliebige nicht-leere Kollektion, die auch nichtnumerische Items enthalten kann. Zurückgegeben wird der am häufigsten vorkommende Wert. Beispiele (Python-Shell):

```
>>> from statistics import *
>>> mode ([1, 1, 1, 2, 1])
1
>>> mode("aadffraasaaa")
'a'
```

Falls es kein eindeutiges Ergebnis gibt, sondern mehrere häufigste Werte, die gleich häufig vorkommen, gibt es einen StatisticsError.

pstdev() und pvariance()

```
pstdev(data)
pvariance(data)
```

Das Argument *data* ist eine nicht-leere Kollektion von Zahlen. Sie repräsentiert Werte, die zu einer Grundgesamtheit (Population) gehören. Zurückgegeben wird die Standardabweichung der Population (*standard deviation*) bzw. die Varianz. Die Varianz ist das Quadrat der Standardabweichung. Beide Größen sind ein Maß für die Streuung der Werte. Wenn die Standardabweichung 0 ist, sind alle Werte identisch. Je größer die Standardabweichung, desto unterschiedlicher sind die Zahlen.

$$\sigma = \sqrt{\frac{1}{N}\sum_{i=1}^{N}(x_i - \mu)^2}$$

Abbildung 17.2: Formel zur Berechnung der Standardabweichung einer Population

Beispiele:

```
>>> from statistics import *
>>> pstdev([1, 1, 1, 1, 1])
0.0
>>> pstdev([1, 2, 3, 4, 5])
1.4142135623730951
```

stdev() und variance()

```
stdev(data)
variance(data)
```

Das Argument *data* ist eine nicht-leere Kollektion von Zahlen. Sie repräsentiert Werte, die zu einer Stichprobe aus einer Grundgesamtheit gehören. Zurückgegeben wird die *empirische* Standardabweichung einer Stichprobe bzw. die empirische *Varianz* (Quadrat der empirischen Standardabweichung). Beide Größen sind ein Maß für die geschätzte Streuung der Werte. Der Unterschied zur Standardabweichung bzw. Varianz einer Population liegt darin, dass die Abweichungsquadrate durch N-1 statt durch N geteilt werden.

$$s = \sqrt{\frac{1}{N-1} \sum_{i=1}^{N} (x_i - \bar{x})^2}$$

Abbildung 17.3: Formel zur Berechnung der empirischen Standardabweichung.

Beispiel:

```
>>> from statistics import *
>>> stdev([1, 2, 3, 4, 5])
1.5811388300841898
```

17.7 Das Modul secrets

Das Modul secrets enthält hochwertige Zufallsfunktionen, die man zur Lösung kryptografischer Aufgaben – z.B. Erzeugung einer wirklich zufälligen ID – verwenden kann. Die Standard-Zufallsfunktionen von Python liefern nur scheinbar zufällige Zahlen (Pseudozufallszahlen). Sie können sehr schnell berechnet werden und werden für Simulationen statischer Prozesse und zum Testen von Programmen verwendet.

Was ist das Problem mit dem Pseudozufall?

Eine Folge von Pseudozufallszahlen erscheint zwar zufällig, ist aber in Wirklichkeit durch einen Algorithmus berechnet worden. Der Algorithmus beginnt mit einem Startwert (Seed) und berechnet daraus die erste Pseudozufallszahl, aus dieser wiederum die zweite Pseudozufallszahl usw. Der Seed kann z.B. aus der Uhrzeit berechnet werden. Mit dem gleichen Startwert bekommt man immer wieder exakt dieselbe Folge von Zahlen. Wenn jemand den Seed und das Verfahren kennt, kann sie oder er alle Pseudozufallszahlen vorhersagen. Das hat dann mit Zufall nichts mehr zu tun.

Nun das Problem. Wenn sich jemand auf einer Website einloggt, bekommt sie oder er für die Session eine zufällige ID, einen String wie ApR4TZ76qEbghH8m. Solch einen Zufallsstring nennt man auch *Token*. Jeder Nutzer hat seine eigene ID, die für die gesamte Session gültig ist. Bei Pseudozufallszahlen ist es möglich, aus der eigenen ID den Seed und das Berechnungsverfahren zu ermitteln. Mit dieser Information kann man die nächsten Session-IDs der Website vorausberechnen und sich in Sessions anderer Nutzer einklinken. Eine gefährliche Sicherheitslücke, die man bei Python-Projekten durch Anwendung des neuen Standardmoduls secrets schließen kann.

choice()

```
choice(sequence)
```

Wählt ein zufälliges Element aus einer Sequenz (String, Liste etc.) und gibt es zurück.

```
>>> from secrets import choice
>>> choice("Zufall")
'l'
```

randbelow()

```
randbelow(n)
```

Liefert eine ganze Zufallszahl zwischen 0 und *n*. Die zurückgegebene Zahl ist mindestens 0 und kleiner als *n*.

```
>>> randbelow(10**30)
852013153764490420970413767275
```

randbits()

```
randbits(k)
```

Liefert eine ganze Zufallszahl aus *k* zufälligen Bits. Die Zufallszahl hat also in der Binärdarstellung eine Länge von *k*.

```
>>> randbits(64)
10283130187341542339
>>> randbits(64)
15770200205848095890
```

token_bytes()

```
token_bytes([nbytes])
```

Die Funktion liefert einen zufälligen Bytestring der Länge *nbytes*. Lässt man das optionale Argument weg, wird ein zufälliger Bytestring »vernünftiger Länge« (z.B. 32 Bytes) zurückgegeben.

```
>>> token_bytes(8)
b'p\xab=\x18\xed\x90\xea\xd6'
```

token_hex()

```
token_hex([nbytes])
```

Die Funktion liefert einen zufälligen String aus *nbytes* zweistelligen Hexadezimalzahlen.

```
>>> token_bytes(8)
b'p\xab=\x18\xed\x90\xea\xd6'
```

token_urlsafe()

```
token_urlsafe([nbytes])
```

Die Funktion liefert einen URL-sicheren Zufallstext in Base64-Codierung. URL-sicher heißt, dass der String problemlos als Teil einer URL verwendet werden kann. Er enthält keine Sonderzeichen wie ? oder &, die in URLs eine besondere Bedeutung haben. Der String hat eine Länge von *nbytes* Bytes.

```
>>> token_urlsafe(16)
'tOQTSxKclBZga3jpHn70Xw'
```

18 CGI-Programmierung

18.1 CGI-Skripte erstellen

Was sind CGI-Skripte?

CGI-Skripte sind Programme, die auf einem HTTP-Server laufen und über das Internet gestartet werden können. Häufig produzieren sie HTML-Seiten als Ausgabe. Sie können mit Hilfe eines Webbrowsers über einen URL aufgerufen werden, also auf die gleiche Weise, wie ein HTML-Dokument angefordert wird.

Suchdienste im Internet verwenden CGI-Skripte zur Bearbeitung von Suchanfragen, die über HTML-Formulare eingegeben werden. Aufwändigere grafische Benutzungsoberflächen (mit Klängen und animierten Objekten) kann man z.B. mit Macromedia Flash gestalten. Flash unterstützt die Kommunikation mit CGI-Skripten, so dass mit Flash und Python interessante Client-Server-Systeme programmiert werden können.

Das Kürzel CGI steht für *common gateway interface*. Es handelt sich um eine einheitliche Schnittstelle zwischen HTTP-Servern und ausführbaren Programmen, den CGI-Skripten.

Abbildung 18.1: Kommunikation zwischen einem Webbrowser (Client) und einem HTTP-Server, der ein CGI-Skript ausführt

CGI-Skripte müssen sich auf einem Server in einem besonderen Verzeichnis befinden. In der Regel sind sie in einem Unterverzeichnis von `cgi-bin/` oder `cgi/`. Sie können in verschiedenen Programmiersprachen geschrieben sein. Weit verbreitet sind neben Python CGI-Skripte in Perl, C, C++, Tcl.

Die erste Zeile eines CGI-Skripts

In der ersten Zeile eines CGI-Skripts steht eine Anweisung an das Betriebssystem, welcher Interpreter zur Ausführung des Skripts aufgerufen werden soll. Diese Zeile muss mit den Zeichen #! beginnen. Dahinter steht ein Pfad zum Interpreter.

Auf einem Unix-Rechner sieht die Zeile häufig so aus:

```
#! /usr/bin/python
```

Bei MS Windows sind zwei Schreibweisen für den Pfad möglich: Windows-Stil (mit Laufwerksangabe und Backslashs) und Unix-Stil. Nun kann der Pfad zur Programmdatei des Python-Interpreters unterschiedlich sein. Vielleicht haben Sie bei der Installation von Python nicht das vorgegebene Standardverzeichnis übernommen, sondern selbst ein Verzeichnis für die Systemdateien gewählt. Wenn Sie den Pfad nicht kennen, können Sie einfach mit dem Dateimanager nach `python.exe` suchen. Oder Sie öffnen die Python-Shell und prüfen die Konstante `sys.prefix`:

```
>>> import sys
>>> sys.prefix
'C:\\Users\\Standard\\Python36'
```

Diese Konstante enthält das gemeinsame Präfix aller Python-relevanten Pfade. Das Präfix identifiziert das Verzeichnis, in dem sich die Programmdatei `python.exe` befindet. Der vollständige Pfad könnte in den beiden Versionen z.B. so aussehen:

```
C:\Users\Standard\Python36\python.exe # Windows-Stil
/Users/Standard/Python36/python.exe   # Unix-Stil
```

Ausgabe von CGI-Skripten

CGI-Skripte produzieren meist HTML-Quelltext, der von dem HTTP-Server an den aufrufenden Client weitergeleitet wird. Beim Benutzer erscheint dann ein Dokument im Browserfenster, genauso als hätte sie oder er eine normale Webseite angefordert.

Das Python-Skript erzeugt die Ausgabe mit print()-Anweisungen und sendet sie an sys.stdout. Doch die Texte erscheinen auf keinem Bildschirm, sondern werden vom HTTP-Server über das Internet weitergeleitet. Der Ausgabetext eines CGI-Skripts muss mit einem Header beginnen, gefolgt von einer Leerzeile. Das folgende Beispiel ist ein einfaches CGI-Skript, das dynamisch eine HTML-Seite mit der aktuellen Uhrzeit erzeugt.

```
#! /Users/Standard/Python36/python.exe
from time import *
print("Content-Type: text/html")      # Header
print()                               # Leerzeile, Ende des Headers
print("<html><head><title> CGI-Skript </title></head>")
print("<body><h1>Datum und Zeit</h1>")
print("Es ist ", ctime( time() ) + ".")
print("</body></html>")
```

Das Skript wurde unter dem Dateinamen uhr.py im cgi-bin-Verzeichnis eines lokalen HTTP-Servers abgespeichert (vgl. Kapitel 19.2), der Port 8000 benutzt. Zum Aufruf des Skripts gibt man in das Adressfenster eines Webbrowsers die Adresse http://localhost:8000/cgi-bin/uhr.py ein. Das Ergebnis zeigt Abbildung 18.2.

Abbildung 18.2: Ausgabe des CGI-Skripts, ausgeführt von einem lokalen HTTP-Server

Werteübergabe mit GET und POST

Im CGI-Standard ist festgelegt, auf welche Weise einem Skript Eingabedaten zur Weiterverarbeitung übergeben werden können. Es gibt zwei
Methoden, die man POST und GET nennt. Bei der GET-Methode werden
Variablennamen und ihre Inhalte in einer Zeichenkette (»Querystring«)
dargestellt, die an den URL des Skripts gehängt wird. Diese Zeichenkette
hat folgendes Format:

```
?Variable1=Wert1&Variable2=Wert2 ...
```

Mit der POST-Methode werden die Daten in einem eigenen Objekt an das
CGI-Skript geschickt. Die POST-Methode verwendet man, wenn große
Datenmengen an das Skript zu übertragen sind.

18.2 Kommunikation über HTML-Formulare

Aufbau eines HTML-Formulars

Ein CGI-Skript kann über eine interaktive HTML-Seite aufgerufen werden. Die Eingabe der Daten erfolgt über ein so genanntes Formular (engl.
Form). Darin befinden sich (wie bei einem richtigen Formular aus Papier)
verschiedene Felder, in die man etwas hineinschreiben oder die man
ankreuzen kann.

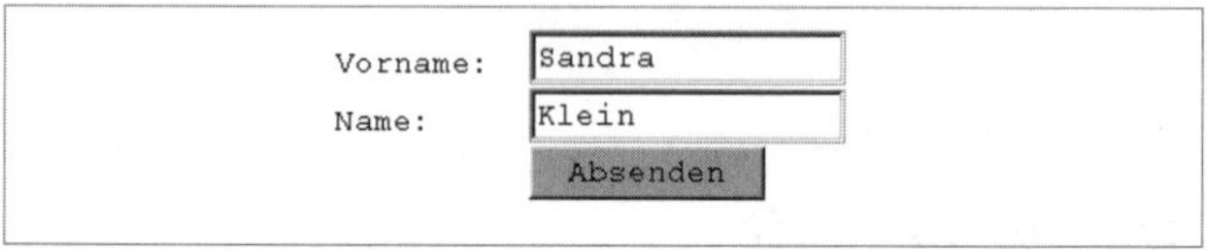

Abbildung 18.3: Beispiel eines kleinen HTML-Formulars

Der Quelltext dazu sieht so aus:

```
<html>
<body>
<form method="get"
action="http://localhost:8000/cgi-bin/gruss.py">
<pre>
 Vorname: <input type="text" name="vorname" maxlength=15 size=15>
   Name:  <input type="text" name="name" maxlength=15 size=15>
          <input type="submit" value="Absenden">
</pre>
</form>
</body>
</html>
```

Das Formular wird durch die Tags `<form ... >` und `</form>` eingerahmt. Im `<form>`-Tag wird die Methode der Datenübertragung (`get` oder `post`) festgelegt und im `action`-Attribut des URL des Skripts angegeben. Die `get`-Methode bewirkt, dass die Inhalte der Form-Variablen `name` und `vorname` als Querystring an den URL des Skripts angehängt werden. Falls als Vorname `"Sandra"` und als Nachname `"Klein"` eingegeben worden ist, wird nach Betätigen der Schaltfläche ABSENDEN folgender Aufruf gestartet, den man im Adressfenster des Browsers sehen kann:

```
http://localhost:8000/cgi-bin/gruss.py?vorname=Sandra&name=
Klein
```

In diesem Fall gehen wir davon aus, dass unter dem Dateinamen `gruss.py` im `cgi-bin`-Verzeichnis eines lokalen HTTP-Servers (vgl. Kapitel 19.2) ein CGI-Skript abgespeichert ist, das die Anfrage bearbeiten kann (siehe Programmiertipp in Abschnitt 18.2).

Wenn Sie in das `<form>`-Tag das Attribut `method ="post"` eintragen, werden die Variableninhalte in einem eigenen Objekt übertragen. Im Adressfenster des Browsers sieht man dann keinen Querystring. Diese Methode bietet sich z.B. für die Übertragung von Passwörtern an.

Im Innern des HTML-Formulars können durch <input>-Tags verschiedene Eingabefelder spezifiziert werden. Hier eine Übersicht mit Beispielen:

Eingabefeld

Mit dem input-Tag vom Typ "text" wird ein Eingabefeld definiert. Es besteht nur aus einer Zeile; das Attribut size beschreibt die Länge des sichtbaren Bereichs (im Beispiel 20 Zeichen). Dort hinein kann ein Text der Länge maxlength geschrieben werden.

Beispiel:

```
<input type="text" name="vorname" size="20" maxlength="60">
```

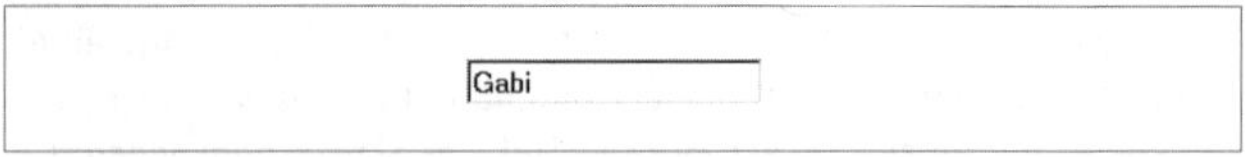

```
                    Gabi
```

Abbildung 18.4: Eingabefeld

Radiobutton

Radiobuttons realisieren eine »1 aus n«-Wahl. Auf dem Bildschirm sieht man Knöpfe, von denen nur einer angeklickt sein kann. Jeder Knopf wird durch ein <input>-Tag mit dem Attribut type="radio" definiert. Alle zusammengehörigen Radiobuttons müssen den gleichen Namen tragen (hier: name="eiwahl"). Das Attribut checked spezifiziert den Knopf, der beim Laden der Seite als »gedrückt« erscheint. Den Radiobuttons sind unterschiedliche Werte zugeordnet (hier: value="hart" und value="weich"). Beim »Abschicken« des Formulars durch Betätigen des Submit-Buttons wird der Wert des angeklickten Radiobuttons übertragen. Beispiel:

```
<h3>Wie m&ouml;chten Sie Ihr Ei?</h3>
<input type="radio" name="eiwahl" value="hart">
hart <br>
<input type="radio" checked name="eiwahl" value="weich"> weich
```

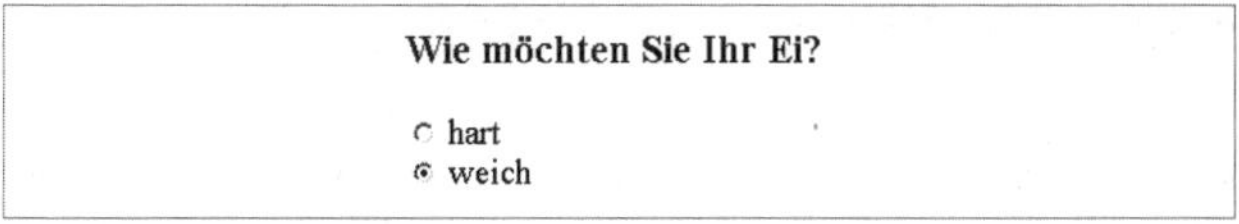

Wie möchten Sie Ihr Ei?

    ○ hart
    ◉ weich

Abbildung 18.5: Radiobuttons

Falls der zweite Button selektiert wurde, wird Folgendes an den Server gesendet: `eiwahl=weich`.

Checkbox

Mit Checkboxen sind Mehrfach-Auswahlen möglich. Jede Checkbox wird durch ein `<input>`-Tag mit dem Attribut `type="checkbox"` definiert. Alles Weitere läuft so wie bei Radiobuttons. Die Checkbox-Tags, die zu einer Gruppe gehören, können unterschiedliche oder gleiche Namen haben. Im folgenden Beispiel wurden gleiche Namen verwendet. Falls beide Checkboxen selektiert worden sind, enthält der Querystring, der an das CGI-Skript gesendet wird, folgende Passage: `aufschnitt=wurst&aufschnitt=kaese`. Das Dictionary, das im CGI-Skript von `cgi.FieldStorage()` gebildet wird, enthält dann zum Schlüssel `aufschnitt` eine Liste `['wurst', 'kaese']`.

Beispiel:

```
<h3> Welchen Aufschnitt?</h3>
<input type="checkbox" name="aufschnitt" value="wurst">
Wurst<br>
<input type="checkbox" name="aufschnitt" value="kaese">
K&auml;se
```

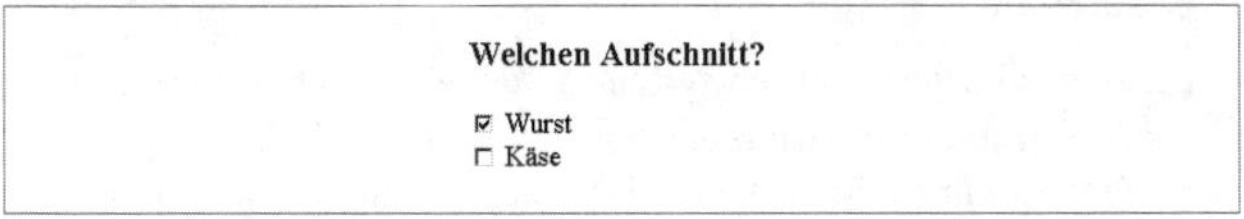

Welchen Aufschnitt?

    ☑ Wurst
    ☐ Käse

Abbildung 18.6: Checkboxen

18.3 Die Klasse cgi.FieldStorage

Soll ein CGI-Skript Daten verarbeiten, die ihm z.B. in Form eines Query-strings übermittelt worden sind, so verwendet man eine Instanz der Klasse FieldStorage aus dem Modul cgi. Das Modul wird am besten mit import cgi importiert, um Namenskollisionen zu vermeiden. Zunächst ein kleines Beispiel für ein CGI-Skript, das Eingabedaten verarbeitet.

Programmiertipp

Das folgende CGI-Skript kann von der HTML-Seite des Beispiels von Abschnitt 18.2 aus aufgerufen werden. In einem Querystring werden dem Skript die beiden Variablen name und vorname mit ihren Werten übergeben, z.B. ?vorname=Sandra&name=Klein.

```
#!/Users/Standard/Python36/python.exe        #1
import cgi
form = cgi.FieldStorage()                     #2
if "vorname" in form.keys():
        vorname=form["vorname"].value         #3
if "name" in form.keys():
        name=form["name"].value
print("Content-Type: text/html")             #4
print()
print("<html>")                              #5
print("<body>")
print("Herzlich willkommen,",
      vorname, name +"!")
print("</body>")
print("</html>")
```

Erläuterung

#1: Hier wird dem Betriebssystem mitgeteilt, welcher Interpreter zur Ausführung des Skripts angewendet werden soll. Achtung, dieser Pfad ist nur ein Beispiel und sieht bei Ihrem System wahrscheinlich anders aus.

#2: Es wird ein Objekt mit dem Namen form der Klasse FieldStorage erzeugt. Dieses kann man sich als Dictionary vorstellen, oder anschaulich als Tabelle, die in der ersten Spalte (*key*) die Namen der übergebenen Variablen und in der zweiten Spalte die zugehörigen Variableninhalte enthält.

Schlüssel (key)	Wert
name	Klein
vorname	Sandra

#3: Über das FieldStorage-Objekt form wird auf die Inhalte der Variablen zugegriffen. Der Name der Variablen wird als Schlüssel (key) verwendet. So liefert z.B. form["name"].value den Inhalt der Variablen name.

#4: Die Kopfzeile des HTTP-Objektes wird ausgegeben.

#5: Hier wird der HTML-Quelltext erzeugt, der vom HTTP-Server an den Client zurückgeschickt wird. In unserem Beispiel entsteht als Ausgabe folgender HTML-Text:

```
<html>
<body>
Herzlich willkommen, Sandra Klein!
</body>
</html>
```

Dieser Text wird vom Browser des Clients interpretiert. Im Browserfenster erscheint der Gruß: Herzlich willkommen, Sandra Klein!

FieldStorage-Objekte enthalten die Daten (Variablen und Werte) des Querystrings und verhalten sich ähnlich wie ein Dictionary. Über den

Variablennamen als Schlüssel können die Inhalte der Variablen abgefragt werden. Dabei gibt es grundsätzlich zwei Möglichkeiten:

‣ Man greift direkt auf Attribute zu (siehe Programmierbeispiel). Wenn f ein Objekt der Klasse FieldStorage und "v" der Name einer Variablen im Querystring ist, enthält das Attribut f["v"].value den Wert der Variablen v.

‣ Man verwendet eine der Methoden getvalue(), getfirst() oder getlist(). Die beiden letztgenannten Methoden sind komfortabler und ersparen das Abfangen von Fehlersituationen.

Die folgende Tabelle gibt einen Überblick über die wichtigsten Methoden von Objekten der Klasse FieldStorage:

Methode	Erklärung
getfirst(*variable* [,*default*])	Liefert immer *einen* Variablenwert (sofern die Variable existiert). Im Falle einer Liste wird deren erstes Element zurückgegeben.
getlist(*variable*)	Liefert eine Liste von Variablenwerten.
getvalue(*variable* [,*default*])	Liefert den Wert einer Variablen oder eine Liste von Werten, falls mehrere Werte dem gleichen Namen zugewiesen wurden.
keys()	Liefert eine Liste der Variablennamen.

Tabelle 18.1: Die wichtigsten Methoden von FieldStorage-Objekten

getfirst()

getfirst(*variable*[,*default*])

Die Methode getfirst() liefert zum angegebenen Variablennamen den Wert der Variablen, falls sie existiert. Beide Argumente müssen Strings enthalten. Falls der Variablenname nicht existiert, kann man zwei Fälle unterscheiden:

‣ Wenn das optionale zweite Argument fehlt, wird None zurückgegeben.

▸ Anderenfalls wird der Inhalt von *default* zurückgegeben.

Wenn Sie das zweite Argument *default* verwenden, ersparen Sie sich das Abfangen von Laufzeitfehlern durch eine try...except-Anweisung oder durch Prüfen der Existenz des Variablennamens. Eine weitere Besonderheit gegenüber getvalue() ist, dass immer ein einzelner Variablenwert zurückgegeben wird und niemals eine Liste von Werten. Wenn zu einem Variablennamen mehrere Werte existieren, wird das erste Element der Liste zurückgegeben. Eine Passage aus einem CGI-Skript könnte so aussehen:

```
import cgi
form = cgi.FieldStorage()
print(form.getfirst("aufschnitt",""))
print(form.getfirst("brotsorte", "Graubrot"))
```

Angenommen das CGI-Skript erhält den Querystring ?aufschnitt=Wurst& aufschnitt=Kaese, dann liefert dieses Skript folgende Ausgabe:

```
Wurst
Graubrot
```

getlist()

getlist(*variable*)

Die Methode getlist() liefert eine Liste von Werten, die der Variablen mit dem Namen *variable* zugeordnet sind. Falls die Variable überhaupt nicht spezifiziert ist, wird eine leere Liste zurückgegeben. Diese Methode lässt sich vor allem dann sinnvoll einsetzen, wenn in dem HTML-Formular, das das CGI-Skript aufruft, Checkboxen mit gleichem Namen verwendet werden. Dann nämlich kann es sein, dass einem Variablennamen mehrere Werte zugeordnet sind. Beispiel:

```
<input type="checkbox" name="aufschnitt" value="wurst">
<input type="checkbox" name="aufschnitt" value="kaese">
```

In diesem Fall enthält der Querystring, der an das CGI-Skript übergeben wird, folgende Passage: aufschnitt=wurst&aufschnitt=kaese. Für die Variable aufschnitt gibt es also zwei Werte.

Wenn form eine FieldStorage-Instanz ist, liefert der Aufruf form.get-value("aufschnitt") die Liste ["wurst", "kaese"].

getvalue()

```
getvalue(variable[,default])
```

Diese Methode dient dem Zugriff auf Variableninhalte. Das erste Argument ist ein String mit dem Namen einer Variablen. Sofern die Variable existiert, wird der Inhalt der Variablen (ein String) zurückgegeben oder eine Liste von Strings, falls im Querystring mehrere Werte unter dem gleichen Variablennamen übergeben werden. Diese Situation tritt z.B. auf, wenn Checkboxen mit gleichem Namen verwendet worden sind (siehe getlist()).Wenn keine Variable mit Namen *variable* existiert, wird der im zweiten optionalen Argument aufgeführte Default-Wert zurückgegeben (das erspart eine Existenzprüfung).

Das Problem ist: Wenn Sie getvalue() aufrufen, wissen Sie nicht mit völliger Sicherheit, ob Sie einen String oder eine Liste von Strings zurückerhalten.

18.4 Installation von CGI-Skripten

CGI-Skripte werden nicht wie ein normales Python-Programm gestartet, sondern über einen HTTP-Server aufgerufen. Sie müssen in einem speziellen Verzeichnis für CGI-Skripte abgespeichert sein, das meist den Namen cgi-bin besitzt.

Um ein CGI-Skript auszuführen, brauchen Sie also Zugang zu einem solchen Verzeichnis.

In der Praxis kann man zwei Fälle unterscheiden:

▸ Das CGI-Skript soll auf dem lokalen Rechner im Stand-alone-Betrieb getestet werden. In diesem Fall muss auf dem Rechner ein Webserver installiert sein, der CGI-Skripte verarbeiten kann. Ein professioneller freier Webserver für Unix ist Apache (http://www.appache.org). Auch für Windows-Systeme gibt es eine Reihe kostenloser Server (z.B. Xitami, www.xitami.com). Mit Python ist es aber auch möglich, ohne viel Aufwand einen eigenen HTTP-Server zu schreiben. Im Kapitel 19.2 gehen wir darauf ein.

▸ Das CGI-Skript soll auf einem Webserver laufen, der über das Internet erreichbar ist. Man beachte, dass auf dem Server Python installiert sein muss. Bei Unix-Systemen ist das in der Regel der Fall. Im Zweifel sollte man sich mit dem Systemadministrator in Verbindung setzen. Kommerzielle Hosting-Dienste (wie z.B. die Strato AG) bieten inzwischen Python als Skriptsprache an. Zu beachten sind vor allem vier Dinge:

  ▸ Auf dem entfernten Server ist möglicherweise eine ältere Python-Version als Python 3.6 installiert. Das ist sogar relativ wahrscheinlich, da kommerzielle Hosting-Dienste nur zögerlich neue Python-Versionen installieren.

  ▸ Die CGI-Skriptdatei benötigt Ausführungsrecht (und nicht *mehr*) für alle. Der Besitzer selbst sollte natürlich alle Zugriffsrechte haben. Bei Unix-Systemen erreicht man diesen Zustand, indem man in das Verzeichnis mit den CGI-Skripten wechselt und das Kommando chmod 711 * eingibt. Das bewirkt, dass alle Dateien in diesem Verzeichnis nur vom Besitzer gelesen und verändert werden können. Alle anderen Nutzer des Systems können das Skript zwar ausführen, aber es ansonsten nicht einmal lesen (das geistige Eigentum des Skript-Entwicklers bleibt also geschützt).

  ▸ In der ersten Zeile des CGI-Skripts muss eine geeignete »magic line« stehen, die mit #! beginnt und dem HTTP-Server mitteilt, dass der Python-Interpreter verwendet werden soll. Wie diese Zeile im Einzelnen lauten muss, hängt von den Systemeinstellungen ab. Informieren Sie sich in der Dokumentation des Servers oder direkt beim Systemadministrator. Bei Unix-Rechnern sieht die magic line häufig so aus: #! /usr/bin/python.

- ▸ Falls der Webserver auf einer anderen Plattform läuft (z.B. Unix) als der Rechner, auf dem man das Skript entwickelt hat (z.B. Windows), muss das Dateiformat des Skripts angepasst werden. Sie transferieren das Skript mit einem FTP-Clientprogramm wie z.B. WISE-FTP (http://www.wise-ftp.com/). Achten Sie darauf, dass der Übertragungsmodus ASCII eingestellt ist. Dann wird das Dateiformat automatisch an das Betriebssystem des Webservers angepasst.

18.5 Das Modul cgitb – CGI-Skripte debuggen

Zur Erleichterung der Fehlersuche können Sie in ein CGI-Skript folgende zwei Zeilen einbauen:

```
import cgitb
cgitb.enable()
```

Damit wird ein besonderer Exception-Handler aktiviert, der beim Aufruf eines fehlerhaften Skripts im Webbrowser Fehlermeldungen liefert. Im folgenden Beispiel wird versucht, auf eine nicht definierte Variable zuzugreifen.

```
#!/Users/Standard/Python36/python.exe
import cgitb
cgitb.enable()
print('Content-Type: text/html')
print()
print('<html><h1>cgitb-Test</h1>')
print(unbekannter_Name)
print('</html>')
```

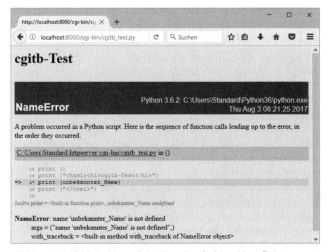

Abbildung 18.7: Fehlermeldung, die cgitb *nach Aufruf des obigen Skripts erzeugt*

18.6 Cookies

Cookies sind kleine Texte, die bei einer Kommunikation über das HTTP-Protokoll von einem Server gesendet und in einem besonderen Verzeichnis des Clients abgespeichert werden. Sie enthalten meist Informationen über frühere Besuche einer Website. Bei jedem Browser kann man einstellen, ob man Cookies akzeptiert oder ablehnt oder vor ihnen gewarnt werden möchte.

CGI-Skripte können Cookies von der Festplatte des Clients lesen, sie verändern und das Abspeichern veranlassen. Der Inhalt eines Cookies ist immer ein String. Er kann aus der Umgebungsvariablen HTTP_COOKIE herausgelesen werden. Ein Cookie enthält Dateneinträge der folgenden Form:

```
name1=wert1; name2=wert2; ...
```

Für die Arbeit mit Cookies müssen die Module os und Cookie importiert werden. Das Modul Cookie enthält die Definitionen mehrerer verschiedener Cookie-Klassen. In folgenden Python-Anweisungen wird ein Objekt der Klasse SimpleCookie instanziiert:

```
>>> import http.cookies
>>> c = http.cookies.SimpleCookie()
```

Cookie-Objekte werden wie Dictionaries behandelt. In folgenden Anweisungen erhält das SimpleCookie-Objekt c einige Dateneinträge:

```
>>> c['Zahl'] = 21
>>> c['Stadt'] = 'Bonn'
```

Im Simple-Cookie-Objekt werden nur Strings gespeichert. Andere Datentypen werden bei Zuweisungen der obigen Form automatisch in Zeichenketten umgewandelt. Die druckbare Repräsentation eines Cookie-Objektes, die mit der str()-Funktion oder einer print()-Anweisung ausgegeben wird, ist ein String. Er enthält die Kommandos zum Setzen von Cookie-Werten gemäß dem HTTP-Protokoll.

```
>>> print(c)
Set-Cookie: Stadt=Bonn
Set-Cookie: zahl=21
```

Mit einer einfachen print()-Anweisung kann also eine Aufforderung zum Abspeichern des Cookies in einen HTTP-Header geschrieben werden.

Die Werte der Cookie-Variablen können Sie über das Attribut value abfragen:

```
>>> c['Zahl'].value
'21'
>>> c['Stadt'].value
'Bonn'
```

Mit der load()-Methode kann ein Cookie-Objekt mit Inhalt gefüllt werden. Man kann als Argument explizit einen String angeben, der dem bisherigen Inhalt des Cookies hinzugefügt wird:

```
>>> c.load('Land=Deutschland;')
>>> print(c)
Set-Cookie: Land=Deutschland
Set-Cookie: Stadt=Bonn
Set-Cookie: zahl=21
```

Programmiertipp

Das folgende CGI-Skript gibt im Browserfenster aus, wie häufig eine Webseite von dem betreffenden Client bereits besucht worden ist.

```
#!/python36/python.exe
import http.cookies, os
cookie=http.cookies.SimpleCookie()                      #1
try:
    cookie.load(os.environ['HTTP_COOKIE'])              #2
    cookie['zaehler'] = int(cookie['zaehler'].value)+1
except:
    cookie['zaehler'] = 1                               #3
besuche = int(cookie['zaehler'].value)
print('Content-Type: text/html')
print(cookie)                                           #4
print()
print('<html>')                                         #5
if besuche == 1:
    print('<h3> Willkommen</h3>',
          'Sie besuchen zum ersten Mal diese Seite')
else:
    print('<h3> Sch&ouml;n, dass Sie wieder hier sind!',
          '</h3>', 'Sie besuchen zum',
          str(besuche) + '.', 'Mal diese Seite.</html>')
```

Erläuterung:

#1: Instanziierung eines SimpleCookie-Objektes

#2: Versuch, das Cookie vom Client-Rechner zu laden. Der Wert der im Cookie gespeicherten Variablen zaehler wird um eins erhöht.

#3: Wenn kein Cookie existiert (beim ersten Besuch der Seite), wird ein neues Cookie erzeugt, die Variable zaehler erhält den Anfangswert 1.

#4: Das Cookie wird in den Header des HTTP-Pakets geschrieben.

#5: Hier beginnt (nach der zwingend vorgeschriebenen Leerzeile) der HTML-Text, der im Browserfenster des Clients dargestellt wird.

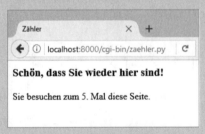

Abbildung 18.8: Ausgabe eines CGI-Skripts mit Cookie

19 Internet-Programmierung

Dieses Kapitel beschreibt, wie man Python-Module zur Lösung von Problemen aus dem Bereich der Datenkommunikation nutzen kann. Der Ablauf von Kommunikationsprozessen zwischen Rechnern wird durch plattformunabhängige Protokolle beschrieben. Ein Protokoll ist ein Regelwerk und kein Programm. Der Begriff kommt aus der Diplomatie, die seit vielen Jahrhunderten Protokolle für formelle Treffen von Staatsvertretern kennt. Protokolle, die für die Kommunikation im Internet wichtig sind, werden in technischen Dokumenten beschrieben, die man *RFC* (Request For Comments) nennt. Alle Details kann man dort nachlesen (http://www.rfc-editor.org/).

Die folgende Tabelle gibt einen Überblick über einige wichtige Protokolle aus der Anwendungsschicht des TCP/IP-Modells und die zugehörigen Ports, RFC-Nummern und Python-Module.

Protokoll	Port	RFC	Python-Module	Erklärung
FTP	21	959	ftplib	File Transfer Protocol, Übertragung von Dateien
HTTP	80	2616	http	Hypertext Transport Protocol, Kommunikation mit Webservern
IMAP4	143	2060	imaplib	Internet Message Access Protocol, Abrufen von E-Mails
POP3	110	1725	poplib	Post Office Protocol, Abrufen von E-Mails

Protokoll	Port	RFC	Python-Module	Erklärung
SMTP	25	821	smtplib	Simple Mail Transfer Protocol, Senden von E-Mails
TELNET	23	854	telnetlib	Nutzung eines Rechners aus der Entfernung

Tabelle 19.1: Einige Protokolle der Anwendungsschicht und zugehörige Python-Module

19.1 Das Modul ftplib

Das FTP-Protokoll regelt die Übertragung von Dateien zwischen Rechnern im Internet. Die Klasse FTP im Modul ftplib implementiert einen FTP-Client, der mit einem beliebigen FTP-Server im Internet Verbindung aufnehmen kann. Für den Konstruktor-Aufruf verwendet man folgendes Format: FTP([*host*[,*user*[,*passwd*[,*acct*]]]]). Dabei ist *host* der Domain-Name des FTP-Servers. Wenn auf diese Weise ein FTP-Objekt instanziiert worden ist, nimmt es sofort Verbindung mit dem angegebenen Host auf. Wird der Host-Name weggelassen, muss später mit der connect()-Methode eine Verbindung hergestellt werden. Die weiteren optionalen Argumente können einen Login-Namen, das zugehörige Passwort und einen zusätzlichen Account-Namen enthalten. Wird auf diese Argumente verzichtet, muss später mit der login()-Methode das Einloggen bewerkstelligt werden.

Objekte der Klasse FTP besitzen folgende Methoden:

Methode	Erklärung
abort()	Datenübertragung abbrechen
connect([*host*[,*port*]])	Verbindung mit Rechner *host* herstellen

Methode	Erklärung
cwd(path)	In neues Arbeitsverzeichnis path wechseln
delete(filename)	Datei löschen
dir()	Ausgabe des aktuellen Verzeichnisses
login([user[,passwd [,acct]]])	Einloggen unter dem Login-Namen user. Die optionalen Parameter passwd und acct können ein Passwort und einen Account-Namen (wird von manchen Systemen gefordert) enthalten. Wenn die Methode ohne Argument aufgerufen wird, ist das Login anonym.
mkdir(path)	Ein neues Verzeichnis mit dem Namen path erstellen
quit()	Verbindung schließen
rename(from, to)	Datei umbenennen
retrbinary(command, callback)	Eine Datei wird im Binärmodus heruntergeladen. Das erste Argument ist ein geeignetes FTP-Kommando, nämlich 'RETR dateiname', wobei dateiname der Pfad einer Datei auf dem FTP-Server ist. Das zweite Argument ist der Name einer Funktion mit einem einzigen String-Parameter. Sie verarbeitet die heruntergeladenen Datenblöcke, speichert sie z.B. in einem lokalen File ab.
retrlines(command)	Eine Datei oder ein Verzeichnis wird im ASCII-Modus heruntergeladen. Das Argument ist ein String mit einem FTP-Kommando, normalerweise 'RETR dateiname' zum Download einer Datei oder 'LIST' für das aktuelle Verzeichnis.

Methode	Erklärung
rmd(*verzeichnis*)	Verzeichnis löschen
storbinary(*command*, *file*)	Hochladen einer Datei im Binärmodus. Das erste Argument ist ein geeignetes FTP-Kommando, nämlich 'STORE *dateiname*', wobei *dateiname* der Name ist, unter dem die Datei auf dem FTP-Server abgespeichert werden soll. Das zweite Argument ist ein geöffnetes File-Objekt.

Tabelle 19.2: Die wichtigsten Methoden von FTP-Objekten

Die folgende Beispielsession vermittelt einen kleinen Eindruck von der Handhabung der FTP-Kommandos. Zunächst wird eine Verbindung zum FTP-Server ftp.python.org hergestellt und anonym eingeloggt.

```
>>> import ftplib
>>> ftp = ftplib.FTP("ftp.uni-koeln.de")
>>> ftp.login()
'230 Login successful.'
```

Ausgabe des aktuellen Verzeichnisses:

```
>>> ftp.retrlines('LIST')
drwxr-xr-x  5 ftp      ftp      2048 Feb 15  2001 adsm
lrwxr-xr-x  1 ftp      ftp        14 Sep 17  2002 debian
...
'226 Directory send OK.'
```

Wechsel in das Verzeichnis debian:

```
>>> ftp.cwd("debian")
'250 Directory successfully changed.'
```

Nun werden wir die Datei README im Binärmodus herunterladen und in einer lokalen Datei speichern. Dazu muss zunächst (auf dem lokalen Rechner) ein File im binären Schreibmodus geöffnet werden.

```
>>> f = open("README_debian.txt", "wb")
>>> ftp.retrbinary("RETR README", f.write)
```

```
'226 File send OK.'
>>> f.close()
```

Überprüfen Sie, ob die Daten in der Datei gespeichert sind.

```
>>> f = open("README_debian.txt")
>>> text = f.read()
>>> print(text)
See http://www.debian.org/ for information about Debian GNU/
Linux.
Four Debian releases are available on the main site:
...
```

Die gleiche Datei /debian/README wird nun im ASCII-Modus heruntergeladen und mit einer print()-Anweisung auf den Bildschirm gebracht:

```
>>> print(ftp.retrlines("RETR README"))
See http://www.debian.org/ for information about...
```

Beenden der Verbindung.

```
>>> ftp.quit()
'221 Goodbye.'
```

19.2 Erstellen eines CGI-Webservers

Um ein CGI-Skript testen zu können, braucht man einen CGI-fähigen
HTTP-Server. Er kann mit Hilfe des Python-Moduls http.server in wenigen Zeilen geschrieben werden. Am besten legen Sie sich für das Server-
Programm ein eigenes Verzeichnis an, z.B. (Windows) c:\httpserver, und
darin ein Unterverzeichnis für die CGI-Skripte, z.B. (Windows) c:\http-
server\cgi-bin. Letzteres ist einer der voreingestellten Verzeichnisnamen für CGI-Skripte.

Das Serverprogramm erhält üblicherweise den Namen httpd.py. Der
Buchstabe d am Ende des Dateinamens steht für *Dämon* (daemon). Damit
bezeichnet man alle Server-Programme, die ständig im Hintergrund laufen und Anfragen bearbeiten. Das Server-Programm besteht nur aus
wenigen Zeilen:

```
import http.server
PORT = 8000                                              #1
handler = http.server.CGIHTTPRequestHandler
httpd = http.server.HTTPServer(("", PORT), handler)      #2
print("serving at port", PORT)
httpd.serve_forever()                                    #3
```

Erläuterung:

#1: Der Port ist eine Zahl zwischen 1 und 65535. Portnummern dienen dazu, die Kommunikation der verschiedenen Service-Prozesse zu koordinieren. Jedem Server, der auf einem Rechner läuft, ist eine Portnummer zugeordnet. Standardmäßig erhalten HTTP-Server den Port 80. Unter Unix müssen Server-Programme mit einer Portnummer unter 1024 mit Administratorrechten laufen. Um das zu vermeiden, verwendet man häufig Port 8000 für HTTP-Server.

#2: Instanziierung eines Server-Objektes

#3: Start des Servers

Dieser HTTP-Server kann HTML-Seiten verwalten, die sich in dem Verzeichnisbaum befinden, in dessen Wurzel die Skriptdatei steht. Um den Server zu testen, kopieren Sie eine HTML-Datei test.html in das Verzeichnis der Skriptdatei des Servers (z.B. c:\httpserver). Starten Sie den Server (z.B. unter Windows durch Anklicken des Programm-Icons). Öffnen Sie ein Browserfenster und geben Sie in das Adressfenster folgenden URL ein:

```
http://localhost:8000/test.html
```

Falls Ihr Server nicht funktioniert, obwohl das Skript fehlerfrei ist, könnte das an den Einstellungen Ihrer Firewall liegen. Überprüfen Sie in diesem Fall die Einstellungen oder trennen Sie Ihren Computer vom Internet und schalten Sie vorübergehend die Firewall ab.

19.3 Das Modul imaplib

Das Internet Message Protokoll (IMAP4) regelt den Zugriff eines E-Mail-Clients auf Mailbox-Verzeichnisse eines Mailservers, in denen ankommende E-Mails gesammelt werden. IMAP4 ist moderner als das POP3-Protokoll. Es beschreibt Operationen zum Abrufen und Löschen von E-Mails sowie Einrichten, Umbenennen und Entfernen von Mailbox-Verzeichnissen.

Das Python-Modul imaplib enthält die Klasse IMAP4, die einen IMAP-Client implementiert. Eine Instanz dieser Klasse wird durch einen Aufruf des Konstruktors in folgendem Format erzeugt: IMAP4([host[, port]]). Das erste (optionale) Argument enthält den Namen des IMAP4-Servers. Lässt man es weg, so wird der lokale Host verwendet. Das zweite optionale Argument enthält eine Port-Nummer. Voreingestellt ist der Standard-Port 143. IMAP4-Objekte verfügen über folgende Methoden:

Methode	Erklärung
append(mailbox, flags, date_time, message)	E-Mail message wird der angegebenen Mailbox hinzugefügt.
close()	Aktuell ausgewählte Mailbox wird geschlossen.
create(mailbox)	Neue Mailbox erschaffen
delete(mailbox)	Mailbox löschen
login(user, password)	Einloggen mit Benutzername und Passwort
logout()	Verbindung zum Server wird getrennt.
rename(oldmailbox, newmailbox)	Umbenennen einer Mailbox
search(charset, criterium[, ...])	Durchsuchen einer Mailbox nach passenden Nachrichten. Die zurückgegebenen Daten enthalten eine Liste von Nachrichten-Nummern. Das Argument charset kann den Wert None tragen. Das bedeutet, dass keine Zeichenmenge spezifiziert wird. Wenigstens ein Suchkriterium muss angegeben sein. Das kann der String 'ALL' sein (Auswahl aller Mails) oder ein String mit einem Paar aus Nachrichtenfeld und enthaltenem String, z.B. '(FROM "Axel")'.

Methode	Erklärung
select([*mailbox*[, *readonly*]])	Auswahl einer Mailbox. Zurückgegeben wird die Anzahl der enthaltenen Mails. Voreingestellt ist die Mailbox 'INBOX'. Wenn das optionale *readonly*-Flag auf 1 gesetzt ist, wird die Mailbox vor Veränderungen geschützt.

Tabelle 19.3: Einige Methoden von IMAP4-Objekten

Im folgenden Beispiel werden sämtliche E-Mails aus einer Mailbox abgerufen und ausgegeben. Als Argumente *host* und *port* in Zeile #1 verwenden Sie die entsprechenden Daten Ihres Providers.

```
import getpass, imaplib
m = imaplib.IMAP4(host, port)                              #1
m.login(getpass.getuser(), getpass.getpass())
m.select()
typ, daten = m.search(None, 'ALL')
for num in daten[0].split():
    typ, daten = m.fetch(num, '(RFC822)')
    print('Message %s\n%s\n' % (num, daten[0][1]))
m.close()
m.logout()
```

19.4 Das Modul poplib

Das POP3-Protokoll kontrolliert das Abrufen und Löschen von E-Mails aus einer Mailbox eines Mailservers. Im Modul poplib ist die Klasse POP3 definiert. Sie implementiert die Client-Seite einer POP3-Verbindung. Ein POP3-Objekt wird durch einen Konstruktor-Aufruf folgenden Formats instanziiert: POP3(*host*[, *port*]). Dabei ist *host* der Name des Mailservers. Das optionale zweite Argument enthält eine Portnummer (voreingestellt ist der Standardport 110) und dürfte nur in Ausnahmefällen verwendet werden. Gleichzeitig mit der Instanziierung wird die Verbindung zum Server hergestellt. Alle Kommandos des POP3-Protokolls werden durch gleichlautende (allerdings kleingeschriebene) Methoden der POP3-Objekte wiedergegeben. Die wichtigsten Methoden sind in folgender Tabelle zusammengestellt:

Methode	Erklärung
dele(*which*)	Die Mail mit Nummer *which* wird als »zu löschen« markiert. Sie wird aber (bei den meisten Servern) erst beim Beenden der Session mit quit() tatsächlich aus der Mailbox entfernt.
list([*which*])	Zurückgegeben wird ein Tupel folgenden Formats: (*Antwort*, ['*Nummer Bytes*', ...], *Zahl*). Das erste Element ist ein Antworttext des Servers. Das zweite Element ist eine Liste mit Beschreibungen der Mails in der Mailbox, bestehend aus der Nummer der jeweiligen Mail und ihrer Länge in Byte. Das optionale Argument ist eine Mailnummer. Falls angegeben, wird nur Information über allein diese Mail geliefert.
pass_(*password*)	Senden des Passworts an den Server. Die Mailbox ist nun für andere Zugriffe gesperrt, bis die Verbindung mit quit() getrennt wird.
retr(*which*)	Abrufen der Mail mit Nummer *which*. Zurückgegeben wird ein 3-Tupel folgenden Formats: (*Antwort*, [*zeile1*, *zeile2*,...], *Bytes*) Das erste Element ist ein Antworttext des Servers. Das zweite Element ist eine Liste von Strings, die die Zeilen der Mail enthalten. Zum Schluss steht die Länge der Mail in Byte.
quit()	Änderungen (z.B. Löschungen) werden ausgeführt, die Mailbox wieder freigegeben und die Verbindung getrennt.

Methode	Erklärung
set_debuglevel(*level*)	Das »Debuglevel« (eine Zahl zwischen 0 und 2) wird gesetzt. Es bestimmt das Maß an Information, das in Fehlerfällen vom Server zurückgesendet wird. Voreingestellt ist null.
user(*username*)	Benutzername wird gesendet.

Tabelle 19.4: Die wichtigsten Methoden von POP3-Objekten

Zum besseren Verständnis der POP3-Methoden wird nun eine Session im interaktiven Modus durchgespielt:

```
>>> import poplib
>>> popclient = poplib.POP3("post.meinprovider.de")
>>> popclient.user("ich@meinedomain.de")
b'+OK Waiting for password'
>>> popclient.pass_("meinpasswort")
b'+OK User logged in, proceed. (66)'
>>> popclient.list()
(b'+OK 2 messages, listing follows', ['1 976', '2 2430'], 15)
>>> popclient.retr(1)
(b'+OK message follows', ['X-Envelope-From: <irgend-
wer@irgendwo.de>', 'X-Envelope-To: <ich@meinedomain.de>',
'X-Delivery-Time: 1040807083', ... ] , 976)
>>> popclient.quit()
b'+OK Closing connection'
```

Programmiertipp

Das folgende Miniaturskript ruft aus der Mailbox alle Mails ab und gibt sie auf dem Bildschirm aus:

```
import poplib
client = poplib.POP3('post.meinprovider.de')
client.user('meinname')
client.pass_('meinpasswort')
```

```
anzahl_mails = len(client.list()[1])          #1
for i in range(anzahl_mails):
    for j in client.retr(i+1)[1]:              #2
    print(j)
```

Erläuterungen:

#1: Der Aufruf der Methode list() gibt ein Tupel zurück, dessen zweite Komponente eine Liste mit den Mailnummern ist. Und deren Länge wollen wir wissen.

#2: Man beachte, dass die Nummerierung der Mails in der Mailbox des POP3-Servers bei eins beginnt und nicht bei null, wie bei Python-Listen. Deshalb wird i+1 als Argument für retr() verwendet. Jede einzelne Mail ist eine Liste von Strings j, die in der inneren FOR-Schleife ausgegeben werden.

19.5 Das Modul smtplib

Im SMTP-Protokoll wird das Senden von E-Mails an einen Mailserver geregelt. Das Python-Modul smtplib stellt die Klasse SMTP zur Verfügung, die einen SMTP-Client implementiert. Objekte werden durch einen Aufruf des Konstruktors instanziiert. Format: SMTP([host[, port]]). Dabei ist *host* der Name des SMTP-Servers. Fehlt das Argument *host*, wird direkt bei der Instanziierung eine Verbindung hergestellt. Anderenfalls muss mit Hilfe der connect()-Methode Kontakt aufgenommen werden. Optional kann man noch eine Portnummer angeben, voreingestellt ist 25.

Die wichtigsten Methoden der SMTP-Objekte sind in folgender Tabelle zusammengestellt:

Methode	Erklärung
connect([host[, port]])	Verbindung mit SMTP-Server *host* unter Verwendung von Portnummer *port* aufnehmen. Voreingestellt ist der Standardport 25.

Methode	Erklärung
login(user, password)	Einloggen bei einem SMTP-Server, der eine Authentifizierung verlangt. Dies ist nicht bei allen Servern erforderlich.
sendmail(*from_addr*, *to_addrs*, *msg*)	Absenden einer Mail. Die ersten beiden Argumente sind Strings mit Absender und Empfänger, das dritte ist ein String mit dem Quelltext der E-Mail (siehe Beispiel).
quit()	Die Verbindung wird getrennt.

Tabelle 19.5: Die wichtigsten Methoden von SMTP-Objekten

Das folgende Skript implementiert einen kleinen E-Mail-Client zum Versenden von Mails.

```
from tkinter import *
import tkFileDialog, smtplib, tkMessageBox

class SMTPClient:
    def __init__ (self):
        fenster = Tk()
        fenster.title("SMTP-Client Nr. 1")
        self.label1=Label(fenster, text="Adresse: ")
        self.label1.grid(row=0, column=0)
        self.toaddr=Entry(fenster, width=40)
        self.toaddr.grid(row=0, column=1, pady=5)
        self.label2=Label(fenster, text="Absender: ")
        self.label2.grid(row=1, column=0)
        self.fromaddr=Entry(fenster, width=40)
        self.fromaddr.grid(row=1, column=1,pady=5)
        self.text = Text(fenster,width= 40, height =10)
        self.text.grid(row=3, column=1, pady=5, padx=5)
        self.button=Button(fenster, text="Abschicken",
                           command=self.abschicken)
        self.button.grid(row=3, column=0,padx=5)
        fenster.mainloop()

    def abschicken (self):
        msg = 'From: %s\r\nTo: %s\r\n'\
```

```
                % (self.fromaddr.get(), self.toaddr.get()) #1
        msg += 'Subject: Test\r\n'\
             + 'MIME-Version: 1.0\r\nContent-Type: '\
             + 'text/html\r\n'\
             + 'Content-Transfer-Encoding: '\
             + 'quoted-printable\r\n\r\n'\
             + self.text.get("1.0", END)                    #2

        self.client = smtplib.SMTP('mein_mailserver.de')
        self.client.login("mein_name", "mein_passwort")
        self.client.set_debuglevel(1)
        self.client.sendmail(self.fromaddr.get(),
                             self.toaddr.get(), msg)
        self.client.quit()

client = SMTPClient()
```

Erläuterungen:

#1: Die E-Mail ist ein langer String. Sie besteht aus einem Header und dem eigentlichen Nachrichtentext. Der Header enthält (entsprechend dem MIME-Protokoll für den Aufbau von E-Mails) jeweils in getrennten Zeilen Absender, Empfänger, Betreff und Codierungsart.

#2: Der Nachrichtentext wird dem Text-Widget entnommen. Man beachte, dass bei diesem einfachen Implementierungsbeispiel die Zeilenformatierung verloren geht.

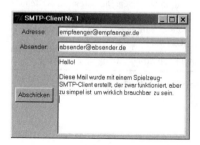

Abbildung 19.1: Ein kleiner SMTP-Client mit grafischer Benutzungsoberfläche

19.6 Das Modul telnetlib

Das Modul enthält die Klasse Telnet. Instanzen dieser Klasse repräsentieren eine Verbindung zu einem Telnet-Server. Ein Aufruf des Konstruktors hat folgendes Format: Telnet([host[,port]]). Das erste optionale Argument enthält den Namen des Hosts, zu dem Verbindung aufgenommen wird. Lässt man es weg, so muss die Verbindung später durch einen Aufruf der Methode open() hergestellt werden. Das zweite optionale Argument wird selten verwendet. In ihm kann eine Portnummer angegeben werden, falls der Telnet-Server nicht mit dem Standardport 23 arbeitet. Telnet-Objekte verfügen unter anderem über folgende Methoden:

Methode	Erklärung
close()	Verbindung schließen
open([host[,port]])	Eine Sitzung auf dem Rechner mit dem Domain-Namen *host* wird eröffnet.
read_all()	Alle Daten, die der Server sendet, werden gelesen. Die Methode terminiert erst, wenn die Verbindung geschlossen worden ist.
read_until(s[,timeout])	Das erste Argument ist ein String, das zweite ein Timeout in Sekunden. Die Daten, die der Telnet-Server sendet, werden gelesen, bis der String *s* empfangen wird oder *timeout* Sekunden vergangen sind.
write(s)	Sendet den String *s* an den Telnet-Server.

Tabelle 19.6: Die wichtigsten Methoden von Telnet-Objekten

Programmiertipp

Das folgende Beispiel illustriert die Verwendung von telnetlib. Das Programm stellt eine Telnet-Verbindung zum Host www.meine-domaene.de her und gibt mit Hilfe des Unix-Befehls ls -l den Inhalt des Homedirectorys aus.

```
import getpass
import sys
import telnetlib

host = "www.meine-domaene.de"
user = input("Benutzername: ")
password = getpass.getpass()                        #1
tn = telnetlib.Telnet(host)                         #2
print(tn.read_until("Login: "))                     #3
print("Kontakt mit Telnet-Server hergestellt")
tn.write(user + "\n")                               #4
if password:
    print(tn.read_until("Password:"))
    tn.write(password + "\n")
    print(tn.read_until("> "))                      #5
tn.write("ls -l\n")
tn.write("exit\n")
print(tn.read_all())                                #6
```

Erläuterungen:

#1: Zur Eingabe eines Passwortes (das ja nicht auf dem Bildschirm erscheinen soll) verwendet man die Funktion getpass() aus dem Modul getpass.

#2: Ein Objekt der Klasse Telnet wird instanziiert. Da ein Hostname übergeben worden ist, wird sofort eine Verbindung hergestellt.

#3: Das Telnet-Objekt liest so lange Daten, bis es auf "Login: " stößt. Dann wartet der Server auf die Eingabe des Login-Namens, die im Skript als Nächstes erfolgt.

Achtung! Beim Nachprogrammieren dieses Beispiels sollten Sie darauf achten, dass Sie der Methode read_until() einen geeigneten String als Argument übergeben. Sonst blockiert das Programm. Telnet-Server verhalten sich nicht alle genau gleich. Der Telnet-Server könnte sich auch mit "login: " (kleingeschrieben) oder "Login:" (ohne Leerzeichen nach dem Doppelpunkt) melden. Um sicherzugehen, sollten Sie mit Hilfe eines Telnet-Clients die Kommunikation mit dem Telnet-Server einmal durchspielen und auf die Systemantworten genau achten.

#4: Übertragung des Benutzernamens

#5: Das Telnet-Objekt liest die vom Server übertragenen Daten bis zum String "> ". Das ist in diesem Fall das System-Prompt. Anschließend wird der Unix-Befehl zur Ausgabe des Directory-Inhalts gesendet und dann mit exit die Verbindung geschlossen.

#6: Alle Daten, die der Server gesendet hat, bis zum Schließen der Verbindung werden ausgegeben. Es ist wichtig, dass der Aufruf tn.read_all() erst *nach* dem Beenden der Verbindung kommt. Anderenfalls würde die Methode so lange die Ausführung des Skripts blockieren, bis durch ein System-Timeout die Verbindung getrennt worden wäre.

20 Datenbanken

In diesem Kapitel geht es um die Nutzung von Datenbanksystemen in Python-Skripten. Nun können Daten auch mit Hilfe von Dictionaries in Kombination mit pickle() komfortabel gehandhabt werden. Warum also Datenbanken? Vorteile sind z.B.:

▸ Nur mit professionellen Datenbanksystemen wie z.B. MySQL können wirklich große Datenmengen verarbeitet werden. Die maximale Größe z.B. einer MySQL-Tabelle liegt bei acht Millionen Terabyte.

▸ Professionelle Datenbankserver bieten ein höheres Maß an Datensicherheit (Integrität, Schutz vor Verlust).

▸ Bei großen Datenmengen sind effiziente Techniken der physischen Speicherung (z.B. als B-Baum) notwendig, um ein schnelles Retrieval zu ermöglichen.

▸ In einer relationalen Datenbank können komplexe Strukturen datentechnisch abgebildet werden. Für die Formulierung von Anfragen (Queries) kann man eine etablierte Abfragesprache wie SQL verwenden.

Ein wichtiges Einsatzgebiet für Python-Skripte ist die Entwicklung von Online-Datenbanksystemen, die über das Internet erreichbar sind und von vielen Personen gleichzeitig genutzt werden. Weil hier Aspekte der Datensicherheit (Schutz vor unberechtigtem Zugriff etc.) eine besondere Rolle spielen, wird ein ausführliches Beispiel dazu erst im Kapitel 21 im Zusammenhang mit kryptografischen Funktionen vorgestellt.

20.1 Eine MySQL-Datenbank erstellen

Was ist MySQL?

MySQL ist gegenwärtig eines der populärsten relationalen Datenbanksysteme. Es ist in den meisten Linux-Distributionen enthalten. Der Zugang zu einer MySQL-Datenbank gehört oft zum Leistungsumfang eines Hosting-Dienstes.

MySQL wurde seit 1994 von der schwedischen Firma MySQL AB entwickelt. Seit 2010 gehört die Software dem US-amerikanischen Unternehmen Oracle. Es gibt kommerzielle Versionen und einen kostenlosen »Community Server« unter GPL-Lizenz (*https://dev.mysql.com/downloads/*).

Wenn Sie MySQL auf einem Windows-Rechner installieren, müssen Sie zunächst dafür sorgen, dass die *Visual C++ Redistributable Packages für Visual Studio 2013* installiert ist. Die Software ist kostenlos und kann von der Homepage der schwedischen Firma MySQL AB heruntergeladen werden (*http://www.mysql.com*). MySQL ist ein relationales Datenbankmanagementsystem (DBMS). Daten werden in Tabellen abgespeichert, die eine praktisch beliebige Größe annehmen können. Im Einsatz sind nach Angaben des Herstellers Datenbanken mit 60.000 Tabellen und Tabellen mit 5 Milliarden Zeilen.

MySQL ist ein Client-Server-System. Das eigentliche DBMS ist ein Server (mysqld), der viele Datenbanken verwaltet und von vielen Personen benutzt wird. Die Client-Programme enthalten eine Benutzungsschnittstelle und werden zum Erstellen und Bearbeiten von Tabellen und für Anfragen verwendet. In der MySQL-Distribution ist ein einfacher Kommandozeilen- orientierter Client enthalten mit dem Namen *MySQL Monitor*. Darüber hinaus findet man viele freie MySQL-Clients im WWW.

Vom ER-Diagramm zum Relationenschema

Eine Datenbank ist ein Modell eines Wirklichkeitsausschnitts. Im ersten Schritt der Entwicklung einer Datenbank erstellt man häufig ein so genanntes *Entity-Relationship-Diagramm* (ER-Diagramm). Objekte der Wirklichkeit (Entities) werden in Gruppen zusammengefasst und durch Entity-Typen repräsentiert. Ein Entity-Typ besteht aus einem Namen und einer Menge von Attributen. Letztere geben die relevanten Merkmale der Entitäten eines Typs wieder. Zwischen den Entities existieren Beziehungen (relationships), die man verschiedenen Beziehungstypen zuordnen kann. In einem ER-Diagramm wird ein solches Modell aus Entity-Typen und Beziehungstypen visualisiert. Das folgende Beispiel zeigt ein (unrealistisch kleines) Modell, das die Grundlage einer Miniatur-Datenbank zur Verwaltung von Kundendaten sein könnte. Es besteht aus den Entity-Typen Person und Organisation und dem Beziehungstyp repräsentiert. Damit ist Folgendes gemeint: Eine Person kann eine Organisation als Ansprechpartner oder Kontaktperson repräsentieren. Wenn ich einer Organisation (Firma, Universität etc.) bestimmte Informationen zukommen lassen möchte, muss ich mich an eine zuständige Kontaktperson wenden und benötige z.B. deren Name und E-Mail-Adresse.

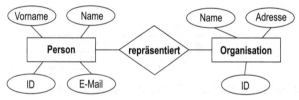

Abbildung 20.1: Entity-Relationship-Diagramm einer einfachen Kundendatenbank

Entity-Typen enthalten meist besondere Schlüsselattribute, die der eindeutigen Identifizierung von Entities dienen (Primärschlüssel), im obigen Beispiel heißt der Primärschlüssel beider Entity-Typen jeweils ID.

Bei relationalen Datenbanken werden Entity-Typen durch Tabellen dargestellt. Mathematisch gesehen handelt es sich um Relationen, d.h. Mengen von Tupeln. Jede Zeile einer Tabelle ist ein Tupel. Der Name des

Entity-Typs ist der Name der Tabelle und die Attributbezeichnungen sind die Überschriften der Spalten. Beziehungstypen können auf verschiedene Weise dargestellt werden. In unserem Beispiel gehen wir davon aus, dass eine Person höchstens eine Organisation repräsentieren kann (n:1-Beziehung). Dann können wir in die Tabelle für den Entity-Typ Person als weiteres Attribut den Primärschlüssel von Organisation einfügen. Der Tabelleneintrag zu einer Person enthält dann die ID-Nummer der Organisation, die er oder sie repräsentiert. Zwei Tabellen, die zu unserem Beispiel passen, könnten so aussehen:

Person

ID	Vorname	Name	E-Mail	Org-ID
1	Burcu	Sturm	bsturm@mteam.de	1
2	Lawanya	Dram	ldram@webtools.com	2
3	Sabrina	May	sam@mteam.de	1

Organisation

ID	Name	Adresse
1	Media-Team	Goethestr. 25, D-34121 Kassel
2	Webtools Design	Stresemannstr. 98, D-10117 Berlin

SQL-Befehle zur Definition einer Datenbank

SQL ist ursprünglich als eine reine Abfragesprache für relationale Datenbanken konzipiert worden (SQL=Structured Query Language), wurde aber inzwischen um Sprachelemente zur Definition von Datenbanken erweitert. Die folgende Tabelle zeigt die wichtigsten SQL-Kommandos zur Definition einer Datenbank im Überblick:

Kommando	Erklärung
CREATE DATABASE datenbank	Erstellen einer neuen relationalen Datenbank mit dem Namen datenbank

Kommando	Erklärung
CREATE TABLE tabelle(attribut1 datentyp1, ...)	Erzeugen einer neuen Tabelle mit dem Namen tabelle. In den Klammern befinden sich Spezifikationen der Attribute. Zu jedem Attribut wird der Name und Datentyp angegeben.
DESCRIBE tabelle	Anzeige der Attributspezifikationen einer Tabelle
INSERT INTO tabelle VALUES (...)	Einfügen von neuen Zeilen (Tupeln) in eine Tabelle (Relation) mit dem Namen tabelle
USE datenbank	Auswahl einer Datenbank
SHOW TABLES	Anzeige aller Tabellennamen der aktuellen Datenbank

Tabelle 20.1: Einige wichtige SQL-Befehle zur Erstellung von relationalen Datenbanken

Tabellen erzeugen

In der Praxis wird man häufig die Tabellenstruktur einer Datenbank mit Hilfe eines MySQL-Clients erstellen. Die Python-Programmierung beschränkt sich in der Regel auf Anfragen (*Queries*) und das Einfügen neuer Datensätze.

Die wichtigsten Schritte zur Erstellung einer MySQL-Datenbank sind folgende:

▸ Start eines Clients und Kontaktaufnahme zum Server
▸ Anlegen einer Datenbank (das macht eventuell die Datenbankadministration)
▸ Anlegen der Tabellen
▸ Schließen des Clients

Wenn man seinen eigenen MySQL-Server auf einem Stand-alone-Rechner verwendet, kann man einfach das Clientprogramm MySQL Monitor etwa durch Anklicken des Programm-Icons starten und eine Verbindung zum Server herstellen.

Nutzen Sie innerhalb eines Rechnernetzes oder bei einem Hosting-Dienst einen professionell administrierten MySQL-Server, müssen Sie sich bei der Systemadministration zunächst über die Details des Zugangs informieren. Zum Beispiel kann der Aufruf von mysql folgendes Format haben:

```
shell> mysql -h host -u user -p database
```

Hier ist *host* der Name des MySQL-Servers, *user* der zugewiesene Benutzername und *database* der Name einer Datenbank, die für den Benutzer eingerichtet worden ist. Das System verlangt anschließend noch die Eingabe eines Passworts.

Wenn der MySQL-Monitor erfolgreich gestartet worden ist und eine Verbindung zum MySQL-Server aufgebaut hat, erscheint eine Meldung ähnlich wie folgende:

```
Welcome to the MySQL monitor. Commands end with ; or \g.
Your MySQL connection id is 10
Server version: 5.7.19-log MySQL Community Server (GPL)
Type 'help;' or '\h' for help. Type '\c' to clear the current
input statement.
mysql>
```

Für unser Beispiel erstellen wir eine neue Datenbank mit dem Namen kunden und verwenden dazu das nachfolgende Kommando. Beachten Sie, dass jedes MySQL-Kommando mit einem Semikolon abgeschlossen wird. Groß- und Kleinschreibung spielt bei MySQL-Kommandos keine Rolle, zur besseren Lesbarkeit schreiben wir aber alle MySQL-Schlüsselwörter groß.

```
mysql> CREATE DATABASE kunden;
Query OK, 1 row affected (0.00 sec)
```

Mit dem show-Befehl kann man sich eine Liste aller vorhandenen Datenbanken ausgeben lassen:

```
mysql> SHOW DATABASES;
+----------+
| Database |
+----------+
| kunden   |
| mysql    |
+----------+
2 rows in set (0.00 sec)
```

Im nächsten Schritt wechseln wir mit dem USE-Kommando in die Datenbank, in die wir neue Tabellen eintragen wollen:

```
mysql> USE kunden
Database changed
```

Mit dem Kommando CREATE TABLES werden neue Tabellen eingerichtet. Dabei werden jeweils hinter dem Tabellennamen in Klammern die Attribute spezifiziert und ihnen Datentypen zugeordnet. Der besseren Lesbarkeit wegen verteilt man die Attributspezifikationen auf mehrere Zeilen. Bei der Eingabe erscheint nach Betätigung der Taste [Return] das Sekundärprompt ->, sofern das Kommando noch nicht mit einem Semikolon abgeschlossen wurde. In unserem Beispiel sieht der SQL-Quelltext folgendermaßen aus:

```
mysql> CREATE TABLE person (
    -> id SMALLINT UNSIGNED NOT NULL AUTO_INCREMENT,
    -> vorname CHAR(20) NOT NULL,
    -> name CHAR(20) NOT NULL,
    -> email CHAR(30) NOT NULL,
    -> org_ID SMALLINT UNSIGNED NOT NULL REFERENCES
       organisation,
    -> PRIMARY KEY (id)
    -> );
Query OK, 0 rows affected (0.00 sec)
mysql> CREATE TABLE organisation (
    -> id SMALLINT UNSIGNED NOT NULL AUTO_INCREMENT,
    -> name CHAR(20) NOT NULL,
    -> adresse CHAR(60) NOT NULL,
```

```
   -> PRIMARY KEY (id)
   -> );
Query OK, 0 rows affected (0.00 sec)
```

Die Struktur dieser komplexen Anweisung sei am Beispiel von CREATE TABLE person erläutert:

▸ Für das Attribut id soll beim Einfügen von Datensätzen automatisch eine fünfstellige ganze Zahl ohne Vorzeichen generiert werden. Dabei wird einfach »hochgezählt«, d.h., jeder neu eingefügte Datensatz erhält eine ID-Nummer, die um eins höher ist als die Nummer des Vorgängers.

▸ Das Attribut vorname erhält als Wert einen String aus 20 Zeichen. Entsprechend werden auch die Attribute name und email definiert.

▸ Das Attribut org_ID enthält eine fünfstellige vorzeichenlose ganze Zahl, die ein Primärschlüssel der Relation (Tabelle) organisation sein muss (Fremdschlüssel). Allerdings prüft das System beim Einfügen einer neuen Tabellenzeile leider *nicht*, ob die angegebene Zahl tatsächlich in der Tabelle organisation als ID-Nummer vorkommt.

▸ Zum Schluss wird das Attribut als Primärschlüssel (primary key) deklariert. Das System wacht nun darüber, dass bei diesem Attribut keine Duplikate vorkommen.

Mit dem Kommando SHOW TABLES kann man sich einen Überblick über die Tabellen der Datenbank verschaffen:

```
mysql> SHOW TABLES;
+------------------+
| Tables_in_kunden |
+------------------+
| organisation     |
| person           |
+------------------+
2 rows in set (0.00 sec)
```

Damit ist die Erstellung einer relationalen Datenbank abgeschlossen. Zum besseren Verständnis der Spezifikation der Primärschlüsselattribute wird in diesem Zusammenhang noch das Einfügen neuer Datensätze erläutert. Wir beginnen mit dem Füllen der Tabelle organisation:

```
mysql> INSERT INTO organisation VALUES (
    -> NULL, 'Media-Team',
    -> 'Goethestr. 25, D-34121 Kassel');
Query OK, 1 row affected (0.11 sec)
```

Der erste Wert des eingefügten Tupels bezieht sich auf den Primärschlüssel id. Da hier vom System automatisch eine Zahl eingesetzt werden soll, wird NULL, d.h. kein Wert angegeben. Durch eine SELECT-Anweisung kann man die Tabelle auf den Bildschirm bringen und erkennt, dass ein plausibler Wert (nämlich 1) für id eingesetzt worden ist:

```
mysql> SELECT * FROM organisation;
+----+------------+-------------------------------+
| id | name       | adresse                       |
+----+------------+-------------------------------+
|  1 | Media-Team | Goethestr. 25, D-34121 Kassel |
+----+------------+-------------------------------+
1 row in set (0.05 sec)
```

Im nächsten Beispiel wird ein Werte-Tupel in die Tabelle person eingefügt. Als Wert für den Fremdschlüssel org_ID wird die ID-Nummer 1 der Organisation Media-Team eingetragen (letzter Wert). Damit wird zum Ausdruck gebracht, dass diese Person diese Organisation repräsentiert.

```
mysql> INSERT INTO person VALUES(
    -> NULL, 'Burcu','Sturm','bsturm@mteam.de',
    -> 1;
Query OK, 1 row affected (0.06 sec)
mysql> SELECT * FROM person;
+----+---------+-------+-----------------+--------+
| id | vorname | name  | email           | org_ID |
+----+---------+-------+-----------------+--------+
|  1 | Burcu   | Sturm | bsturm@mteam.de |      1 |
+----+---------+-------+-----------------+--------+
1 row in set (0.06 sec)
```

20.2 Das Modul MySQLdb – Zugriff auf MySQL-Datenbanken

Das Modul MySQLdb ermöglicht den Zugriff eines Python-Skripts auf MySQL-Datenbanken. Eine sehr empfohlene Implementierung dieses Moduls ist mysqlclient. Man findet die Software im *Python Package Index* (PyPI) und kann sie deshalb leicht mit dem Programm pip installieren. Öffnen Sie ein Konsolenfenster (bei Windows *Eingabeaufforderung*) und geben Sie folgendes Kommando ein:

```
> pip install mysqlclient
```

In einem Python-Skript importieren Sie das Modul unter dem (abweichenden) Namen MySQLdb.

Die Grundidee des Moduls ist folgende:

- Mit connect() wird ein Objekt erzeugt, das die Verbindung zu einem MySQL-Server repräsentiert (Verbindungsobjekt).

- Durch die Botschaft cursor() an ein Verbindungsobjekt generiert man ein Cursorobjekt.

- Durch Botschaften an dieses Cursorobjekt (Methodenaufrufe) wird der gesamte Zugriff auf die Datenbank geregelt. Die wichtigste Methode ist execute(). Bei einem Aufruf dieser Methode übergibt man als Argument ein SQL-Statement.

In der folgenden exemplarischen Anweisungssequenz wird eine Verbindung zum lokalen MYSQL-Server (localhost) hergestellt und der gesamte Inhalt der Tabelle person in der Datenbank kunden ausgegeben (siehe Beispiel in Abschnitt 20.1).

```
>>> import MySQLdb
>>> verbindung = MySQLdb.connect(host='localhost', user='user1',
                    passwd='pwd1', db='kunden')
>>> c = verbindung.cursor()
>>> c.execute('SELECT * FROM person')
1
```

```
>>> c.fetchall()
((1, 'Burcu', 'Sturm', 'bsturm@mteam.de', 1))
```

Aufbau der Verbindung zum Datenbankserver

Durch einen Aufruf der Funktion connect() wird ein Objekt generiert, das eine Verbindung zu einem MySQL-Server repräsentiert. Wenn man die Funktion ohne Argument aufruft, versucht das System eine Verbindung zu localhost aufzubauen. Man kann aber (optionale) Parameter als Schlüsselwortargumente in der Form *parameter=wert* übergeben. Die folgende Tabelle liefert einen Überblick:

Parameter	Erklärung
db	Name der Datenbank, die verwendet werden soll. Voreingestellt ist keine Datenbank. Falls dieser Parameter nicht spezifiziert wird, muss später mit einem USE-Befehl (SQL) eine Datenbank gewählt werden.
connect_timeout	Zeitspanne in Sekunden, innerhalb derer eine Verbindung mit dem Server zu Stande kommen muss. Ansonsten wird die Ausführung der Funktion abgebrochen.
host	Name des Hosts, zu dem die Verbindung hergestellt werden soll. Default ist 'localhost'.
init_command	Ein String mit einem Kommando für den Server, das als erstes nach Zustandekommen der Verbindung ausgeführt werden soll. Voreingestellt ist ''.
passwd	Passwort zur Authentifizierung gegenüber dem MySQL-Server
port	Port-Nummer des MySQL-Servers. Voreingestellt ist der Standardport 3306.
user	Benutzername zur Authentifizierung gegenüber dem MySQL-Server. Voreingestellt ist der aktuelle Benutzername.

Tabelle 20.2: Optionale Parameter der Funktion connect()

Verbindungsobjekte

Das Verbindungsobjekt, das die Funktion connect() zurückgibt, verfügt über einige wenige Methoden. Hier ist eine Übersicht:

Parameter	Erklärung
begin()	Beginn einer Transaktion. Nachfolgende Anweisungen zur Veränderung der Datenbank müssen am Ende der Transaktion durch commit() bestätigt werden und werden erst dann in einem Zug ausgeführt.
close()	Schließt die Verbindung zum Server.
commit()	Ausführung der Transaktion, d.h. der SQL-Anweisungen seit dem Aufruf von begin()
cursor()	Zurückgegeben wird ein Cursorobjekt, das für den Zugriff auf die Datenbank verwendet wird.
rollback()	Zurücksetzen der Transaktion

Tabelle 20.3: Methoden der Cursorobjekte

Cursorobjekte

Wenn v ein Verbindungsobjekt ist, wird durch die folgende Anweisung ein Cursorobjekt c generiert:

```
>>> c = v.cursor()
```

Der Begriff Cursor kommt aus dem Lateinischen und bedeutet »Läufer«. Bei einem Texteditor bewegt man den Cursor an eine Textstelle, um sie als »aktuelle Position« zu markieren. Auch der Datenbank-Cursor dient im übertragenen Sinne der Ortsbestimmung. Denn MySQL bietet gewisse Möglichkeiten der Navigation. Beispielsweise kann man mit einer USE-Anweisung eine Datenbank auswählen. Der Cursor »merkt sich«, welche Datenbank »aktuell« ist.

Cursorobjekte besitzen einige Methoden, die den Zugriff auf MySQL-Datenbanken ermöglichen. Einen Überblick gibt Tabelle 20.4.

Parameter	Erklärung
close()	Schließt den Cursor. Nachfolgende Methodenaufrufe werden nicht mehr ausgeführt und verursachen einen ProgrammingError.
execute(query)	Das Argument ist ein String mit einer SQL-Anweisung, die vom Server ausgeführt wird. Zurückgegeben wird die Anzahl der von der Anfrage betroffenen Datensätze als long integer.
fetchone()	Liefert genau eine Zeile des Anfrageergebnisses als Tupel.
fetchmany(n)	Liefert n Zeilen eines Anfrageergebnisses als n-Tupel von Tupeln. Dabei enthält jedes Tupel eine Zeile des Ergebnisses.
fetchall()	Liefert alle Zeilen eines Anfrageergebnisses als Tupel von Tupeln.

Tabelle 20.4: Methoden der Cursorobjekte

Datengewinnung mit SELECT

In den folgenden Beispielen werden einige Möglichkeiten demonstriert, wie man mit SQL Anfragen (Queries) an eine Datenbank formulieren kann, um bestimmte Daten zu ermitteln (Retrieval). Wir beziehen uns auf die Beispieldatenbank aus Abschnitt 20.3. Zum Retrieval in einer SQL-Datenbank verwendet man SELECT-Anweisungen, die das folgende prinzipielle Format besitzen:

```
SELECT attribut1, attribut2, ...
   FROM tabelle
   WHERE bedingung;
```

In einem Python-Skript kann man die Anfrage zunächst als langen String (drei Anführungszeichen) einer Variablen zuweisen. Im folgenden Beispiel wird die E-Mail-Adresse einer Kundin herausgesucht. Man sieht, dass die Methode fetchone() ein einzelnes Tupel, fetchall() dagegen ein Tupel mit einem Tupel zurückgibt.

```
>>> c = db.cursor()
>>> c.execute('USE kunden')
0
>>> anfrage1 = '''
SELECT email
  FROM person
  WHERE name = "May"'''
>>> c.execute(anfrage1)
1
>>> c.fetchone()
('sam@mteam.de',)
>>> c.fetchall()
(('sam@mteam.de',),)
```

In SELECT-Statements können auch mehrere Tabellen miteinander verknüpft werden. Man verwendet dann zusammengesetzte Bedingungen und Variablen (im Beispiel p und o), um gleichlautende Attribute der verschiedenen Tabellen eindeutig identifizieren zu können. So besitzen die Tabellen person und organisation beide das Attribut id. In der folgenden Anfrage werden die Namen und E-Mail-Adressen aller Kontaktpersonen der Firma »Media-Team« herausgesucht.

```
>>> anfrage2 = """
SELECT p.vorname, p.name, p.email
  FROM person p, organisation o
  WHERE p.org_id = o.id
    AND o.name="Media-Team" """
>>> c.execute(anfrage2)
1
>>> ergebnis = c.fetchall()
>>> for i in ergebnis: print(i)

('Sabrina', 'May', 'sam@mteam.de')
('Burcu', 'Sturm', 'bsturm@mteam.de')
```

Siehe auch: Passwortgeschützte Online-Datenbank (Kapitel 21.2)

20.3 Das Modul sqlite3

Mit den Funktionen und Klassen aus dem Modul sqlite3 können Sie eine dateibasierte Datenbank aufbauen und verwenden, ohne dass ein Datenbankserver laufen muss. Die Tabellen werden einfach in Dateien gespeichert, der Zugriff erfolgt aber über SQL-Statements. Ein solches System ist für Testzwecke und kleine Datenmengen gut geeignet. Das Konzept von sqlite3 ist das gleiche wie bei MySQLdb:

- Mit der Funktion connect() eine Verbindung erzeugen (Objekt der Klasse Connection)
- Mit der Connection-Methode cursor() zu der Verbindung einen Cursor erzeugen (Objekt der Klasse Cursor)
- Mit der Cursor-Methode execute() SQL-Statements ausführen lassen
- Mit den Cursor-Methoden fetchone() oder fetchall() die Ergebnisse einer SELECT-Anweisung abfragen
- Mit der Connection-Methode commit() wird der aktuelle Zustand der Datenbank gespeichert.
- Mit der Methode close() werden Verbindungen und Cursor geschlossen, wenn man sie nicht mehr benötigt.

Beispiel 1 (ausführlich)

Wenn Sie das folgende Programm ausprobieren wollen, müssen Sie dafür sorgen, dass das Verzeichnis /data existiert. In diesem Verzeichnis wird dann von sqlite3 automatisch eine Datei für die Tabellen der Datenbank angelegt.

```
import sqlite3
conn = sqlite3.connect('/data/clients.dat')              #1
c = conn.cursor()                                        #2

c.execute("""CREATE TABLE
             person(id SMALLINT,
```

```
                        vorname CHAR(20) NOT NULL,
                        name CHAR(20) NOT NULL,
                        email CHAR(30) NOT NULL);""")        #3

c.execute("""INSERT INTO person
                VALUES(1, "Martina", "Müller",
                        "martina@mueller.de");""")            #4

c.execute("""INSERT INTO person
                VALUES (2, "Tom", "Hohlbach",
                        "tom@hohlbach.de");""")

conn.commit()                                                  #5
c.execute("""SELECT *
                FROM person;""")                               #6
result = c.fetchall()                                          #7
print(result)
c.close()                                                      #8
conn.close()
```

Ausgabe:

```
[(1, 'Martina', 'M\xfcller', 'martina@mueller.de'),
(2, 'Tom', 'Hohlbach', 'tom@hohlbach.de')]
```

Erläuterung:

#1: Hier wird als Argument einfach nur der Pfad einer Datei angegeben, in der die Tabellen der Datenbank gespeichert werden. Als Argument kann auch der String ':memory:' übergeben werden. Dann wird die Datenbank allein im Arbeitsspeicher gehalten und nicht dauerhaft gespeichert.

#2: Ein Cursor-Objekt für den Zugriff auf die Datenbank wird erzeugt.

#3: Mit der execute()-Methode des Cursors werden SQL-Anweisungen ausgeführt. Zuerst wird mit CREATE eine neue Tabelle generiert. Falls die Tabelle bereits existiert, gibt es eine Fehlermeldung.

#4: Neue Zeilen werden in die Tabelle eingefügt.

#5: Der momentane Zustand der Datenbank wird gespeichert.

#6: Alle Zeilen der Tabelle person werden ausgelesen. Der Cursor besitzt nun eine Sicht auf die Zeilen, die ein einziges Mal abgefragt werden kann.

#7: Der erstmalige Aufruf der Methode fetchall() liefert eine Liste von Tupeln, die die Zeilen der Tabelle darstellen. Bei einem zweiten Aufruf von fetchall() würde eine leere Liste zurückgegeben.

#8: Cursor und Verbindung werden geschlossen.

Beispiel 2 (kompakt)

Das Modul sqlite3 ermöglicht sehr kompakten Programmtext. Der folgende Programmtext leistet das Gleiche wie das Skript im Beispiel 1. Allerdings werden hier drei Vereinfachungen vorgenommen:

▸ Beim Erstellen der Tabelle mit dem SQL-Befehl CREATE TABLE werden keine Datentypen spezifiziert. Das ist nicht notwendig, weil das System beim Eintragen der Tupel die Typen der einzelnen Werte verwendet.

▸ Für das Einfügen von Datensätzen in die Tabelle wird die execute()-Methode mit zwei Argumenten aufgerufen. Der String mit dem SQL-Befehl im ersten Argument enthält Fragezeichen ? als Platzhalter. Das zweite Argument ist ein Tupel aus Werten, die die Platzhalter der SQL-Anweisung ersetzen.

▸ Außerdem wird auf die Cursor-Methode fetchall() verzichtet. Stattdessen wird ausgenutzt, dass der Cursor nach dem SELECT selbst ein Iterator für das Ergebnis des Retrievals ist.

```
import sqlite3
conn = sqlite3.connect('/data/clients.dat')
c = conn.cursor()
c.execute("CREATE TABLE person(id, vorname,name,email)")
data =[(1, "Martina", "Müller", "martina@mueller.de"),
       (2, "Tom", "Hohlbach", "tom@hohlbach.de")]
for t in data:
  c.execute("INSERT INTO person VALUES (?, ?, ?, ?)", t)
```

```
conn.commit()
for p in  c.execute("select * from person"):
     print(p)
conn.close()
```

21 Das Modul hashlib – Digitale Signaturen

Das Standard-Modul `hashlib` enthält Implementierungen verschiedener kryptologischer Hashfunktionen (*secure hash, message digest*). Darunter versteht man Funktionen, die zu einer Zeichenfolge beliebiger Länge eine Oktettenfolge (Bytestring) konstanter Länge produzieren. Diese bezeichnet man als *Hash-Wert* oder anschaulich auch als *digitalen Fingerabdruck* (*fingerprint*). Die Wahrscheinlichkeit, dass zwei Strings denselben Fingerabdruck ergeben, ist äußerst gering. Er kann also näherungsweise – wie ein richtiger Fingerabdruck – als »einmalig« betrachtet werden. Kryptologische Hashfunktionen sind Einwegfunktionen; das sind Funktionen, zu denen es keine Umkehrfunktion mit vernünftiger Rechenzeit gibt. Das heißt: Zu einer beliebigen Zeichenkette mit der Länge eines Fingerabdrucks kann man praktisch keinen String konstruieren, der diese Zeichenkette als Fingerabdruck besitzt. Kryptologische Hashfunktionen haben vor allem folgende Verwendungszwecke:

▸ Berechnung digitaler Signaturen, mit deren Hilfe man die Unverfälschtheit einer Nachricht prüfen kann. An eine Nachricht wird Ihr Fingerabdruck angehängt. Der Empfänger berechnet aus der Nachricht erneut den Fingerabdruck und vergleicht ihn mit dem gesendeten.

▸ Prüfung der Korrektheit eines Passworts, ohne dass das Passwort gespeichert werden muss. Auf diese Anwendung bezieht sich das Praxisbeispiel in Abschnitt 21.2.

Das Modul `hashlib` bietet eine einheitliche Schnittstelle zu folgenden Algorithmen:

▸ MD5 (*message digest 5*). Der Algorithmus wurde von Ronald L. Rivest am MIT (Massachusetts Institute of Technology) entwickelt und im Jahre 1992 im RFC 1321 publiziert. RFCs (*Requests for Comment*) sind die Dokumente, in denen Standards zur Internet-Technologie veröffentlicht sind. MD5 nimmt eine Zeichenkette (Bytestring) beliebiger Länge als Eingabe und erzeugt als digitalen Fingerabdruck einen Bytestring aus 16 Byte (128 Bit).

▸ SHA (*secure hash algorithm*). Darunter versteht man eine Gruppe kryptologischer Hashfunktionen, die vom NIST (National Institute of Standards and Technology) zusammen mit der NSA (National Security Agency) in den USA entwickelt worden sind. Sie sind im FIPS-Dokument 180-2 publiziert (NIST 2002). Das Modul hashlib unterstützt folgende SHA-Varianten: SHA1, SHA224, SHA256, SHA384, SHA512. Die größeren Zahlen geben die Anzahl der Bits des jeweils produzierten Hash-Wertes an. Je größer die Zahl, desto sicherer ist das Verfahren.

21.1 Hashing-Objekte

Zu jedem der oben genannten Verfahren gibt es eine Factory-Funktion gleichen Namens (allerdings nur mit Kleinbuchstaben), die ein Objekt erzeugt, das man zur Generierung von Fingerprints verwenden kann. Als Argument wird jeweils ein Bytestring übergeben. Alle auf diese Weise geschaffenen Hashing-Objekte besitzen die Methode digest(), die nach dem jeweiligen Verfahren einen Fingerprint als Bytestring (Typ bytes) erzeugt. Beispiel:

```
>>> from hashlib import *
>>> m1 = md5(b"Das ist ein Bytestring")
>>> fp1 =  m.digest()
>>> fp1
b'\x92\xd8\xac\xe9W\xb4\x82\xd3D(\x14\x8f]K\x11\x1b'
```

Den Fingerprint kann man sich als Folge von 16 Zahlen zwischen 0 und 255 vorstellen:

```
>>> list (fp1)
[146, 216, 172, 233, 87, 180, 130, 211, 68, 40, 20, 143, 93, 75, 17, 27]
```

```
>>> len(fp1)
16
```

Texte (Strings) müssen zuerst kodiert werden, bevor ein MD5-Fingerprint erzeugt werden kann.

```
>>> zitat = """Früher war sogar die Zukunft schöner.
(Karl Valentin)""".encode()
>>> zitat
b'Fr\xc3\xbcher war sogar die Zukunft sch\xc3\xb6ner. \n(Karl
Valentin)'
>>> md5(zitat).digest()
b'\xc0\x0fh{|0\x16K\xc8\x99\xe1 0\xc2\xf2\xf8'
```

Mit SHA1 wird ein längerer (und sichererer) Fingerprint erzeugt:

```
>>> m2 = sha1(zitat)
>>> fp2 = m2.digest()
>>> list(fp2)
[145, 18, 221, 88, 174, 227, 187, 54, 81, 48, 161, 127, 66, 245,
55, 150, 21, 38, 189, 233]
>>> len(fp2)
20
```

update()

update(s)

Einem Hashing-Objekt ist immer ein Bytestring zugeordnet, zu dem durch digest() ein Fingerabdruck berechnet wird. Durch update(s) wird das Objekt aktualisiert. Das heißt, an den bisherigen dem Objekt zugeordneten Bytestring wird noch der Bytestring s angehängt. Aufeinanderfolgende Aufrufe von update() sind äquivalent zu einem einmaligen Aufruf mit der Konkatenation aller Argumente:

```
h.update(s1)
h.update(s2)
```

hat dieselbe Wirkung wie

```
h.update(s1+s2)
```

digest()

Die Methode digest() berechnet den Fingerabdruck des Bytestrings, der dem Objekt zuvor zugewiesen wurde. Beispiel:

```
>>> from from hashlib import *
>>> m = md5()
>>> m.update("Alles sollte so einfach ".encode())
>>> m.update("wie möglich sein".encode())
>>> m.digest()
b'\x83\x11\x19\x05\x8a\x13^\xdej\xb3E\xc8TT\xb5P'
```

Das gleiche Ergebnis erzielt man auch durch eine kompaktere Anweisungsfolge:

```
>>> s = "Alles sollte so einfach wie möglich sein"
>>> md5(s.encode()).digest()
b'\x83\x11\x19\x05\x8a\x13^\xdej\xb3E\xc8TT\xb5P'
```

21.2 Anwendung in der Sicherheitstechnik – Passwortgeschützte Online-Plattform

Im Internet gibt es viele Web-2.0-Anwendungen. Das sind Plattformen, auf denen jeweils eine Community von Nutzern einen gemeinsamen Wissensbestand pflegt. Wer auf die Daten zugreifen will, muss sich zunächst authentifizieren. Das geschieht meist über die Eingabe eines öffentlichen Benutzernamens und eines geheimen Passworts, das allein die betreffende Person kennt. Bei einem Login prüft das Datenbanksystem, ob das eingegebene Passwort korrekt ist. Nun kommen wir zu einem zentralen Problem. Wie kann sichergestellt werden, dass niemand (auch nicht der Systemadministrator) zu einem Benutzernamen das zugehörige Passwort herausfinden kann?

Eine einfache Technik auf der Basis kryptografischer Verfahren ist die folgende:

▸ Ein Passwort wird niemals abgespeichert, so dass es auch von niemandem ausspioniert werden kann.

▸ Stattdessen wird aus dem Passwort mit einem Hash-Verfahren (z.B. MD5) ein Fingerabdruck berechnet und dieser zusammen mit anderen Benutzerdaten in einer Tabelle gespeichert. Man beachte: Aus dem Passwort kann zwar leicht der Fingerabdruck berechnet werden. Es ist aber nicht möglich, aus dem Fingerabdruck das geheime Passwort zu ermitteln.

▸ Bei jedem Login fragt das System nach Name und Passwort, ermittelt daraus den Fingerabdruck und prüft dann, ob dieser mit dem gespeicherten Fingerabdruck übereinstimmt.

Wir entwickeln nun als Beispiel ein minimales Online-System zur Verwaltung der Telefonnummern einer Gruppe, das aus folgenden Komponenten besteht:

▸ In einer SQLite-Datenbank wird eine Tabelle mit Daten der Mitglieder gespeichert. Die Tabelle besteht aus Tupeln der Form (Login-Name, Fingerprint des Passworts, Vorname, Name, Telefon-Nummer).

▸ Für die Website gibt es eine statische HTML-Seite als Startseite (Abbildung 21.1)

▸ Auf einer dynamisch erzeugten Webseite kann sich ein registrierter Benutzer mit Login-Name und Passwort einloggen.

▸ Auf einer anderen Webseite kann sich jeder, der will, registrieren und gibt dabei persönliche Daten an, unter anderem die Telefonnummer.

▸ Nach einem erfolgreichen Login oder nach einer Registrierung sieht der Nutzer eine Tabelle mit allen Namen und Telefonnummern. Sie wird aus der Datei mit den Benutzerdaten generiert.

Einige Screenshots sollen das Konzept veranschaulichen.

Abbildung 21.1: Statische HTML-Seite

Abbildung 21.2: Dynamisch erzeugte Webseite für ein Login

Abbildung 21.3: Dynamisch erzeugte Webseite zur Registrierung

Abbildung 21.4: Dynamisch erzeugte Webseite zur Registrierung

Bitte beachten Sie, dass ein solches Online-System nicht wirklich sicher ist, weil die Daten (einschließlich Passwörter) unverschlüsselt übertragen werden und abgehört werden könnten. Nur die geheimen Passwörter sind vor Diebstahl geschützt.

Aufbau des Systems

Das gesamte System besteht aus fünf Dateien, die in folgendem Verzeichnisbaum gespeichert sind:

```
/httpserver
    httpd.py
    /statisch
        /telefon
            index.html
    /cgi-bin
        /tel
            tellib.py
            register.py
            login.py
```

Im Wurzelverzeichnis ist die Datei des Servers httpd.py gespeichert (siehe Kapitel 19.2). Im Ordner statisch/telefon ist eine statische HTML-Seite. Alle anderen HTML-Seiten werden dynamisch von CGI-Skripten erzeugt. Diese befinden sich im Verzeichnis /httpserver/cgi-bin/tel.

Programmierung und Testen

Zum Testen starten Sie zunächst den http-Server httpd.py. Er läuft dann im Hintergrund. Alle Systemmeldungen erscheinen im Konsolenfenster. Öffnen Sie mit einem Webbrowser die Startseite der Website. Verwenden Sie den URL http://localhost:8000/statisch/telefon. Fehler spüren Sie am besten mit logging-Meldungen auf (siehe Kapitel 10.6). Das Skript tellib.py im übernächsten Abschnitt enthält ein Beispiel. Alle logging-Meldungen erscheinen während des Programmlaufs im Konsolenfenster.

Startseite (statisch)

Der HTML-Quelltext der Startseite wird unter dem Pfad .../statisch/
telefon/index.html gespeichert. Dabei ist .../statisch das Verzeichnis,
das der HTTP-Server für statische Webseiten verwendet.

```html
<html>
<head><title>Telefon</title></head>
<body>
<h1> Telefonverzeichnis</h1>
<p>
<a href="http://localhost:8000/cgi-bin/tel/login.py">
Login</a>
</p>
<p>
<a href="http://localhost:8000/cgi-bin/tel/register.py">
Registrieren</a>
</p>
</body>
</html>
```

Modul für Basisdienste

Das folgende Python-Skript ist ein Modul, das von den CGI-Skripten
importiert wird. Es enthält einige Konstanten mit Schablonen für Webseiten, die dynamisch erzeugt werden, und Funktionen zum Zugriff auf
die Datenbank. Der Einfachheit halber speichern wir es in demselben
Unterverzeichnis .../cgi-bin/tel ab, in dem auch die CGI-Skripte des
Projekts abgespeichert sind. Dabei ist .../cgi-bin der Ordner, der für
CGI-Skripte vorgesehen ist.

```python
# Dateiname: tellib.py
import hashlib, sqlite3, logging
DATAFILE ="/teldata/data.dat"

TEL_HTTP = """Content-Type: text/html

<html>
  <head><title>Telefonverzeichnis</title></head>
  <body>
```

```
    <h1>Telefonverzeichnis</h1>
    <table border=0>
    %(rows)s
    </table>
  </form>
  </body>
</html>"""                                          #1

ROW = """
<tr bgcolor="silver">
  <td> %(first)s</td>
  <td> %(name)s</td>
  <td> %(tel)s</td>
<tr>"""                                             #2

def telDirectory():                                 #3
  logging.warning("Telefonverzeichnis erstellen")   #4
  conn = sqlite3.connect(DATAFILE)
  c = conn.cursor()
  rows = ""
  for (login, pw, first, name, tel) in \
              c.execute("SELECT * FROM user"):
    rows += ROW%vars()
  conn.close()
  return TEL_HTTP % vars()

def check(login, pw):                               #5
  conn = sqlite3.connect(DATAFILE)
  c = conn.cursor()
  userdata = c.execute("SELECT login, pw FROM user") #6
  if (login,
      str(hashlib.md5(pw.encode()).digest())) in userdata:
    registered = True
  else: registered = False
  conn.close()
  return registered

def updateTel(login, pw, first, name, tel):         #7
    fp = str(hashlib.md5(pw.encode()).digest())
    conn = sqlite3.connect(DATAFILE)
```

```
c = conn.cursor()
try:
    c.execute("""CREATE TABLE user(login VARCHAR,
                                    pw VARCHAR,
                                    first VARCHAR,
                                    name VARCHAR,
                                    tel VARCHAR);""")    #8
except: pass
c.execute("INSERT INTO user VALUES(?, ?, ?, ?, ?);",
          (login, fp, first, name, tel))                #9
conn.commit()
conn.close()
```

Erläuterung:

#1: Das ist die Hauptschablone für die Webseite mit dem Telefonverzeichnis. Das Innere der Tabelle ist durch einen Platzhalter repräsentiert. Er wird durch eine variable Anzahl von Tabellenzeilen ersetzt. Wichtig: Achten Sie auf die Leerzeile nach der ersten Zeile!

#2: Schablone für eine Tabellenzeile mit drei Zellen.

#3: Diese Funktion besorgt sich aus der Datenbank die gespeicherten Benutzerdaten, erzeugt mit Hilfe der Schablone ROW die Zeilen der HTML-Tabelle mit Vorname, Name und Telefonnummern der Community-Mitglieder und setzt diese im zweiten Schritt in die Schablone für die Webseite ein.

#4: Ein Beispiel für einen Log-Eintrag zur Dokumentation des Programmlaufs. Die Anweisung bewirkt, dass im Konsolenfenster (das ansonsten Systemmeldungen des http-Servers zeigt) eine Meldung erscheint.

#5: Die Funktion prüft, ob die Person mit dem angegebenen Login-Namen und Passwort registriert ist.

#6: userdata ist eine Liste von Tupeln aus Login-Name und Passwort. Die Funktion bildet aus dem Login-Namen und dem MD5-Fingerprint des Passworts ein Tupel und prüft, ob in der Liste userdata ein solches Tupel enthalten ist.

#7: Die Funktion aktualisiert die Datei mit den Benutzerdaten.

#8: Wenn noch keine Tabelle user in der Datenbank existiert, wird eine solche Tabelle mit dem SQL-Befehl CREATE angelegt.

#9: Ein neuer Datensatz mit Login-Name, MD5-Fingerprint des Passworts, Vorname, Nachname und Telefonnummer wird in die Tabelle user der Datenbank eingetragen.

Registrieren

Dieses Skript wird unter dem Pfad .../cgi-bin/tel/register.py abgespeichert, wobei .../cgi-bin das Verzeichnis ist, das für CGI-Skripte vorgesehen ist. Es erzeugt dynamisch eine Webseite mit einem Formular zur Eingabe von persönlichen Daten für die Registrierung eines neuen Mitglieds der Community. Unter der Überschrift kann eine Fehlermeldung erscheinen, wenn der Benutzer versucht hat, ungültige Eingaben zu machen. Es erscheint so lange immer wieder die Registrierungsseite, bis alle Eingaben akzeptabel sind. Dann wird eine neue Seite mit den Telefonnummern der Mitglieder erzeugt.

```
#! /Users/Standard/Python36/python.exe
import cgi, hashlib
from tellib import *

REG_HTTP = """Content-Type: text/html

<html>
 <head><title>Registrieren</title></head>
 <body>
   <h1>Registrieren</h1>
   <p> <em>%(errormsg)s </em></p>
   <form
 action="http://localhost:8000/cgi-bin/tel/register.py"
 method="POST">
     <p> <input type="Text" name="login"
         value="%(login)s"> Login-Name</p>
     <p> <input type="password" name="pw" > Passwort</p>
     <p> <input type="password" name="pw1">
         Passwort wiederholen</p>
```

```
    <p> <input type="Text" name="first"
        value="%(first)s"> Vorname </p>
    <p> <input type="Text" name="name"
        value="%(name)s"> Nachname </p>
    <p> <input type="Text" name="tel" value="%(tel)s">
        Telefonnummer </p>
    <input type="Submit" value="Absenden">
  </form>
</body>
</html>"""                                                  #1

form = cgi.FieldStorage()
login = form.getvalue("login", "")                          #2
pw = form.getvalue("pw", "")
pw1 = form.getvalue("pw1", "")
first = form.getvalue("first", "")
name = form.getvalue("name", "")
tel = form.getvalue("tel", "")
errormsg = ""
if not login:
  print(REG_HTTP % vars())                                  #3
else:                                                       #4
  if pw != pw1:
    errormsg+="Passw&ouml;rter unterschiedlich<br>"
  if len(pw) <4: errormsg += "Passwort zu kurz<br>"
  if not first: errormsg += "Vorname fehlt<br>"
  if not name: errormsg += "Nachname fehlt<br>"
  if not tel: errormsg += "Telefonnr. fehlt<br>"

  if errormsg: print(REG_HTTP % vars())                     #5
  else:
    updateTel(login, pw, first, name, tel)
    print(telDirectory())                                   #6
```

Erläuterung:

#1: Schablone für die Registrierungsseite. Achten Sie auf die Leerzeile!

#2: Die Einträge aus den Eingabefeldern des Formulars werden Variablen zugewiesen. Wenn kein Wert existiert, weil das Feld nicht ausgefüllt wurde, wird ein leerer String (zweites Argument des Aufrufs von form.getvalue()) zugewiesen.

#3: Wenn die Variable login einen leeren String enthält (Wahrheitswert False), geht das Programm davon aus, dass die Registrierungsseite zum ersten Mal in der Session aufgerufen wird. Dann wird eine Seite mit leerem Formular (ohne Fehlermeldung) an den Client gesendet.

#4: In den folgenden Zeilen prüft das Programm die einzelnen Inhalte der Eingabefelder und fügt gegebenenfalls an die Fehlermeldung, die in der Variablen errormsg aufbewahrt wird, weitere Zeilen an.

#5: Wenn Fehler aufgetreten sind, wird die Registrierungsseite mit einer Fehlermeldung an den Client zurückgesendet.

#6: Ansonsten wird die Datei mit den Benutzerdaten aktualisiert und eine Webseite mit einem Verzeichnis der Telefonnummern der Community-Mitglieder ausgegeben.

Authentifizieren

Dieses CGI-Skript (Pfad: .../cgi-bin/tel/login.py) liefert so lange eine Webseite mit einem Formular für das Login, bis der Benutzer gültige Werte eingegeben hat.

```
#! /Users/Standard/Python36/python.exe

# login.py
import cgi, pickle, hashlib
from tellib import *

LOGIN_HTTP = """Content-Type: text/html

<html>
 <head><title>Telefon</title></head>
 <body>
  <h1> Login</h1>
  <p><em>%(errormsg)s</em></p>
  Bitte geben Sie Benutzername und Passwort ein.
  <form
```

```
      action="http://localhost:8000/cgi-bin/tel/login.py"
      method="POST">
      <p><input type="Text" name="login"> Login-Name</p>
      <p><input type="password" name="pw"> Passwort </p>
      <input type="Submit" value="Login">
   </form>
  </body>
</html>"""                                                        #1

form = cgi.FieldStorage()
login = form.getvalue("login", "")
pw = form.getvalue("pw", "")
if not pw:
   errormsg =""
   print(LOGIN_HTTP%vars())                                       #2
elif not check(login, pw):
   errormsg = "Daten sind nicht korrekt!"
   print(LOGIN_HTTP%vars())                                       #3
else: print(telDirectory())                                       #4
```

Erläuterung:

#1: Schablone für eine HTML-Seite mit einem Formular zum Login. Unter der Überschrift erscheint **gegebenenfalls** eine Fehlermeldung. Achten Sie darauf, dass nach der ersten Zeile eine Leerzeile folgt.

#2: Ausgabe der Login-Seite mit leerem Formular und ohne Fehlermeldung

#3: Ausgabe der Login-Seite mit Fehlermeldung

#4: Ausgabe des Telefonnummernverzeichnisses

Siehe auch: Datenbanken (Kapitel 20), Stringformatierung (Kapitel 16), CGI-Programmierung (Kapitel 18), logging (Kapitel 10.6)

22 Grafische Benutzungsoberflächen

Fast alle Programme, mit denen man heute im Alltag umgeht, besitzen eine grafische Benutzungsoberfläche. Das heißt, die Kommunikation mit dem Rechner erfolgt nicht mehr wie in den Anfängen der Computertechnik in Form eines Dialogs über eine Konsole (Tastatureingabe, auf die dann eine Antwort des Rechners erfolgt).

Stattdessen sieht der Benutzer die »Oberfläche« eines Programms als grafisch gestaltetes Fenster. Dieses enthält interaktive Elemente, wie Knöpfe und Checkboxen, die man mit der Maus anklicken kann, sowie Eingabefelder verschiedener Größe, in die man etwas eintragen kann.

Man verwendet im deutschsprachigen Raum heute häufig den geschlechtsneutralen Begriff grafische Benutzungsoberfläche (anstelle von Benutzeroberfläche), im Englischen spricht man von Graphical User Inferface oder kurz GUI.

Zur Gestaltung von grafischen Benutzungsoberflächen bietet Python das Modul tkinter an. Darin sind alle Klassen von Objekten enthalten, aus denen eine grafische Benutzungsoberfläche zusammengesetzt sein kann. tkinter ist nicht das einzige, wohl aber das verbreitetste Modul zur GUI-Programmierung mit Python. Der Name ist eine Abkürzung von *Tk-Interface*. Das heißt, es ist eine Schnittstelle zu Tk (*tool kit*), einer Bibliothek zur GUI-Programmierung, die in der Programmiersprache TCL (*tool command language*) geschrieben ist.

Wer eine grafische Benutzungsoberfläche entwickelt, muss drei Probleme lösen:

▸ Grafische Elemente wie Abbildungen, Texte, Knöpfe mit Aufschriften, Eingabefelder etc. müssen definiert werden. Diese »Bausteine« einer grafischen Oberfläche werden bei Python *Widgets* genannt (*window gadgets*).

▸ Die Widgets müssen in einem Fenster auf bestimmte Weise angeordnet werden. Das Hauptproblem ist hier, dass die genaue Position und Größe der Darstellung von der Größe und Form des Fensters abhängen. Da zur Laufzeit des Programms die Fenstergröße in der Regel geändert werden kann, muss das Layout immer wieder dynamisch angepasst werden. Darum kümmern sich so genannte Layout-Manager, die der Programmentwickler definieren muss.

▸ Das dritte Problem ist die Definition der Interaktivität. Aktionen wie das Betätigen eines Buttons müssen mit Funktionalität verknüpft werden. Dies kann bei Python über verschiedene Mechanismen bewerkstelligt werden. Einem Button etwa können Sie direkt bei seiner Instanziierung eine Funktion zuweisen. Mit Hilfe der `bind()`-Methode ordnet man einem Ereignis (Mausklick, Betätigung einer Taste etc.) eine Funktion (Eventhandler) zu. Zu diesen Techniken finden Sie im Abschnitt 22.23, *Event-Verarbeitung* Näheres.

22.1 Widgets des Moduls tkinter

Widgets sind die Komponenten, aus denen eine grafische Benutzungsoberfläche aufgebaut ist. Programmtechnisch gesehen handelt es sich um Klassen, von denen Objekte (Instanzen) gebildet werden. Ein Widget kann aus mehreren Widgets zusammengesetzt sein (Aggregation).

Die folgende Tabelle gibt einen Überblick über die wichtigsten Widgets des Moduls tkinter, deren Verwendung im anschließenden Text erläutert werden.

Klasse	Beschreibung
Button	Schaltfläche
Canvas	Vektorgrafiken
Checkbutton	Quadratisches Feld für Mehrfachauswahl (m aus n)
Entry	Einfaches Eingabefeld für Texte

Klasse	Beschreibung
Frame	Rechteckiger Bereich (»Oberfläche«), in den man andere Widgets platzieren kann
Label	Feld mit vorgegebenem Text oder Bild
Listbox	Liste von Auswahlfeldern (Einfach- und Mehrfachauswahl)
Menu	Darstellung von Toplevel-, Pulldown- und Popup-Menüs
PhotoImage	Bild (GIF oder PPM /PGM)
Radiobutton	Rundes Feld für Einfachauswahl (1 aus n)
Scale	Waagrechte oder senkrechte Schieberegler
Scrollbar	Scrollleiste, die z.B. in Listbox-, Text- oder Canvas-Widgets eingebaut werden kann, um die Darstellung umfangreicher Inhalte zu ermöglichen
Text	Textfeld, in dem mehrzeilige formatierte Texte bearbeitet werden können
Tk	Hauptfenster einer Applikation mit Knöpfen zum Ikonisieren, Vergrößern und Schließen

Tabelle 22.1: Die wichtigsten Widgets des Moduls tkinter

22.2 Die Benutzungsoberfläche als Aggregat von Widgets

Eine grafische Benutzungsoberfläche stellt man sich meist als Baumstruktur vor. Die Wurzel (der oberste Knoten) ist das Hauptanwendungsfenster – bei tkinter also ein Objekt der Klasse Tk. In das Fenster können nun verschiedene Widgets eingebaut werden.

Einführendes Beispiel

Das Prinzip sei an einem Beispielprogramm erläutert. Sie können es im interaktiven Modus ausprobieren. Wenn Sie es mit einem Editor erstellen und abspeichern, wählen Sie unter Windows am besten einen Dateinamen mit der Extension .pyw, also z.B. hallo.pyw.

```
from tkinter import *
window = Tk()                                          #1
label = Label (master=window, text=" ")               #2
def greeting():
    label.config(text="Hallo")                         #3
button = Button(master=window, text="Sage Hallo",
                command=greeting)                      #4
label.pack()                                           #5
button.pack()
window.mainloop()                                      #6
```

Nach dem Start des Skriptes erscheint auf dem Bildschirm ein Fenster wie in Abbildung 22.1 links. Wenn Sie die Schaltfläche mit der Beschriftung »Sage Hallo« anklicken, erscheint oberhalb der Schaltfläche das Wort »Hallo«.

Abbildung 22.1: Anwendungsfenster mit Button und Label

Erläuterung:

#1: Hier wird ein Objekt der Klasse Tk instanziiert. Es stellt das Anwendungsfenster mit den drei kleinen Schaltflächen zum Verkleinern, Vergrößern und Schließen in der oberen rechten Ecke dar.

#2: Hier wird ein Objekt der Klasse Label mit dem Namen label erzeugt. Ein solches Label-Widget ist ein Beschriftungsfeld, das einen Text oder eine Grafik darstellen kann. In der Parameterliste geben Sie zuerst den Namen des Anwendungsfensters (window) und als Schlüsselwort-Argument den Text an, der auf dem Label erscheinen soll (hier eine Folge von Leerzeichen).

#3: Hier wird eine Funktion definiert, die dem Label eine neue Beschriftung zuordnet, nämlich Hallo.

#4: In dieser Zeile wird eine Schaltfläche (Objekt mit Namen button der Klasse Button) dem Fenster zugefügt. Dem Button-Widget wird durch den Konstruktor-Aufruf eine Beschriftung (»Sage Hallo«) und als Kommando die zuvor mit def() definierte Funktion greeting() zugeordnet.

#5: Mit der Methode pack() wird ein *Layoutmanager* aufgerufen, der das neue Objekt label in die Darstellung des Fensters window einbezieht. Ein Layout-Manager regelt die Platzierung der Widgets in ihrem Master-Widget. Durch den Aufruf button.pack() in der nächsten Zeile wird die Schaltfläche *unter* das Label gepackt.

#6: Die Methode mainloop() des Tk-Widgets aktiviert das Anwendungsfenster. Sobald diese Methode aufgerufen worden ist, erscheint das Anwendungsfenster auf dem Bildschirm und ist betriebsbereit.

Speichern und Testen von Programmen mit GUI

Unter Windows sollten Sie grafische Programme unter einem Dateinamen abspeichern, der mit .pyw an Stelle von .py endet. Dann erscheint nach dem Anklicken des Programm-Icons sofort das Anwendungsfenster. Bei Dateinamen mit der Extension .py wird zuerst ein Konsolefenster (Eingabeaufforderung) geöffnet, was als störend empfunden wird.

Master-Slave-Hierarchie

Die Struktur der Benutzungsoberfläche kann man als Aggregat von Widgets beschreiben. Abbildung 22.2 zeigt ein UML-Objektdiagramm des obigen Beispiels. Eine Aggregation ist die Beziehung zwischen einem Ganzen und einem Teil. In diesem Fall enthält das Tk-Objekt root die beiden Teile label und button. In einem UML-Objektdiagramm werden Aggregationen durch Linien mit einer Raute auf der Seite des Aggregats visualisiert.

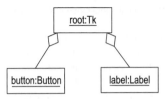

Abbildung 22.2: UML-Objektdiagramm eines Fensters mit zwei Widgets

Dies ist eine relativ einfache Struktur mit wenigen Widgets. Ein Widget kann aber wiederum aus anderen Widgets zusammengesetzt sein (z.B. Frames). Man erhält dann komplexe Bäume mit vielen Hierarchieebenen.

Die Beziehung zwischen dem Tk-Widget root und den enthaltenen Objekten label und button wird auch als Master-Slave-Beziehung bezeichnet. Ein Tk-Widget ist immer Master. Allen anderen Widgets müssen einem anderen Widget-Objekt (*Master*) als »Slave« zugeordnet werden. Sie erscheinen dann innerhalb der Geometrie des Masters auf dem Bildschirm. Im obigen Beispiel ist das Label-Objekt innerhalb des Anwendungsfensters root. Diese Zuordnung geschieht in der Anweisung label = Label(root,text="Begruessung"). Hier wurde root zum Master von label deklariert.

Mit der Instanziierung wird zwar der Master eines Widgets festgelegt. Damit ein Widget aber tatsächlich auf dem Bildschirm sichtbar wird, muss es mit Hilfe eines Layout-Managers in seinem Master-Widget platziert werden. Im obigen Beispiel wurde der Packer verwendet. Die Anweisung label.pack() sorgt für die Platzierung des Label-Objektes. Fehlt diese Layout-Anweisung, bleibt die betreffende GUI-Komponente unsichtbar.

22.3 Attribute der Widgets (Optionen)

Widgets sind Objekte mit Attributen. Die Attribute können einfache Variablen mit Werten oder andere Widgets sein. Manche Attribute sind mehreren Widgets gemeinsam. So besitzen fast alle Widgets eine Höhe (height) und eine Breite (width) auf dem Bildschirm. Attribute der Widgets werden auch als *Optionen* bezeichnet.

Bearbeiten der Optionen

Optionen können auf folgende Weise konfiguriert werden:

▸ Bei der Generierung eines Widgets kann man Attribute durch Schlüsselwort-Argumente der Form *option=wert* setzen. Beispiel:

```
Label = Label(master=window, text="Hallo")
```

▸ Bei einem bereits existierenden Widget *w* kann der Wert einer Option durch einen Aufruf der Methode cget() abgefragt werden. Format: *w.cget(option)*. Der Name der Option wird als String übergeben. Beispiel:

```
label.cget("text")
'Hallo'
```

▸ Mit Hilfe der Methoden config() oder configure() können Attribute eines bereits existierenden Widgets *w* geändert werden. Format: *w.config(option=wert)*. Beispiel:

```
label.config(text="Tschüss")
```

▸ Man kann den Wert einer Option für Widget w auch durch eine Zuweisung der folgenden Form ändern: *w[option]=wert*. Beispiel:

```
button["bg"]="blue"
```

▸ Ein Aufruf *w.config()* ohne Argumente liefert die Konfiguration des Widgets *w* als Dictionary.

Längeneinheiten

Bei grafischen Oberflächen wird häufig mit Längenarbeiten gearbeitet, z.B. dann, wenn die Höhe oder Breite eines Widgets definiert wird. Die Basiseinheit für Längen ist Pixel. Wird eine Länge durch eine ganze Zahl definiert, sind immer Pixel gemeint. Der Aufruf Label(master, text="Pixel", width=50) erzeugt z.B. ein Label-Widget der Breite 50 Pixel.

Es ist bei manchen Widgets (z.B. Canvas) aber auch möglich, Längenangaben mit physikalischen Einheiten (z.B. Zentimeter) zu versehen. Dann wird der Zahlenwert und dahinter einer der folgenden Buchstaben in einen String (also zwischen Anführungszeichen) geschrieben.

Buchstabe	Physikalische Längeneinheit
c	Zentimeter cm
i	Inch (Zoll)
m	Millimeter mm
p	Punkt (1/72,27 Zoll)

Beispiel:

```
from tkinter import *
window = Tk()
canvas = Canvas(master = window, height="10m",
                width="7.5c", bg="green")
canvas.pack()
window.mainloop()
```

Abbildung 22.3: Anwendungsfenster mit Canvas der Breite 7.5 cm und der Höhe 10 mm

Koordinatensystem

Der Ursprung des Koordinatensystems eines Widgets befindet sich in der linken oberen Ecke. Nach rechts wachsen die Koordinatenwerte der x-Achse und nach unten die Werte der y-Achse. Koordinaten, die als ganze Zahlen angegeben sind, werden als Pixel aufgefasst.

Farben

Es gibt zwei Möglichkeiten, Farben zu definieren:

▸ In einem String werden hinter einem Doppelkreuz # die Rot-, Grün-
und Blauanteile als Hexadezimalzahlen angegeben. Dabei gibt es vier
Formate:

Format	Erklärung	Beispiele
#rgb	4 Bit pro Farbe	"#fff" Weiß, "800" Dunkelrot
#rrggbb	8 Bit pro Farbe	"#00ff00" Grün
#rrrgggbbb	12 Bit pro Farbe	"#000ffffff" Cyan
#rrrrggggbbbb	16 Bit pro Farbe	"#2fff2fff2fff" Dunkelgrau

▸ Für einige Grundfarben können vordefinierte Strings verwendet
werden: "white", "black", "red", "green", "blue", "cyan", "yellow",
"magenta".

Fonts

Wenn ein Widget einen Text enthält, muss ein Schrifttyp (Font) spezifiziert sein. Eine einfache Möglichkeit ist die Verwendung eines Font-De-
skriptors. Dabei handelt es sich um ein Tupel mit folgendem Format:
(*familie*, *größe*, [*stil*])

▸ Im ersten Element des Tupels wird in einer Zeichenkette die Font-Fa-
milie angegeben. Gebräuchliche Fonts sind: Arial, Courier, Comic
Sans MS, Fixsys, MS Sans Serif, MS Serif, Symbol, System, Times
und Verdana.

▸ Das zweite Element enthält die Schriftgröße in Punkt als ganze Zahl.

▸ Das optionale dritte Element ist ein String, der eine Kombination aus
folgenden Angaben zum Stil enthält:

bold	fett
italic	kursiv
underline	unterstrichen
overstrike	durchgestrichen

Bei der Generierung eines Widgets kann der Schrifttyp in einem Schlüsselwortargument der Form font=(*familie*, *größe*, [*stil*]) spezifiziert werden. Beispiel:

```
from tkinter import *
window = Tk()
label1 = Label(window, text="Arial",
               font=("Arial",12))
label1.pack()
label2 = Label(window, text="Times",
               font=("Times",30,"bold"))
label2.pack()
label3 = Label(window, text="Courier",
               font=("Courier",16,"bold italic"))
label3.pack()
window.mainloop()
```

Abbildung 22.4: Drei Labels mit unterschiedlichen Fonts

Bitmaps

Widgets können mit Bitmaps – pixelweise definierten Abbildungen – versehen werden.

Die folgenden Bitmaps sind auf allen Plattformen verfügbar: "error", "gray75", "gray50", "gray25", "gray12", "hourglass", "info", "questhead", "question" und "warning".

Auf dem Macintosh gibt es zusätzlich: "document", "stationery", "edition", "application", "accessory", "folder", "pfolder", "trash", "floppy", "ramdisk", "cdrom", "preferences", "querydoc", "stop", "note" und "caution".

In dem folgenden Beispiel werden ein Label und ein Button jeweils mit einer Bitmap belegt:

```python
from tkinter import *
window = Tk()
label1 = Label(window, bitmap="warning")
label1.pack()
button1 = Button(window, bitmap="questhead")
button1.pack()
window.mainloop()
```

Abbildung 22.5: Label und Button mit Bitmaps

Cursor

Einem Widget kann ein Cursor zugeordnet werden, der (anstelle des Standardcursors) erscheint, wenn er über das Widget bewegt wird. Verfügbar sind folgende Cursor-Namen:

'X_cursor', 'based_arrow_down', 'based_arrow_up', 'boat', 'bogosity', 'bottom_left_corner', 'bottom_right_corner', 'bottom_side', 'bottom_tee', 'box_spiral', 'center_ptr', 'circle', 'clock', 'coffee_mug', 'cross', 'cross_reverse', 'crosshair', 'diamond_cross', 'dot', 'dotbox', 'double_arrow', 'draft_large', 'draft_small', 'draped_box', 'exchange', 'fleur', 'gobbler', 'gumby', 'hand1', 'hand2', 'heart', 'icon', 'iron_cross', 'left_ptr', 'left_side', 'left_tee', 'leftbutton', 'll_angle', 'lr_angle', 'man', 'middlebutton', 'mouse', 'pencil', 'pirate', 'plus', 'question_arrow', 'right_ptr', 'right_side', 'right_tee', 'rightbutton', 'rtl_logo', 'sailboat', 'sb_down_arrow', 'sb_h_double_arrow', 'sb_left_arrow', 'sb_right_arrow', 'sb_up_arrow', 'sb_v_double_arrow', 'shuttle',

'sizing', 'spider', 'spraycan', 'star', 'target', 'tcross',
'top_left_arrow', 'top_left_corner', 'top_right_corner', 'top_side',
'top_tee', 'trek', 'ul_angle', 'umbrella', 'ur_angle', 'watch', 'xterm'

Beispiel:

```
from tkinter import *
window = Tk()
frame = Frame(master=window,
              width=120, height=60, cursor="X_cursor")
frame.pack()
window.mainloop()
```

Abbildung 22.6: X-förmiger Cursor in einem Frame

Rahmen

Widgets besitzen einen Rahmen, dessen Aussehen durch folgende Attribute definiert wird:

▸ Das Attribut bd (oder borderwidth) gibt die Breite des Rahmens an.
▸ Das Attribut relief beschreibt die Form. Es kann folgende Werte annehmen:
   SUNKEN, RAISED, GROOVE, RIDGE, FLAT.

Das folgende Beispiel zeigt das Erscheinungsbild verschiedener Rahmentypen:

```
from tkinter import *
window = Tk()
reliefs = SUNKEN, RAISED, GROOVE, RIDGE, FLAT
for r in reliefs:
    Label(master=window, text=str(r),
          bd=4, relief = r).pack()
window.mainloop()
```

Abbildung 22.7: Label-Widgets mit verschiedenen Rahmen (reliefs)

Fokus

Interaktive Elemente einer grafischen Benutzungsoberfläche können auch über die Tastatur bedient werden:

- In Entry- und Text-Felder werden Zeichen über die Tastatur eingegeben.
- Ein Button oder Radiobutton kann über die Leertaste betätigt werden.
- Eine Scrollbar kann mit PageUp- und PageDown-Tasten bewegt werden.

Voraussetzung für derartige Aktionen ist, dass das jeweilige Widget »on focus«, d.h. ausgewählt ist. Ob es ausgewählt ist, kann man meist an seinem Erscheinungsbild erkennen (focus highlight). Beim Button z.B. sieht man auf der Innenseite des Randes eine dünne Linie, wenn es »on focus« ist. Mit Hilfe der TAB-Tasten kann man den Fokus von einem Objekt auf das nächste verlegen. Dabei werden die Elemente der GUI in der Reihenfolge besucht, in der sie auch erzeugt worden sind.

Man kann ein Objekt von der Bedienung über die Tastatur ausnehmen, indem man das Attribut takefocus auf den Wert 0 setzt.

Standard-Optionen der Widgets

Eine ganze Reihe von Optionen gehören zu mehreren Widgets. Um Wiederholungen zu vermeiden, werden die wichtigsten Optionen, die in fast allen Widgets vorkommen und eine einheitliche Bedeutung haben, hier im Zusammenhang dargestellt.

Option	Erklärung
activebackground	Hintergrundfarbe, wenn das Widget aktiv ist (z.B. wenn Button »gedrückt« wird)
activeforeground	Vordergrundfarbe, wenn das Widget aktiv ist
anchor	Mögliche Werte: CENTER, E, N, W, S, NE, NW, SE, SW Immer wenn ein Widget kleiner ist als der Platz, der für es vorgesehen ist (Zelle), wird mit diesem Attribut die Platzierung in der Zelle durch »Himmelsrichtungen« festgelegt. Default ist meist CENTER (in der Mitte), NE: rechte obere Ecke, N: mittig an der oberen Seite, E: mittig an der rechten Seite usw.
bd, borderwidth	Breite des Rahmens des Widgets, z.B. "1c" oder 10
bg, background	Hintergrundfarbe
bitmap	Name einer Standard-Bitmap, die auf dem Widget zu sehen sein soll
cursor	Name eines Standard-Cursors, der über dem Widget verwendet wird (X_cursor, ...)
default	Voreingestellt ist NORMAL. Mit dem Wert DISABLED wird das Widget deaktiviert.
disabledforeground	Vordergrundfarbe (Textfarbe), falls das Widget deaktiviert ist
fg, foreground	Vordergrundfarbe (Textfarbe)
font	Front-Deskriptor für den verwendeten Schrifttyp (Font)

Option	Erklärung
height	Höhe des Widgets (senkrecht), z.B. "1c" oder 100
image	Name eines Bildes (PhotoImage-Objekt), das auf dem Widget (z.B. Button) zu sehen ist
justify	Ausrichtung von Textzeilen auf dem Widget: CENTER: zentriert LEFT, RIGHT: links- oder rechtsbündig
padx	Leerer Raum rechts und links vom Widget oder Text, z.B. "0.5c" oder 10
pady	Leerer Raum über und unter dem Widget oder Text, z.B. "1c" oder 10
relief	Form des Rahmens: SUNKEN, RAISED, GROOVE, RIDGE, FLAT
text	Beschriftung des Widgets (z.B. Button oder Label)
textvariable	Ein Objekt der Klasse StringVar, das den (variablen) Text enthält, der auf dem Widget (z.B. Button oder Label) erscheint
underline	Default ist -1. Wenn die Zahl nicht negativ ist, gibt sie die Nummer des Zeichens an, das unterstrichen sein soll.
width	Breite des Widgets (horizontal), z.B. "3c" oder 100
xscrollcommand	Wenn das Widget scrollbar ist, wird die set()-Methode des horizontalen Scrollbar-Objektes angegeben (siehe Scrollbar, Abschnitt 22.17).
yscrollcommand	Wenn das Canvas scrollbar ist, wird die set()-Methode des vertikalen Scrollbar-Objektes angegeben (siehe Scrollbar, Abschnitt 22.17).

22.4 Standard-Methoden der Widgets

Viele Widget-Objekte besitzen folgende Methoden (Auswahl):

Methode	Erklärung
after(ms, func[,arg1[,...]])	Aufruf einer Funktion nach *ms* Millisekunden
after_cancel(*id*)	Abbruch des Aufrufs von after()
bell()	Erzeugt Glockenklang.
bind(sequence=*event*, func=*f*[,add="+"])	Bindet die Funktion *f* (Eventhandler) an einen Event.
bind_all(sequence=*event*, func=*f*[,add="+"])	Arbeitet wie bind(), aber die Bindung wird auf alle Widgets der Applikation angewendet.
bind_class(*className*, sequence=*event*, func=*f*[,add="+"])	Arbeitet wie bind(), aber die Bindung wird auf alle Widgets der Klasse *className* (z.B. "Button") angewendet.
cget(*option*)	Liefert den Wert der angegebenen Option.
config(*option1=wert1*, ...) configure(*option1=wert1*, ...)	Die beiden Methodennamen config und configure sind Synonyme. Das Widget wird neu konfiguriert, die angegebenen Optionen erhalten neue Werte. Ein Aufruf *w*.config() ohne Argumente liefert die Konfiguration des Widgets *w* als Dictionary.
destroy()	Das Widget und alle Nachkommen in der Parent-Child-Hierarchie werden gelöscht.
focus_get()	Liefert den Namen des Widgets, auf dem der Fokus ist.
focus_set()	Setzt den Fokus auf das Widget, sobald das Applikationsfenster, zu dem das Widget gehört, aktiv ist.
mainloop()	Diese Methode muss aufgerufen werden, sobald alle statischen Widgets generiert worden sind, um die Verarbeitung der Events zu starten.

Methode	Erklärung
option_clear()	Alle Optionen werden auf die Default-Werte zurückgesetzt.
quit()	Die Hauptschleife zur Event-Verarbeitung des Widgets, die mit mainloop() gestartet worden ist, wird verlassen.
unbind(sequence, [funcid=id])	Wenn das zweite Argument ein String ist, der eine vorhandene Bindung bezeichnet (Rückgabewert von bind()), wird nur diese Bindung aufgelöst. Ansonsten werden sämtliche Bindungen an den Event *sequence* innerhalb des Widgets entfernt.
unbind_all (sequence)	Auflösen sämtlicher Bindungen an den Event, der durch *sequence* beschrieben wird, innerhalb der Applikation
unbind_class(className, sequence)	Auflösen sämtlicher Bindungen von Objekten einer Klasse an den Event *sequence*
winfo_children()	Liefert eine Liste aller Nachkommen des Widgets.
winfo_class()	Liefert den Klassennamen des Widgets (z.B. "Button").

Tabelle 22.2: Einige der wichtigsten gemeinsamen Methoden von tkinter-Widgets

after()

```
after (ms,func[,arg1[,...]])
```

Die Funktion mit dem Namen *func* wird nach *ms* Millisekunden aufgerufen. Nach dem Funktionsnamen kann man in der Parameterliste die Argumente für diese Funktion aufführen. Zurückgegeben wird eine ID-Nummer, die man zum Abbruch mit after_cancel() verwenden kann. Das folgende Beispielskript erzeugt ein weißes Fenster, das nach einer Sekunde grün wird.

```
from tkinter import *
def newColor(canvas,color):
    canvas.configure(bg=color)

window = Tk()
canvas = Canvas(window, height="2.5c",
            width="3.5c", bg="white")
canvas.grid()
canvas.after(1000,newColor,canvas,"green")
window.mainloop()
```

after_cancel()

after_cancel(*id*)

Der Aufruf von after_cancel(*id*) bewirkt, dass der after()-Aufruf mit der ID-Nummer *id* abgebrochen wird. Das heißt, die Funktion, die mit Zeitverzögerung aufgerufen werden sollte, wird doch nicht ausgeführt. Das folgende Skript erzeugt ein kleines Fenster mit einem Button. Nach zwei Sekunden gibt es einen Klingelton, falls man nicht zuvor den Button angeklickt hat.

```
from tkinter import *
def cancel():
    button.after_cancel(id)
window = Tk()
button = Button(window, text="Sofort drücken",
            command=cancel)
id = button.after(2000,button.bell)
button.pack()
window.mainloop()
```

bind()

bind(sequence=s, func=f[,*add*="+"])

Der Aufruf bind(s,f) oder mit Schlüsselwort-Argumenten bind(sequence=s, func=f) bindet die Funktion *f* an die Event-Sequenz *s*. Ein Event ist ein asynchrones Ereignis wie das Klicken einer Maustaste oder das Betätigen einer Taste oder Tastenkombination. Events werden durch Event-Sequenzen bezeichnet, das sind Zeichenketten, die nach einem bestimmten System aufgebaut werden (vgl. Kapitel 22.23). "`<Button-1>`" ist z.B. die Event-Sequenz für einen Klick mit der linken Maustaste. Die Funktion, die beim Eintreten des Events aufgerufen wird, nennt man Eventhandler. Sie kann Informationen über das Ereignis (z.B. die aktuellen Cursor-Koordinaten) einem Event-Objekt entnehmen, das vom System generiert wird, wenn der Event eingetreten ist.

Normalerweise wird durch `bind()` eine bestehende Bindung eines Events an eine Funktion durch die neue Bindung ersetzt. Mit dem dritten (optionalen) Argument, dem String "+", wird bewirkt, dass die neue Bindung der alten hinzugefügt wird. Das heißt, beim Eintreten des Events werden beide Eventhandler aufgerufen. Die Methode `bind()` gibt einen String zurück, der zur Identifizierung der Bindung dient. Er kann verwendet werden, um mit `unbind()` diese Bindung wieder rückgängig zu machen.

Beim folgenden Beispiel verschwinden die Rechtecke, sobald man sie mit der linken Maustaste anklickt. Die Funktion `verschwinde()` ist der Eventhandler. Sie ermittelt über die Attribute des übergebenen Events zuerst die Position des Maus-Cursors und dann die ID-Nummer des angeklickten Objektes. Diese Nummer benötigt die Funktion zum Löschen des Objektes mit der Methode `delete()`.

```python
from tkinter import *
def disappear(event):
    w = event.widget
    id = w.find_overlapping(event.x,event.y,
                            event.x, event.y)
    w.delete(id)

window = Tk()
canvas = Canvas(window, height = "2.5c", width="3.5c",
                bg="white")
canvas.grid()
r1 = canvas.create_rectangle(20,60,40,80,fill="#A00")
r2 = canvas.create_rectangle(80,20,120,50,fill="#088")
canvas.bind("<Button-1>", disappear)
window.mainloop()
```

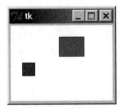

Abbildung 22.8: Ein Canvas mit zwei Rechtecken, die beim Anklicken verschwinden

Siehe auch: Events (Abschnitt 22.23)

22.5 Die Klasse Button

Konstruktor: Button (master [,option1=wert1[, ...]])

Das Button-Widget stellt eine Schaltfläche dar, die mit der linken Maustaste gedrückt werden kann und dann eine Aktion auslöst. Button-Widgets sind Objekte der Klasse Button, die durch einen Aufruf des Konstruktors Button() erzeugt werden. Das erste Argument ist der Name eines Widgets, in das die Schaltfläche als Slave eingesetzt werden soll. In optionalen Schlüsselwort-Argumenten wird die Schaltfläche konfiguriert.

Optionen der Klasse Button

Attribut	Erklärung
anchor	Mögliche Werte: CENTER, E, N, W, S, NE, NW, SE, SW Positionierung des Textes auf dem Button: im Zentrum, an der rechten Seite, rechts oben in der Ecke usw.
command	Funktion oder Methode, die aufgerufen werden soll, wenn der Button angeklickt wird
default	Voreingestellt ist NORMAL. Mit dem Wert DISABLED wird die Schaltfläche deaktiviert.

Attribut	Erklärung
state	Zustand des Buttons. Default ist NORMAL. Wenn der Maus-Cursor darüber ist, wird der Zustand ACTIVE eingenommen. Um den Knopf zu deaktivieren, setzt man den Wert DISABLED.
takefocus	Default ist 1. Um die Bedienung über die Leertaste zu sperren, wird das Attribut auf 0 gesetzt.

Tabelle 22.3: Die wichtigsten Optionen der Klasse Button

Objekte der Klasse Button besitzen (neben den Standard-Methoden aller Widgets) zwei spezielle Methoden:

flash()

Ein Aufruf der Methode flash() bewirkt, dass der Button mehrere Male blinkt (Wechsel zwischen den Farben für aktiven und normalen Zustand). Der Aufruf wird ignoriert, wenn der Button deaktiviert ist.

invoke()

Es wird die Methode oder Funktion aufgerufen, die über die command-Option mit dem Button verknüpft ist. Zurückgegeben wird der Rückgabewert dieser Funktion bzw. Methode. Ein Aufruf der Methode invoke() hat keinen Effekt, wenn die command-Option nicht gesetzt ist oder der Button deaktiviert ist.

22.6 Die Klasse Canvas

Konstruktor: Canvas (master [,option1=wert1[, ...]])

Ein Canvas-Objekt (*canvas*: engl. *Leinwand*) kann man sich anschaulich als Fläche vorstellen, auf der ein Bild gemalt wird. Dazu bietet die Klasse verschiedene Methoden, mit deren Hilfe grafische Elemente generiert, platziert, verschoben oder gelöscht werden können. Die zur Verfügung stehenden grafischen Elemente und die Methoden zu ihrer Generierung sind:

▸ Ausschnitt aus einer Ellipse: `create_arc()`
▸ Bitmap: `create_bitmap()`
▸ Bild: `create_image()`
▸ Gerade Linie: `create_line()`
▸ Ellipse: `create_oval()`
▸ Polygon: `create_polygon()`
▸ Rechteck: `create_rectangle()`
▸ Textfeld: `create_text()`
▸ Rechteckiges Fenster: `create_window()`

Ein Canvas-Objekt wird durch einen Aufruf des Konstruktors erzeugt. Das erste Argument ist der Name eines Widgets, in das das Canvas-Objekt als Slave eingesetzt werden soll, dann folgen optionale Schlüsselwort-Argumente zur Konfiguration.

Methoden der Klasse Canvas

Zum besseren Verständnis der Canvas-Methoden werden zunächst einige Grundbegriffe erläutert.

▸ Ein Canvas-Objekt kann größer sein als das Fenster, in dem es sich befindet. Mit Hilfe von Scrollbars kann es »hinter« dem Fensterausschnitt hin- und herbewegt werden. Aus diesem Grunde gibt es für jedes Canvas-Objekt zwei Koordinatensysteme: Die »Fenster-Koordinaten« spezifizieren einen Punkt relativ zur oberen linken Ecke des Fensters (also des sichtbaren Ausschnitts) und die »Canvas-Koordinaten« geben die Position eines Punktes relativ zur linken oberen Ecke des gesamten Canvas an.

▸ Die *Display List* ist eine geordnete Liste der Objekte auf dem Canvas von hinten nach vorne. Wenn sich zwei Objekte überlappen, dann ist das Objekt im Vordergrund in der Display List weiter hinten. Neue Objekte werden am Ende der Liste eingefügt.

▸ Die *Object ID* eines Objektes auf dem Canvas ist der Wert, den der Konstruktor für dieses Objekt (eine Methode, die mit `create_` anfängt) zurückgibt. Viele Methoden verwenden *Object IDs* als Parameter.

▸ Ein *Tag* ist ein Markierungsstring, der mit irgendeinem Objekt oder einer Gruppe von Objekten assoziiert ist. Man beachte, dass ein Objekt nur eine ID, aber mehrere Tags besitzen kann. Alle grafischen Elemente besitzen das Attribut `tags`, das eine Sequenz aller zugeordneten Tags enthält.

Die folgende Tabelle beschreibt eine kleine Auswahl der vielen Canvas-Methoden.

Methode	Erklärung
`addtag_closest(`*newTag,* `    `*x, y*`)`	Dem Objekt, das dem Punkt (*x,y*) am nächsten ist, wird das Tag *newTag* (ein String) zugewiesen.
`addtag_enclosed(newTag,` `    x1, y1, x2, y2)`	Alle Objekte, die vollständig innerhalb des Rechteckes mit linker oberer Ecke (*x1,y1*) und rechter unterer Ecke (*x2,y2*) liegen, erhalten das Tag *newTag*.
`bbox([`*tagOrID*`])`	Zurückgegeben wird ein Tupel (*x1, y1, x2, y2*), das ein Rechteck (bounding box) beschreibt, das alle Objekte enthält, die durch *tagOrID* spezifiziert sind. Falls das Argument weggelassen wird, enthält das Rechteck alle Objekte auf dem Canvas.
`canvasx(`*screenx* `[,`*gridspacing*`])`	Übersetzt die Fenster-x-Koordinate *screenx* in eine Canvas-Koordinate. Falls das optionale Argument *gridspacing* gegeben ist, wird die zurückgegebene Koordinate auf ein Vielfaches dieses Wertes gerundet.
`canvasy(`*screeny* `[,`*gridspacing*`])`	Die Methode arbeitet wie `canvasx()` allerdings mit y-Koordinaten.

Methode	Erklärung
coords (tagOrID, x0, y0, x1, y1, ...)	Auslesen oder Verändern der Koordinaten eines Objektes
create_arc(x0, x1, y0, y1 [,option1=wert1[,....]])	Erzeugt einen Ellipsenausschnitt an der Position (x0, x1, y0, y1).
create_bitmap(x, y [,option1=wert1[,....]])	Erzeugt eine Bitmap an der Stelle (x, y).
create_image(x, y [,option1=wert1[,....]])	Erzeugt ein Bild an der Stelle (x, y).
create_line(x0, y0, ... [,option1=wert1[,....]])	Erzeugt eine zusammenhängende Linie, die aus mehreren geraden Stücken besteht.
create_oval(x0, y0, x1, y1 [,option1=wert1[,....]])	Erzeugt eine Ellipse an der Position (x0, x1, y0, y1).
create_polygon(x0, y0, ...[,option1=wert1[,....]])	Erzeugt ein Polygon.
create_rectangle (x0, x1, y0,y1[,option1=wert1[,....]])	Erzeugen eines Rechtecks mit linker oberer Ecke(x0, x1) und rechter unterer Ecke (y0, y1)
create_text(x, y [,option1=wert1[,....]])	Erzeugen eines Text-Objektes an der Stelle (x, y)
create_window(x, y [,option1=wert1[,....]])	Erzeugen eines Fensters an der Stelle (x, y)
dchars(tagOrID ,first, last)	Löscht Zeichen aus dem spezifizierten Text-Item von Zeichen first bis Zeichen last.
delete(tagOrID)	Löscht das spezifizierte Objekt.
dtag(tagOrID, tagToDelete)	Entfernt von dem durch tagOrID spezifizierten Objekt ein Tag. Man beachte: Ein Objekt kann mit mehreren Tags versehen sein.
find_above(tagOrID)	Liefert die ID-Nummer des Objektes direkt oberhalb des spezifizierten Objektes in der display list.

Methode	Erklärung
find_all()	Liefert eine Liste der ID-Nummern aller Objekte auf dem Canvas.
find_below(tagOrID)	Liefert die ID-Nummer des Objektes direkt unterhalb des spezifizierten Objektes in der *display list*.
find_closest(x, y)	Liefert die ID-Nummer des Objektes, das am nächsten am Punkt (x, y) ist.
find_overlapping(x0, y0, x1, y1)	Liefert eine Liste mit ID-Nummern der Items, die mit dem durch die Eckpunkte (x0, y0) und (x1, y1) spezifizierten Rechteck überlappen.
find_withtag (tagOrID)	Liefert eine Liste der ID-Nummern aller Objekte mit dem Tag *tagOrID*.
focus([tagOrID])	Setzt den Fokus auf das spezifizierte Objekt. Falls das Argument weggelassen wird, liefert die Methode die ID-Nummer des Objektes, das den Fokus »hat«, oder einen leeren String, falls keines betroffen ist.
gettags(tagOrID)	Wenn *tagOrID* eine ID-Nummer ist, wird eine Liste aller *tags* zurückgegeben, die mit dem Objekt assoziiert sind. Wenn *tagOrID* ein Tag ist, werden alle Tags des Objektes zurückgegeben, das mit dem übergebenen Tag markiert ist und in der *display list* am weitesten vorne steht.
icursor (tagOrID, index)	Wenn mit *tagOrID* ein Objekt spezifiziert ist, in das man Text einfügen kann, wird der Cursor für Einfügungen auf die Position *index* gesetzt. Dieses Argument kann eine ganze Zahl oder den String end enthalten.

Methode	Erklärung
insert (tagOrID, beforeThis, string)	Fügt den im dritten Argument übergebenen Text vor der Stelle ein, die durch beforeThis bestimmt ist.
itemcget (tagOrID, option)	Liefert den Wert der Option option des spezifizierten Objektes.
itemconfigure(tagOrID [,option1=wert1[,...]])	Wenn man die optionalen Argumente weglässt, wird ein Dictionary mit Optionen zurückgegeben. Ansonsten werden mit Schlüsselwortargumenten Optionen neu gesetzt.
move(tagOrID, xAmount, yAmount)	Das Objekt wird in waagrechter und senkrechter Richtung um die Werte von xAmount und yAmount bewegt.
tag_bind(tagOrID, sequence=s, func=f[,add="+"])	Bindet bei den spezifizierten Objekten eine Funktion an Events. Wenn das optionale Argument add den String "+" enthält, wird die neue Bindung den bestehenden Bindungen hinzugefügt.

Tabelle 22.4: Die wichtigsten Methoden des Canvas-Widgets

coords()

```
coords (tagOrID, x0, y0, x1, y1, ...)
```

Die Methode dient dem Auslesen und Verändern der Koordinaten eines grafischen Objektes auf dem Canvas. Der Aufruf c.coords(tagOrID) liefert eine Liste mit den Koordinaten des durch tagOrID spezifizierten Objektes auf dem Canvas c. Das Argument ist – wie der Metabezeichner tagOrID andeutet – ein Markierungsstring (tag) oder eine Objekt-ID (eine Nummer).

Mit der gleichen Methode können auch die Koordinaten eines Objektes geändert und auf diese Weise das Objekt verschoben werden. Dazu werden die neuen Koordinaten als weitere Argumente übergeben. Bei vielen Objekten (z.B. Ellipsen und Rechtecke) sind das die vier Koordinaten der linken oberen und der rechten unteren Ecke des »Begrenzungskastens« (bounding box). Bei Polygonen sind jedoch noch mehr Koordinaten erforderlich.

In folgender Session (interaktiver Modus) wird auf einem Canvas ein Kreis erzeugt, dann unter Verwendung der Objekt-ID die Position verändert und schließlich abgefragt.

```
>>> window = Tk()
>>> canvas = Canvas(master=window,
                width="3c", height="3c")
>>> canvas.pack()
>>> canvas.create_oval(50,50,70,70)
1
>>> canvas.coords(1, 90,90, 110, 110)
<itertools.imap object at 0x013953D0>
>>> list(canvas.coords(1))
[90.0, 90.0, 110.0, 110.0]
>>>
```

Abbildung 22.9: Kreis auf einem Canvas an den Positionen (50, 50, 70, 70) und (90, 90, 110, 110)

Siehe auch: move()

create_arc()

```
create_arc(x0, y0, x1, y1[,option1=wert1[,...]])
```

Erzeugt einen Ellipsenausschnitt in der bounding box mit den Eckpunkten (x0, y0) und (x1, y1). Zurückgegeben wird die ID-Nummer des neuen Objektes. In den optionalen Schlüsselwort-Argumenten können folgende Optionen eingestellt werden:

Attribut	Erklärung
extent	Winkel des Kreisausschnittes in Grad
fill	Normalerweise ist das Innere des Kreisausschnittes transparent. Mit dieser Option kann eine Farbe ausgewählt werden, mit der das Innere gefüllt wird.
outline	Farbe der Außenlinie. Default ist Schwarz.
start	Winkel gegenüber der x-Achse, an dem der Kreisausschnitt beginnen soll (siehe Beispiel)
style	Aussehen des Arc-Objektes: ARC (Kreisbogen), CHORD (Kreisbogen mit Sehne), PIESLICE (Tortenstück, voreingestellt)
width	Breite der Außenlinie, z.B. "0.1c" oder 2

Tabelle 22.5: Die wichtigsten Attribute eines Arc-Objektes

Beispiel:

```
from tkinter import *
window = Tk()
c = Canvas(window, height="3c", width="6c",
        bg="white")
c.grid()
c.create_arc("0c","1c","2c", "3c", extent=90)
c.create_arc("2c","1c","4c", "3c",
            extent=90, start=45, width=3)
c.create_arc("4c","1c","6c", "3c",
            extent=45, start=90, fill="gray50")
window.mainloop()
```

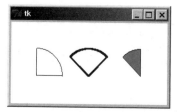

Abbildung 22.10: Canvas mit drei Arc-Objekten

create_bitmap()

```
create_bitmap(x, y [,option1=wert1[,...]])
```

Die Methode erzeugt eine pixelweise definierte Abbildung (Bitmap) an der Stelle (x,y). Voreingestellt ist, dass diese Koordinaten (Ankerpunkt) im Zentrum der Bitmap liegen. Ein anderer Ankerpunkt kann mit der an-chor-Option festgelegt werden. Zurückgegeben wird eine ID-Nummer.

Attribut	Erklärung
anchor	Mögliche Werte: CENTER, E, N, NE, NW, S, SE, SW, W. Festlegung des Ankerpunktes durch eine »Himmelsrichtung«. Der Wert NE bedeutet z.B., dass der Ankerpunkt in der oberen rechten Ecke der Bitmap liegt. Default ist CENTER.
bitmap	Name der Bitmap, die abgebildet werden soll

Tabelle 22.6: Die wichtigsten Attribute eines Bitmap-Objektes

Siehe auch: Bitmaps (Abschnitt 22.3)

create_image()

Optionen	Erklärung
anchor	Mögliche Werte: CENTER, E, N, NE, NW, S, SE, SW, W. Festlegung des Ankerpunktes durch eine »Himmelsrichtung« (siehe create_bitmap)

Optionen	Erklärung
image	Image-Objekt, das z.B. mit dem Konstruktor tkinter.PhotoImage() erzeugt worden ist

Tabelle 22.7: Die wichtigsten Optionen eines Image-Objektes auf einem Canvas

Beispiel:

```
from tkinter import *
window = Tk()
c = Canvas(window, width="2c", height="2c")
c.pack()
pic = PhotoImage(file="/images/auto.gif")
c.create_image(0, 0, anchor=NW, image=pic)
window.mainloop()
```

Abbildung 22.11: Image aus GIF-Datei (Illustration: Axel Weigend)

create_line()

```
create_line(x0, y0, ... [,option1=wert1[,...]])
```

Die Methode erzeugt eine zusammenhängende Linie, die entweder aus geraden Teilstücken besteht oder aber eine glatte Kurve ist, die durch gewisse definierte Punkte geht (Spline). Die ersten Argumente geben die Koordinaten der Eckpunkte an: (x0,y0), (x1,y1) usw. Mit Hilfe der Optionen können z.B. Farbe und Linienstärke eingestellt werden.

Option	Erklärung
arrow	Mögliche Werte: BOTH (Pfeilspitze an beiden Enden), FIRST (Pfeilspitze am Anfang) oder LAST (Pfeilspitze am Ende). Voreingestellt ist, dass die Linie keine Pfeilspitzen besitzt.

Option	Erklärung
fill	Linienfarbe, voreingestellt ist Schwarz.
smooth	Default ist 0. Dann besteht die Linie aus geraden Teilstücken. Wenn smooth auf 1 gesetzt ist, wird ein parabolischer Spline durch die Punkte gelegt.
stipple	Bewirkt, dass die Linie gepunktet ist. Das Punktierungsmuster ist in einer Bitmap festgelegt (z.B. "gray25"), deren Name in dieser Option angegeben wird.
width	Linienstärke, voreingestellt ist 1 Pixel.

Tabelle 22.8: Die wichtigsten Optionen eines Line-Objektes auf einem Canvas

Das folgende Beispielskript illustriert die Verwendung der Optionen.

```python
from tkinter import *
window = Tk()
canvas = Canvas(window, width=270, height=150,
                bg="white")
canvas.grid()
canvas.create_line(10,10,50,100,10,140)
canvas.create_line(80,10,120,100,80,140,
                   width=10, stipple="gray25")
canvas.create_line(150,10,190,100,150,140,
                   arrow=FIRST)
canvas.create_line(220,10,260,100,220,140, smooth=1)
window.mainloop()
```

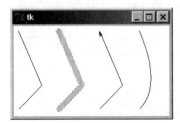

Abbildung 22.12: Einige Linientypen

create_oval()

```
create_oval(x0, y0, x1, y1[,option1=wert1[,...]])
```

Auf dem Canvas wird ein Oval erzeugt, das genau in das Rechteck mit linker oberer Ecke (*x0*, *x1*) und rechter unterer Ecke (*x1*, *y1*) passt. Zurückgegeben wird die ID-Nummer des Objektes.

Option	Erklärung
fill	Farbe des Inneren des Ovals. Voreingestellt ist, dass die Innenfläche transparent ist.
outline	Farbe der Außenlinie. Mit "" wird sie transparent.
stipple	Bewirkt, dass die Linie gepunktet ist. Das Punktierungsmuster ist in einer Bitmap festgelegt (z.B. "gray25"), deren Name (ein String) in dieser Option angegeben wird.
width	Linienstärke, voreingestellt ist 1 Pixel.

Tabelle 22.9: Die wichtigsten Optionen eines Oval-Objektes auf einem Canvas

create_polygon()

```
create_polygon(x0, y0, x1, y1 ...[,option1=wert1[,...]])
```

Auf dem Canvas wird ein Polygon erzeugt, dessen Außenlinie durch eine Folge von Punkten (*x0*, *x1*), (*x1*, *y1*) ... definiert wird. Zurückgegeben wird die ID-Nummer des Objektes. Die Optionen entsprechen im Wesentlichen denen einer Linie. Allerdings besitzt ein Polygon ein Inneres, dem man eine Farbe und ein Punktierungsmuster zuordnen kann.

Option	Erklärung
fill	Farbe des Inneren des Ovals. Voreingestellt ist, dass die Innenfläche transparent ist.
outline	Farbe der Außenlinie
smooth	Default ist 0. Dann besteht die Linie aus geraden Teilstücken. Bei smooth=1 ist die Außenlinie ein Spline (siehe create_line).

Option	Erklärung
stipple	Punktierungsmuster (Bitmap) für die Innenfläche (z.B. "gray25")
width	Linienstärke, voreingestellt ist 1 Pixel.

Tabelle 22.10: Die wichtigsten Optionen eines Polygon-Objektes auf einem Canvas

create_rectangle()

```
create_rectangle(x0, y0, x1, y1 [,option1=wert1[,...]])
```

Ein Rechteck wird durch zwei Punkte definiert, deren Koordinaten in den ersten vier Argumenten übergeben werden: (x0, y0) ist die linke obere Ecke und (x1, y1) die rechte untere. Weitere visuelle Merkmale wie Linienstärke etc. werden durch die gleichen Optionen wie bei Oval-Objekten festgelegt.

Siehe auch: create_oval()

create_text()

```
create_text(x, y[,option1=wert1[,...]])
```

Auf dem Canvas wird ein ein- oder mehrzeiliger Text an der Stelle (x, y) dargestellt.

Option	Erklärung
anchor	Mögliche Werte: CENTER, E, N, NE, NW, S, SE, SW, W. Festlegung des Ankerpunktes durch eine »Himmelsrichtung« (siehe create_bitmap())
fill	Schriftfarbe
font	Font-Deskriptor für den Schrifttyp
justify	Mögliche Werte: CENTER, LEFT, RIGHT Ausrichtung (zentriert, links- oder rechtsbündig)
stipple	Punktierungsmuster (Bitmap) für die Zeichendarstellung (z.B. "gray25")

Option	Erklärung
text	Der darzustellende Text. Zeilenumbrüche können durch \n erzwungen werden.
width	Falls diese Option nicht spezifiziert ist, wird der Text in einem rechteckigen Feld dargestellt, das so breit ist wie die längste Textzeile. Ist ein Längenwert für width angegeben (z.B. "3c"), wird der Text automatisch umbrochen, so dass die Zeilen nicht länger sind als die hier festgelegte Weite.

Tabelle 22.11: Die wichtigsten Optionen eines Polygon-Objektes auf einem Canvas

create_window()

```
create_window(x, y[,option1=wert1[,...]])
```

Mit Hilfe eines Window-Objektes kann ein beliebiges tkinter-Widget auf einem Canvas platziert werden.

Option	Erklärung
anchor	Mögliche Werte: CENTER, E, N, NE, NW, S, SE, SW, W. Festlegung des Ankerpunktes durch eine »Himmelsrichtung« (siehe create_bitmap()).
window	Name des Widgets, das in das Window-Objekt eingefügt werden soll

Tabelle 22.12: Die wichtigsten Optionen eines Window-Objektes auf einem Canvas

22.7 Checkbutton

Konstruktor: Checkbutton (*master* [,*option1=wert1*[, ...]])

Ein Checkbutton ist eine Schaltfläche, die sich in zwei Zuständen befinden kann. Jedem Zustand ist ein Wert zugeordnet, der in einer Kontrollvariablen gespeichert wird. Voreingestellt sind die Werte 0 und 1 für die Zustände »gesetzt« (»An«) und »nicht gesetzt« (»Aus«). Bei jedem Anklicken wechselt der Zustand. Mit der command-Option kann eingestellt werden, dass bei jedem Zustandswechsel eine Prozedur aufgerufen wird. Ein Checkbutton ist mit einem Label versehen, das einen konstanten oder variablen Text enthält. Für Checkbuttons gibt es zwei unterschiedliche Erscheinungsbilder (siehe Abbildung 22.13). Zwischen ihnen kann mit der Boole'schen Option indicatoron gewählt werden.

▸ Die Option indicatoron=False bewirkt das linke Erscheinungsbild. Der Checkbutton sieht aus wie eine Schaltfläche, das Label befindet sich darauf.

▸ Mit der Option indicatoron=True sieht der Checkbutton aus wie eine Checkbox, ein weißes Kästchen. Im Zustand »gesetzt« ist es mit einem Haken versehen. Das Label befindet sich rechts neben dem Kästchen.

Abbildung 22.13: Zwei Erscheinungsbilder für Checkbuttons

Optionen der Klasse Checkbutton

Attribut	Erklärung
command	Bei jedem Anklicken des Checkbuttons wird die angegebene parameterlose Funktion oder Methode aufgerufen.
indicatoron	Voreingestellt ist der Wert True. In diesem Fall verhält sich das Objekt wie eine Checkbox in HTML-Formularen. Bei indicatoron=False hat der Checkbutton das Aussehen einer Schaltfläche, die im Zustand »An« niedergedrückt erscheint und im Zustand »Aus« hervorsteht.
offvalue	Zahl oder String, die gezeigt werden, wenn der Checkbutton *nicht* gesetzt ist. Voreingestellt ist 0. Mit dieser Option kann man dem »Aus«-Zustand einen anderen Wert zuordnen.

Attribut	Erklärung
onvalue	Zahl oder String, die gezeigt werden, wenn der Checkbutton gesetzt ist. Voreingestellt ist 1. Mit dieser Option kann man dem »An«-Zustand einen anderen Wert zuordnen.
selectcolor	Die Farbe des Checkbuttons, wenn er gesetzt ist
selectimage	Name eines Image-Objektes, das auf dem Checkbutton erscheint, wenn er gesetzt worden ist
text	Text, der in einem Label neben oder auf dem Checkbutton erscheint
textvariable	Wenn der Text im Label des Checkbuttons variabel sein soll, kann man ihn mit dieser Option einer StringVar-Kontrollvariablen zuordnen (siehe Beispiel).
variable	Name der Kontrollvariablen, die den aktuellen Zustand des Checkbutton speichert
width	Die Breite des Checkbuttons ist normalerweise durch die Länge des Strings bestimmt, der auf dem Button erscheint, sie kann sich also dynamisch ändern. Mit dieser Option kann die Breite auf eine feste Anzahl von Zeichen eingestellt werden.

Tabelle 22.13: Die wichtigsten speziellen Optionen der Klasse Checkbutton

Methoden der Klasse Checkbutton

Methode	Erklärung
deselect()	Checkbutton zurücksetzen
flash()	Checkbutton blinkt einige Male.
invoke()	Es werden die gleichen Aktionen ausgelöst wie beim Anklicken des Checkbuttons.
select()	Checkbutton setzen
toggle()	Checkbutton wechselt den Zustand.

Anwendungsbeispiel

In dem folgenden Beispielskript wird mit einem Checkbutton-Widget ein Schalter implementiert, der bei jedem Anklicken seinen Zustand wechselt und dabei die Hintergrundfarbe des Canvas, auf dem er sich befindet, von Weiß nach Dunkelblau (oder umgekehrt) ändert. Man könnte es als die Simulation eines Lichtschalters bezeichnen.

```
from tkinter import *
window = Tk()
state = StringVar(window)
def switch():
    if state.get()=="An":
        canvas.config(bg="white")
    else: canvas.config(bg="#000080")
canvas = Canvas(window, width="3.5c",
                height="3c",bg="white")
canvas.pack()
cb = Checkbutton(master=window,
                onvalue="An",offvalue="Aus",
                variable=state, width=3,
                command=switch,
                textvariable=state,
                indicatoron=False)
cb.select()
canvas.create_window("2.5c","2c",window=cb)
window.mainloop()
```

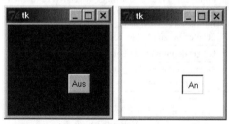

Abbildung 22.14: Checkbutton-Widget in zwei Zuständen

22.8 Entry

Konstruktor: Entry (*master* [,*option1*=*wert1*[, ...]])

Das Entry-Widget dient der Wiedergabe und Eingabe einer einzelnen Textzeile. Im Unterschied zum Label-Widget kann der Text im Entry vom Benutzer verändert werden.

Optionen der Klasse Entry

Attribut	Erklärung
show	Die Option show="x" bewirkt, dass anstelle des eingegebenen Zeichens das Zeichen *x* im Entry-Feld gezeigt wird.
textvariable	Name der Kontrollvariablen (eine Instanz der Klasse StringVar), die den Text des Entry-Widgets enthält
width	Breite des Entry-Feldes als Anzahl der dargestellten Zeichen. Voreingestellt ist 20.

Tabelle 22.14: Die wichtigsten speziellen Optionen der Klasse Entry

Methoden der Klasse Entry

Methode	Erklärung
delete(*first*[,*last*])	Zeichen aus dem Entry-Feld werden gelöscht. Der Parameter *first* ist der Index des ersten zu löschenden Zeichens. Fehlt ein zweites Argument, so wird nur dieses Zeichen gelöscht. Ansonsten werden alle Zeichen bis zum Index *last* entfernt.
get()	Liefert den Inhalt des Entry-Feldes als String.
icursor(*index*)	Setzt den Cursor für eine Einfügeoperation auf die Position unmittelbar vor *index*.
index(*index*)	Verschiebt den Inhalt des Entry-Feldes, so dass das Zeichen an Position *index* am linken Rand des Entry-Feldes steht. Diese Methode ist nur dann wirksam, wenn der Text nicht ganz in das Entry-Feld passt.

Methode	Erklärung
insert(*index*, *s*)	Der String *s* wird unmittelbar vor der Position *index* eingefügt.

Anwendungsbeispiel

In dem folgenden Beispiel wird ein Fenster mit zwei Entry-Widgets erzeugt.

```
from tkinter import *
window = Tk()
Label(window, text="Name: ",
      pady=10).grid(row=0,column=0)
Label(window, text="Passwort: ",
      pady=10).grid(row=1,column=0)
entry1=Entry(window)
entry2=Entry(window, show="*")
entry1.grid(row=0,column=1)
entry2.grid(row=1,column=1)
window.mainloop()
```

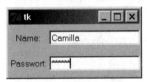

Abbildung 22.15: Fenster mit zwei Entry-Feldern

22.9 Frame

Konstruktor: Frame (*master* [,*option1=wert1*[, ...]])

Ein Frame-Widget ist ein Behälter für andere Widgets. Jeder Frame hat sein eigenes Layout – unabhängig von anderen Frames. Frame-Widgets werden verwendet, um komplexe grafische Oberflächen modular aufzubauen. Frames besitzen außer den Standard-Attributen, die alle Widgets haben, keine besonderen Optionen. Die Option relief hat die Voreinstellung FLAT, so dass der betreffende Frame mit seiner Umgebung verschmilzt und nicht an einer Umrandung zu erkennen ist.

22.10 Label

Konstruktor: Label (*master* [,*option1=wert1*[, ...]])
Ein Label-Widget zeigt ein- oder mehrzeiligen Text, der – im Unterschied zum Entry – vom Benutzer nicht ediert werden kann.

Optionen der Klasse Label

Attribut	Werte	Erklärung
text	String	Text des Labels
textvariable	Name	Name der Kontrollvariablen (eine Instanz der Klasse StringVar), die den Text des Label-Widgets enthält
width	Positive ganze Zahl	Breite des Labels als Anzahl der dargestellten Zeichen. Voreingestellt ist 20.
wraplength	Nichtnegative ganze Zahl	Man kann die Anzahl von Zeichen pro Textzeile begrenzen, indem man diesem Attribut eine positive Zahl zuweist. Default-Wert ist 0, dann wird nur nach Newline-Zeichen umbrochen.

Tabelle 22.15: Die wichtigsten speziellen Optionen von Label-Widgets

22.11 Listbox

Konstruktor: Listbox (*master* [,*option1=wert1*[, ...]])
Eine Listbox besteht aus einem Rahmen, in dem sich mehrere Textzeilen (Items) befinden. Der Benutzer kann mit der Maus (je nach in der Option

selectmode eingestelltem Modus) ein oder mehrere Items auswählen. Mit der Methode get() kann man auf die selektierten Items zugreifen. Den Items der Listbox sind ganzzahlige Indizes zugeordnet. Das oberste Item hat den Index 0, für den Index des letzten Items kann man END verwenden (siehe Beispiel).

Optionen der Klasse Listbox

Attribut	Erklärung
selectbackground	Hintergrundfarbe der ausgewählten Textzeile
selectborderwidth	Breite des Rahmens um den ausgewählten Text
selectforeground	Schriftfarbe für den ausgewählten Text
selectmode	Bestimmt, wie viele Items ausgewählt werden können. BROWSE: Nur ein Item kann selektiert werden. Wenn man bei heruntergedrückter Maustaste die Maus bewegt, folgt die Selektion dem Cursor (Default). MULTIPLE: Mehrere Items können durch Anklicken ausgewählt werden. EXTENDED: Eine zusammenhängende Gruppe von Items kann durch »Ziehen« mit der Maus selektiert werden. SINGLE: Nur ein Item kann durch Anklicken ausgewählt werden.
width	Breite der Listbox als Anzahl der dargestellten Zeichen. Voreingestellt ist 20.

Tabelle 22.16: Die wichtigsten speziellen Optionen der Listbox-Widgets

Methoden der Klasse Listbox

Methode	Erklärung
activate(index)	Selektiert die Zeile, die durch index spezifiziert ist.
curselection()	Liefert die Nummer des ausgewählten Feldes der Listbox als String in einem Tupel, z.B. ('0',).

Methode	Erklärung
delete(*first*[,*last*])	Löscht die Zeilen, deren Indizes im Intervall [*first*, *last*] liegen. Falls nur ein Argument verwendet wird, wird die Zeile mit diesem Index entfernt.
get(*first*[,*last*])	Falls nur ein Argument übergeben wird, liefert die Methode das Item mit dem Index *first* als String. Mit zwei Argumenten werden die Items mit Indexen aus dem Intervall [*first*, *last*] als Tupel zurückgegeben.
insert(index, item1,…)	Eine oder mehrere Zeilen werden in die Listbox vor der Position *index* eingefügt.
size()	Zurückgegeben wird die Anzahl der Zeilen, die die Listbox enthält.

Tabelle 22.17: Die wichtigsten Methoden der Klasse Listbox

Beispiel

Das folgende Beispiel zeigt die Erstellung einer Listbox mit Textbausteinen für eine Grußkarte. Man kann in der Liste (Listbox-Widget) eine Zeile durch Anklicken auswählen. Nach Klick auf den Button erscheint die gewählte Zeile in dem Label.

```
from tkinter import *
import random
window = Tk()
listbox=Listbox(window, selectmode=SINGLE, width=30)
listbox.pack()
for item in ("Herzlichen Glückwunsch!",
             "Alles Gute zum Muttertag!",
             "Viele Grüße aus dem Urlaub",
             "Wie geht es dir?"):
    listbox.insert(END, item)
label=Label(window, text="  ")
label.pack()
```

```
def choose():
    try: nr = int(listbox.curselection()[0])
    except: nr = 0
    text = listbox.get(nr)
    label.config(text=text)
Button(window, command=choose, text="Wähle!").pack()
window.mainloop()
```

Abbildung 22.16: Listbox-Widget mit markiertem Feld

22.12 **Menu**

Konstruktor: Menu (*master* [,*option1=wert1*[, ...]])

Zentraler Bestandteil vieler grafischer Benutzungsoberflächen ist eine
Menüstruktur, die häufig folgendermaßen aufgebaut ist: Am oberen
Rand des Applikationsfensters befindet sich eine Menüleiste mit verschiedenen Schaltflächen. Klickt man eine Schaltfläche der Menüleiste
an, erscheint ein neues Menü als (vertikale) Liste von Auswahlfeldern mit
weiteren Schaltflächen, die man anklicken kann (Pulldown-Menü).
Während die Menüleiste immer auf dem Bildschirm sichtbar ist, verschwindet das Pulldown-Menü wieder, wenn es nicht mehr gebraucht
wird.

Solche Systeme von Menüleisten und Pulldown-Menüs können mit Hilfe von Menu-Widgets implementiert werden. Ein Menu-Widget enthält mehrere Auswahlfelder (*choices*), die angeklickt werden können. Es gibt folgende Typen:

‣ Ein einfaches *Kommando*, d.h. ein String oder ein Bild, das angeklickt werden kann und eine Aktion auslöst

‣ Eine *Kaskade*, das ist ein String oder ein Bild, das nach dem Anklicken ein weiteres Menü erscheinen lässt

‣ Eine *Checkbox*

‣ Eine Gruppe von *Radiobuttons*

Außerdem kann ein Menü waagerechte Linien – so genannte »Separatoren« – enthalten, durch die Gruppen zusammengehöriger Choices optisch voneinander getrennt werden.

Python unterstützt sogenannte »tear off menus«. Bei dieser Variante sieht man oberhalb der Auswahlliste eine gepunktete Linie. Klickt man diese an, so »reißt« das Menü »ab« und existiert in einem neuen separaten Fenster.

Ein Menu-Widget wird durch einen Aufruf des Konstruktors Menu() erzeugt, wobei als erstes Argument ein Menu-Widget, ein Menubutton-Widget oder ein Tk-Widget übergeben werden muss.

Im letzteren Fall wird am oberen Bildschirmrand eine permanent sichtbare Menüleiste (Top-Level-Menü) generiert, ansonsten entsteht ein Untermenü, das nach Gebrauch wieder verschwindet. Praktische Hinweise zum Aufbau einer Menü-Struktur mit Menüleiste finden sich weiter unten. Eine zweite Möglichkeit, Menüstrukturen auf den Bildschirm zu bringen, bieten Menubutton-Widgets. Mehr dazu in Kapitel 22.13.

Optionen der Klasse Menu

Attribut	Erklärung
disabledforeground	Farbe des Textes eines Items, wenn es im Zustand DISABLED ist
foreground fg	Textfarbe der (nicht selektierten) Items
postcommand	Name einer Prozedur (parameterlose Methode oder Funktion), die aufgerufen wird, wenn das Menü auf den Bildschirm gebracht wird
selectcolor	Farbe eines Checkbuttons oder Radiobuttons im Menü, wenn er selektiert worden ist
tearoff	Mögliche Werte sind 1 oder 0. Wenn diese Option auf 1 gesetzt worden ist, besitzt das Menü das »tear off«, das heißt, es kann durch Anklicken einer gepunkteten Linie »abgerissen« und in ein eigenes Fenster gebracht werden.
title	Titel des »tear off«-Fensters, falls er sich von dem Titel des Menübuttons unterscheiden soll

Tabelle 22.18: Die wichtigsten speziellen Optionen der Klasse Menu

Methoden der Klasse Menu

Besonders wichtig für die Programmierpraxis sind Methoden, die dem Einfügen neuer Auswahlfelder (Choices) in ein Menu-Widget dienen. Sie haben eines der beiden folgenden Formate:

▸ add_*choice* ([,*coption1=wert1* ...]): Hinzufügen eines neuen Auswahlfeldes

▸ insert_*choice* (*index*, [,*coption1=wert1* ...]): Einfügen eines neuen Auswahlfeldes an der Stelle *index*

Dabei ist *choice* einer der folgenden Strings: cascade, checkbutton, command, radiobutton, separator. In optionalen Schlüsselwort-Argumenten der Form *coption=wert* können Optionen der Choices gesetzt werden und so ihre Eigenschaften festgelegt werden. Besonders wichtig sind folgende Choice-Optionen:

▸ Mit label=*string* wird ein Text festgelegt, der in dem Choice erscheinen soll.

▸ Die Option command=*funktionsname* verknüpft ein Auswahlfeld mit einer Funktion, die nach dem Anklicken ausgeführt wird.

Beispiel für einen Methodenaufruf, der dem Menu-Widget m ein neues Kommandofeld hinzufügt:

```
m.add_command(command=tuedies, label="tuedies")
```

Eine Übersicht über die wichtigsten Choice-Optionen finden Sie im anschließenden Kapitel. Hier zunächst die Methoden, über die Objekte der Klasse Menu verfügen:

Methode	Erklärung
add_*cascade* ([*coption1=wert1* ...])	Dem Menü wird eine »Kaskade« hinzugefügt. Das heißt, beim Anklicken dieses Choices erscheint ein weiteres Menü. In der menu-Option (siehe nächstes Kapitel) wird der Name des zugehörigen Menu-Widgets angegeben: menu=*menuname*.
add_*checkbutton* ([*coption1=wert1* ...])	Hinzufügen eines Checkbuttons als neues Auswahlfeld (Choice). Die Optionen werden wie bei der Generierung eines Checkbutton-Widgets gesetzt.
add_command ([*coption1=wert1* ...])	Hinzufügen eines einfachen Kommandos als neues Auswahlfeld (Choice). In der command-Option (siehe nächstes Kapitel) wird der Name der zugehörigen Funktion angegeben: command=*funktionsname*.
add_*radiobutton* ([*coption1=wert1* ...])	Hinzufügen eines Radiobuttons als neues Auswahlfeld (Choice). Die Optionen werden wie bei der Generierung eines normalen Radiobutton-Widgets gesetzt.

Methode	Erklärung
add_separator()	Setzt hinter die aktuelle Position des Menüs einen Separator, das heißt eine waagerechte Linie. Sie hat nur eine dekorative Funktion und kann nicht angeklickt werden.
delete (index1[,index2])	Die Choices mit den Indexen *index1* bis einschließlich *index2* werden entfernt. Falls nur ein Argument verwendet wird, wird das Auswahlfeld mit dem angegebenen Index gelöscht.
entrycget(index, option)	Liefert den Wert der angegebenen Option des Auswahlfeldes mit der Nummer *index*
entryconfigure(index [,coption1=wert1 ...])	Änderung von Optionen für das Auswahlfeld mit Index *index*
insert_cascade(index [,coption1=wert1 ...])	Einfügen einer Kaskade im Menü an der Position *index*
insert_checkbutton(index [,coption1=wert1 ...])	Einfügen eines Checkbutton im Menü an der Position *index*
insert_command(index [,coption1=wert1 ...])	Einfügen eines Kommandos im Menü an der Position *index*
insert_radiobutton(index [,coption1=wert1 …])	Einfügen eines Radiobuttons im Menü an der Position *index*
insert_separator(index)	Einfügen eines Separators im Menü an der Position *index*
invoke(index)	Aufruf der Funktion, die an das Auswahlfeld mit dem angegebenen Index geknüpft ist. Bei einem Checkbutton wird der Zustand gewechselt, ein Radiobutton wird gesetzt.
type(index)	Liefert den Typ des Auswahlfeldes mit dem Index *index*

Tabelle 22.19: Die wichtigsten Methoden der Klasse Menu

Optionen für Auswahlfelder (choices)

Die Optionen der Auswahlfelder eines Menüs entsprechen im Wesentlichen den Optionen für die Widgets gleichen Typs.

Attribut	Erklärung
columnbreak	Wenn diese Option den Wert 0 hat (Default), wird das betreffende Auswahlfeld in der Bildschirmdarstellung *unter* das vorherige gesetzt. Falls die Option den Wert 1 besitzt, wird eine neue Spalte mit Auswahlfeldern begonnen.
command	Name einer Prozedur, die nach Aktivierung dieses Auswahlfeldes aufgerufen wird
image	Name des Bildes (Image-Objekt), das (anstelle von Text) in diesem Auswahlfeld gezeigt werden soll
label	Text für dieses Auswahlfeld
menu	Bei Kaskaden der Name des Menu-Widgets, das die nächste Ebene von Auswahlfeldern enthält
offvalue	Wert eines nicht gesetzten Checkbuttons (Zustand »Aus«)
onvalue	Wert eines gesetzten Checkbuttons (Zustand »An«)
state	Wird diese Option auf DISABLED gesetzt, erscheint das Auswahlfeld grau und kann nicht angeklickt werden.
value	Wert der zugehörigen Kontrollvariablen für einen Radiobutton. Dies kann eine ganze Zahl sein, falls die Kontrollvariable eine Instanz der Klasse IntVar ist, oder ein String, falls es sich um ein Objekt der Klasse StringVar handelt.
variable	Bei Checkbuttons oder Radiobuttons der Name der zugehörigen Kontrollvariablen

Tabelle 22.20: Die wichtigsten Optionen der Choices eines Menu-Widgets

Erstellen einer Menü-Struktur mit Menüleiste

Das folgende Beispiel illustriert die Entwicklung einer dreistufigen Menüstruktur. An der Spitze der Hierarchie steht das Anwendungsfenster,
ein Objekt der Klasse Tk (siehe UML-Objektdiagramm). Es ist ein Aggregat aus einer Menüleiste und einem Label.

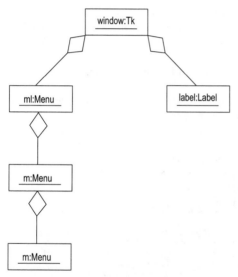

Abbildung 22.17: UML-Objektdiagramm der Benutzungsoberfläche des Beispiels

Das Objekt window.ml der Klasse Menu stellt die Menüleiste dar, die waagrecht am oberen Bildschirmrand erscheint und immer sichtbar ist. Dieses
Objekt wird dadurch zur Menüleiste, das beim Aufruf des Konstruktors
(#1) in der Parameterliste als Master ein Objekt der Klasse Tk (nämlich
self.fenster) übergeben wird. Dagegen stellt das Objekt window.ml.m

ein Pulldown-Menü dar. Denn bei seiner Generierung (#2) erhält der Konstruktor Menu() ein Menu-Objekt als Argument. Das dritte Menü schließlich ist ein Untermenü des Pulldown-Menüs. Es erscheint rechts neben dem zugehörigen Kaskade-Choice mit der Aufschrift »Portion«. Bei seiner Generierung in Zeile #3 wurde der »tear off«-Modus abgestellt (keine gestrichelte Linie).

Man beachte, dass alle drei Menüs durch Objekte derselben Klasse Menu implementiert werden. Das Aussehen und Verhalten eines Menu-Widgets hängt jedoch davon ab, an welcher Stelle in der Hierarchie es sich befindet.

Menü und Untermenü müssen in zwei Richtungen miteinander verknüpft werden:

- Beim Aufruf des Menu()-Konstruktors wird der Name des »Master«-Menüs als Argument übergeben (#1, #2, #3)
- Beim Einfügen eines Untermenüs durch die Methoden add_cascade() oder insert_cascade() wird der Name des »Slave«-Menüs in die Option menu eingetragen (#4, #5)

```
from tkinter import *
class Menudemo:
    def __init__(self):
        self.window = Tk(className="menudemo")
        self.mayo = IntVar()
        self.size = StringVar()
        self.window.ml = Menu(self.window)              #1
        self.window.ml.m = Menu(self.window.ml)         #2
        self.window.ml.m.add_checkbutton(
                        label="mit Mayonnaise",
                        variable=self.mayo)
        self.window.ml.m.m = Menu(self.window.ml.m,
                               tearoff=0)               #3
        self.window.ml.m.m.add_radiobutton(
                        label="groß",
                        variable=self.size,
                        value="große Portion")
        self.window.ml.m.m.add_radiobutton(
                        label="klein",
```

```
                        variable=self.size,
                        value="kleine Portion")
        self.window.ml.m.add_cascade(
                        menu=self.window.ml.m.m,
                        label="Portion")                    #4
        self.window.ml.add_cascade(
                        menu=self.window.ml.m,
                        label="Pommes")                      #5
        self.window.ml.add_command(label="Bestellung",
                        command=self.order)
        self.window.config(menu=self.window.ml)
        self.window.label = Label(self.window,
                        width=40, height=13,
                        bg="white", relief=SUNKEN)
        self.window.label.pack()
        self.window.mainloop()

    def order(self):
        self.ordertext = "Bestellung: \nEine "\
            +str(self.size.get())+ " Pommes"
        if self.mayo.get()==1:
            self.ordertext+=" mit Mayonnaise"
        self.window.label.config(text=self.ordertext)
root = Menudemo()
```

Abbildung 22.18: Ein Fenster mit Menüleiste und zwei Kaskaden

22.13 Menubutton

Konstruktor: Menubutton (*master* [,*option1=wert1*[, ...]])

Menübuttons dienen dem Öffnen eines Menüs und sind eine Alternative zu Menüleisten. Im Unterschied zu Letzteren können sie an beliebigen Stellen des Fensters platziert werden. Nach dem Anklicken des Menübuttons erscheint ein Menü. Ob es sich rechts, links, oberhalb oder unterhalb des Menübuttons öffnet, kann mit der Option direction eingestellt werden.

Attribute der Klasse Menubutton

Attribut	Erklärung
direction	Mit dieser Option wird die Richtung eingestellt, in der das zugehörige Menü nach dem Anklicken erscheint: "above" (oberhalb des Menübuttons), "below" (unterhalb des Menübuttons, Default), "left" (links) oder "right" (rechts).
disabledforeground	Farbe des Menübuttons, falls er deaktiviert ist (Default ist "gray")
menu	Name des Menu-Widgets, das sich nach dem Anklicken öffnen soll
width	Breite des Menübuttons als Anzahl der dargestellten Zeichen. Wenn diese Option nicht gesetzt ist, passt sich die Größe dem Label auf dem Button an.

Tabelle 22.21: Die wichtigsten speziellen Attribute der Klasse Menubutton

Anwendungsbeispiel

Im folgenden Beispiel wird ein Menü mit Hilfe eines Menubutton-Widgets erstellt. Dieses wird mit Hilfe der Layout-Methode place() auf einem Canvas-Widget platziert. Der Menübutton wird durch zwei Anweisungen an das Menü gekoppelt:

- Bei der Instanziierung des Menu-Widgets wird der Name des Menübuttons als Argument übergeben (#1).
- Mit der config()-Methode wird beim Menubutton-Widget die Option menu auf den Namen des Menu-Widgets gesetzt (#2).

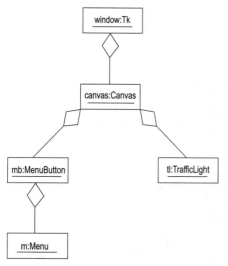

Abbildung 22.19: UML-Objektdiagramm der Master-Slave-Struktur der Benutzungsoberfläche des Beispielprogramms

```
from tkinter import *
class TrafficLight(Canvas):
  def __init__(self, master):
    self.red = StringVar()
    self.yellow = StringVar()
    self.green = StringVar()
    for v in self.red, self.yellow, self.green:
```

```
      v.set("black")
    Canvas.__init__(self, master,
                    height="120", width="40",bg="gray")
    self.redlight = self.create_oval(10, 10, 32, 32,
                                     fill=self.red.get())
    self.yellowlight = self.create_oval(10, 50, 32, 72,
                                    fill=self.yellow.get())
    self.greenlight = self.create_oval(10, 90, 32,
                               112, fill=self.green.get())
  def control(self):
    self.itemconfigure(self.redlight,
                       fill=self.red.get())
    self.itemconfigure(self.yellowlight,
                       fill=self.yellow.get())
    self.itemconfigure(self.greenlight,
                         fill=self.green.get())

class TrafficLightControl:
  def __init__(self):
    self.window = Tk(className="Ampelsteuerung")
    self.canvas=Canvas(self.window,
                    width="6c",height="4c",bg="white")
    self.canvas.grid()
    self.tl = TrafficLight(self.canvas)
    self.tl.place(relx=0.8, rely=0.5,
                  anchor=CENTER)
    self.mb=Menubutton(self.canvas,
                       text="Steuerung", relief=RAISED)
    self.mb.place(relx=0.2, rely=0.3, anchor=CENTER)
    self.m=Menu(self.mb)                          #1
    self.m.add_command(label="Setzen",
                         command=self.tl.control)
    self.m.add_checkbutton(label="rot",
                    onvalue="red", offvalue="black",
                    variable=self.tl.red)
    self.m.add_checkbutton(label="gelb",
                  onvalue="yellow",offvalue="black",
```

```
                       variable=self.tl.yellow)
    self.m.add_checkbutton(label="grün",
                       onvalue="green",offvalue="black",
                       variable=self.tl.green)
    self.mb.config(menu=self.m)                      #2
    self.window.mainloop()
root = TrafficLightControl()
```

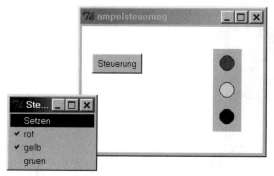

Abbildung 22.20: Menüstruktur mit Menübutton; das »tear off«-Menü ist (durch Anklicken der gestrichelten Linie) abgetrennt worden.

22.14 Die Klasse PhotoImage

Konstruktor: PhotoImage(file=*datei*)

Auf Schaltflächen und Labels können Bilder dargestellt werden. Dazu müssen Sie zunächst ein Objekt der tkinter-Klasse PhotoImage erzeugen. Beim Konstruktoraufruf geben Sie als *Schlüsselwort*-Argument (nicht Positionsargument!) den Pfad einer Bilddatei an. Unterstützt werden nur die Formate GIF und PPM/PGM, aber leider nicht JPEG.

Im folgenden Beispiel wird ein Label-Widget mit einem Bild versehen. Hier befindet sich die Bilddatei goethe.gif im gleichen Verzeichnis wie das Python-Skript.

```
from tkinter import *
root = Tk()
img_goethe = PhotoImage(file="goethe.gif")
label = Label(root, image=img_goethe)
label.pack()
root.mainloop()
```

Abbildung 22.21: Fenster mit PhotoImage-Widget

22.15 Radiobutton

Konstruktor: Radiobutton (*master* [,*option1=wert1*[, ...]])

Radiobuttons sind Schaltflächen, die durch Anklicken ausgewählt werden können (»eins aus n«-Wahl). Für sie gibt es zwei unterschiedliche Erscheinungsformen:

Normalerweise besteht ein Radiobutton aus einem kleinen Feld (Indicator), das den Zustand (»ausgewählt« oder »nicht ausgewählt«) anzeigt, sowie einem Label rechts daneben (siehe Abbildung links). Jedoch kann (wie bei Checkbuttons) das Aussehen geändert werden, indem die Option indicatoron auf null gesetzt wird. Dann erscheint der Radiobutton als Schaltfläche (siehe Abbildung rechts).

Abbildung 22.22: Zwei Erscheinungsformen für Radiobuttons

Mit jedem Radiobutton-Widget ist ein Wert assoziiert, der in der Option value festgelegt ist. Mehrere Radiobuttons bilden zusammen eine funktionelle Gruppe. Sie teilen sich gemeinsam eine Kontrollvariable, die den Wert des aktuell ausgewählten Radiobuttons speichert.

Optionen der Klasse Radiobutton

Attribut	Erklärung
height	Anzahl der Textzeilen, Default ist 1
indicatoron	Wahl des Erscheinungsbildes. Hat diese Option den Wert 1 (Default), so zeigt sich der Radiobutton als Indikatorfeld mit einem Label rechts daneben. Im Fall indicatoron=0 ist es eine Schaltfläche mit dem Label darauf.
text	Text des Labels
value	Wert des Radiobuttons (String oder Zahl). Der Datentyp hängt vom Typ der Kontrollvariablen ab. Wenn der Radiobutton gesetzt wird, erhält die Kontrollvariable diesen Wert.
variable	Name der Kontrollvariablen für die Gruppe, zu der der Radiobutton gehört
width	Breite des Radiobuttons als Anzahl der dargestellten Zeichen. Wenn diese Option nicht gesetzt ist, passt sich die Größe dem Label auf dem Button an.

Tabelle 22.22: Die wichtigsten speziellen Optionen der Klasse Radiobutton

Methoden der Klasse Radiobutton

Methode	Erklärung
deselect()	Setzt den Radiobutton zurück.
flash()	Radiobutton blinkt einige Male auf (Wechsel zwischen aktiver und normaler Farbe).
select()	Radiobutton wird gesetzt.

Tabelle 22.23: Die wichtigsten Methoden der Klasse Radiobutton

22.16 Scale

Konstruktor: Scale (*master* [,*option1=wert1*[, ...]])

Mit einem Scale-Widget werden waagerechte oder senkrechte Schieberegler auf dem Bildschirm (im Master-Widget) dargestellt. Mit ihnen kann der Benutzer eine ganze Zahl oder Gleitkommazahl in einem bestimmten Wertebereich einstellen. Der Wertebereich wird mit den Optionen from_ und to definiert.

Optionen der Klasse Scale

Attribut	Erklärung
command	Bei jeder Bewegung des »Schiebers« wird die angegebene Funktion oder Methode aufgerufen.
foreground, fg	Textfarbe im Label und bei den Zahlenangaben
from_	Untere Grenze des Wertebereichs. Default ist null.
label	Text, der in einem Label erscheint. Voreingestellt ist kein Label.
length	Länge der Rinne des Schiebereglers. Default ist 100 Pixel.
orient	Mögliche Werte: VERTICAL, HORIZONTAL. Legt fest, ob der Schieberegler vertikal oder horizontal ausgerichtet ist.

Attribut	Erklärung
resolution	Schrittweite für die einstellbaren Werte des Scale-Objektes. Default ist 1. resolution=0.5 bewirkt, dass zwei Werte einen Mindestabstand von 0.5 aufweisen.
showvalue	Mögliche Werte: 0 oder 1. showvalue=0 bewirkt, dass neben dem Schieber nicht der eingestellte Zahlenwert gezeigt wird.
sliderlength	Länge des Schiebers (*slider*). Default ist 30 Pixel.
tickinterval	Wird diese Option gesetzt, erhält der Schieberegler eine Skala mit Zahlenwerten im angegebenen Abstand.
to	Obere Grenze des Wertebereiches
troughcolor	Farbe der Rinne, in der der Schieber hin- und hergleitet
variable	Name der Kontrollvariablen. Diese kann eine Instanz der Klasse IntVar, DoubleVar (Gleitkommazahl) oder StringVar sein.
width	Breite der Rinne, in der der Schieber hin- und hergleitet, Default ist 15 Pixel.

Tabelle 22.24: Die wichtigsten speziellen Optionen der Klasse Scale

Methoden der Klasse Scale

get()

Der Aufruf s.get() liefert den aktuellen Wert des Scale-Widgets s.

set()

set(*wert*)

Mit dem Aufruf s.set(*wert*) wird der Wert des Scale-Widgets s auf einen neuen Wert gesetzt.

Anwendungsbeispiel

Das folgende Skript implementiert einen Farbmischer. Mit drei Schieberegern können der Rot-, Grün- und Blauanteil einer Farbfläche eingestellt werden. Das Skript funktioniert folgendermaßen:

▶ Die Schieberegler werden durch Scale-Widgets realisiert. Sie »produzieren« jeweils ganze Zahlen zwischen 0 (oben) und 255 (unten). Der Maximalwert wird durch die Option to festgelegt.

▶ Immer wenn eine Maustaste losgelassen wird, sorgt der Eventhandler aktualisiere() dafür, dass die Hintergrundfarbe des Canvas neu gesetzt wird. Aus den ganzzahligen Werten der Scale-Objekte wird in mehreren Schritten ein Farb-Deskriptor der Form "#rrggbb" gebildet. Dabei wird zuerst mit hex() die Dezimalzahl in eine Hexadezimalzahl überführt, diese dann in einen String verwandelt, von diesem die führenden Zeichen "0x" entfernt und schließlich mit zfill(2) dafür gesorgt, dass die Hexadezimalrepräsentation der jeweiligen Farbkomponente zweistellig ist.

```
from tkinter import *
def update(event):
    canvas.config(bg= \
      "#"+str(hex(scale1.get())).lstrip("0x").zfill(2)\
        +str(hex(scale2.get())).lstrip("0x").zfill(2)\
        +str(hex(scale3.get())).lstrip("0x").zfill(2))

window = Tk()
scale1 = Scale(window, orient=VERTICAL,
               label="rot", to=255,
               command=update)
scale1.grid(column=0,row=0)
scale2 = Scale(window, orient=VERTICAL,
               label="gruen", to=255,
               command=update)
scale2.grid(column=1,row=0)
scale3 = Scale(window, orient=VERTICAL,
               label="blau", to=255,
               command=update)
```

```
scale3.grid(column=2,row=0)
window.bind_all(sequence="<Any-ButtonRelease>",
                func=update)
canvas = Canvas(window, width= 80, height = 80,
                bg="black")
canvas.grid(column=3,row=0)
window.mainloop()
```

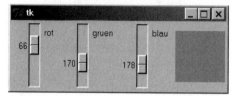

Abbildung 22.23: Ein Farbmischer mit drei Scale-Widgets

22.17 Scrollbar

Konstruktor: Scrollbar (*master* [,*option1=wert1*[, ...]])

Einige Widgets, wie z.B. Text-Widget, Canvas und Listbox, können sich wie eine große virtuelle Fläche verhalten, von der man – durch ein Fenster blickend – immer nur einen Ausschnitt sieht. Der sichtbare Ausschnitt kann mit Hilfe von Scrollbars (Rollbalken) verschoben werden. Eine Scrollbar besteht aus folgenden Komponenten:

- Ein Schieber (*slider*), der mit der Maus bewegt werden kann und dabei den sichtbaren Ausschnitt verschiebt
- Zwei dreieckige Pfeilspitzen. Klickt man darauf, so verschiebt sich der sichtbare Ausschnitt langsam in der angegebenen Richtung.
- Eine Rinne (*trough*), deren Aussehen durch die Optionen troughcolor und borderwidth variiert werden kann

Eine Scrollbar muss auf bestimmte Weise mit dem zugehörigen Widget verknüpft werden. Wie das geschieht, wird im übernächsten Abschnitt erläutert.

Optionen der Klasse Scrollbar

Attribut	Erklärung
borderwidth	Breite des dreidimensionalen Randes der Rinne der Scrollbar, z.B. "0.5c" oder 5
command	Name der Prozedur, die aufgerufen wird, wenn die Scrollbar bewegt wird
jump	Mögliche Werte: 0, 1. Bei jump=0 (Default) wird die command-Prozedur bei jeder Bewegung des Sliders aufgerufen; sonst erst dann, wenn die Maustaste nach einer Bewegung wieder losgelassen worden ist.
orient	Mögliche Werte: HORIZONTAL, VERTICAL. Gibt die räumliche Orientierung der Scrollbar an.
troughcolor	Farbe der Rinne

Tabelle 22.25: Die wichtigsten speziellen Optionen der Klasse Scrollbar

Verbindung einer Scrollbar mit einem Widget

Die Verknüpfung einer Scrollbar mit einem Text-Widget, Canvas oder einer Listbox geschieht in zwei »Richtungen«:

▸ Falls die Scrollbar waagrecht liegt, wird dem Attribut xscrollcommand des verschiebbaren Widgets als Wert der Name der set()-Methode des Scrollbar-Widgets zugewiesen. Falls die Scrollbar senkrecht ist, erhält das Attribut yscrollcommand diesen Wert (siehe Beispiel Zeile #1).

▸ Text-Widget, Canvas und Listbox besitzen die Methoden xview() und yview(), die das Verschieben des sichtbaren Ausschnitts in x- und y-Richtung bewerkstelligen. Falls das Widget in waagerechter Richtung verschoben werden soll, wird dem command-Attribut der Scrollbar als Wert der Name der xview()-Methode des Widgets zugewiesen, ansonsten der Name der yview()-Methode (siehe Beispiel Zeile #2).

Das folgende Beispielskript erzeugt eine scrollbare Zahlenliste:

```
from tkinter import *
window = Tk()
scrollbar = Scrollbar(window)
scrollbar.pack(side=RIGHT, fill=Y)
listbox = Listbox(window,
               yscrollcommand=scrollbar.set)        #1
for x in range(100):
    listbox.insert(END,str(x))
listbox.pack(side=LEFT, fill=Y)
scrollbar.config(command=listbox.yview)             #2
window.mainloop()
```

Abbildung 22.24: Listbox mit Scrollbar

22.18 Die Klasse Text

Konstruktor: Text (*master* [,*option1=wert1*[, ...]])

Text-Widgets dienen der Verarbeitung von mehrzeiligen formatierten Texten. Zu den vielfältigen Möglichkeiten der Textdarstellung gehören folgende Features:

- ▸ Schriften in verschiedenen Farben und Fonts können gemischt werden

- In einen Text kann man Bilder und sogar beliebige tkinter-Widgets einbauen (darauf gehen wir allerdings aus Platzgründen in diesem Buch nicht ein)
- Unsichtbare Markierungen (Marks) und Namen für Textbereiche (Tags) können eingefügt und verarbeitet werden

Optionen der Klasse Text

Attribut	Erklärung
height	Die Höhe eines Text-Widgets wird in Zeilen (und nicht in Pixel) angegeben.
tabs	Die Option erhält eine Sequenz aus Abständen. Damit wird die Einrückung bei Tabulatorzeichen festgelegt. Die Option tabs=("1c","3c","6c") bewirkt z.B., dass der erste Tabulator 1 cm, der zweite 3 cm und der dritte 6 cm vom linken Rand entfernt liegt.
width	Breite eines Text-Widgets als Anzahl der Zeichen, die in eine Zeile passen
wrap	Diese Option regelt, wie Zeilen umbrochen werden, die zu lang sind. CHAR: Umbruch nach dem letzten Zeichen, das in die Zeile passt (Default); WORD: Umbruch nach dem letzten Wort, das in die Zeile passt; NONE: kein Umbruch

Tabelle 22.26: Die wichtigsten speziellen Optionen der Klasse Text

Methoden der Klasse Text

Methode	Erklärung
delete(index1[, index2])	Löscht das Zeichen an Position index1, falls nur ein Index angegeben wird. Sonst wird der gesamte Bereich von index1 bis einschließlich index2 gelöscht.

Methode	Erklärung
get(*index1*[, *index2*])	Gibt den Text des Widgets von Position *index1* bis einschließlich *index2* als String zurück. Falls das zweite Argument weggelassen wird, wird das Zeichen an der Position *index1* zurückgegeben.
index(*mark*)	Gibt den Index an der Position mit Marke *mark* zurück.
insert(*index*, *text*)	Fügt an der Stelle *index* Text ein.
mark_names()	Liefert eine Sequenz mit allen Markennamen im Text-Widget.
mark_set(*mark*, *index*)	Fügt an der Stelle *index* eine Marke mit dem Namen *mark* ein.
mark_unset(*mark*)	Entfernt die angegebene Marke.
see(*index*)	Der Text wird so weit gescrollt, bis die Stelle *index* sichtbar ist.
tag_add(*tagName*, *index1*[, *index2*])	Der Bereich von *index1* bis *index2* wird mit einem Tag namens *tagName* markiert. Falls nur ein Index angegeben wird, erhält nur das Zeichen an Position *index1* das Tag.
tag_bind(*tagName*, *sequence*, *func*)	Der mit dem Tag markierte Textbereich wird an einen Event, der durch *sequence* spezifiziert wird, an den Eventhandler *func* gebunden (siehe Abschnitt 22.23 zur Bindung von Events).
tag_cget(*tagName*, *option*)	Liefert den Wert der angegebenen Option des Tags.
tag_config(*tagName*, [, *option1*=*wert1*[,...]])	Das Tag wird durch Setzen von Optionen konfiguriert (siehe *Verwendung von Tags*).
tag_delete(*tagName*)	Das Tag wird gelöscht.
tag_names()	Liefert eine Sequenz mit den Namen aller Tags.

Tabelle 22.27: Die wichtigsten Methoden der Klasse Text

Verwendung von Indizes

Ein Index ist ein String, der eine Position in einem Text-Widget spezifiziert. Es können unter anderem folgende Formate verwendet werden:

Format	Erklärung
"*zeile.spalte*"	Die Zeilennummerierung beginnt bei 1 und die Spaltennummerierung bei 0. Beispiele: "*1.0*" ist der Index des ersten Zeichens im Text, "*3.2*" ist das dritte Zeichen in der dritten Zeile.
"*zeile*.end"	Der Index des letzten Zeichens in einer Zeile
INSERT	Die Position des Einfügecursors
CURRENT	Der Index des Zeichens, das sich am nächsten an der aktuellen Position des Maus-Cursors befindet
END	Der Index des letzten Zeichens im Text-Widget
markname	Der Name einer Markierung kann als Index verwendet werden.
tag.first	Die Position vor dem ersten Zeichen eines durch ein Tag markierten Bereichs
tag.last	Die Position nach dem letzten Zeichen eines durch ein Tag markierten Bereichs

Tabelle 22.28: Die wichtigsten Formate für Indexe

Im folgenden Beispiel werden einige dieser Indexformen verwendet:

```
from tkinter import *
window = Tk()
text = Text(window, width=40, height=6)
text.pack()
for i in range(6):
    text.insert(END,'-------\n')
text.insert ("1.end", "Erste Zeile")
text.insert ("6.0", "Sechste Zeile")
window.mainloop()
```

Abbildung 22.25: Anwendung von Indexen in einem Text-Widget

Verwendung von Marken

Eine Marke (Mark) beschreibt eine Textposition. Sie wird mit Hilfe der Methode mark_set() an einer bestimmten Stelle im Text platziert. Im Unterschied zu einem Index kann sie sich im Laufe ihres »Lebens« verschieben, wenn sich der Text um sie herum durch Einfügungen und Löschungen verändert. Standardmäßig wird bei einer insert()-Operation neuer Text so eingefügt, dass die Marke anschließend rechts vom eingefügten Textstück bleibt. Beim Löschen von Text kann eine Marke nicht verschwinden. Sie muss explizit durch einen Aufruf der Methode mark_unset() entfernt werden. Beispiel:

```
>>> from tkinter import *
>>> window = Tk()
>>> text = Text(window, width=40, height=6)
>>> text.pack()
>>> text.insert (END, "Marken treiben in einem Text\n")
>>> text.mark_set("eins", "1.6")
>>> text.mark_set("zwei", END)
>>> text.insert ("zwei", "wie Holzstuecke im Wasser.")
>>> print(text.mark_names())
('insert', 'zwei', 'eins', 'current')
>>> print(text.get("eins","zwei"))
 treiben in einem Text
wie Holzstuecke im Wasser.
```

Man kann Folgendes beobachten:

▸ Die Marke 'eins' wird nach dem ersten Wort und die Marke 'zwei' nach dem Wort 'Text' gesetzt.

▸ Nach der insert()-Operation bleibt die Marke rechts vom neu eingefügten Text, also ganz am Ende des Textes (dabei ändert sich der Index der Marke).

▸ Mit der get()-Methode wird der Text zwischen beiden Marken aus dem Widget »herausgeholt«.

Verwendung von Tags

Mit Hilfe von Tags können Texte formatiert werden. Ein Tag markiert einen bestimmten Textabschnitt. Indem Sie die Optionen eines Tags konfigurieren, können Sie das Erscheinungsbild des markierten Textabschnittes verändern. Die folgende Tabelle beschreibt einige nützliche Optionen für Tags:

Format	Erklärung
background	Hintergrundfarbe im Textabschnitt des Tags
font	Schrifttyp (siehe *Fonts*)
foreground	Schriftfarbe
justify	Ausrichtung des Textes (LEFT, CENTER, RIGHT)
lmargin1	Abstand vom linken Rand des Widgets
offset	Vertikaler Abstand des Textabschnittes nach oben (positive Werte) oder nach unten (negative Werte) von der Grundlinie
overstrike	overstrike=1 bewirkt, dass der Text horizontal in der Mitte durchgestrichen wird.
relief	3D-Effekte für die Buchstaben: FLAT (Default), SUNKEN, RAISED, GROOVE oder RIDGE
spacing1	Zusätzlicher vertikaler Raum zwischen den Zeilen
underline	underline=1 bewirkt, dass der Text unterstrichen wird.

Tabelle 22.29: Die wichtigsten Optionen für Tags

Beispiel:

```
from tkinter import *
window = Tk()
text = Text(window, width=40, height=8)
text.pack()
text.insert (END, "Marken treiben in einem Text\n")
text.insert (END, "wie Holzstücke im Wasser.\n")
text.insert (END, "Mit Tags kann man Text formatieren.")
text.tag_add("eins", "1.0","1.7")
text.tag_configure("eins",font=("Arial","24"),
                   foreground="gray")
text.tag_add("zwei", "3.4","3.8")
text.tag_configure("zwei",font=("Arial","18"),
                   background="#CCC", offset="-0.4c")
window.mainloop()
```

Abbildung 22.26: Mit Tags formatierter Text

Anwendungsbeispiel: Ein Texteditor

Das folgende Skript implementiert einen kleinen Texteditor mit Pull-down-Menü. Es ist möglich, einen Text zu laden, zu bearbeiten und abzuspeichern. Zur Arbeitsweise:

- Eine vertikale Scrollbar wird als Slave des Anwendungsfensters generiert (#1) und an die rechte Seite gepackt (#2). Die vertikale Orientierung ist voreingestellt.
- Ein Text-Widget wird ebenfalls als Slave des Anwendungsfensters erzeugt und die Scrollbar mit der Möglichkeit zum vertikalen Scrollen versehen (#3).

> - Dem Fenster wird eine Menüleiste zugeordnet (#4, #8).
> - In die Menüleiste wird ein Pulldown-Menü mit dem Label »Datei« eingebaut (#5, #7).
> - Das Pulldown-Menü erhält zwei Kommandofelder, die an die Methoden load() und saveas() gekoppelt werden (#6).

```python
from tkinter import *

class Editor:
    def __init__ (self):
        window = Tk()
        window.title("Texteditor Nr. 1")
        self.scrollbar = Scrollbar(window)          #1
        self.scrollbar.pack(side=RIGHT,fill =Y)     #2
        self.text = Text(window,
            yscrollcommand=self.scrollbar.set)      #3
        self.scrollbar.config(command=self.text.yview)
        self.text.pack()
        menubar=Menu(window)                        #4
        filemenu=Menu(menubar)                      #5
        filemenu.add_command(label="Laden",
                             command = self.load)   #6
        filemenu.add_command(label="Speichern unter",
                             command=self.saveas)
        menubar.add_cascade(label="Datei",
                            menu=filemenu)          #7
        window.config(menu=menubar)                 #8
        window.mainloop()

    def load (self):
        self.file = filedialog.askopenfile()
        self.text.delete(1.0, END)
        if self.file:
            self.text.insert(1.0, self.file.read())
    def saveas (self):
        self.file = filedialog.asksaveasfile()
        if self.file:
            self.file.write(self.text.get(1.0, END) )

editor = Editor()
```

Abbildung 22.27: Ein kleiner Texteditor

22.19 Tk

Konstruktor: Tk([className=*string*])

Objekte der Klasse Tk sind Anwendungsfenster. Der Konstruktor Tk() kann ohne Argumente verwendet werden und erzeugt dann ein kleines Fenster mit der Bezeichnung »tk« sowie drei voll funktionstüchtige Schaltflächen zum Ikonisieren, Vergrößern (Deikonisieren) und Schließen des Fensters. Als optionales Schlüsselwort-Argument kann dem Konstruktor ein String übergeben werden, der dann anstelle von »tk« im oberen Fensterrand erscheint.

```
from tkinter import *
window = Tk(className="Mein Fenster")
window.mainloop()
```

Abbildung 22.28: Ein leeres Anwendungsfenster

Die wichtigste Methode der Tk-Objekte ist die Methode `mainloop()`. Mit ihr wird das Anwendungsfenster aktiviert und erscheint auf dem Bildschirm.

Mit der Methode `wm_iconbitmap(path)` können Sie das rote Tk-Icon in der oberen linken Ecke eines Anwendungsfensters ändern. Das Argument `path` enthält den Pfad zu einer Bitmap-Datei. Im folgenden Beispiel wird das Tk-Zeichen durch eine Miniaturausgabe des neuen Python-Logos mit zwei stilisierten Schlangen ersetzt.

```
from tkinter import *
window = Tk()
window.wm_iconbitmap('/python36/DLLs/py.ico')
window.mainloop()
```

Mit der Methode `title()` kann der Rahmentext des Anwendungsfensters geändert werden. Beispiel:

```
from tkinter import *
window = Tk()
window.title("Mein Fenster")
window.mainloop()
```

Als wichtiges Attribut sei die Option `menu` erwähnt. Mit der Anweisung `root.config(menu=menubar)` wird das Anwendungsfenster `root` mit der Menüleiste `menubar` versehen. Diese muss ein Objekt der Klasse `tkinter.Menu` sein.

Siehe auch: Menu (Abschnitt 22.12)

22.20 Layout-Manager

Widgets können andere Widgets als Komponenten (*Slaves*) enthalten. Die geometrische Anordnung besorgen so genannte Layout-Manager oder Geometrie-Manager. Bei Python gibt es drei unterschiedliche Layout-Manager:

▸ Der *Packer* ist besonders einfach zu handhaben. Er packt ein neues Widget einfach zu den bereits bestehenden Slaves – je nach eingestellten Optionen rechts, links darüber oder darunter. Komplexe Layouts müssen hier mit Frames realisiert werden

‣ Der *Placer* ermöglicht eine pixelgenaue Platzierung eines Widgets innerhalb des Koordinatensystems seines Masters.

‣ Mit dem *Grid-Layout-Manager* kann ein Raster von Widgets erstellt werden. Er arbeitet ähnlich wie eine HTML-Tabelle. Widgets sind bestimmten Zellen zugeordnet, können sich aber auch über mehrere Zellen erstrecken.

Ein Widget ist innerhalb seines Masters erst dann auf dem Bildschirm zu sehen, wenn ein Layout-Manager aufgerufen worden ist. Bei einem Widget `w` geschieht das mit den Methodenaufrufen `w.pack()`, `w.place()` oder `w.grid()`.

Ein Layout-Manager kann ganz ohne Argumente aufgerufen werden und agiert dann gemäß seiner Voreinstellung. Es können aber auch Optionen im Format `option=wert` übergeben werden, die folgende Fragen beantworten:

‣ Wo soll das Widget innerhalb des übergeordneten Widgets (Master) erscheinen?

‣ Wie soll sich das Widget verhalten, wenn die Größe des Anwendungsfensters verändert wird?

pack()

Der Packer eines Widgets `w` wird mit `w.pack()` aufgerufen. Er packt das Widget zu den bereits existierenden Widgets des Masters. Dabei wird die Größe des Masters verändert, denn es kommt ja schließlich eine neue Komponente hinzu, die gewissen Platzbedarf hat. Falls der Master ein leerer Frame oder Canvas mit definierter Größe ist, wird er durch den Packer so verkleinert, dass der Slave gerade eben hineinpasst. Beim Aufruf des Packers können Optionen festgelegt werden. Sie werden als Argumente der Form `option=wert` in die Parameterliste geschrieben. Die folgende Tabelle gibt einen Überblick:

Option	Erklärung
anchor	Mögliche Werte: CENTER, E, N, NE, NW, S, SE, SW, W. Das Widget wird in eine Ecke oder mittig an einer Seite der Zelle platziert, entsprechend der angegebenen »Himmelsrichtung« (z.B. NE= Nordost = rechts oben).
expand	expand=0: Die Größe des Widgets ändert sich nicht, wenn das Anwendungsfenster vergrößert wird. expand=1: Die Größe des Widgets passt sich an, wenn das Anwendungsfenster vergrößert wird.
fill	fill=X: Das Widget wird in waagrechter Richtung (»x-Achse«) so weit mit leerem Raum gefüllt, dass sich seine Ausmaße der Größe des Masters anpassen. fill=Y: Das Widget wird in senkrechter Richtung (»y-Achse«) an die Größe des Masters angepasst. fill=BOTH: Das Widget passt sich in beiden Richtungen dem Master an. fill=None: Das Widget behält seine Größe unabhängig von den Ausmaßen des Masters.
side	LEFT: Das Widget wird an den linken Rand des Masters gesetzt. RIGHT: Das Widget wird an den rechten Rand des Masters gesetzt. TOP: Das Widget wird nach oben gesetzt. BOTTOM: Das Widget wird nach unten gesetzt.

Tabelle 22.30: Die wichtigsten Optionen für den Packer

Das folgende Beispiel demonstriert die Verwendung der Optionen fill, expand und side:

```
from tkinter import *
window = Tk()
frame1 = Frame(window, relief=RIDGE,
                borderwidth=2)
frame1.pack(fill=NONE, expand=0)
label1 = Label(frame1, text="Eins")
label1.pack(side =LEFT, expand=1)
label2 = Label(frame1, text="Zwei")
```

```
label2.pack(side=RIGHT, expand=1)
frame2 = Frame(window, relief=RIDGE,
                      borderwidth=2)
frame2.pack(side=LEFT, fill=BOTH, expand=1)
label3 = Label(frame2, text="Drei")
label3.pack()
window.mainloop()
```

Folgendes Anwendungsfenster wird erzeugt:

Abbildung 22.29: Anwendungsfenster mit zwei Frames und drei Labels, links unmittelbar nach der Generierung, rechts nach Expansion des Fensters

Sie können Folgendes beobachten:

▸ Der obere Frame ist kleiner als das Anwendungsfenster und gerade eben so groß, dass beide Slaves (label1 und label2) hineinpassen (Packer-Option: fill=NONE).

▸ Der obere Frame behält auch nach der Expansion des Anwendungsfensters (rechtes Bild) seine ursprüngliche Größe (Packer-Option: expand=0).

▸ Die beiden Labels label1 und label2 befinden sich nebeneinander in ihrem Master frame1 (Packer-Optionen: side=LEFT und side=RIGHT).

▸ Der untere Frame füllt die gesamte Breite des Anwendungsfensters aus (Packer-Option: fill=both).

▸ Bei der Vergrößerung des Anwendungsfensters expandiert auch der untere Frame (Packer-Option: expand=1).

Das nächste Beispiel illustriert die Verwendung der anchor-Option. Das neue Label-Widget wird in der angegebenen »Himmelsrichtung« innerhalb des für es vorgesehenen Raumes platziert.

```
from tkinter import *
window = Tk()
label1 = Label(window, text="Nord")
label1.pack(anchor = N)
label2 = Label(window, text="Ost")
label2.pack(anchor = E)
label3 = Label(window, text="West")
label3.pack(anchor =W)
label4 = Label(window, text="Süd")
label4.pack(anchor =S)
window.mainloop()
```

Abbildung 22.30: Vier Label-Widgets, die mit der anchor-Option gepackt wurden

place()

Der Placer eines Widgets w wird mit w.place() aufgerufen. Er ermöglicht eine pixelgenaue Platzierung des Widgets im Koordinatensystem des Masters. Dessen Ursprung, das heißt der Punkt (0,0), liegt in der oberen linken Ecke. Zur Positionierung werden als Optionen x- und y-Koordinaten übergeben. In der folgenden Tabelle sind die wichtigsten Optionen des Placers zusammengefasst.

Option	Erklärung
anchor	Mögliche Werte: NE, NW, SE, SW. Der Ankerpunkt liegt in einer Ecke des Widgets entsprechend der angegebenen »Himmelsrichtung«. Zum Beispiel bedeutet die Option anchor=NE, dass der Ankerpunkt in der linken oberen Ecke liegt. Das heißt: Die linke obere Ecke des Widgets erhält genau die Koordinaten, die durch die Optionen x, y, relx, rely festgelegt werden. Der Wert NE ist voreingestellt (Default).

Option	Erklärung
height	Absolute Höhe des Widgets in Pixel, Zentimeter, Inch, Millimeter oder Punkt
relheight	Relative Höhe des Widgets. Das heißt, das Widget hat eine Höhe von *r*höhe*, wobei *höhe* die Höhe des Masters ist. Die Option relheight=0.5 bewirkt, dass das Widget halb so breit ist wie der Master.
relwidth	Relative Breite des Widgets (siehe relheight)
relx	Relative x-Koordinate des Widgets. Das heißt, der Ankerpunkt des Widgets hat die x-Koordinate *r*breite*, wobei *breite* die Breite des Masters ist. Die Option relx=0.5 bewirkt, dass das Widget in der Mitte des Masters ist.
rely	Relative y-Koordinate des Widgets (siehe relx)
width	Absolute Breite des Widgets
x	Längenwert (z.B. 5 oder "1c") für die x-Koordinate des Widgets bezogen auf das Koordinatensystem des Masters. Das heißt, der Ankerpunkt des Widgets befindet sich z.B. 5 Pixel vom linken Rand des Masters entfernt.
y	y-Koordinate des Widgets. Das heißt, der Ankerpunkt des Widgets befindet sich z.B. *zahl* Pixel unterhalb des oberen Randes des Masters.

Das folgende Beispiel demonstriert die unterschiedliche Wirkung von relativen und absoluten Koordinaten.

```
from tkinter import *
window = Tk()
label1 = Label(window, text="absolut", bg="white")
label1.place(x=100, y=100)
label2 = Label(window, text="relativ", bg="white")
label2.place(relx=0.5, rely=0.1)
window.mainloop()
```

 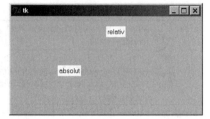

Abbildung 22.31: Relative und absolute Platzierung von Widgets mit dem Placer

Sie können Folgendes beobachten:

▸ Das untere Label behält bei der Vergrößerung des Anwendungsfensters seine Position im Koordinatensystem bei (absolute Koordinaten).

▸ Das obere Label ist mit Hilfe relativer Koordinaten platziert. Es bleibt in horizontaler Richtung immer in der Mitte.

▸ Bei beiden Label-Widgets ist der Ankerpunkt für die Platzierung die linke obere Ecke. Das ist die Voreinstellung. Bei label2 z.B. befindet sich die linke obere Ecke genau an Position (100,100).

Das zweite Beispiel illustriert den Unterschied zwischen absoluter und relativer Breite eines Widgets (height, width, relheight und relwidth):

```
from tkinter import *
window = Tk()
label1 = Label(window,
               text="Eins", bg="white")
label1.place(relx=0.5, rely=0.1,
             height = 20, width = 40)
label2 = Label(window,
               text="Zwei", bg="white")
label2.place(relx=0.5, rely=0.7,
             relheight = 0.1, relwidth = 0.2)
window.mainloop()
```

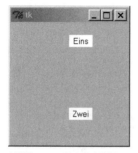 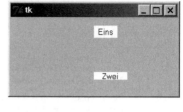

Abbildung 22.32: Label-Widgets mit absoluter und relativer Höhe und Breite vor und nach der Veränderung des Anwendungsfensters

grid()

Mit w.grid() wird der Grid-Layout-Manager des Widgets w aufgerufen. Er verwaltet ein Raster, bestehend aus Zeilen und Spalten, das die Fläche des Master-Widgets strukturiert. Das Widget w wird entweder in eine einzelne Zelle des Rasters oder in einen mehrere benachbarte Zellen umfassenden Bereich eingetragen. Zeilen und Spalten sind von oben nach unten bzw. von rechts nach links durchnummeriert, beginnend bei null. Die Platzierung des Widgets geschieht durch Angabe von Spalten- und Zeilennummer in Schlüsselwort-Argumenten im Format *option=wert*. Fehlt die sticky-Option (siehe Tabelle), wird das Widget immer in das Zentrum der angegebenen Zelle gesetzt. Die Größe einer einzelnen Zelle passt sich flexibel der Größe des Widgets in ihrem Innern an. Eine solche Größenanpassung hat natürlich Auswirkungen sowohl auf die Zeile als auch auf die Spalte, in der sich die Zelle befindet. Die folgende Tabelle beschreibt die wichtigsten Attribute des Grid-Layout-Managers:

Option	Erklärung
column	Die Nummer der Spalte, in die das Widget eingetragen werden soll. Default ist null.
columnspan	Normalerweise befindet sich das Widget in genau einer Zelle. Wenn aber ein Widget sich über *n* benachbarte Zellen in einer Zeile erstrecken soll, wird die Option columnspan=*n* gesetzt.
ipadx	Das Innere des Widgets wird in x-Richtung (waagrecht) mit leerem Raum gefüllt. Die Option ipadx=10 bewirkt z.B., dass das Widget rechts und links um 10 Pixel verbreitert wird.
ipady	Das Innere des Widgets wird in y-Richtung (nach oben und unten) mit leerem Raum gefüllt.
padx	Die Zelle wird rechts und links vom Widget in der angegebenen Länge mit leerem Raum gefüllt. Die Option padx=10 bewirkt z.B., dass die Zelle rechts und links um 10 Pixel verbreitert wird.
pady	Die Zelle wird oberhalb und unterhalb des Widgets mit leerem Raum gefüllt.
row	Die Nummer der Zeile, in die das Widget eingetragen werden soll. Default ist null.
rowspan	Das Widget erstreckt sich über *n* Zellen in der gleichen Spalte.
sticky	NE, SE, SW, NW: Widget wird in eine Ecke der Zelle platziert, entsprechend der angegebenen »Himmelsrichtung« (z.B. NE = Nordost = rechts oben). N, E, S, W: Widget wird entsprechend der angegebenen »Himmelsrichtung« an eine Zellenseite platziert (z.B. E = Osten = rechte Seite). N+S: Das Widget wird in Nord-Süd-Richtung gestreckt, so dass es in dieser Dimension die gesamte Zelle ausfüllt. E+W: Das Widget wird in Ost-West-Richtung gestreckt. N+E+S+W: Das Widget wird in alle Richtungen gestreckt, so dass es die gesamte Zelle ausfüllt.

Tabelle 22.31: Optionen des Grid-Layout-Managers

Das folgende Beispiel illustriert die Verwendung des Grid-Layout-Managers.

```
from tkinter import *
window = Tk()
label1 = Label(window, text="eins", bg="white")
label1.grid (column=0, row=0)
label2 = Label(window, text="zwei", bg="white")
label2.grid (column=1, row=1, ipadx="1c")
label3 = Label(window, text="drei", bg="white")
label3.grid (column=2, row=1, padx=10, pady=10)
label4 = Label(window, text="vier", bg="white")
label4.grid (column=2, row=2, sticky=E+W)
window.mainloop()
```

Abbildung 22.33: Label-Widgets im Grid-Layout

Methoden zum Layout-Management

Das Layout einer grafischen Benutzungsoberfläche kann zur Laufzeit eines Programms dynamisch geändert werden. Um dies zu ermöglichen, enthalten die Widgets u.a. folgende Methoden zum Layout-Management:

Methode	Erklärung
grid()	Der Grid-Layout-Manager wird gestartet. Das Widget wird (entsprechend den übergebenen Optionen) in die Geometrie des Masters eingeordnet.

Methode	Erklärung
grid_configure()	Die Grid-Layout-Optionen des Widgets werden neu konfiguriert. Dabei werden neue Werte als Schlüsselwort-Argumente der Form *option=wert* übergeben. Beispiel: label.grid_configure(ipadx=10)
grid_forget()	Das Widget wird aus der Geometrie des Masters entfernt. Es verschwindet vom Bildschirm, existiert aber nach wie vor.
grid_info()	Zurückgegeben wird ein Dictionary mit den Grid-Layout-Attributen und ihren Werten.
grid_propagate()	Normalerweise passt sich die Größe des Masters an die Größe eines enthaltenen Widgets an. Die geometrischen Ausmaße des Slave-Widgets werden also an den Master weitergegeben (»propagiert«). Mit dem Aufruf w.propagate(0) wird die Weitergabe der Größe des Widgets an den Master unterdrückt und dessen Ausmaße konstant gehalten.
grid_remove()	Das Widget wird aus der Geometrie des Masters entfernt. Es verschwindet vom Bildschirm, aber im Unterschied zu grid_forget() bleiben die Layout-Optionen erhalten. Beim nächsten Aufruf von grid() (ohne Argumente) wird das Widget an der gleichen Stelle beim Master eingefügt.
pack()	Start des Packers
pack_configure()	Packer neu konfigurieren (siehe grid_configure())
pack_forget()	Das Widget wird aus der Geometrie des Masters entfernt.
pack_info()	Zurückgegeben wird ein Dictionary mit allen Layout-Attributen und ihren Werten.
place()	Start des Placers
place_configure()	Placer neu konfigurieren (siehe grid_configure())

Methode	Erklärung
place_forget()	Das Widget wird aus der Geometrie des Masters entfernt.
place_info()	Zurückgegeben wird ein Dictionary mit allen Layout-Attributen und ihren Werten.

Tabelle 22.32: Layout-Methoden

22.21 Kontrollvariablen

Zunächst einmal: Kontrollvariablen sind eigentlich gar keine Variablen, sondern Objekte. Mit den Methoden set() und get() können ihnen Werte zugewiesen und ihre Werte gelesen werden. tkinter bietet drei Typen von Kontrollvariablen mit folgenden Konstruktoren:

DoubleVar()	Enthält eine Gleitkommazahl, Default ist der Wert 0.0.
IntVar()	Enthält eine ganze Zahl, Default ist der Wert 0.
StringVar()	Enthält einen String, Default ist der leere String "".

Kontrollvariablen können von mehreren Widgets gemeinsam genutzt werden. Das ist ihre wichtigste Eigenschaft. Zum Beispiel kann die Eingabe in ein Entry-Feld in einer Kontrollvariablen gespeichert werden und dieser Wert an anderer Stelle in einem Label erscheinen. Beispiel:

```
from tkinter import *
window = Tk()
control = StringVar()
entry = Entry(window, textvariable=control)
entry.pack()
label = Label(window, width=10, height=2,
            textvariable=control, font=("Arial", "30"))
label.pack()
window.mainloop()
```

Abbildung 22.34: Kopplung eines Labels an ein Entry-Widget

22.22 Dialogboxen

messagebox

Eine Messagebox ist ein kleines Dialogfeld, das in der Mitte des Bildschirms erscheint, eine Information liefert und vom Benutzer eine Antwort erwartet. Das tkinter-Untermodul messagebox bietet zwei Arten von Messageboxen:

▸ Messageboxen mit einer Schaltfläche, die nur eine einfache Bestätigung mit »OK« erwarten. Sie werden durch die Funktionen showinfo(), showwarning(), showerror() erzeugt, die den String 'ok' zurückgeben.

▸ Messageboxen mit zwei Schaltflächen (z.B. »Ja« und »Nein«), die eine echte Antwort erwarten. Sie werden z.B. durch die Funktionen askyesno() und askokcancel() erzeugt, die – je nach Antwort – False oder True zurückgeben.

Alle Funktionen benötigen zwei Argumente. Das erste Argument ist ein String mit dem Titel des Dialogfeldes und erscheint am oberen Rand. Das zweite Argument enthält die Information oder die Frage, die in der Mitte des Dialogfeldes erscheint. Das Modul sollte nicht mit einer from...import-Anweisung importiert werden, um Namenskollisionen zu vermeiden.

Funktion	Verwendungszweck
showerror(*title*, *message*)	Fehlermeldung
showinfo(*title*, *message*)	Wichtige Information
showwarning(*title*, *message*)	Warnung
askokcancel(*title*, *message*)	Sicherheitsabfrage mit den Wahlmöglichkeiten »OK« oder »Abbrechen«. Falls »OK« gewählt wurde, gibt die Funktion True zurück, sonst False.
askyesno(*title*, *message*)	Sicherheitsabfrage mit den Antwortmöglichkeiten »Ja« oder »Nein« (siehe Beispiel)

Tabelle 22.33: Funktionen zur Erzeugung von Messageboxen

Im folgenden Beispiel wird eine yesno-Messagebox erzeugt. In diesem Fall wurde die Schaltfläche JA angeklickt, so dass die Funktion den Wert True zurückgibt. Das genaue Aussehen der Messagebox hängt vom Betriebssystem ab (hier: Windows).

```
>>> from tkinter import messagebox
>>> messagebox.askyesno("Sicherheitsfrage",
        "Wollen Sie die Datei wirklich löschen")
True
```

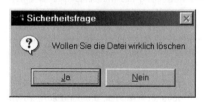

Abbildung 22.35: Beispiel einer Messagebox

22.1.1 filedialog

Das tkinter-Untermodul filedialog enthält Funktionen, die Dialogboxen zum Öffnen und Speichern von Dateien generieren.

Funktion	Erklärung
askopenfile()	Erzeugt eine Dialogbox zum Öffnen einer Datei. Zurückgegeben wird ein geöffnetes File-Objekt.
askopenfilename()	Erzeugt eine Dialogbox zum Öffnen einer Datei. Zurückgegeben wird (als String) ein Pfad, den man zum Öffnen einer Datei mit open() verwenden kann.
asksaveasfile()	Erzeugt eine Dialogbox zum Speichern einer Datei. Zurückgegeben wird ein geöffnetes File-Objekt.
asksaveasfilename()	Erzeugt eine Dialogbox zum Speichern einer Datei. Zurückgegeben wird (als String) ein Pfad.

Beispiel:

```
>>> from tkinter import filedialog
>>> filedialog.askopenfilename()
'/projekt1/daten/p1_benutzer.txt'
```

22.23 Event-Verarbeitung

Ein Event ist ein Ereignis, das durch Einfluss von außen zu einem unvorhersehbaren Zeitpunkt (asynchron) eintritt. Beispiele für Events sind das Klicken einer Maustaste, die Bewegung des Mauscursors über einen bestimmten Bildschirmbereich, das Vergrößern eines Fensters oder das Betätigen einer Tastenkombination auf der Tastatur. Bei einer Software mit grafischer Benutzungsoberfläche kann ein Event eine Aktion des Systems auslösen.

Binden

Events können an Funktionen gebunden werden, die dann aufgerufen werden, wenn der Event auftritt. Solche Funktionen bezeichnet man als Eventhandler. Events sind immer Widgets zugeordnet, und die Bindung kann in drei Stufen erfolgen:

▸ Mit dem Methodenaufruf w.bind(*sequence*, *func*) wird bei einem einzelnen Widget-Objekt *w* ein Event an einen Eventhandler namens *func* gebunden.

▸ Man kann einen Event an alle Objekte einer Widget-Klasse binden. Dazu verwendet man einen Methodenaufruf bind_class(*className*, sequence=*event*, func=f[,add="+"]). Das erste Argument enthält den Namen der Klasse.

▸ Schließlich kann man von jedem Widget aus alle Events der Applikation an einen Eventhandler binden, und zwar mit einem Methodenaufruf der Form bind_all(sequence=*event*, func=f[,add="+"])

Das folgende Beispiel illustriert die Verwendung aller drei Bindungsstufen:

▸ Ein Klick mit der linken Maustaste (Event-Sequenz "<Button-1>") auf das erste Label bewirkt, dass die Farbe des Labels wechselt.

▸ Für alle Label-Widgets wird der Event »rechte Maustaste gedrückt« (Event-Sequenz "<Button-3>") an den Eventhandler translate() gebunden. Dieser übersetzt mit Hilfe eines Dictionarys die Beschriftung des angeklickten Labels vom Deutschen ins Englische und umgekehrt.

▸ Für alle Widgets der Applikation wird ein Klick mit der linken Maustaste an den Eventhandler ton() gebunden, der einen Glockenklang erzeugt. Für den Klick mit der linken Maustaste, repräsentiert durch den String "<Button-1>", gibt es jedoch beim ersten Label schon eine Bindung. Damit diese nicht überschrieben wird, enthält der Aufruf von bind_all() als letztes Argument ein "+".

```
from tkinter import *
def sound(event):
    event.widget.bell()

def background(event):
    if event.widget["bg"] == "white":
        event.widget["bg"] = "lightgreen"
```

```
    else: event.widget["bg"] = "white"

def translate(event):
    dictionary = {"eins":"one", "zwei":"two",
                  "one":"eins", "two":"zwei"}
    event.widget["text"]= \
      dictionary[event.widget["text"]]

window = Tk()
label1 = Label(window, text="eins",
               bg="white", width=20)
label1.pack()
label2=Label(window, text="zwei",
             bg="white", width=20)
label2.pack()
label1.bind("<Button-1>", background)
window.bind_class("Label","<Button-3>",
                            translate)
window.bind_all("<Button-1>", sound, "+")
window.mainloop()
```

Abbildung 22.36: Verwendung von drei Bindungen

Event-Sequenzen

Es gibt eine riesige Vielfalt verschiedener Events. Um einen Event exakt zu beschreiben, wird in den drei Bindemethoden eine so genannte *Event-Sequenz* verwendet. Das ist ein String, der ein oder mehrere Event-Pattern enthalten kann. Jedes Pattern beschreibt ein elementares Ereignis, z.B. »Taste x gedrückt«. In der Praxis enthält eine Event-Sequenz meist nur ein einziges Event-Pattern. Falls es jedoch mehrere sind, tritt der beschriebene Event nur ein, wenn alle elementaren Ereignisse gleichzeitig passieren. Ein Event-Pattern ist nach folgendem Format aufgebaut:

```
<[Modifizierer-] Typ [-Qualifizierer]>
```

Das gesamte Event-Pattern ist in spitzen Klammern eingeschlossen. Der Typ beschreibt die Art des Ereignisses, z.B. Mausklick oder Tastenbetätigung. Mit einem Modifizierer können Tastenkombinationen wie z.B. das gleichzeitige Drücken von [Shift] und einer anderen Taste dargestellt werden. Im letzten Element der Event-Sequenz (Qualifizierer) kann man zusätzliche Details angeben, z.B. welche Taste oder welche Maustaste gedrückt worden ist. Die linke Maustaste hat die Nummer 1, die rechte die Nummer 3. Für die Tastenbezeichnungen gibt es Strings (siehe unten). Zwischen den Komponenten der Event-Sequenz sind Bindestriche.

Für häufig vorkommende Events gibt es Abkürzungen. Bei Mausklicks brauchen Sie nur die Nummer der Taste in spitzen Klammern anzugeben, bei Tastatur-Events nur das Zeichen (ohne spitze Klammern). Beispiele:

Event-Sequenz	Kurzform	Erklärung
"<KeyPress-a>"	"a"	Taste [a] wurde gedrückt.
"<Button-1>"	"<1>"	Linke Maustaste wurde gedrückt.

Event-Typen

Die wichtigsten Event-Typen sind in folgender Tabelle zusammengestellt:

Event-Typ	Erklärung
Activate	Ein Widget wechselt in den Zustand »aktiv«.
Button	Eine Maustaste ist gedrückt worden.
ButtonRelease	Maustaste wurde losgelassen.
Configure	Die Größe eines Widgets (z.B. ein Fenster) wurde vom Benutzer geändert.
Enter	Der Benutzer bewegt den Maus-Cursor in einen sichtbaren Teil des Widgets.

Event-Typ	Erklärung
Expose	Ein zuvor vollständig verdecktes Widget wird wenigstens an einer Stelle sichtbar.
KeyPress	Eine Taste wurde gedrückt.
KeyRelease	Eine Taste wird losgelassen.
Leave	Der Maus-Cursor wird aus einem Widget herausgezogen.
Visibility	Wenigstens ein Teil des Applikationsfensters wird auf dem Bildschirm sichtbar.

Event-Modifizierer

Die folgende Tabelle gibt einen Überblick über die wichtigsten Modifizierer, die den ersten Teil eines Event-Patterns bilden können.

Modifizierer	Erklärung
Alt	Die [Alt]-Taste wird heruntergedrückt.
Any	Der Eventtyp wird generalisiert. Das Muster <Any-Key-Press> bedeutet z.B., dass irgendeine Taste betätigt worden ist.
Control	Der Benutzer drückt die Taste [Strg].
Double	Zwei Ereignisse passieren zeitlich kurz hintereinander. Zum Beispiel stellt <Double-Button-3> einen Doppelklick mit der rechten Maustaste dar.
Shift	Der Benutzer drückt die Taste [Shift].
Triple	Drei Ereignisse kurz hintereinander

Tastennamen

Im letzten Teil eines Event-Patterns (Qualifizierer) kann spezifiziert werden, welche Taste gedrückt worden ist. Für eine Taste gibt es unterschiedliche Bezeichnungen:

‣ Das Tastensymbol (keysym) ist ein String, der die Taste beschreibt
‣ Die Tastensymbol-Nummer (keysym_num) ist eine ganze Zahl, die der Taste zugeordnet ist

In Klammern stehen die Namen der entsprechenden Attribute des Event-Objektes, das beim Eintreten des Events erzeugt wird und das anschließend vom Eventhandler verarbeitet wird. Die folgende Tabelle zeigt eine kleine Auswahl.

keysym	keysym_num	Taste
BackSpace	65288	Backspace
Control_L	65507	Linke Strg-Taste
Delete	65535	Entf
Down	65364	↓
End	65367	Ende
Escape	65307	Esc
F1	65470	F1
F2	65471	F2 (usw.)
Home	65360	Pos1
Insert	65379	Einfg
Left	65361	←
Next	65366	Bild ↑
Prior	65365	Bild ↓
Return	65293	Return
Right	65363	→
space	32	Leertaste
Up	65362	↑

Tabelle 22.34: Einige Tastensymbole und ihre Nummern

Programmierhinweis

Mit dem folgenden kleinen Skript kann man Tastensymbole und ihre Nummern ausgeben lassen:

```
from tkinter import *
def out(event):
    print(event.keysym, "\t", event.keysym_num)
window = Tk()
window.bind_all("<Any-KeyPress>", out)
window.mainloop()
```

Programmierung eines Eventhandlers

Ein *Eventhandler* ist eine Methode oder Funktion, die beim Eintreten eines Events aufgerufen wird. Als Argument übergibt das System ein Event-Objekt, das zum Zeitpunkt des Ereignisses generiert worden ist.

Die Kopfzeile eines Eventhandlers sieht im Falle einer Funktion folgendermaßen aus:

```
def  handlername (event):
```

Und bei einer Methode:

```
def  handlername (self, event):
```

Das übergebene Event-Objekt besitzt eine Reihe von Attributen, die den Event beschreiben und die vom Eventhandler abgefragt und in irgendeiner Weise verarbeitet werden können. Die vorigen Abschnitte enthielten bereits einige Skript-Beispiele. Die folgende Tabelle erklärt die wichtigsten Event-Attribute.

Attribut	Erklärung
char	Wenn der Event (KeyPress oder KeyRelease) durch eine Taste ausgelöst wurde, die ein ASCII-Zeichen produziert, enthält das Attribut dieses Zeichen.

Attribut	Erklärung
height	Wenn der Event durch Veränderung einer Widget-Größe ausgelöst wurde (Configure), enthält das Attribut die neue Höhe des Widgets in Pixel.
keysym	Wenn der Event (KeyPress oder KeyRelease) durch eine Taste ausgelöst wurde, enthält das Attribut das Symbol der Taste (String).
keysym_num	Nummer des Tastensymbols bei Tastatur-Events
num	Wenn es sich bei dem Event um einen Mausklick handelt, enthält das Attribut die Nummer der gedrückten Maustaste.
time	Ganze Zahl, die einen Zeitwert in Millisekunden darstellt. Der absolute Wert selbst hat keine Bedeutung. Jedoch gibt die Differenz der time-Werte zweier Events die Zeit (in Millisekunden) an, die zwischen dem ersten und dem zweiten Event verstrichen ist.
widget	Widget, das den Event ausgelöst hat. Wenn z.B. ein Button angeklickt worden ist, enthält das Attribut eine Referenz auf diesen Button.
width	Wenn der Event durch Veränderung einer Widget-Größe ausgelöst wurde (Configure), enthält das Attribut die neue Breite des Widgets in Pixel.
x	x-Koordinate des Mauszeigers zum Zeitpunkt des Events bezogen auf die linke obere Ecke des Widgets
y	y-Koordinate des Mauszeigers zum Zeitpunkt des Events bezogen auf die linke obere Ecke des Widgets

Tabelle 22.35: Die wichtigsten Event-Attribute

Voraussetzung dafür, dass ein Eventhandler aktiv werden kann, ist, dass ein Event an ihn gebunden worden ist.

Siehe auch: Standard-Methoden bind(), bind_class(), bind_all() (Abschnitt 22.4)

23 Bild und Ton

23.1 Der Python Package Index

Der Python Package Index (PyPI) ist eine Sammlung von Python-Modulen verschiedener Anbieter (Third-Party-Module). Der URL ist https://pypi.python.org/pypi. Im PyPI finden Sie zurzeit über 50 000 Pakete. (Pakete sind Module, die eventuell Untermodule enthalten.) Wenn Sie spezielle Funktionen zu einem bestimmten Thema suchen, klicken Sie auf der Startseite des PyPI links oben auf BROWSE PACKAGES. Sie kommen auf eine Webseite mit Links zu Modulsammlungen. Allein zum Thema *Multimedia* werden mehr als tausend Pakete angeboten. Um ein Paket aus dem PyPI nutzen zu können, müssen Sie es herunterladen und installieren. Das geht am einfachsten mit dem Programm pip.

Module installieren und aktualisieren mit pip

Das bevorzugte Werkzeug zur Installation von Third-Party-Modulen ist das Programm pip (rekursives Akronym für *Pip Installs Packages*). Seit Python 3.6 gehört es zur Python-Standarddistribution.

Öffnen Sie ein Konsolefenster. Bei Windows starten Sie die Eingabeaufforderung (cmd). Zum Installieren eines Pakets geben Sie (hinter dem Prompt) das folgende Kommando ein:

```
> python -m pip install package
```

Dabei ist *package* der genaue Name des Pakets, den Sie natürlich kennen müssen. Im PyPI finden Sie zu jedem Paket Installationshinweise und dabei auch den Paketnamen, den Sie verwenden müssen.

Wenn ein Paket bereits installiert ist, können Sie es mit folgendem Kommando aktualisieren:

```
> python -m pip install --upgrade package
```

Sie können pip auch verwenden, um ein Paket zu deinstallieren:

```
> python -m pip uninstall package
```

Nach einer Auflistung aller zu löschenden Dateien kommt die Sicher-
heitsabfrage:

```
Proceed?(y/n)
```

Die beantworten Sie mit y. Dann wird das Paket entfernt.

23.2 Die Python Imaging Library (PIL)

Das Modul tkinter – das Standardmodul zur Entwicklung grafischer
Benutzungsoberflächen – bietet nur bescheidene Möglichkeiten zur
Bildverarbeitung. Wer in seiner Applikation z.B. JPEG-Dateien wiederge-
ben oder komplexere Aufgaben zur Analyse und Veränderung von Bildern
lösen will, muss ein Third-Party-Modul zur Bildverarbeitung installieren.
Das bekannteste Modul zur Bildverarbeitung ist PIL (Python Imaging
Library) von Fredrik Lundh. Das ursprüngliche Modul gibt es nur für
Python 2. Inzwischen existiert aber eine Weiterentwicklung (»friendly
fork«) namens Pillow, die von Alex Clark begründet worden ist. Pillow gibt
es auch für Python 3.

Wenn Sie eine aktuelle Python-Version haben, können Sie Pillow einfach
auf der Kommandozeile installieren. Öffnen Sie ein Konsolenfenster (z.B.
Windows-Eingabeaufforderung) und geben Sie folgendes Kommando
ein:

```
> python -m pip install pillow
```

Alternativ können Sie das Modul auch bei einem Besuch der Website des
PyPI herunterladen und installieren. Sie finden alle Pillow-Versionen
unter folgendem direkten Link: https://pypi.python.org/pypi/Pillow/.

Wählen Sie Pillow 2.7 oder eine neuere Version. Nehmen Sie eine Version,
die zu Ihrem Betriebssystem und zu Ihrer Python-Version passt. Wenn Sie
Python 3 für Win32 installiert haben, brauchen Sie auch Pillow für

Win32. Unter Windows laden Sie die Installationsdatei herunter (z.B. `Pillow-2.7.0.win32-py3.6.exe`). Führen Sie die Datei aus.

Untermodule von PIL

Auch wenn das Paket, das Sie installiert haben, Pillow heißt, das Python-Modul trägt den Namen PIL und wird unter diesem Namen importiert. PIL enthält einige Untermodule, unter anderem:

▸ `Image`: Enthält die Definition der Klasse `Image` und eine Sammlung von Funktionen zur Bilderzeugung und -bearbeitung.

▸ `ImageTk`: Enthält insbesondere die Klasse `PhotoImage`, die mit der Klasse `PhotoImage` aus dem Modul `tkinter` kompatibel ist. Das heißt: Ein solches Objekt kann in eine `tkinter`-Applikation (z.B. als Bild auf einem Label) eingebunden werden.

▸ `ImageFilter`: Eine Sammlung von Filter-Objekten, mit denen Bilder (`Image`-Objekte) verändert werden können

Das Modul Image und die Klasse Image

Nicht verwirren lassen! Es gibt das Modul `PIL.Image` und die Klasse `Image`, die in diesem Modul definiert ist. Objekte der Klasse `Image` stellen pixelweise definierte Bilder dar. Mit der Funktion `Image.open()` können Sie aus einer Bilddatei ein Image-Objekt erzeugen. Sie können seine Eigenschaften untersuchen, es verändern und dann mit `save()` in einem von Ihnen gewählten Format abspeichern. PIL unterstützt alle gängigen Dateiformate für Bilder, u.a. PPM, PNG, JPEG, GIF, TIFF und BMP.

Importieren Sie das Modul `Image` mit

```
from PIL import Image
```

Importieren Sie *nicht* die Namen aus dem Modul mit.

```
from PIL.Image import *          # nicht machen!
```

Denn `PIL.Image` enthält eine Funktion `open()` und es gäbe dann eine Kollision mit der Standardfunktion `open()` zum Öffnen beliebiger Dateien.

Ein Image-Objekt erzeugen

Durch einen Aufruf der Funktion Image.open() erzeugen Sie ein Image-Objekt. Das Argument ist im einfachsten Fall ein Pfad zu einer Bilddatei.

```
>>> from PIL import Image
>>> img = Image.open("foto.jpg")
```

Sie können nun die Eigenschaften des Image-Objekts abfragen (Format, Größe und Modus):

```
>>> print(img.format, img.size, img.mode)
JPEG (2560, 1920) RGB
```

In diesem Fall handelt es sich um ein Farbbild der Größe 2560x1920 Pixel im Dateiformat RGB.

Mit der Methode show() können Sie das Bild in einem eigenen Fenster auf dem Bildschirm anzeigen:

```
>>> img.show()
```

Attribut Erklärung

Attribut	Erklärung
format	Datenformat des Image-Objekts (z.B. "JPEG", "BMP" oder "EPS")
mode	Eine Zeichenkette, die den Modus des Bildes definiert. "1": Schwarz-Weiß-Bild; "L": Graustufenbild; "RGB": Farbbild; "RGBA": Farbbild mit Transparenz (siehe Tabelle 23.2).
size	Größe des Bildes als Tupel der Form (*breite*, *höhe*)

Tabelle 23.1: Attribute von Image-Objekten

Der Modus eines Image-Objekts (mode) gibt an, wie die Pixel des Bildes dargestellt werden.

Modus Erklärung

Modus	Erklärung
1	Schwarz-Weiß-Bild. Jedes Pixel wird durch 0 (schwarz) oder 1 (weiß) dargestellt.
L	Graustufenbild. Jedes Pixel wird durch eine Zahl zwischen 0 (schwarz) und 255 (weiß) dargestellt.

Modus	Erklärung
RGB	Farbbild. Jedes Pixel wird durch ein Tripel aus Zahlen zwischen 0 und 255 (Farbanteil für Rot, Grün und Blau) dargestellt.
RGBA	Farbbild mit Transparenz. Jedes Pixel wird durch ein Tupel aus vier Zahlen zwischen 0 und 255 dargestellt. Die ersten drei Zahlen stellen die Rot-, Grün- und Blauanteile dar. Die vierte Zahl ist die Transparenz (Alpha). Ein Alpha-Wert von 0 bedeutet volle Transparenz und der Maximalwert 255 bedeutet volle Undurchsichtigkeit. PNG-Bilddateien werden durch Image-Objekte im Modus RGBA dargestellt.

Tabelle 23.2: Modus eines Image-Objekts

Ein Image-Objekt aus einem File-Objekt erzeugen

Ein Image-Objekt kann auch aus einem File gewonnen werden, das Sie zuvor geöffnet haben. Wichtig ist, dass das File im binären Modus geöffnet worden ist.

```
>>> from PIL import Image
>>> f = open("foto.jpg", "rb")
>>> img = Image.open(f)
```

Ein Bild von einer Webcam laden

Über das Internet haben Sie Zugriff auf die Bilder von Webcams auf der ganzen Welt. Diese können Sie mit der Funktion urlopen() aus dem Modul urllib.request herunterladen und als Text auslesen (#1). Aus der Textversion der Bilddatei wird mit der Funktion BytesIO() aus dem Modul io ein File-artiges Objekt erzeugt. Daraus kann dann ein Image-Objekt gewonnen werden (#2). Mit show() zeigen Sie das Bild auf dem Bildschirm an.

```
import io
from urllib.request import urlopen
from PIL import Image
URL = "http://www.berlin.de/webcams/fsz/webcam.jpg"
f = urlopen(URL)
img_text = f.read()                                    #1
```

```
img = Image.open(io.BytesIO(img_text))                              #2
img.show()                                                          #3
```

Abbildung 23.1: Blick nach Berlin: Darstellung des Bildes einer Webcam mit show( )

Bilder bearbeiten – Methoden der Klasse Image

Mit den Methoden der Image-Objekte können Sie ein Bild verarbeiten. Beachten Sie, dass bei den meisten Operationen das aktuelle Image-Objekt *nicht* verändert wird, sondern ein neues Image-Objekt zurückgegeben wird, das aus dem Ursprungsbild berechnet worden ist. Tabelle 23.3 gibt einen Überblick.

Methode	Erklärung
copy()	Liefert ein neues Image-Objekt als Kopie des Bildes.
crop((x0,y0,x1,y1))	Aus einem Bild wird ein kleineres Stück ausgeschnitten. Das Argument ist ein 4-Tupel, das eine Bounding-Box mit den Eckpunkten ($x0$, $y0$) und ($x1$, $y1$) beschreibt. Zurückgegeben wird ein neues Image-Objekt, das nur aus den Pixeln in der Bounding-Box besteht. Nicht enthalten ist der rechte und untere Rand, also die Pixel der Spalte und Reihe, die durch ($x1$, $y1$) gegeben sind.

Methode	Erklärung
filter(*filtername*)	Gibt eine Kopie des Bildes zurück, die zuvor mit einem Filter bearbeitet worden ist. Das Argument ist der Name eines Filter-Objekts aus dem Modul ImageFilter.
getextrema()	Liefert ein Paar (max/min) mit dem höchsten und dem niedrigsten Pixel-Wert. Der Typ von max und min hängt von dem Modus des Bildes ab. Im Modus "L" ist es eine ganze Zahl zwischen 0 und 255.
getpixel((x, y))	Liefert den Wert des Pixels an Position (x, y). Der Typ des zurückgegebenen Objekts hängt vom Modus (mode) des Image-Objekts ab. Achtung! Das Argument der Funktion ist ein Tupel.
load()	Liefert ein Objekt, das schnelleren Zugriff auf Pixel erlaubt.
paste(*color*[,*box*])	Das erste Argument kann ein Farbwert für ein Pixel sein, der zum Modus (mode) passen muss. Das optionale zweite Argument *box* ist ein 4-Tupel, das eine Bounding-Box beschreibt. Das Rechteck *box* wird in der Farbe color eingefärbt. Fehlt das Argument *box*, wird das ganze Bild eingefärbt. Das erste Argument kann auch ein Image-Objekt sein. Dies wird dann in das Bild eingefügt.
point(*f*)	Das Argument ist der Name einer Funktion f, die ein Pixel des Image-Objekts verarbeiten kann und ein Pixel im passenden Format zurückgibt. Die Methode point() liefert eine Kopie des Bildes, deren Pixel mit f() verarbeitet worden sind.
resize((*width*, *height*))	Die Größe eines Bildes ändern. Die Methode liefert ein neues Image-Objekt mit einer (vergrößerten oder verkleinerten) Kopie mit Breite *width* und Höhe *height*.
rotate(*angle*)	Liefert eine Kopie des Bildes, die im Uhrzeigersinn gedreht worden ist.

Methode	Erklärung
save(f [, format])	Das Bild wird in Datei f gespeichert. Das Argument f ist ein Dateiname (String) oder ein File-artiges Objekt. Wenn kein Format angegeben ist, wird das Format aus der Extension abgeleitet. Beispiel: .jpg steht für das JPEG-Format.
show()	Das Bild in einem Fenster anzeigen.

Tabelle 23.3: Einige Methoden von Image-Objekten (PIL-Bibliothek)

Bilddateien unter einem anderen Format speichern

Mit der Methode save() wird ein Image-Objekt als Bilddatei gespeichert. Wenn Sie save() ohne zweites Argument aufrufen, ermittelt der Computer aus der Extension das Format. Im folgenden Beispiel wird zu jeder Bilddatei im aktuellen Arbeitsverzeichnis (der Ordner, in dem auch das Python-Programm gespeichert ist) eine Bilddatei im PNG-Format erzeugt und gespeichert.

```
import os
from PIL import Image
for f1 in os.listdir():
    name, extension = os.path.splitext(f1)
    f2 = name + ".png"
    if f1 != f2:
        try:
            img = Image.open(f1)
            img.save(f2)
            print(f2, "wurde gespeichert")
        except:
            pass
```

Ein Bild pixelweise bearbeiten – point()

Die Methode point() erhält als Argument den Namen einer Funktion f, die ganze Zahlen verarbeiten kann. Beim Aufruf von point(f) wird diese Funktion auf jedes Pixel des Bildes angewandt. Bei Farbbildern (Modus

"RGB") werden die Werte aller drei Kanäle mit der gleichen Funktion verändert.

Im folgenden Beispiel wird ein Bild erzeugt, bei dem jeder Farbkanal eines
jeden Pixels entweder den Wert 0 oder 255 trägt.

```
from PIL import Image
img = Image.open('taucher.png')
def f(x):
    if x < 100:
        return 0
    else:
        return 255

img = img.point(f)
img.show()
```

Das Argument von point() kann auch eine Lambda-Form sein. Dann spart
man sich eine separate Funktionsdefinition und der Programmtext wird
kompakter. Im folgenden Beispiel wird eine hellere Kopie des Bildes
erzeugt. Die Werte der drei Farbanteile eines jeden Pixels werden durch
die Lambda-Form (#1) jeweils verdoppelt. Es macht übrigens nichts, wenn
der Wert eines Farbkanals auf eine Zahl gesetzt wird, die größer als der
Maximalwert 255 ist.

```
from PIL import Image
img = Image.open('taucher.png')
img = img.point(lambda p: p*2)        #1
img.show()
```

Bilder in einem Anwendungsfenster anzeigen – ImageTk.PhotoImage()

Die Funktion PhotoImage() aus dem Modul PIL.ImageTk liefert zu einem
Image-Objekt ein PhotoImage-Objekt, das in eine tkinter-Applikation eingebunden werden kann. Damit können Sie in Ihrer grafischen Benutzungsoberfläche alle gängigen Bildformate verwenden. Beispiel:

```
import tkinter
from PIL import Image, ImageTk
```

```
window = tkinter.Tk()
img = Image.open("hund.png")        # Image-Objekt
imgtk = ImageTk.PhotoImage(img)     # PhotoImage-Objekt
label = tkinter.Label(master=window,image=imgtk)
label.pack()
tkinter.mainloop()
```

Abbildung 23.2: Anwendungsfenster mit Bild, das aus einer PNG-Datei gewonnen wurde

Bilder in passender Größe darstellen – resize()

```
resize((width, height))
resize(size=(width, height))
```

Die Methode resize() liefert eine Kopie des Image-Objekts in gewünschter Größe. Eine typische Anwendung ist die Anpassung eines Bildes auf die Größe eines Widgets in einer grafischen Benutzungsoberfläche. Das folgende Skript macht Folgendes: Wenn man auf die Schaltfläche NEU klickt, wird ein zufällig ausgewähltes JPEG-Bild angezeigt. Das Anwendungsfenster hat eine konstante Größe und das Bild wird angepasst.

```
import tkinter
from random import choice
from PIL import Image, ImageTk
from os import listdir
WIDTH, HEIGHT = 200, 150                        #1
```

```
IMAGES = [i for i in listdir()
          if i.endswith('.jpg')]                    #2

def new_image():
    global imgtk                                      #3
    img = Image.open(choice(IMAGES))                  #4
    w, h = img.size
    if w/h >= WIDTH/HEIGHT:
        # breites Bild
        k = WIDTH/w                                   #4
    else:
        # schmales Bild
        k = HEIGHT/h                                  #5
    img = img.resize(size=(int(k*w), int(k*h)))       #6
    imgtk = ImageTk.PhotoImage(img)                   #7
    label.config(image=imgtk)                         #8

#widgets
window = tkinter.Tk()
label = tkinter.Label(master=window, width=WIDTH,
                      height=HEIGHT)
button = tkinter.Button(master=window,
                        command=new_image, text="Neu")
label.pack()
button.pack()
new_image()
tkinter.mainloop()
```

Erläuterungen:

#1: Diese Konstanten geben die gewünschte Breite und Höhe des Bildes an.

#2: Eine Liste der Dateien im aktuellen Verzeichnis, die auf .jpg enden.

#3: Das ImageTk.PhotoImage-Objekt muss global bekannt sein.

#4: Hier wird der Skalierungsfaktor k berechnet. Bei einem breiten Bild ist dessen Breite kritisch. Der Skalierungsfaktor k wird so gewählt, dass das Produkt aus k und der tatsächlichen Breite w des Bildes die vorgegebene konstante Breite WIDTH ergibt.

#5: Bei einem hohen Bild orientiert sich die Berechnung von k an der Höhe.

#6: Hier wird der Skalierungsfaktor verwendet und die Größe des Bildes proportional geändert. Mit der Funktion int() wird dafür gesorgt, dass Höhe und Breite des Bildes ganze Zahlen sind.

#7: Aus dem Image-Objekt wird ein Objekt erzeugt, das zu tkinter.PhotoImage kompatibel ist.

#8: Das Bild wird auf das Label gesetzt.

Abbildung 23.3: Skalieren von Bildern unterschiedlicher Größe und Form

Schneller Zugriff auf Pixel – load()

Mit der Image-Methode getPixel() können Sie den Wert jedes Pixels abrufen. Allerdings ist diese Methode langsam. Wenn Sie viele Pixel eines Bildes prüfen oder bearbeiten wollen, sollten Sie mit der Methode load() zu dem Image-Objekt ein listenartiges Objekt erzeugen, das einen schnelleren Zugriff erlaubt. Der Typ dieses Objekts heißt PixelAccess. Nehmen wir an, dass img ein Image-Objekt ist. Dann erzeugen Sie so ein PixelAccess-Objekt:

```
pa = img.load()
```

So greifen Sie auf das Pixel an der Position (x, y) zu:

```
pixel = pa[x, y]
```

Bei einem Farbbild im Modus RGB kann so ein Pixel an der Stelle (x, y) geändert werden:

```
pa[x, y] = (r, g, b)
```

Beachten Sie: Diese Änderung wirkt sich auf das zugehörige Image-Objekt img aus.

Das folgende Programm vergleicht zwei Farbbilder (RGB) Pixel für Pixel. Der Vergleich beschränkt sich auf den grünen Farbkanal, damit es schneller geht. Wenn an einer bestimmten Position der Unterschied größer als der Schwellwert THRESHOLD ist, wird das Pixel gezählt und an die Stelle im zweiten Bild ein weißes Pixel gesetzt. Am Ende wird die Anzahl unterschiedlicher Pixel ausgegeben und in das zweite Bild an jeder Stelle, die vom ersten Bild abweicht, ein weißer Punkt gesetzt. Mit dieser Technik kann man mit einer Webcam die aktuelle Verkehrsdichte auf einem Autobahnabschnitt berechnen.

```python
from PIL import Image
THRESHOLD = 25
im1 = Image.open('test1.bmp')
im2 = Image.open('test2.bmp')
n = 0        # Anzahl unterschiedlicher Pixel
i1 = im1.load()
i2 = im2.load()
b, h = im1.size
for x in range(b):
  for y in range(h):
    pix1 = i1[x, y]
    pix2 = i2[x, y]
    d = abs(pix1[1] - pix2[1]) # Nur ein Kanal
    if d > THRESHOLD:
      n += 1
      i2[x, y] = (255, 255, 255) # weißes Pixel
print('Unterschiedliche Pixel:', n)
im2.show()        # Bild enthält nun weiße Pixel
```

Bildschirmausgabe:

```
Unterschiedliche Pixel: 6167
```

Abbildung 23.4: Auswertung zweier Webcam-Fotos. Das dritte Bild zeigt die Stellen, an denen sich etwas geändert hat, als weiße Punkte.

Funktionen des Moduls »PIL.Image«

Das Untermodul PIL.Image enthält (neben der Definition der Klasse Image) auch Funktionen zur Erzeugung von Image-Objekten.

Funktion	Erklärung
alpha_compo- site(im1, im2)	Liefert ein Image-Objekt, das durch »Übereinanderlegen« der beiden (teilweise durchsichtigen) Image-Objekte im1 und im2 erzeugt worden ist.
blend(im1, im2, alpha)	Liefert ein Image-Objekt, das durch Mischen der beiden Image-Objekte im1 und im2 erzeugt worden ist. Der Interpolationsfaktor alpha muss zwischen 0.0 und 1.0 liegen.
new(mode, (h, b) [, color])	Ein einfarbiges Image-Objekt wird erzeugt. Das erste Argument ist ein String mit dem Modus. Das zweite Argument ist ein Tupel mit Höhe und Breite des Bildes. Das dritte (optionale) Argument ist eine Zahl oder ein Tupel, das die Farbe angibt. Fehlt das dritte Argument, wird das Bild schwarz.
open(file)	Aus einer Bilddatei wird ein Image-Objekt erzeugt.

Tabelle 23.4: Einige Funktionen zur Erzeugung von Image-Objekten

alpha_composite()

```
alpha_composite(im1, im2)
```

Die beiden Argumente sind Image-Objekte im Modus RGBA. Das heißt: Jedes Pixel enthält außer den drei Farbwerten noch einen Wert für die

Durchsichtigkeit. Zurückgegeben wird ein Bild, das aus den beiden Bildern zusammengesetzt ist. Und zwar wird das zweite Bild im2 auf das erste Bild im1 gelegt. Das macht nur dann Sinn, wenn im2 durchsichtige Bereiche hat. Im folgenden Beispiel zeigt das zweite Bild eine Kreisfläche auf durchsichtigem Hintergrund.

```
from PIL import Image
im1 = Image.open('bild1.tif')
im2 = Image.open('bild3.tif')
im3=Image.alpha_composite(im1, im2)
im3.show()
```

Abbildung 23.5: Das rechte Bild wird durch Übereinanderlegen der beiden ersten Bilder erzeugt.

blend()

```
blend(im1, im2, alpha)
```

Die Funktion gibt ein Image-Objekt zurück, das aus zwei Bildern gemischt worden ist (*to blend*: engl. mischen). Die beiden ersten Argumente im1 und im2 sind Image-Objekte der gleichen Größe und mit dem gleichen Modus (z.B. "RGB"), alpha ist ein Interpolationsfaktor zwischen 0.0 und 1.0. Man kann sich vorstellen, dass beide Bilder etwas durchsichtig gemacht und dann übereinandergelegt werden. Der Interpolationsfaktor gibt die Durchsichtigkeit des ersten Bildes an. Wenn alpha den Wert 0.0 hat, wird eine Kopie des ersten Bildes zurückgegeben (das erste Bild ist völlig undurchsichtig und das zweite Bild ist völlig durchsichtig). Wenn alpha gleich 1.0 ist, ist die Mischung eine Kopie des zweiten Bildes. Das folgende Programm erstellt aus zwei Bildern zwei verschiedene Mischungen. Bei alpha = 0.3 dominiert das erste Bild, bei alpha = 0.7 das zweite.

```
from PIL import Image
im1 = Image.open("bild1.bmp")
```

```
im2 = Image.open("bild2.bmp")
Image.blend(im1, im2, 0.3).show()
Image.blend(im1, im2, 0.7).show()
```

1 2 1 2

Abbildung 23.6: Zwei gleich große Bilder (links) und zwei Mischungen mit unterschiedlichen Interpolationsfaktoren (0,3 und 0,7)

new()

```
new(mode, (h, b) [, color])
```

Die Funktion erzeugt ein Image-Objekt mit einem einfarbigen Bild. Das erste Argument ist ein String mit dem Modus (z.B. "1", "L", "RGB", "RGBA"). Das Tupel (h, b) beschreibt Höhe und Breite des Bildes. Das dritte Argument ist optional. Fehlt es, wird das Bild schwarz eingefärbt. Je nach Modus ist die Angabe der Farbe unterschiedlich. Bei Schwarz-Weiß-Bildern ist das Argument 0 oder 1, bei Graustufenbildern ist es eine Zahl zwischen 0 und 255, bei Farbbildern ist es ein Tupel mit den Werten der Farbkomponenten. Die folgende Anweisung erzeugt ein rotes und ein graues Bild jeweils der Größe 100 x 100 Pixel und zeigt es auf dem Bildschirm an.

```
>>> from PIL.Image import *
>>> new ("RGB", (100, 100), (255, 0, 0)).show()
>>> new("L", (100, 100), 200).show()
```

Filter verwenden

Mit sogenannten Filtern kann das Aussehen eines Bildes verändert werden. Tabelle 23.5 gibt einen Überblick. Sie verwenden die Filter, indem Sie die Image-Methode filter() aufrufen. Beispiel:

```
from PIL import Image, ImageFilter
original = Image.open('taucher.png')
```

```
img = original.filter(ImageFilter.CONTOUR)
img.show()
```

Abbildung 23.7: Original und gefilterte Kopie eines Fotos (CONTOUR)

Filter	Effekt
BLUR	Verwischtes unscharfes Bild (siehe Abschnitt »Einen Bild-ausschnitt unkenntlich machen«)
CONTOUR	Konturen als schwarze Linien auf weißem Grund
DETAIL	Kontrastreicheres Bild mit mehr Details
EDGE_ENHANCE	Konturen der Objekte sind deutlicher erkennbar.
EDGE_ENHANCE_MORE	Konturen sind noch deutlicher erkennbar.
EMBOSS	Reliefartiges Graustufenbild
FIND_EDGES	Schwarzer Hintergrund und weiße Konturen
SHARPEN	Schärferes Bild mit härteren Übergängen
SMOOTH	Weichgezeichnetes Bild
SMOOTH_MORE	Stärker weichgezeichnetes Bild

Tabelle 23.5: Vordefinierte Filter des Moduls PIL.ImageFilter

Einen Bildausschnitt unkenntlich machen

Der Filter BLUR verwischt ein Bild ein wenig und macht es etwas unscharf. Nun kann man den BLUR-Filter immer wieder auf dasselbe Bild anwenden, bis der gewünschte Grad an Unschärfe erreicht ist. Mit dem BLUR-Filter können Sie einen Bildausschnitt (z.B. ein Gesicht auf einem Foto) unkenntlich machen. Das folgende Programm definiert einen kleinen Bildausschnitt (#1). Es ist ein Tupel mit den Koordinaten der linken oberen Ecke (x1, y1), gefolgt von den Koordinaten der rechten unteren Ecke (x2, y2). Dann wird aus dem Foto mit crop() dieser Ausschnitt kopiert (#2). Auf den Bildausschnitt wird 20 Mal der BLUR-Filter angewendet und schließlich der verwischte Ausschnitt mit paste() wieder in das Originalbild an der ursprünglichen Stelle (box) eingefügt (#3).

```python
from PIL import Image, ImageFilter
box = (280, 90, 360, 170)                          #1
img = Image.open('photo.png')
blurred = img.crop(box)                            #2
for i in range(20):
    blurred = blurred.filter(ImageFilter.BLUR)
img.paste(blurred, box)                            #3
img.show()
```

Abbildung 23.8: Foto mit verwischtem Bildausschnitt

Beachten Sie: Der BLUR-Filter arbeitet nicht »proportional zur Bildgröße«. Das heißt, bei großen Bildern sehen Sie nach Anwendung des Filters kaum einen Effekt. Ein kleines Bild dagegen sieht schon nach einmaligem Verwischen mit BLUR sehr unscharf aus.

23.3 Klänge mit Winsound

Klangelemente können eine grafische Benutzungsoberfläche bereichern, wenn sie wenigstens eine der folgenden Funktionen erfüllen:

▸ **Benachrichtigung.** Der Klang informiert den Benutzer, dass ein bestimmtes Ereignis aufgetreten ist (z.B. ein Fehler).

▸ **Rückmeldung (Feedback).** Der Klang signalisiert, dass eine Benutzeraktivität (z.B. Anklicken einer Schaltfläche) vom System wahrgenommen worden ist.

▸ **Branding.** Klänge sind oft mit bestimmten Software-Produkten verknüpft, was deren Bekanntheitsgrad erhöhen kann. Bekannt ist der Sound beim Starten von Windows, der in Vortragssälen manchmal peinliche Momente verursacht.

▸ **Unterhaltung.** Bei manchen Produkten (z.B. Spielen) können Soundelemente das emotionale Engagement der Benutzer und damit den Unterhaltungswert erhöhen.

Das Modul winsound bietet Ihnen folgende Möglichkeiten der Generierung von Klang:

▸ Abspielen eines Sinustons beliebiger Tonhöhe und Dauer.

▸ Abspielen von System-Klängen des Windows-Systems. Sie sind in der Registry vermerkt und bestimmten Ereignissen zugeordnet.

▸ Abspielen beliebiger WAV-Klangdateien. Sie werden über ihren Dateinamen spezifiziert.

Beep()

Beep(*frequency, duration*)

Die Funktion Beep() erzeugt einen Ton beliebiger Tonhöhe und Dauer. Im ersten Argument wird die Frequenz in Hertz angegeben. Die Zahl muss zwischen 37 und 32.667 liegen. Das zweite Argument gibt die Dauer in Millisekunden an. Für akustische Signale in Benutzungsoberflächen werden mittlere Frequenzen zwischen 800 Hertz und 2000 Hertz und eine Dauer unter einer Sekunde empfohlen. Beispiel:

```
>>> import winsound
>>> winsound.Beep(800, 500)
```

MessageBeep()

MessageBeep([*type*])

Die Funktion MesageBeep() sorgt dafür, dass ein Systemklang zu hören ist. Als Argument wird eine Konstante übergeben (siehe Tabelle 23.6). Fehlt das Argument, wird ein voreingestellter Klang (Beep) generiert. In der Registry sind (für jeden Benutzer des Systems) Klänge spezifiziert, die von Programmen und der Windows-Benutzungsoberfläche bei bestimmten Ereignissen abgespielt werden. Auf diese Klänge kann man über Konstanten des Moduls winsound zugreifen.

Konstante	Event
MB_ICONASTERISK	Asterisk: Wichtige Information
MB_ICONEXCLAMATION	Exclamation: Warnung
MB_ICONHAND	Hand: Kritischer Abbruch
MB_ICONQUESTION	Question: Frage
MB_OK	Beep: Standard-Signal (voreingestellt)

Tabelle 23.6: Konstanten für Windows-System-Sounds

Beispiel zum Ausprobieren im interaktiven Modus:

```
>>> import winsound
>>> winsound.MessageBeep(winsound.MB_ICONASTERISK)
```

23.4 PlaySound()

PlaySound(*sound*, *flags*)

Die Funktion PlaySound() spielt einen Klang, der im WAV-Format dargestellt ist. Freie WAV-Dateien findet man im Internet z.B. unter http://
www.wavsource.com/. Das Argument *sound* ist entweder ein String mit einer
Bezeichnung des Klangs oder der Name einer WAV-Datei oder ein String
mit einer WAV-Darstellung des Sounds. Im zweiten Argument werden
sogenannte Flags übergeben, über die die Arbeitsweise der Funktion beein-
flusst werden kann. Mehrere Flags können mit dem Operator | verknüpft
werden.

Flag	Bedeutung
SND_ALIAS	Das erste Argument ist ein String mit dem Namen eines Sounds in der Registry (z.B. 'SystemAsterisk', 'System-Exit' oder 'SystemExclamation').
SND_ASYNC	Die Kontrolle geht sofort zurück an den aufrufenden Prozess. Der Sound wird asynchron abgespielt.
SND_FILENAME	Das erste Argument ist ein Dateiname.
SND_LOOP	Wiederhole den Sound in einer Endlosschleife. Es muss gleichzeitig das Flag SND_ASYNC gesetzt sein und SND_MEMORY darf nicht gesetzt sein.
SND_MEMORY	Das erste Argument ist ein String mit einer WAV-Repräsentation des Sounds.
SND_NOSTOP	Gerade laufende Sounds werden nicht angehalten.
SND_NOWAIT	Bricht die Ausführung der Funktion sofort ab, wenn der Soundtreiber nicht verfügbar ist.

Tabelle 23.7: Einige Flags für PlaySound()

Im folgenden Skript werden die beiden Möglichkeiten demonstriert, wie man im ersten Argument *sound* einen Klang festlegen kann.

```
from winsound import *
# Sound aus WAV-Datei abspielen; das erste Argument ist
# ein Dateiname
PlaySound("fanfare_x.wav", SND_FILENAME)
# System-Sound abspielen; das erste Argument ist ein
# Aliasname aus der Registry
PlaySound("SystemExit", SND_ALIAS)
```

Das nächste Skript illustriert die Bedeutung des Flags SND_ASYNC. Beachten Sie, dass in Zeile #1 zwei Flags durch den Operator für bitweises Oder | verknüpft sind.

```
from winsound import *
import time
PlaySound("SystemExit", SND_ALIAS)
time.sleep(1)
PlaySound("SystemExit", SND_ALIAS | SND_ASYNC) #1
time.sleep(1)
PlaySound("SystemExit", SND_ALIAS)
```

Starten Sie das Skript. Sie hören drei Mal den Klang SystemExit. Dazwischen sind zwei Pausen. Die erste Pause ist deutlich länger als die zweite. Warum? Beim ersten PlaySound()-Aufruf wird der Klang generiert und danach time.sleep(1) gestartet. Das System wartet eine Sekunde lang, bevor die nächste Anweisung gestartet wird. Der zeitliche Abstand zwischen dem Ende des Klangs und dem Start des nächsten Klangs ist also eine Sekunde.

Beim zweiten Aufruf von PlaySound() ist der asynchrone Modus eingestellt. Das heißt, unmittelbar nachdem der Soundgenerator gestartet worden ist, wird die Anweisung time.sleep(1) ausgeführt. Das System wartet eine Sekunde (während noch der erste Klang läuft) und führt dann den letzten Aufruf von PlaySound() aus. In diesem Fall ist also der zeitliche Abstand zwischen dem Start des ersten Klangs und dem Start des zweiten Klangs eine Sekunde.

24 Threads

Einen Prozess kann man sich als Programm in Ausführung vorstellen. Wenn ein Python-Skript läuft, hat das Betriebssystem einen Prozess gestartet. Dieser Prozess besitzt eine (nach außen abgeschottete) Prozessumgebung, dazu gehört z.B. Speicherplatz für den Programmcode und Daten. Bei moderner Software mit grafischer Benutzungsoberfläche laufen im Rahmen eines Hauptprozesses nebeneinander mehrere Unterprozesse, die man Threads oder gelegentlich auch Leichtgewichtprozesse nennt. Bei einem Textverarbeitungsprogramm überwacht z.B. ein Thread die Tastatureingaben, ein anderer kontrolliert im Hintergrund die Rechtschreibung, ein dritter kümmert sich um die Bildschirmwiedergabe usw. All dies passiert scheinbar zeitgleich. Im Unterschied zu Prozessen, die komplette eigenständige Programme repräsentieren, sind Threads nicht völlig voneinander abgeschirmt, sondern teilen sich gewisse Teile der Prozessumgebung, u.a. Programmcode und einen globalen Datenraum.

Python bietet zwei Module zur Threadprogrammierung:

▸ Das Modul _thread enthält einige Funktionen zur Generierung und Steuerung von Threads. Von besonderer praktischer Bedeutung ist die Funktion start_new_thread(), die eine zuvor selbst definierte Funktion in einem eigenen Thread arbeiten lässt. In Python 2.7 heißt das Modul thread (ohne Unterstrich).

▸ Das Modul threading ist ein High-Level-Interface, das auf dem Modul _thread aufsetzt. Wer objektorientiert Threads programmieren will, sollte dieses Modul importieren. Neben den Klassen Thread und Timer bietet es Funktionen zur Generierung von Events, Locks und Semaphoren zur Synchronisation von Threads.

24.1 Funktionen in einem Thread ausführen: start_new_thread()

start_new_thread(*function*, *args*)

Die Funktion ist im Modul _thread enthalten (Python 2.7: thread). Sie startet einen neuen Thread und gibt einen Bezeichner zurück. Das erste Argument ist der Name einer Funktion, die innerhalb des Threads ausgeführt werden soll, *args* ist ein Tupel von Werten, die der Funktion *function* als aktuelle Parameter übergeben werden.

Dieses ist der einfachste Mechanismus zur Erzeugung eines Threads.

Das folgende Skript realisiert eine kleine Digitaluhr. Die Funktion update() schreibt im Sekundentakt einen String mit der aktuellen Uhrzeit in die Kontrollvariable t. Das Label-Widget display ist an diese Kontrollvariable gekoppelt und zeigt ihren Inhalt. In Zeile #2 wird update() in einem eigenen Thread gestartet. Damit wird erreicht, dass durch die Anweisung sleep(1) in Zeile #1 nur dieser eine Thread für eine Sekunde unterbrochen wird und alles andere noch funktioniert. Das heißt zum Beispiel, dass während des Programmlaufs das Anwendungsfenster verschoben werden kann.

```
from tkinter import *
import time, _thread
def update (t):
    while True:
        t.set(time.strftime("Zeit: %X"))
        time.sleep(1)                               #1
window = Tk()
t = StringVar()
display = Label(window, textvariable=t,
                font=("Arial","20"))
display.pack()
_thread.start_new_thread(update,(t,))               #2
window.mainloop()
```

Abbildung 24.1: Eine Uhr – Beispiel für die Verwendung eines Threads

Beachten Sie, dass das Skript funktioniert, obwohl die Funktion update() eine Endloswiederholung enthält und niemals (von sich aus) terminiert. Was passiert, wenn Sie update() nicht in einem eigenen Thread starten und Zeile #2 durch die Zeile

```
update(t)
```

ersetzen?

In diesem Fall erscheint kein Anwendungsfenster auf dem Bildschirm, weil die Ausführung des Skripts beim Aufruf von update() stecken bleibt. Denn update() terminiert nicht und die nachfolgende Anweisung window.mainloop() wird niemals ausgeführt.

24.2 Thread-Objekte erzeugen – die Klasse Thread

Das Modul threading enthält die Klasse Thread, die der entsprechenden Java-Klasse ähnelt, aber eine geringere Funktionalität besitzt. Thread-Objekte besitzen unter anderem die Methoden start() und run(). Die Methode run() repräsentiert die Aktivität des Threads und wird dementsprechend in einer Unterklasse überschrieben (siehe unten). Die Methode start() wird »von außen« aufgerufen, um den Thread zu starten. Während ihrer Ausführung ruft start() die interne Methode self.run() auf.

Wenn Sie dem objektorientierten Programmierparadigma folgen, erzeugen Sie Threads am besten auf folgende Weise:

▸ Definieren Sie eine Unterklasse von Thread beginnend mit der Zeile class *MyThread* (Thread):.

- In der Definition der __init__()-Methode muss zunächst ein Thread-Objekt instanziiert werden. Das geschieht z.B. durch die Anweisung Thread.__init__(self).
- Überschreiben Sie die geerbte Methode run() und legen Sie dort die gewünschte Aktivität des Threads fest.
- Erzeugen Sie ein oder mehrere Objekte Ihrer Thread-Unterklasse jeweils durch Aufruf des Konstruktors, etwa in der Art *thread1 = My-Thread*().
- Starten Sie die Thread-Objekte mit Hilfe der (von Thread vererbten) start()-Methode, z.B. *thread1*.start().

Das folgende Beispiel illustriert diese Technik. Es zeigt eine typische Anwendung von Threads, nämlich eine Animation, in der sich mehrere visuelle Objekte nebeneinander – quasi zeitgleich – bewegen. In diesem Fall wird ein Billardtisch mit zwei idealelastischen rollenden Kugeln simuliert. Die Kugeln haben unterschiedliche Farben und Geschwindigkeiten; wenn sie gegen die Bande prallen, werden sie reflektiert, ohne Geschwindigkeit zu verlieren. Die Kugeln werden durch zwei Objekte der Klasse Sphere dargestellt, die von Thread abgeleitet ist.

```
from tkinter import *
from threading import *
from time import *

class Sphere (Thread):
    def __init__(self, color, vx, vy, x, y, canvas):
        Thread.__init__(self)
        self.vx = vy
        self.vy = vy
        self.x = x
        self.y = y
        self.color = color
        self.canvas = canvas
        self.sphere = self.canvas.create_oval(
            x, y, x+15, y+15, fill=color)
```

```
    def run(self):
        while True:
            sleep(0.1)
            self.move()

    def move(self):
        self.x += self.vx
        self.y += self.vy
        if (self.x > int(self.canvas["width"])) or \
           (self.x < 0):
            self.vx = -self.vx
        if (self.y > int(self.canvas["height"])) or \
           (self.y<0):
            self. vy = -self.vy
        self.canvas.move(self.sphere, self.vx, self.vy)

window = Tk()
canvas=Canvas(window, width="200",
              height ="160",bg="white")
canvas.pack()
k1 = Sphere("red",5,8,100,80, canvas)
k1.start()
k2 = Sphere("gray",8,2,20,150, canvas)
k2.start()
window.mainloop()
```

Abbildung 24.2: Simulation idealelastischer Billardkugeln in Bewegung

24.3 Die Klasse Timer

Das Modul threading enthält die Klasse Timer. Mit Timer-Objekten ist es möglich, eine Funktion nach Ablauf einer bestimmten Zeitspanne zu starten. Der Konstruktor-Aufruf hat folgendes Format:

Timer(*interval*, *function*, [,args=*arglist*][,kwargs=*argdict*])

Das erste Argument gibt das Zeitintervall in Sekunden an, nach dem die Funktion *function* (zweites Argument) gestartet werden soll. Als optionale Schlüsselwort-Argumente können noch eine Liste mit Argumenten und ein Dictionary mit Schlüsselwort-Argumenten für den Funktionsaufruf übergeben werden. Falls *function* parameterlos ist, kann man auf die optionalen Argumente verzichten. Durch einen Aufruf der Methode start() wird der Timer gestartet.

Im folgenden Minibeispiel wird nach zehn Sekunden eine Meldung in die Standardausgabe geschrieben:

```
>>> from threading import *
>>> def report():
        print("Die Zeit ist um")
>>> t = Timer(10, report)
>>> t.start()
```

Die Methode cancel() stoppt das Timer-Objekt und verhindert die Ausführung der Funktion. Das folgende Beispielskript ist die Implementierung eines Rechentrainers. Wenn der Benutzer nicht schnell genug die Lösung der Rechenaufgabe eingibt, erscheint – von einem Timer-Objekt gesteuert – die Meldung »Zu langsam«. Falls er eine Lösung eingibt und auf den FERTIG-Button klickt, wird der Timer beendet und die Eingabe ausgewertet.

```
from tkinter import *
from random import *
from threading import *


class MathCoach(object):
```

```python
    def __init__(self):
        self.a = 0
        self.b = 0
        self.window = Tk()
        self.task = StringVar(self.window)
        self.task.set("Rechentrainer")
        self.label = Label(self.window,
                    width=20,
                    textvariable= self.task,
                    font =("Arial","16"))
        self.label.grid(column=0, row=0, columnspan=2)
        self.input = Entry(self.window,
                    width=10)
        self.input.grid(column=0, row=1, pady="0.5c")
        self.button1 = Button(self.window,
                        text="Neue Aufgabe",
                        command =self.newTask)
        self.button1.grid(column=0, row=2)
        self.button2 = Button(self.window,
                        text="Fertig!",
                        command = self.evaluate)
        self.button2.grid(column=1, row=1)
        self.window.mainloop()

    def newTask(self):
        self.a = randint(1,50)
        self.b = randint(1,20)
        self.task.set("Wieviel ist "+str(self.a)+\
                    " plus " + str(self.b)+"?")
        self.t = Timer(5,self.finish)
        self.t.start()
        self.input.delete(0,"end")

    def finish(self):
        self.task.set("Zu langsam!")
```

```
    def evaluate(self):
        self.t.cancel()
        try:
            if int(self.input.get()) == self.a + self.b:
                self.task.set("Richtig!")
            else:
                self.task.set("Falsch!")
        except:
            self.task.set("Falsch!")

mc = MathCoach()
```

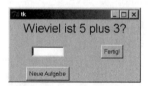

Abbildung 24.3: Rechentrainer mit Timer*-Objekt*

25 XML

In diesem Kapitel werden einige Techniken zur Verarbeitung von XML-Dokumenten mit Hilfe des Python-Moduls xml.dom.minidom vorgestellt.

XML (*Extendable Markup Language*) ist ein internationaler Standard zur Darstellung von Daten in Textdokumenten, die sowohl für Menschen als auch Maschinen lesbar sind. XML ist plattformunabhängig. Wenn Sie Daten als XML-Dokument in einer Datei speichern, kann diese nicht nur von einem Python-Skript, sondern von allen XML-kompatiblen Programmen verarbeitet werden.

Das folgende Listing zeigt ein Beispieldokument, das einen Zeitschriftenartikel modelliert.

```
<?xml version="1.0" encoding="utf-8"?>
<paper title="Geschichte von XML">
  <abstract>
    In diesem Artikel geht es um die Geschichte von XML
  </abstract>
  <section header="Der Ursprung von XML">
    Der XML-Standard wurde 1998 vom W3C veröffentlicht.
  </section>
  <section header="XML und SGML">
    XML ist eine vereinfachte Version von SGML.
  </section>
</paper>
```

Das Tag in der ersten Zeile gibt an, welche XML-Version und welche Codierung verwendet werden. Der Standard für XML-Dokumente ist utf-8, insofern hätte man das Attribut encoding="utf-8" auch weglassen können.

Ein XML-Dokument hat eine baumartige Struktur, die durch verschachtelte Start- und End-Tags beschrieben wird. Ein Start-Tag hat das For-

mat ‹bezeichner› und das zugehörige End-Tag das Format ‹/bezeich-
ner›. Ein derartiges Paar definiert ein Element des XML-Dokumentes.

Ein Element kann weitere Elemente enthalten. Es gibt genau ein Element, das alle anderen Elemente einschließt und somit das gesamte
XML-Dokument repräsentiert. Man nennt es die *Wurzel* (*root*). Im obigen
Beispiel ist die Wurzel das Element paper, das durch die beiden Tags ‹paper title="Geschichte von XML"› und ‹/paper› markiert wird. Zwischen
diesen beiden Tags befinden sich alle anderen Elemente.

Elemente können Attribute besitzen, denen im Start-Tag ein Wert zugewiesen wird. So besitzt das Element paper das Attribut title, dem hier
die Zeichenkette "Geschichte von XML" zugewiesen worden ist. Die Elemente mit dem Tagnamen section haben ein Attribut header.

25.1 Das Modul xml.dom.minidom

Im Document Object Model (DOM) wird ein textuelles XML-Dokument
als Wurzelbaum dargestellt. Abbildung 25.1 zeigt die Struktur unseres
Beispieldokumentes. Jedes Element ist ein Knoten des Baumes (node) –
in der Abbildung durch einen Kasten dargestellt. Die Wurzel steht oben
und ist das einzige Element ohne Vorgänger. Texte des XML-Dokumentes
bilden Blätter des Baumes. Sie haben keine Nachfolger und werden
durch einen speziellen Knotentyp repräsentiert.

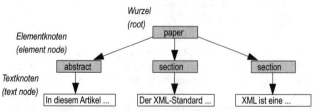

Abbildung 25.1: Baumstruktur eines XML-Dokumentes

DOM ist ein internationaler Standard des WWW-Konsortiums (W3C). In ihm ist die Schnittstelle zu den Klassen, deren Objekte die Baumstruktur eines XML-Dokumentes repräsentieren, festgelegt. Dieser Standard ist unabhängig von einer Programmiersprache, das heißt, in Java verwenden Sie (im Prinzip) die gleichen Namen für Klassen, Methoden und Attribute zur Verarbeitung eines XML-Dokumentes wie in Python.

Im Python-Modul `xml.dom.minidom` sind die wichtigsten Features des DOM Level 1 und einige Erweiterungen implementiert. Es gehört zum Python-Standardpaket. Das Modul enthält die Funktionen `parse()` und `parseString()`, die Basisklasse `Node` und die Klassen `Document`, `Element` und `Text`. Die drei letztgenannten Klassen sind von der Basisklasse `Node` abgeleitet, das heißt, ihre Instanzen erben alle Attribute und Methoden von `Node`.

In den Beispielen dieses Kapitels importieren wir alle Namen aus dem Modul mit der Anweisung

```
from xml.dom.minidom import *
```

Wenn Sie in einem Skript noch andere Module importieren (z.B. tkinter) sollten Sie zur Vermeidung von Namenskollisionen lieber folgende Importanweisung verwenden:

```
from xml.dom import minidom
```

Dann müssen Sie jedem Namen aus `xml.dom.minidom` das Präfix `minidom.` voranstellen, z.B. `minidom.parse(...)`.

25.2 Verarbeitung eines XML-Objektes – Einführendes Beispiel

Eine typische Verarbeitung eines XML-Dokumentes mit dem DOM-Mechanismus verläuft in drei Schritten:

‣ Erzeugen eines DOM-Objektes aus einem XML-Dokument (Parsing)
‣ Verarbeitung des DOM-Objektes (Daten lesen, einfügen oder verändern)

‣ DOM-Objekt in ein textuelles XML-Dokument überführen.

Um einen Eindruck vom Umgang mit dem DOM zu vermitteln, gehen wir am oben erwähnten Beispiel des Zeitschriftartikels diese Schritte einmal durch. Wir verwenden die Python-Shell im interaktiven Modus.

Ein DOM-Objekt erzeugen

Das XML-Dokument wird als String oder Bytestring definiert.

```
>>> xml_doc = """<?xml version="1.0" encoding= "utf-8"?>
<paper title="Geschichte von XML">
  <abstract>In diesem Artikel geht es um die Geschichte
  von XML</abstract>
  <section header="Der Ursprung von XML">
    Der XML-Standard wurde 1998 vom W3C veröffentlicht.
  </section>
  <section header="XML und SGML">
    XML ist eine vereinfachte Version von SGML.
  </section>
</paper>"""
```

Wir importieren alle Namen aus dem Modul xml-dom.minidom und erzeugen mit parseString() ein DOM-Objekt, genauer gesagt ein Objekt der Klasse Document.

```
>>> from xml.dom.minidom import *
>>> dom_object = parseString(xml_doc)
>>> dom_object
<xml.dom.minidom.Document object at 0x00DFBA80>
```

DOM-Objekt verarbeiten

Wir werden nun die Überschriften der beiden Abschnitte aus dem Zeitschriftenartikel herauslesen. Als Erstes erstellen wir eine Liste der Elemente mit dem Namen section.

```
>>> s = dom_object.getElementsByTagName("section")
>>> print(s)
[<DOM Element: section at 0xdfb490>,
<DOM Element: section at 0xdfb3f0>]
```

Danach wird bei jedem Element die Belegung des Attributs header gelesen und ausgegeben:

```
>>> for sec in s:
    print(sec.getAttribute("header"))

Der Ursprung von XML
XML und SGML
>>>
```

Als zweites Beispiel werden wir den Text des Abstracts verändern. Dazu muss zuerst der zugehörige Elementknoten gefunden werden. Er ist das erste und einzige Element der Liste, die von getElementsByTagName() zurückgegeben wird:

```
>>> abstract = dom_object.getElementsByTagName("abstract")[0]
```

Der Text des Abstracts, der im XML-Dokument zwischen den Tags steht, wird im DOM-Objekt durch einen Textknoten repräsentiert. Er ist in der Baumstruktur das erste und einzige Kind des Elementkotens abstract.

```
>>> print(abstract.firstChild)
<DOM Text node "'In diesem '...">
```

Auf den eigentlichen Text kann man über das Attribut data des Textknoten-Objektes zugreifen:

```
>>> print(abstract.firstChild.data)
In diesem Artikel geht es um die Geschichte von XML
```

Die Belegung dieses Attributs kann in einer Zuweisung überschrieben werden:

```
>>> abstract.firstChild.data = "Historischer Hintergrund von XML"
```

DOM-Objekt in XML-Dokument überführen

Mit einem Aufruf der Document-Methode toxml() erzeugen Sie einen Bytestring (Typ bytes), der eine utf-8-codierte textuelle Repräsentation des XML-Dokumentes enthält.

```
>>> xml_doc = dom_object.toxml("utf-8")
>>> print(xml_doc)
b'<?xml version="1.0" encoding="utf-8"?>
<paper title="Geschichte von XML">\n
...</paper>'
```

Am Präfix b erkennen Sie, dass es sich um einen Bytestring handelt. Um ihn auf dem Bildschirm mit korrekter Darstellung der Nicht-ASCII-Zeichen ausgeben zu können, müssen wir ihn zuerst decodieren und in ein str-Objekt umwandeln. Das geschieht mit der Methode decode().

```
>>> print(xml_doc.decode("utf-8"))
<?xml version="1.0" encoding="utf-8"?>
<paper title="Geschichte von XML">
 <abstract>Historischer Hintergrund von XML</abstract>
 ...
</paper>
```

Wenn Sie eine andere Codierung (z.B. latin-1) wählen, dann sieht auch die erste Zeile des XML-Dokumentes anders aus:

```
>>> xml_doc = dom_object.toxml("latin-1")
>>> print(xml_doc)
b'<?xml version="1.0" encoding="latin-1"?>
...
```

25.3 Parsing – ein DOM-Objekt erstellen

Ein XML-Dokument ist ein String oder Bytestring, der z.B. in einer Datei gespeichert worden ist. Um ein XML-Dokument zu verarbeiten, wird aus der Zeichenkette zunächst ein DOM-Objekt gewonnen, das die Elemente und Textes des XML-Dokuments durch eine Baumstruktur modelliert. Diesen Vorgang nennt man parsen (to parse: engl. für grammatikalisch zergliedern, pars: lateinisch für Teil). Für das Parsen stehen im Modul xml.dom.minidom zwei Funktionen zur Verfügung (siehe Tabelle 25.1).

Funktion	Erläuterung
parse(*filename_or_file*)	Das Argument ist ein zum Lesen geöffnetes File-Objekt oder ein Dateiname. Die Datei muss ein gültiges XML-Textdokument enthalten. Zurückgegeben wird ein Objekt der Klasse xml.dom.minidom.Document, das das XML-Dokument repräsentiert.
parseString(*string*)	Das Argument ist eine Zeichenkette (Objekt der Klasse str oder bytes), mit einem gültigen XML-Dokument. Zurückgegeben wird ein Objekt der Klasse xml.dom.minidom.Document, das das XML-Dokument repräsentiert.

Tabelle 25.1: Funktionen, die aus XML-Dokumenten DOM-Objekte generieren

Wichtig für das Parsen ist die Codierung, die im Deklarationstag der ersten Zeile des UML-Dokumentes angegeben ist. Wenn als Codierung utf-8 spezifiziert worden ist (das ist die Default-Codierung für XML-Dokumente), muss diese Codierung auch tatsächlich verwendet worden sein. Anderenfalls gibt es zumindest bei Nicht-ASCII-Zeichen Probleme. Falls Sie das XML-Dokument mit einem Texteditor erstellen, müssen Sie beim Abspeichern die richtige Codierung (z.B. utf-8) einstellen.

25.4 Knoten eines DOM-Objektes – die Basisklasse Node

Ein DOM-Objekt besteht aus drei Arten von Knoten:

▸ Der *Dokumentknoten* repräsentiert das gesamte XML-Dokument einschließlich des Deklarationstags <? ... ?> in der ersten Zeile, das die Spezifikation der XML-Version und anderes enthält. Der Dokumentknoten wird durch ein Objekt der Klasse Document dargestellt.

- *Elementknoten* werden im XML-Dokument durch Start- und End-Tags dargestellt. Sie können weitere Elemente enthalten, die in der Baumstruktur Kinder (direkte Nachfolger) des betreffenden Elementknotens sind. Elementknoten werden durch Objekte der Klasse Element dargestellt. Genau *ein* Elementknoten ist die *Wurzel* des Baums. Dieser Knoten besitzt keinen Elternknoten.

- *Textknoten* repräsentieren Texte, die im XML-Dokument zwischen den Tags stehen. Sie besitzen keine Kinder und bilden Blätter der Baumstruktur. Textknoten werden durch Objekte der Klasse Text modelliert.

Die Klassen Document, Element und Text sind von der Klasse Node abgeleitet. Sie besitzen eine Reihe gemeinsamer Attribute und Methoden, die in den Tabellen 25.2 und 25.3 aufgeführt sind. Die Attribute dienen vor allem der Navigation in einem DOM-Baum. Sie enthalten Verweise auf Eltern-, Kind- und Geschwisterknoten in der Baumstruktur. Es handelt sich um Read-only-Attribute, deren Inhalt zwar geändert werden kann, aber nicht geändert werden sollte, weil das DOM-Objekt dann in einen inkonsistenten Zustand gelangt. Die Methoden der Basisklasse Node dienen überwiegend dem Abfragen und Verändern der Baumstruktur.

Attribut	Erläuterung
childNodes	Liste von Kind-Knoten des aktuellen Knotens
firstChild	Erster Knoten in der Liste der Kinder des aktuellen Knotens
lastChild	Letzter Knoten in der Liste der Kinder des aktuellen Knotens
nextSibling	Nachfolgender Geschwisterknoten, sofern einer existiert. Anderenfalls hat das Attribut die Belegung None.
nodeType	Eine ganze Zahl, die den Knotentyp repräsentiert. 1: Element, 3: Text, 9: Document

Attribut	Erläuterung
parentNode	Elternknoten des aktuellen Knotens. Falls es sich um einen Dokumentknoten handelt (Wurzel des Baumes), hat dieses Attribut die Belegung None.
previousSibling	Vorausgehender Geschwisterknoten in der Liste der Knoten mit dem gleichen Elternknoten, sofern ein Vorgänger existiert. Anderenfalls hat das Attribut die Belegung None.

Tabelle 25.2: Einige Attribute von Objekten der Klasse Node

Methode	Erläuterung
appendChild(newChild)	Hängt einen neuen Kind-Knoten an das Ende der Liste existierender Kinder. Zurückgegeben wird newChild.
hasAttributes()	Liefert den Wert True, falls der Knoten Attribute besitzt, und sonst False.
hasChildNodes()	Liefert den Wert True, falls der Knoten Kinder besitzt, und sonst False.
insertBefore(newChild, refChild)	In die Liste der Kinder des aktuellen Knotens wird vor den Knoten refChild der Knoten newChild eingefügt. Falls der Knoten refChild in der Liste der Kinder nicht vorkommt, gibt es einen ValueError.
removeChild(oldChild)	Der Kind-Knoten oldChild wird entfernt, sofern er existiert. Anderenfalls wird ein ValueError ausgelöst. Wenn der Knoten oldChild nicht mehr benötigt wird, sollte dessen unlink()-Methode aufgerufen werden, um die *Garbage Collection* zu erleichtern.

Methode	Erläuterung
toprettyxml ([indent[,newl]])	Gibt einen Text mit dem entsprechenden XML-Dokument zurück. Zusätzlich werden aber Zeilenumbrüche und Einrückungen eingefügt, um die Lesbarkeit zu verbessern. Das optionale Argument indent enthält einen String für die Einrückung (Default ist ein Tabulatorzeichen) und newl einen String, der an das Ende einer Zeile gesetzt wird (Default ist "\n"). Mit Codierung wird ein Bytestring zurückgegeben, sonst (ohne Argument) ein String. Diese Methode gehört nicht zum DOM-Standard.
toxml([encoding])	Gibt einen Text mit dem entsprechenden XML-Dokument zurück. Das optionale Argument encoding spezifiziert die verwendete Codierung (z.B. "ISO-8859-1", "latin-1"). Mit Codierung wird ein Bytestring zurückgegeben, sonst (ohne Argument) ein String. Diese Methode gehört nicht zum DOM-Standard.
unlink()	Entfernt das Objekt aus der DOM-Struktur und erleichtert so dem Laufzeitsystem, die Garbage Collection durchzuführen. Diese Methode gehört nicht zum DOM-Standard.

Tabelle 25.3: Einige Methoden der Klasse Node

Navigation über Knotenattribute

Wenn Sie mit parse() oder parseString() ein DOM-Objekt erzeugt haben, besitzen Sie eine Referenz auf ein Document-Object. Das Wurzelelement des DOM-Baumes erreichen Sie über dessen Attribut documentElement. Beispiel:

```
>>> from xml.dom.minidom import *
>>> xml_doc = """<?xml version="1.0" ?>
<solarsystem>
```

```
  <planet>Merkur</planet>
  <planet>Venus</planet>
  <planet>Erde</planet>
</solarsystem>"""
>>> dom_object = parseString(xml_doc)
>>> root = dom_object.documentElement
```

Die Variable root enthält nun eine Referenz auf die Wurzel des DOM-Baums, nämlich das Element solarsystem. Dessen Attribut childNodes enthält eine Liste aller Kinder:

```
>>> print(root.childNodes)
[<DOM Text node "'\n   '">,
<DOM Element: planet at 0x1ccc830>,
<DOM Text node "'\n   '">,
<DOM Element: planet at 0x1ccc870>,
<DOM Text node "'\n   '">,
<DOM Element: planet at 0x1ccc910>,
<DOM Text node "'\n'">]
```

Vielleicht überrascht es Sie, dass diese Liste nicht nur Elemente (planet), sondern auch Text-Knoten wie z.B. <DOM Text node "\n "> enthält. Diese repräsentieren Leerzeichen und Zeilenumbrüche, die wir in den XML-Text eingefügt haben, um ihn besser lesbar zu machen.

In den folgenden Anweisungen werden die Texte mit den Planetennamen auf dem Bildschirm ausgegeben:

```
>>> node = root.firstChild
>>> while node:
      if node.nodeType == 1:
          print(node.firstChild.data)
      node = node.nextSibling

Merkur
Venus
Erde
```

Die Navigation über Knotenattribute ist offenbar etwas umständlich. Zum Glück besitzen Element-Knoten die Methode getElementsByTag-Name(), die das Auffinden von Daten in einem DOM-Objekt erleichtert (siehe Abschnitt 25.6).

Abbildung 25.2 veranschaulicht die Beziehungen zwischen den Knoten und ihre Repräsentation durch Knotenattribute. Der Übersichtlichkeit halber wurden alle Textknoten weggelassen.

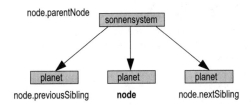

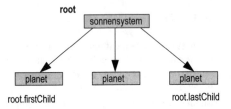

Abbildung 25.2: Knotenattribute zur Navigation im DOM-Baum

Knoten entfernen mit removeChild()

Um Knoten zu entfernen, verwenden Sie die Methode removeChild() und senden die Botschaft an den Elternknoten.

```
>>> node = root.getElementsByTagName("planet")[2]  #Erde
>>> node.removeChild(node.firstChild)
<DOM Text node "'Erde'">
>>> print(root.toxml())
<solarsystem>
  <planet>Merkur</planet>
  <planet>Venus</planet>
  <planet/>
</solarsystem>
```

Sie sehen, dass nun der Textknoten erde gelöscht ist. Das dritte planet-Element wird nun durch das leere XML-Tag <planet/> dargestellt.

Beachten Sie, dass der entfernte Knoten die Wurzel eines *Teilbaums* sein kann. Das heißt, bei der Ausführung von removeChild() werden unter Umständen viele Objekte entfernt. Werden sie nicht mehr benötigt, so sorgt die automatische *Garbage Collection* dafür, dass diese Objekte aus dem Arbeitsspeicher entfernt werden.

Knoten einfügen

Mit den Methoden appendChild() und insertBefore() können neue Knoten in den DOM-Baum eingefügt werden. Vorher müssen die neuen Elemente mit Methoden der Klasse Document (siehe nächster Abschnitt) erzeugt werden. Als Beispiel fügen wir in unser Modell des Sonnensystems unseren äußeren Nachbarplaneten Mars ein. Weil dies nun schon ein längerer Programmtext ist, verlassen wir den interaktiven Modus und schreiben ein Skript. In diesem Beispiel verzichten wir in dem XML-Textdokument auf Leerzeichen und Zeilenumbrüche um die Verarbeitung des DOM-Objektes zu vereinfachen (keine überflüssigen Textknoten mit Leerzeichen und Zeilenumbrüchen).

Skript:

```
from xml.dom.minidom import *
xml_doc = """<?xml version="1.0" ?><solarsystem>
<planet>Merkur</planet><planet>Venus</planet>
<planet>Erde</planet></solarsystem>"""

dom_object = parseString(xml_doc)
root = dom_object.documentElement
mars = dom_object.createElement("planet")              #1
mars_text = dom_object.createTextNode("Mars")
  mars.appendChild(mars_text)                          #2
root.appendChild(mars)
print(root.toxml())                                    #3
print()
print(root.toprettyxml())                              #4
```

Erläuterung:

#1: Neue Knoten werden mit Methoden des Document-Objektes dom_object erzeugt.

#2: Die neuen Knoten werden in die DOM-Struktur eingefügt.

#3: Ausgabe des XML-Textes so, wie er ist.

#4: Ausgabe des XML-Textes in besser lesbarer Form.

Bildschirmausgabe:

```
<solarsystem><planet>Merkur</planet><planet>Venus</planet><pla-
net>Erde</planet><planet>Mars</planet></solarsystem>

<solarsystem>
    <planet>
        Merkur
    </planet>
    <planet>
        Venus
    </planet>
    <planet>
        Erde
    </planet>
    <planet>
        Mars
    </planet>
</solarsystem>
```

toxml()

```
toxml([encoding])
```

Die Methode toxml() liefert einen XML-Text, der genau der DOM-Struktur entspricht. Das optionale Argument *encoding* gibt eine Codierung an. Wenn das Argument fehlt, wird die Default-Codierung des Laufzeitsystems verwendet und ein str-Objekt zurückgegeben:

```
>>> xml_doc = """<?xml version="1.0"?>
<info>Alles über XML.</info>"""
>>> dom_object = parseString(xml_doc)
>>> dom_object.toxml()
```

```
'<?xml version="1.0" ?><info>Alles \xfcber XML.</info>'
```

Wenn Sie im Argument eine Codierung explizit angeben, wird kein String, sondern ein Bytestring (Objekt der Klasse bytes) zurückgegeben, der das Textdokument in codierter Form enthält. In dem Textdokument wird auch die gewählte Codierung spezifiziert:

```
>>> dom_object.toxml("utf-8")
b'<?xml version="1.0" encoding="utf-8"?>
<info>Alles \xc3\xbcber XML.</info>'
```

Beachten Sie, dass der deutsche Umlaut ü entsprechend dem utf-8-Standard durch zwei Oktette (Bytes) dargestellt wird.

Nun besitzt nicht nur das Document-Objekt (das das gesamte XML-Dokument repräsentiert), sondern jeder Knoten einer DOM-Struktur (auch Elemente und Texte) diese Methode. Der Aufrufe node.toxml() liefert eine XML-Darstellung des Teilbaumes mit Wurzel node.

```
>>> xml_doc = '<?xml version="1.0" ?>'\
  '<solarsystem><planet>Merkur</planet>'\
  '<planet>Venus</planet></solarsystem>'
>>> dom_object = parseString(xml_doc)
>>> root = dom_object.documentElement
>>> root.toxml()
'<solarsystem><planet>Merkur</planet>
<planet>Venus</planet></solarsystem>'
```

Weil hier der Auftrag toxml() nicht an das Document-Objekt, sondern an das Element-Objekt root gesendet wurde, fehlt im zurückgegebenen Text die erste Zeile des ursprünglichen XML-Dokumentes mit dem Deklarationstag <? ... ?>.

```
>>> merkur = root.firstChild
>>> merkur.toxml()              # Teilbaum mit Wurzel merkur
'<planet>Merkur</planet>'
>>> merkur.firstChild.toxml()
'Merkur'
```

toprettyxml()

```
toprettyxml([indent[,newl]])
```

Normalerweise ruft man die Methode toprettyxml() ohne Argument auf. Sie liefert dann eine besser lesbare XML-Darstellung mit Einrückungen und Zeilenumbrüchen. Wie toxml() kann diese Methode von jedem Knoten der DOM-Struktur ausgeführt werden.

Führen wir den Dialog aus dem letzten Abschnitt fort:

```
>>> print(dom_object.toprettyxml())
<?xml version="1.0" ?>
<solarsystem>
        <planet>
                Merkur
        </planet>
        <planet>
                Venus
        </planet>
</solarsystem>

>>> print(merkur.toprettyxml())
<planet>
        Merkur
</planet>
```

Im optionalen Argument *indent* kann der String spezifiziert werden, der bei einer Einrückung vor ein Tag oder Text geschrieben wird. Der voreingestellte Wert ist ein Tabulatorzeichen. Beispiel:

```
>>> print(merkur.toprettyxml(indent="...."))
<planet>
....Merkur
</planet>
```

Das zweite optionale Argument *newl* gibt an, welcher String am Ende einer Zeile eingefügt werden soll. Voreingestellt ist das Sonderzeichen für einen Zeilenwechsel \n.

25.5 Die Klasse Document

Das Parsing eines XML-Textes mit parse() oder parseString() liefert ein Objekt der Klasse Document, das das gesamte XML-Dokument repräsentiert. Tabelle 25.4 informiert über das Attribut und einige spezielle Methoden der Objekte dieser Klasse. Darüber hinaus werden die Attribute und Methoden der Basisklasse Node geerbt.

Attribut/Methode	Erläuterung
documentElement	Das einzige Wurzelelement (Knoten ohne Eltern) des XML-Dokumentes
createElement(*tagName*)	Erzeugt einen neuen Elementknoten und gibt ihn zurück. Der neue Knoten ist aber jetzt noch nicht in das Dokument eingefügt. Dies muss explizit z.B. mit den Methoden insertBefore() oder appendChild() veranlasst werden.
createTextNode(*data*)	Erzeugt einen neuen Textknoten und gibt ihn zurück. Das Argument *data* ist der Text (Zeichenkette), den der Textknoten repräsentiert. Technisch wird das Attribut data des neuen Textknotens mit der Zeichenkette belegt.
getElementsByTagName (*tagName*)	Liefert eine Python-Liste mit allen Elementen (Knoten) des XML-Dokumentes, die den Tag-Namen *tagName* besitzen. Diese Knoten können beliebige Nachkommen (Kinder, Kinder der Kinder usw.) des Wurzelknotens sein.

Tabelle 25.4: Das einzige Attribut und einige Methoden der Klasse Document

25.6 Die Klasse Element

Die Elemente des XML-Dokumentes, die durch Tags der Form <tag>...</tag> markiert sind, werden in der DOM-Struktur durch Objekte der Klasse Element repräsentiert. Tabelle 25.5 liefert eine Übersicht über das einzige Attribut und einige Methoden dieser Klasse. Darüber hinaus besitzen Element-Objekte natürlich noch geerbte Attribute und Methoden der Basisklasse Node.

Attribut/Methode	Erläuterung
tagName	Name des repräsentierten XML-Elementes
getAttribute(name)	Das Argument *name* ist eine Zeichenkette mit dem Namen eines Attributs des Elementes. Die Methode gibt den Wert des Attributs (als String) zurück. Falls kein Attribut mit dem angegebenen Namen existiert, wird ein leerer String zurückgegeben.
hasAttribute(name)	Wenn das Element ein Attribut mit dem im Argument angegebenen Namen besitzt, wird True zurückgegeben, ansonsten False.
setAttribute(name, value)	Das Attribut *name* wird mit dem Wert *value* belegt.
getElementsByTagName (tagName)	Liefert eine Python-Liste mit Elementen (Knoten) des XML-Dokumentes, die den Tag-Namen *tagName* besitzen. Diese Knoten sind Nachkommen des aktuellen Knotens.

Tabelle 25.5: Das einzige Attribut und einige Methoden der Klasse Element

tagName

Das Attribut tagName enthält den Namen des Elementes, der im XML-Text verwendet wird, als String. Beispiel:

```
>>> dom_object = parseString("<planet>Erde</planet>")
>>> element = dom_object.documentElement
>>> element.tagName
'planet'
```

Zugriff auf XML-Attribute

Die Elemente eines XML-Dokumentes können Attribute besitzen. Sie werden im Start-Tag in der Form attribut=wert spezifiziert. In vielen Fällen können Attribute Elemente und Texte ersetzen, was zu einfacheren Strukturen führt. Statt

```
<planet>Erde</planet>
```

oder

```
<planet>
    <name>
        Erde
    </name>
</planet>
```

kann man ein Element definieren, bei dem der Name des Planeten in einem Attribut gespeichert ist:

```
<planet name="Erde" />
```

Dies ist ein leeres Element, das kein weiteres Element einschließt. Leere Elemente werden in der XML-Syntax durch ein einziges Tag der Form `<.../>` markiert. Mit speziellen Methoden der Klasse Element können Sie auf die Attribute zugreifen:

```
>>> from xml.dom.minidom import *
>>> xml_doc = """<planet name="Erde" />"""  # XML
>>> dom_object = parseString(xml_doc)  # Document-Knoten
>>> erde = dom_object.documentElement  # Element-Knoten
>>> erde.getAttribute("name")  # Attribut lesen
'Erde'
>>> erde.setAttribute("name", "Terra")  # Attribut ändern
>>> print(dom_object.toprettyxml())
<?xml version="1.0" ?>
<planet name="Terra"/>
```

getElementsByTagName()

```
getElementsByTagName(tagName)
```

Die Methode übernimmt als Parameter eine Zeichenkette, die den Tag-Namen eines Elementes enthält. Sie liefert eine Python-Liste mit allen Elementen dieses Namens aus dem Teilbaum, dessen Wurzel das Element ist, an das die Botschaft geschickt wird. Als Beispiel betrachten wir ein Skript mit einem etwas verschachtelteren XML-Dokument, das einige Planeten mit Monden modelliert:

```
from xml.dom.minidom import *
xml_doc = """<?xml version="1.0" ?>
<solarsystem sun="Sol">
   <planet name="Merkur"/>
   <planet name="Venus"/>
   <planet name="Erde">
      <moon name="Luna"/>
   </planet>
   <planet name="Mars">
      <moon name="Phobos"/>
      <moon name="Deimos"/>
   </planet>
</solarsystem>"""
dom_object = parseString(xml_doc)
root = dom_object.documentElement                    #1
print("Alle Monde:", end=" ")
for moon in root.getElementsByTagName("moon"):        #2
    print(moon.getAttribute("name"), end=" ")

print("\nMarsmonde:", end=" ")
mars = root.getElementsByTagName("planet")[3]
for moon in mars.getElementsByTagName("mooon"):       #3
    print(moon.getAttribute("name"), end=" ")
```

Erläuterung:

#1: Wurzel-Element des gesamten DOM-Baumes. Alle mond-Elemente sind Nachkommen dieses Elementes.

#2: Der Methodenaufruf root.getElementsByTagName("moon") liefert eine Liste mit allen drei moon-Elementen. Diese Liste wird durchlaufen und jeweils der Inhalt des Attributs name ausgegeben.

#3: Der Methodenaufruf mars.getElementsByTagName("moon") gibt eine Liste mit den zwei moon-Elementen zurück, die Nachkommen des Elementes mars sind.

Bildschirmausgabe:

```
Alle Monde: Luna Phobos Deimos
Marsmonde: Phobos Deimos
```

25.7 Die Klasse Text

Textknoten werden durch Objekte der Klasse Text repräsentiert. Neben den Attributen und Methoden der Basisklasse Node besitzen Text-Objekte das Attribut data. Es enthält den Text als Zeichenkette und kann durch normale Zuweisungen gelesen und verändert werden.

```
>>> from xml.dom.minidom import *
>>> xml_doc = '<planet>Merkur</planet>'
>>> dom_object = parseString(xml_doc)
>>> planet = dom_object.documentElement
>>> text = planet.firstChild
>>> text.data
'Merkur'
```

Textknoten sind immer Blätter in einem DOM-Baum. Das heißt, sie haben keine Kind-Knoten. Dennoch werden sie wie vollwertige Knoten behandelt und haben sämtliche Attribute der Klasse Node wie firstChild oder childNodes. Diese Attribute enthalten leere Objekte (None oder das leere Tupel):

```
>>> print(text.firstChild)
None
>>> print(text.childNodes)
()
```

Ressourcen im Internet

A.1 Usenet

Im Usenet gibt es zwei Newsgroups für Python-Anwender:

- comp.lang.python ist ein allgemeines Diskussionsforum zu Fragen der Python-Programmierung.
- comp.dlang.python.announce ist ein moderiertes Forum, das der Ankündigung neuer Versionen der Python-Software, neuer Module, Veranstaltungen und Ähnlichem dient.

Für den Zugang zu Usenet-Foren gibt es verschiedene Webportale, z.B. http://groups.google.com/.

A.2 Mailinglisten

Die Nachrichten der beiden Usenet-Foren kann man auch über Mailinglisten beziehen. Dazu sendet man eine E-Mail mit dem Text »subscribe« im E-Mail-Body an die Adressen python-list-request@python.org bzw. python-announce-list-request@python.org. Besser noch, man nutzt die Info-Seite der Python-Liste: http://mail.python.org/mailman/listinfo/python-list. Über diese Mailinglisten kann man auch neue Nachrichten posten. Beiträge sendet man an python-list@python.org bzw. python-list@python-announce.org. Es wird empfohlen, nur die zweite Mailingliste (zu comp.lang.python.announce) zu abonnieren, wenn man über neue Entwicklungen auf dem Laufenden bleiben möchte. Die Newsgroup comp.lang.python ist so aktiv, dass man mit Mails förmlich überschüttet würde.

Mailinglisten der special interest groups zu Python findet man unter http://www.python.org/community/sigs/.

A.3 WWW

International

- Die offizielle Website der Python Software Foundation:
  www.python.org
- PyGame – die Homepage für Spieleentwickler mit dem Modul PyGame:
  http://www.pygame.org/
- Allen B. Downey, Jeffrey Elkner and Chris Meyers: How to Think Like
  a Computer Scientist, Learning with Python:
  http://www.openbookproject.net/thinkcs/python/english2e/
- Python-Seite bei O'Reilly Network: http://www.onlamp.com/python/
- Tipps und Rezepte zur fortgeschrittenen Programmierung mit Python im Active State Programmer Network:
  http://aspn.activestate.com/ASPN/Python
- Python-HOWTO-Dokumente:
  http://docs.python.org/dev/howto/index.html

Deutschland

- Python Software-Verband e.V.: http://python-verband.org
- PyDE – das deutsche Python-Forum: http://www.python-forum.de/
- Python-Usergroups in Deutschland:
  http://python-verband.org/community
- Peter Gerlach: Der Weg zur Programmierung mit Python:
  http://www.way2python.de/
- Die Python-Akademie in Leipzig: http://www.python-academy.de/

B Entwicklungsumgebungen

Zum Python-Standardpaket gehört die Entwicklungsumgebung IDLE von Guido van Rossum. Darüber hinaus gibt es speziell für die Windows-Welt das Programm PythonWin von Mark Hammond, verschiedene kommerzielle und eine freie IDE der Firma Wingware und Python-PlugIns für die bekannte Entwicklungsumgebung Eclipse.

IDLE

Wenn Sie IDLE starten, öffnet sich zunächst ein Fenster der IDLE-Shell. Darin können Sie Python-Anweisungen im interaktiven Modus eingeben. Wenn Sie ein neues Programm schreiben wollen, wählen Sie im Menü FILE das Auswahlfeld NEW WINDOW. Es öffnet sich ein Editorfenster. Bevor Sie die erste Programmzeile schreiben, sollten Sie die (noch leere) Datei unter einem Namen des Formats dateiname.py abspeichern. Nur wenn Sie so vorgehen, können Sie den vollen Komfort des IDLE-Editors genießen. IDLE bietet insbesondere folgende Features:

- Syntax-Highlighting, das hilft, lexikalische Fehler zu vermeiden: Python-Schlüsselwörter (import, def ...) und Kommentare erscheinen rot, Strings grün, Funktionsnamen blau, der Rest schwarz. Vergessen Sie die Extension .py beim Dateinamen, verhält sich IDLE mehr oder weniger wie ein normaler Texteditor.
- Automatisches Einrücken nach einem Doppelpunkt (Beginn eines neuen Blocks)
- Klassen-Browser
- Einrücken und Herausrücken von zuvor mit der Maus markierten Bereichen des Programmtextes (INDENT/DEDENT REGION im Menü EDIT)
- Auskommentieren von zuvor mit der Maus markierten Bereichen (COMMENT OUT REGION im Menü EDIT). Das heißt, in jede Zeile des mar-

kierten Bereichs wird zu Beginn ein Kommentarzeichen # eingefügt. Diese Programmzeilen werden dann bei Testläufen nicht mehr als Python-Code interpretiert, sondern übersprungen. Natürlich kann die Auskommentierung eines Bereichs auch wieder rückgängig gemacht werden. Man verwendet das Auskommentieren, um Programmfehler einzugrenzen.

‣ Markierung geklammerter Ausdrücke (seit Version 1.2)

Spezielle IDEs für Windows

PythonWin von Mark Hammond bietet im üblichen »look and feel« moderner Editoren unter einer einheitlichen Oberfläche ein interaktives Interpreter-Fenster (Shell) sowie Fenster zum Editieren von Programmtexten. Es besitzt die gleichen Editorfunktionen wie IDLE und einiges mehr. Insbesondere unterstützt PythonWin die Entwicklung von COM-Programmen. Microsoft hat mit COM (Common Object Model) eine Schnittstelle geschaffen, die es u.a. ermöglicht, Microsoft Office in Python-Programme einzubinden. PythonWin enthält einen Browser, mit dem man nach COM-Objekten suchen kann.

Sie können PythonWin 32 kostenlos von Sourceforge.net beziehen. URL: `http://sourceforge.net/projects/pywin32/`. Klicken Sie auf BROWSE ALL FILES und folgen Sie den Anweisungen zum Download.

Wing

Die Firma Wingware bietet »intelligente« Entwicklungsumgebungen für professionelle Python-Programmierer. Neben verschiedenen kommerziellen Produkten gibt es auch eine kostenlose Basisversion namens Wing IDE 101 für Bildungszwecke. URL: `http://www.wingware.com`.

EasyEclipse for Python

EasyEclipse for Python ist eine kostenlose professionelle Open-Source-Entwicklungsumgebung im Stil von Eclipse. URL: `http://www.easyeclipse.org/site/distributions/python.html`.

C Python-Module

Ein Modul ist eine Datei, in der Funktions- und Klassendefinitionen sowie gelegentlich auch Konstanten zu einem bestimmten Aufgabenbereich gesammelt sind. Auf Unix-Systemen befinden sich die Moduldateien üblicherweise im Verzeichnis /usr/local/lib/python oder /usr/lib/python und unter Windows im Verzeichnis c:\Python36\Lib (falls es sich um die Version Python 3.6 handelt).

Module enthalten Konstanten, Funktionen und Klassendefinitionen. Python unterstützt sowohl das imperative als auch das objektorientierte Programmierparadigma. Diese »Mehrgleisigkeit« geht bei einigen Modulen so weit, dass sie Funktionen bereitstellen und zusätzlich eine Klasse definieren, die exakt die gleichen Funktionen als Methoden enthält.

Bevor man die Funktionen und Klassen eines Moduls in einem Skript nutzen kann, muss es importiert werden. Nähere Informationen zur IMPORT-Anweisung finden Sie in Kapitel 6.

Module, die nicht zum Python-Standardpaket der PSF gehören, sondern von anderen Anbietern veröffentlicht werden, bezeichnet man als Third-Party-Module (z.B. MySQLdb).

Es gibt Module, die nur auf bestimmten Plattformen verfügbar sind. Diese werden in der folgenden Übersicht in Klammern hinter dem Modulnamen aufgeführt.

Modul	Erläuterung	Kapitel
array	Typisierte numerische Arrays, die sehr effizient verarbeitet werden	17
cgi	Funktionen zum Erstellen von CGI-Skripten	18
cgitb	Traceback-Manager zum Debuggen von CGI-Skripten	18

Modul	Erläuterung	Kapitel
cmath	Mathematische Funktionen für komplexe Zahlen	17
datetime	Verarbeitung von Zeit- und Kalenderdaten	14
decimal	Dezimalarithmetik	17
ftplib	Programmierung von ftp-Clients	19
getopt	Parser für Kommandozeilen-Optionen	11
getpass	Plattformunabhängige Passworteingabe	19
hashlib	Kryptologische Hashfunktionen (MD5, SHA)	21
http.client	Programmierung von http-Clients	19
http.cookies	Unterstützung der Verarbeitung von Cookies	18
http.server	Programmierung eines Webservers	19
imaplib	Implementierung des Internet Message Access Protocols (IMAP4) zum Abrufen von E-Mails	19
logging	Tracing von Programmläufen	10
math	Mathematische Funktionen	17
MySQLdb	Zugriff auf MySQL-Datenbanken (Third-Party-Modul von Andy Dustman)	20
os	Plattformunabhängige Nutzung von Betriebssystemfunktionen	13
os.path	Verarbeitung von Pfadnamen	13
pickle	Speichern und Laden von Objekten	11
PIL	Bildbearbeitung	23
poplib	Programmierung von pop3-Clients zum Empfangen von E-Mails	19
profile	Performance-Tests für Funktionen	8
pprint	Darstellung komplexer Objekte auf dem Bildschirm	11
random	Erzeugen von Pseudo-Zufallszahlen	17

Modul	Erläuterung	Kapitel
re	Verarbeitung von regulären Ausdrücken	16
secrets	Hochwertige Zufallsfunktionen für kryptografische Anwendungen	17.7
smtplib	Programmierung von smtp-Clients, die E-Mails verschicken können	19
sqlite3	Einfache dateibasierte Datenbank	20, 21
string	Verarbeitung von Zeichenketten	16
sys	Schnittstelle zum Python-Interpreter	12
telnetlib	Programmierung eines telnet-Clients	19
_thread	Generierung und Steuerung von Threads	24
threading	Generierung von Threads, Locks und Semaphoren zur Synchronisation von Threads	24
time	Zeitbezogene Funktionen	14
tkinter	Grafische Benutzungsoberflächen	22
urllib	Öffnen von Dateien, die durch einen URL adressiert sind	11.7
winsound	Klänge auf MS-Windows-Systemen	22
xml.dom.minidom	Verarbeitung von XML-Dokumenten	25

Tabelle C.1: Übersicht über Python-Module, die in diesem Buch vorgestellt werden

D Von Python 2 zu Python 3

D.1 Unterschiede zwischen Python 2 und Python 3

Eingabe und Ausgabe

Statt einer print-Anweisung gibt es eine print()-Funktion. Mit dem Schlüsselwort-Argument end kann festgelegt werden, was nach den ausgegebenen Argumenten folgen soll (voreingestellt ist ein Zeilenwechsel). Mit dem Schlüsselwort-Argument sep kann man einen neuen Separatorstring einstellen, der zwischen zwei auszugebenden Items erscheint.

Anders als bei Python 2 liefert die Funktion input() immer einen String, der die Tastatureingabe enthält. Die Funktion raw_input() gibt es nicht mehr.

Strings und Bytestrings

Der Typ str umfasst Folgen aus Unicode-Zeichen. Den Typ unicode gibt es bei Python 3 nicht mehr. Zusätzlich gibt es den Typ bytestring. Objekte dieses Typs sind Folgen aus Oktetten, die Zahlen zwischen 0 und 255 repräsentieren. Literale dieses Typs beginnen mit dem Präfix b, z.B. b"abc" oder b'abc'.

Objekte des Typs str besitzen die Methode encode(). Ein Aufruf s.encode(*encoding*) liefert einen Bytestring, der die Zeichenkette s in codierter Form repräsentiert, wobei die im Argument angegebene Codierung verwendet wird. Objekte des Typs bytes besitzen die Methode decode(). Ein Aufruf b.decode(*encoding*) liefert den String s, der durch den Bytestring *b* repräsentiert wird. Dabei bezieht man sich auf die im Argument angegebene Codierung.

Container-Objekte statt Listen

Viele Funktionen, die früher Listen zurückgegeben haben, liefern nun spezielle Container-Objekte oder Iteratoren. Wenn Sie eine Liste benötigen, können Sie mit der Funktion list() aus solch einem Objekt eine Liste gewinnen. Beispiel:

```
>>> s = range(5)
>>> s
range(0, 5)
>>> list(s)
[0, 1, 2, 3, 4]
```

Die Funktionen range(), zip(), map(), filter() geben nun Iteratoren zurück. Beispiel:

```
>>> def teilbarDurchSieben(x):
        return x%7 == 0
>>> t7 = filter (teilbarDurchSieben, range(50))
>>> next(t7)
0
>>> next(t7)
7
```

Dictionaries

Die Dictionary-Methoden keys(), values(), items() liefern Sichten (*views*) an Stelle von Listen. Mit list() kann man aus einer Sicht eine Liste gewinnen:

```
>>> d={1:"a", 2:"b"}
>>> v = d.values()
>>> v
<dict_values object at 0x01A585A0>
>>> list(v)
['a', 'b']
```

Die Methode has_key() gibt es nicht mehr.

Ganze Zahlen

Es gibt nur einen Typ int für ganze Zahlen. Die Zahlen dürfen beliebig lang sein. Den Typ long gibt es nicht mehr.

Für eine ganzzahlige Division muss man den Operator // verwenden. Der Operator / liefert immer eine Gleitkommazahl (Typ float):

```
>>> 2/1
2.0
>>> 1/2
0.5
```

Weggefallene Funktionen

Viele Funktionen, die nicht mehr benötigt werden, z.B. weil entsprechende Methoden existieren, findet man bei Python 3 nicht mehr. Beispiele: apply(), callable(), coerce(), decode(), encode(), execfile(), file(), raw_input(), reduce(), reload(), xrange().

Sonstiges

Mengen werden – wie in der Mathematik üblich – durch Literale mit geschweiften Klammern dargestellt, z.B. {1, 2, 4}.

Den Operator <> für »ungleich« gibt es nicht mehr. Man verwendet ausschließlich !=.

Python 2 und Python 3 im Vergleich

Python 2	Python 3
print "Hello world"	print("Hello world")
print	print()

for i in range(10):
    print i,
	for i in range(10):
	    print(i, end=" ")

print "a"+"-"+"b"+"-"+"c"	print("a", "b", "c", sep="-")

Python 2	Python 3
d = {1:"a", 2:"b"} s = d.keys() s.sort()	d = {1:"a", 2:"b"} s = list(d.keys()) s.sort()
d.has_key(1)	1 in d.keys()
s = range(10) s.reverse()	s = list(range(10)) s.reverse()
u"\u0416"	"\u0416"
1234567890L	1234567890
f = file("test.txt", "w")	f = open("test.txt", "w")
w = raw_input(": ")	w = input(": ")
zahl = input(": ")	Zahl = int(input(": "))
laenge = 1000	länge = 1000
a <> b	a != b
s = [1, 23, 45, 3] i = iter(s) i.next()	s = [1, 23, 45, 3] i = iter(s) next(i)
set([1, 2, 4])	{1, 2, 4}.

Tabelle D.1: Einige Unterschiede zwischen Python 2 und Python 3

D.2 Portierung nach Python 3

Das Python-Standardpaket enthält im Ordner Tools/Scripts ein Programm namens 2to3.py, das einen Programmtext, der in einer Python-2.x-Version geschrieben worden ist, automatisch in Python-3-Programmtext umwandelt.

Zum Ausprobieren: Schreiben Sie ein kleines Programm mit dem Text

```
print "Hello world!"
```

Das ist klassische Python-2-Syntax. Speichern Sie das Programm unter dem Namen hello2.py ab. Mit 2to3.py können Sie die Programm-Datei automatisch überarbeiten lassen. Unter Windows gehen Sie z.B. folgendermaßen vor: Öffnen Sie ein Konsolenfenster (Eingabeaufforderung) und wechseln Sie in das Verzeichnis mit dem Testprogramm. Geben Sie auf der Kommandozeile folgenden Befehl ein.

```
> python c:\Python27\Tools\Scripts\2to3.py -w hello2.py
```

Öffnen Sie die Programmdatei hello2.py. Der Programmtext wurde in Python 3 überführt:

```
print("Hello world!")
```

E Glossar

Aggregation

Die Beziehung zwischen einem Teil und einem Ganzen (Aggregat). Sie wird in einem UML-Klassendiagramm durch eine Linie mit einer ungefüllten Raute an der Seite des Aggregats dargestellt.

Algorithmus

Eine Folge von Anweisungen, die so präzise formuliert ist, dass sie von einer Maschine ausgeführt werden kann.

Argument

Ein Wert, der einer Funktion oder Methode bei ihrem Aufruf übergeben wird. Argumente werden auch *aktuelle Parameter* genannt.

Attribut

Merkmal eines Objektes. Attribute beschreiben die Daten, die von einem Objekt angenommen werden können.

Bytestring

Folge aus Oktetten (Bytes), die jeweils eine Zahl zwischen 0 und 255 repräsentieren.

CGI

Abkürzung für Common Gateway Interface. CGI ist ein Protokoll, das die Kommunikation zwischen einem HTML-Formular und einem Programm (CGI-Skript) regelt.

Compiler

Ein Programm, das einen Programmtext übersetzt, so dass er vom Betriebssystem ausgeführt werden kann.

Cursor

Ein Objekt, das in einer Datenbank die aktuelle Position anzeigt.

Datentyp

Ein Datentyp repräsentiert eine bestimmte Menge von Literalen (Werten). Zu einem Datentyp gehören Operationen, die man mit Objekten dieses Typs ausführen kann. Beispiel für Datentypen bei Python sind String (str) und Integer (int).

Debuggen

Finden und Beseitigen von Fehlern in einem Programm.

Decorator

Eine Funktion, die eine andere Funktion zurückgibt. Man benutzt Decorators, um existierende Funktionen zu verändern. Vor die Definition der zu verändernden Funktion schreibt man einen Klammeraffen und den Namen der Decoratorfunktion. Beispiel:

```
@staticmethod
def f(...):
...
```

Diese Konstruktion ist äquivalent zu

```
def f(...):
...
f = staticmethod(f)
```

Dictionary

Zusammengesetzter Datentyp; wird auch assoziatives Array genannt. Ein Dictionary besteht aus Schlüssel-Wert-Paaren. Der Schlüssel dient zum Finden des zugeordneten Wertes.

Event

Ein asynchron eintretendes Ereignis (z.B. Anklicken einer Maustaste), welches die Reaktion eines Eventhandlers auslösen kann. Bei der Implementierung von GUIs spielen Events eine besondere Rolle.

Exception

Ein Objekt, das eine Ausnahmesituation beschreibt. Eine Exception wird z.B. erzeugt, wenn ein Fehler (z.B. Versuch einer Division durch null) zum Abbruch des normalen Programmlaufs zwingt. In try...except-Anweisungen können Exceptions abgefangen werden.

File

Ein File repräsentiert eine Datensequenz, die auf einem Peripheriespeicher (Festplatte etc.) dauerhaft gespeichert ist, oder ein Ein- oder Ausgabegerät. Letzteres werden auch Pseudofiles genannt (sys.stdin, sys.stdout). File-Objekte besitzen Methoden zum sequenziellen Lesen und Schreiben. Ein File wird durch Öffnen einer Datei generiert. Dabei wird der Inhalt vom Peripheriespeicher gelesen. Beim Schließen wird der aktualisierte Inhalt wieder gespeichert.

Funktion

Bei Python sind Funktionen aufrufbare (callable) Objekte. Eine Funktion übernimmt Argumente (Parameter) als Werte, verarbeitet sie nach einem Algorithmus und gibt einen Wert zurück. Im Unterschied zu Methoden sind Funktionen eigenständig und keinem anderen Objekt zugeordnet.

Globaler Name

Ein überall im Programm sichtbarer Name.

Generator

Ein Objekt, das eine (eventuell unendliche) Folge von Werten erzeugt. Ein Generator verfügt über die Methode next(). Wird sie aufgerufen, liefert er den nächsten Wert.

GUI

Graphical User Interface, eine grafische Benutzungsoberfläche.

Hook

Im Tierpark ist ein »python hook« ein eiserner Haken an einer langen Stange, mit dem ein Tierwärter gefährliche Schlangen fängt und kontrolliert. Diese Metapher wird in der Python-Programmierung aufgegriffen. Hier versteht man unter einem hook eine Technik, mit der die Arbeit des Python-Interpreters beeinflusst werden kann. Hooks sind Funktionen, die eigentlich nur für den internen Gebrauch vorgesehen sind. Die Funktion sys.displayhook() z.B. bringt den Wert eines Ausdrucks in die Standardausgabe. Ein Programmentwickler nutzt den hook, indem er dem Funktionsnamen eine andere selbst definierte Funktion zuordnet. Die neue Funktion muss nur die gleiche Stelligkeit (Anzahl der Parameter) haben und wird dann anstelle der Originalfunktion verwendet.

Index

Nummer eines Elementes (Items) einer Sequenz (Liste, String, Tupel). Über den Index kann man auf ein Element zugreifen, z.B. ist s[i] das Element der Sequenz s mit Index i.

Instanz

Konkretes Objekt einer Klasse. Es wird meist durch Aufruf des Konstruktors der Klasse gebildet.

Interpreter

Programm, das einen Programmtext lesen und ausführen kann.

Iteration

Wiederholung einer Anweisungsfolge. Bei jedem Durchlauf wird ein Element einer Kollektion verarbeitet.

Iterator

Ein spezieller Generator, der die Elemente einer Kollektion in einer bestimmten Reihenfolge liefert. Ein Iterator besitzt die Methode next(), die das nächste Element der Kollektion liefert. Sind alle Objekte der Kollektion durchlaufen worden, gibt es einen Laufzeitfehler

(StopIteration). Danach kann man den Iterator nicht mehr verwenden. Iteratoren werden (implizit) in for-Schleifen (Iterationen) verwendet.

Iterierbares Objekt

Ein Objekt, für das (z.B. mit der Standardfunktion iter()) ein Iterator gebildet werden kann. Iterierbare Objekte repräsentieren in der Regel eine Kollektion von Daten. In for-Schleifen (Iterationen) werden die Elemente eines iterierbaren Objektes durchlaufen. Iterierbar sind z.B. folgende Typen: Liste, Tupel, Strings, Files, Dictionaries, Mengen.

Klasse

Beschreibung eines »Typs« von Objekten. Durch Aufruf des Konstruktors wird nach dem Bauplan der Klassendefinition ein Objekt instanziiert. In einem UML-Klassendiagramm wird eine Klasse durch einen Kasten mit dem Namen der Klasse dargestellt.

Kollektion

Sammlung von Objekten. Eine Kollektion kann ungeordnet sein (z.B. Menge) oder geordnet (z.B. Sequenz).

Kommentar

Eine Erklärung zum Programmtext. Bei Python sind Kommentare z.B. durch Doppelkreuz # gekennzeichnet.

Konstruktor

Die Methode, die zur Erstellung eines Objektes einer Klasse aufgerufen wird. Bei Python haben Konstruktoren in der Klassendefinition den Namen __init__(). Aufgerufen wird der Konstruktor jedoch unter dem Namen der Klasse.

Layout-Manager

Verwaltet bei einer grafischen Benutzungsoberfläche die Darstellung der Komponenten (Widgets) auf dem Bildschirm.

Liste

Eine Folge von Elementen, die man (im Unterschied zu einem Tupel) ändern kann.

Menge

Eine Sammlung von Elementen, die folgende Eigenschaften hat: Die Elemente sind in keiner bestimmten Reihenfolge und jedes Element kommt nur einmal vor. Python repräsentiert Mengen durch Objekte der Klassen `set` (veränderbar) und `frozenset` (unveränderbar). Die Elemente einer Python-Menge müssen unveränderbar sein. Listen sind z.B. nicht als Elemente einer Menge erlaubt.

Methode

Eine Funktion, die zu einem Objekt gehört. Die Methode `tu_was()` des Objektes o wird durch `o.tu_was()` aufgerufen. Man sagt dann, dem Objekt wird eine Botschaft geschickt.

Modul

Eine Sammlung von Definitionen von Klassen, Funktion und Konstanten zu einem Problemkreis. Module müssen importiert werden, bevor man ihre Objekte in einem Skript nutzen kann.

Name

Alle Objekte besitzen Namen, über die sie angesprochen werden können. Es kann auch sein, dass ein und dasselbe Objekt mehrere Namen hat.

Namensraum

Ein Dictionary mit Namen und zugehörigen Objekten.

New-Style-Klasse

Bei Python 2.x versteht man darunter eine Klasse, die von der Basisklasse object abstammt. New-Style-Klassen besitzen zusätzliche Features wie z.B. Properties und statische Methoden. Bei Python 3 verwendet man diesen Begriff nicht mehr.

Objekt

Zentralbegriff der objektorientierten Programmierung. Ein Objekt ist ein Programmelement, das sich immer in einem Zustand befindet und ein Verhalten zeigen kann. Außerdem besitzt ein Objekt eine Identität, die es von allen anderen Objekten unterscheidbar macht. Der Zustand eines Objektes wird durch *Attribute*, die mit Werten belegt sind, beschrieben. Seine Verhaltensmöglichkeiten sind in den *Methoden* definiert. Über Botschaften (Methodenaufrufe) kann ein Objekt von seiner Umwelt aufgefordert werden, zu agieren.

OOP

Objektorientierte Programmierung. Ein Paradigma zur Entwicklung von Software. Ein Entwicklungsprozess beginnt mit der *Objektorientierten Analyse* (OOA) eines Wirklichkeitsausschnitts, gefolgt von einem *Objektorientierten Entwurf* (OOD). Dieser ist die Basis für die OOP im engeren Sinne: die Implementierung der Software mit Hilfe einer objektorientierten Programmiersprache (Python, Java, C++). Die Grundidee ist, Dinge der Realwelt und die Interaktionen zwischen ihnen durch *Objekte* zu modellieren, welche Attribute und bestimmte Verhaltensmöglichkeiten (Methoden) besitzen.

Parameter

Platzhalter für Werte, die einer Funktion übergeben und von ihr verarbeitet werden. Parameter, die in der Definition einer Funktion in Klammern hinter dem Funktionsnamen aufgeführt werden, nennt man *formale Parameter*. Die Argumente, die beim Aufruf einer Funktion übergeben werden, bezeichnet man auch als *aktuelle Parameter*.

Polymorphie, Polymorphismus

Die Verwendung gleicher Namen für Operationen, die auf Objekte unterschiedlicher Klassen angewendet werden. Man spricht auch vom *Überladen* (overloading) einer Operation. So kann der Operator + auf Zahlen und auf Strings angewendet werden. Sind die Operanden Zahlen, bewirkt + eine Addition. Handelt es sich dagegen um Strings, werden die Operanden konkateniert.

Property

Attribut eines Objektes, auf das nur über besondere, explizit spezifizierte Methoden zugegriffen werden kann. Von außen wird eine Property wie ein normales (öffentliches) Attribut gehandhabt. Aber der Zugriff erfolgt kontrolliert.

Prozedur

Eine Funktion, die keinen Wert zurückgibt.

Prozess

Ein Programm in Ausführung. Wenn z.B. ein Python-Skript läuft, hat das Betriebssystem einen Prozess gestartet.

Protokoll

Eine Norm für Kommunikationsprozesse. Der Begriff kommt aus der Diplomatie. Diplomatische Protokolle schreiben z.B. vor, wie ein Staatsbesuch abzulaufen hat. In der Technik geht es vor allem um Datenkommunikation. Beispiele für Protokolle, die im Internet eine Rolle spielen, sind FTP, HTTP, SMTP, POP3 oder IRC.

Regulärer Ausdruck

Ein Muster, das eine Menge von Zeichenketten definiert.

self

Bei Python der erste formale Parameter einer Methoden-Definition, sofern die Methode Attributwerte des eigenen Objektes verändert. Gemeint ist das konkrete Objekt (Instanz), zu dem die Methode gehört. Die Verwendung des Namens self ist nur eine Konvention. Zulässig sind auch andere Namen.

Skript

Programm, das von einem Interpreter ausgeführt wird.

Slice

Ein Ausschnitt aus einer Sequenz.

SQL

Structured Query Language. Eine formale Sprache, die in erster Linie zur Formulierung von Anfragen (Queries) an relationale Datenbanken verwendet wird.

Statische Methode

Zum Aufruf einer statischen Methode braucht kein Objekt der Klasse instanziiert werden. Stattdessen wird beim Aufruf der Klassenname an Stelle eines Objektnamens verwendet. Statische Methoden werden bei Python mit der Funktion `staticmethod()` erzeugt.

String

Eine Zeichenkette, bei Python 3 eine unveränderbare Sequenz aus Unicode-Zeichen.

Thread

Leichtgewichtprozess. Im Unterschied zu Prozessen, die komplette eigenständige Programme repräsentieren, sind Threads nicht völlig voneinander abgeschirmt sondern teilen sich gewisse Teile der Prozessumgebung, u.a. Programmcode und einen globalen Datenraum.

tkinter

Python-Modul zur Implementierung grafischer Benutzungsoberflächen.

Tuple

Bei Python eine unveränderbare Sequenz von Objekten beliebigen Typs.

Überladen

Siehe Polymorphismus.

Umgebungsvariable

Eine vom Betriebssystem definierte Variable, die systemweit zur Verfügung steht.

UML

Unified Modeling Language. Programmiersprachen-unabhängicher Standard zur grafischen Beschreibung der Struktur und des Verhaltens objektorientierter Programme. Die erste Version wurde 1996 veröffentlicht. Wichtige UML-Diagramme sind Objekt-, Klassen- und Interaktionsdiagramme.

Unicode

Internationaler Standard zur Definition von Zeichen, der vom Unicode-Consortium gepflegt wird (http://www.unicode.org/). Inzwischen sind mehr als 90.000 verschiedene Zeichen erfasst. Jedem Zeichen sind eine Nummer als vier- oder achtstellige Hexadezimalzahl (16 Bit bzw. 32 Bit) und ein Name eindeutig zugeordnet. Eine häufig verwendete Codierung für Unicode-Zeichen ist utf-8.

Variable

Eine Variable im Sinne der Informatik kann man sich am besten als Speicher für Werte (Zahlen, Zeichenketten) vorstellen.

Vererbung

Bei der Ableitung einer neuen (spezialisierteren) Klasse aus einer Basisklasse werden die Attribute und Methoden der Basisklasse »vererbt«, d.h. von der abgeleiteten Klasse übernommen.

Whitespace

Ein Zeichen, das auf dem Bildschirm leeren Raum darstellt wie z.B. ein Leerzeichen oder Tabulatorzeichen.

Widget

Ein grafisches Element einer Benutzungsoberfläche wie z.B. ein Button, Frame oder Eingabefeld (Entry). Eine Benutzungsoberfläche kann man sich als Aggregat von Widgets (*window gadgets*) vorstellen.

XML

XML (Extensible Markup Language) ist ein internationaler Standard zur Darstellung von Daten in Textdokumenten, die sowohl für Menschen als auch Maschinen lesbar sind.

Zuweisung

Eine Anweisung der Form *name* = *object*, in der einem Namen ein Objekt zugeordnet wird. Stellt man sich den Bezeichner *name* als Variablenname vor, so kann man auch sagen: Die Variable *name* erhält einen neuen Wert.

Brett Slatkin

Effektiv Python programmieren

59 Wege für bessere Python-Programme

- Bewährte Verfahren, Tipps und Tricks für robusten, leistungsfähigen und wartungsfreundlichen Code
- Grundlegende Aufgaben besser und effektiver erledigen
- Lösungen für das Debuggen, Testen und Optimieren zur Verbesserung von Qualität und Performance

Der Einstieg in die Python-Programmierung ist einfach, daher ist die Sprache auch so beliebt. Pythons einzigartige Stärken und Ausdrucksmöglichkeiten sind allerdings nicht immer offensichtlich, und zudem gibt es diverse verborgene Fallstricke, über die man leicht stolpern kann.

Dieses Buch vermittelt insbesondere eine Python-typische Herangehensweise an die Programmierung. Brett Slatkin nutzt dabei die Vorzüge von Python zum Schreiben von außerordentlich robustem und leistungsfähigem Code. Er stellt 59 bewährte Verfahren, Tipps und Tricks vor, die er anhand praxisnaher Codebeispiele erläutert. Er setzt dabei den kompakten, an Fallbeispielen orientierten Stil von Scott Meyers populärem Buch »Effektiv C++ programmieren« ein.

Auf der Basis seiner jahrelangen Erfahrung mit der Python-Infrastruktur bei Google demons-triert Slatkin weniger bekannte Eigenarten und Sprachelemente, die großen Einfluss auf das Verhalten des Codes und die Performance haben. Sie erfahren, wie sich grundlegende Aufgaben am besten erledigen lassen, damit Sie leichter verständlichen, wartungsfreundlicheren und einfach zu verbessernden Code schreiben können.

Probekapitel und Infos erhalten Sie unter:
www.mitp.de/181

ISBN 978-3-95845-181-0

S Stichwortverzeichnis

Sujeevan Vijayakumaran

Versionsverwaltung mit **Git**

Praxiseinstieg

Von grundlegenden Befehlen über Branches und Remote-Repositories bis zur Verwendung von Git-Hooks

Auswahl sinnvoller Workflows und Einsatz von Git für Software-Entwicklungsteams

Git-Repositories hosten mit GitHub und GitLab

Viele Software-Entwickler oder Systemadministratoren haben Git bereits im Einsatz – sowohl im Firmenumfeld als auch in Open-Source-Projekten. Zum Einstieg lernen Anfänger häufig nur die wichtigsten Befehle, die schnell nicht mehr ausreichen, vor allem wenn die ersten Fehler auftreten.

Dieses Buch behandelt einerseits die gängigen Befehle, die Sie beim täglichen Arbeiten mit Git brauchen. Andererseits geht es dem Autor auch darum, dass Sie Git als Ganzes verstehen, um es effektiv im Entwicklungsprozess einsetzen zu können.

Der Fokus des Buches liegt auf dem praktischen Arbeiten mit Git. Sie lernen anhand eines kleinen Beispielprojektes, welche Befehle es gibt, wie diese arbeiten und wie Sie auftretende Probleme lösen können. Neben den Funktionen, die Sie täglich brauchen, finden Sie auch eher seltener gebrauchte Kommandos, die aber ebenfalls wichtig sind. Dabei legt der Autor auch großen Wert auf die Einbindung und Anpassung des Entwicklungsprozesses.

Im zweiten Teil des Buches werden fortgeschrittene Themen behandelt. Dabei liegt der Schwerpunkt auf dem Einsatz von Git in Software-Entwicklungsteams. Hier geht es um das Hosten verteilter Repositories mit GitHub und GitLab. Ein weiteres Kapitel behandelt die verschiedenen Workflows je nach Anzahl der beteiligten Personen, Branches und Repositories eines Projektes. Außerdem werden Git-Hooks behandelt und deren Programmierung sowie das automatisierte Prüfen simpler Fehler.

Darüber hinaus gibt der Autor Tipps und Hinweise für den Umstieg von Subversion sowie einen Überblick über verschiedene grafische Git-Programme.

Das Buch richtet sich nicht nur an Einsteiger, die sich noch nie mit Git beschäftigt haben, auch Umsteiger und Leser mit vorhandenen Kenntnissen erhalten viele weiterführende Informationen.

ISBN 978-3-95845-226-8

Probekapitel und Infos erhalten Sie unter:
www.mitp.de/226

Michael Weigend

Raspberry Pi

2. Auflage

Du findest Elektronik und Computertechnik spannend? Du hast Spaß daran, Spiele zu programmieren und Leuchtdioden zum Blinken zu bringen? Du möchtest neuartige Geräte mit Kamera und Sensoren entwickeln? Dann ist der Raspberry Pi genau das Richtige für dich! Du wirst damit Dinge machen können, zu denen der Laptop deiner Eltern nicht in der Lage ist.

Der Raspberry Pi ist ein kleiner Computer zum Basteln und Erfinden. Das Besondere daran ist, dass du ihn verändern und erweitern kannst: Im Prinzip baust du bei jedem Projekt deine eigene Maschine, so wie du sie für deine Zwecke brauchst.

Das Buch besteht aus drei Teilen: Im ersten Teil machst du den Raspberry Pi einsatzbereit. Du erfährst, wie du damit im Internet surfen, Musik hören und Filme ansehen kannst.

Im zweiten Teil steigst du in die Programmierung mit Scratch ein und entwickelst Spiele, einen Autosimulator und prüfst, wie viel Fruchtsaft in einer Limonade ist.

Im dritten Teil lernst du die Programmiersprache Python kennen. Du schreibst Programme, die Blinkmuster und Buchstaben auf einer LED-Matrix erzeugen, Haushaltsgeräte ein- und ausschalten, mit Ultraschall Hindernisse im Dunkeln erkennen, Morsezeichen senden oder mit Sensoren Temperaturen messen. Mit einer Kamera beobachtest du deinen Raspberry Pi den Garten und wertet das Livebild automatisch aus. Im letzten Kapitel geht es darum, wie du den Raspberry Pi als Webserver einsetzen kannst.

ISBN 978-3-95845-270-1

Probekapitel und Infos erhalten Sie unter:
www.mitp.de/270

Karl Matthias
Sean P. Kane

Docker
Praxiseinstieg

Deployment, Testen und
Debugging von Containern
in Produktivumgebungen

Docker-Images und -Container
verwenden

Container deployen und debuggen

Einsatz von Tools: Docker Swarm,
Centurion, Amazon EC2 Container
Services

Linux-Container besitzen das Potenzial, das Deployment von Applikationen für verschiedene Umgebungen stark zu verändern. Dieses Buch weist Ihnen den Weg zu einer funktionierenden Docker-Umgebung. Die Autoren zeigen Ihnen, wie Sie Docker-Images Ihrer Anwendungen inklusive aller Abhängigkeiten erstellen, wie Sie diese testen, deployen und skalieren können, und wie Sie die Container in der Produktivumgebung pflegen und warten. Dabei kommen Themen wie die Einrichtung, das Testen und das Deployment von Docker-Anwendungen ebenso zur Sprache wie das Debugging eines laufenden Systems.

Mit diesem Buch werden Sie verstehen, was Docker wirklich leistet, welche Relevanz es hat, wie Sie es zum Laufen bekommen, wie Sie damit Ihre Anwendungen deployen können und was erforderlich ist, um es in einer Produktivumgebung einzusetzen.

Die Autoren dieses Buches sind in dem Unternehmen New Relic für die Sicherstellung der Stabilität der dort entwickelten Anwendungen zuständig und lassen Sie an ihren im praktischen Umgang mit Docker gesammelten Erfahrungen teilhaben. Ihre Zielsetzung lautet, Sie von ihren Erkenntnissen profitieren zu lassen und davor zu bewahren, dieselben Rückschläge hinnehmen zu müssen, die den Autoren in diesem Kontext widerfahren sind.

ISBN 978-3-95845-407-1

Probekapitel und Infos erhalten Sie unter:
www.mitp.de/407

Sebastian Raschka

Machine Learning
mit Python

Das Praxis-Handbuch für Data Science, Predictive Analytics und Deep Learning

Datenanalyse mit ausgereiften statistischen Modellen des Machine Learnings

Anwendung der wichtigsten Algorithmen und Python-Bibliotheken wie NumPy, SciPy, scikit-learn, matplotlib, pandas, Theano und Keras

Verständlicher und eleganter Python-Code zur Optimierung Ihrer Algorithmen

Machine Learning und Predictive Analytics verändern die Arbeitsweise von Unternehmen grundlegend. Die Fähigkeit, in komplexen Daten Trends und Muster zu erkennen, ist heutzutage für den langfristigen geschäftlichen Erfolg ausschlaggebend und entwickelt sich zu einer der entscheidenden Wachstumsstrategien.

Sebastian Raschka gibt Ihnen einen detaillierten Einblick in die Techniken der Predictive Analytics. Er erläutert die grundlegenden theoretischen Prinzipien des Machine Learnings und wendet sie praktisch an. Dabei konzentriert er sich insbesondere auf das Stellen und Beantworten der richtigen Fragen.

Python zählt zu den führenden Programmiersprachen im Bereich Data Science und ist besonders gut dazu geeignet, grundlegende Erkenntnisse aus Ihren Daten zu gewinnen sowie ausgefeilte Algorithmen und statistische Modelle auszuarbeiten, die neue Einsichten liefern und wichtige Fragen beantworten.

Der Autor erläutert in diesem Buch ein breites Spektrum leistungsfähiger Python-Bibliotheken wie scikit-learn, Theano oder Keras. Sie lernen Schritt für Schritt die Grundlagen von Python für maschinelle Lernverfahren kennen und setzen dabei eine Vielfalt von statistischen Modellen ein.

ISBN 978-3-95845-422-4

Probekapitel und Infos erhalten Sie unter:
www.mitp.de/422

Michael Weigend

Python 3

Lernen und professionell anwenden
Das umfassende Praxisbuch

6., erweiterte Auflage

Klassen, Objekte und Vererbung,
Dictionaries, XML, Datenbanken und
Internet-Programmierung

Benutzungsoberflächen und
Multimediaanwendungen mit PyQt

Wissenschaftliches Rechnen mit NumPy
und parallele Verarbeitung großer
Datenmengen

Übungen mit Musterlösungen zu
jedem Kapitel

Die Skriptsprache Python mit ihrer einfachen Syntax ist hervorragend geeignet, um modernes Programmieren zu lernen. Mit diesem Buch erhalten Sie einen umfassenden Einblick in Python 3. Michael Weigend behandelt Python von Grund auf und erläutert die wesentlichen Sprachelemente. Er geht dabei besonders auf die Anwendung von Konzepten der objektorientierten Programmierung ein.

Insgesamt liegt der Schwerpunkt auf der praktischen Arbeit mit Python. Ziel ist es, die wesentlichen Techniken und dahinter stehenden Ideen anhand zahlreicher anschaulicher Beispiele verständlich zu machen. Zu typischen Problemstellungen werden Schritt für Schritt Lösungen erarbeitet. So erlernen Sie praxisorientiert die Programmentwicklung mit Python und die Anwendung von Konzepten der objektorientierten Programmierung.

Alle Kapitel enden mit einfachen und komplexen Übungsaufgaben mit vollständigen Musterlösungen.

Das Buch behandelt die Grundlagen von Python 3 (Version 3.5) und zusätzlich auch weiterführende Themen wie die Gestaltung grafischer Benutzungsoberflächen mit tkinter und PyQt, Threads und Multiprocessing, CGI- und Internetprogrammierung, automatisiertes Testen, Datenmodellierung mit XML, Datenbanken und wissenschaftliches Rechnen mit NumPy.

Der Autor wendet sich sowohl an ambitionierte Einsteiger als auch an Leser, die bereits mit einer höheren Programmiersprache vertraut sind. Zugleich bietet sich dieses Lehrbuch als Textgrundlage oder nützliche Ergänzung zu Universitätskursen an.

ISBN 978-3-995845-425-5

Probekapitel und Infos erhalten Sie unter:
www.mitp.de/425

Michael Weigend

Raspberry Pi programmieren mit Python

3. Auflage

Alle Python-Grundlagen, die Sie für Ihren Raspberry Pi 3 brauchen

Projekte mit Temperatur-Sensoren, Relais und AD-Wandlern

Einsatz von Peripheriegeräten wie Kameramodul und Lautsprecher

Der Raspberry Pi ist ein preiswerter und äußerst energiesparsamer Computer in der Größe einer Kreditkarte. In Kombination mit der Programmiersprache Python bietet er eine hervorragende Umgebung für die schnelle Realisierung technischer Ideen und Projekte. Und Python ist – auch für Programmiereinsteiger – einfach zu lernen und deshalb Teil des Gesamtkonzeptes des Raspberry Pi.

Dieses Buch vermittelt Ihnen anhand vieler anschaulicher Beispiele sowohl die Grundlagen von Python als auch fortgeschrittene Techniken wie Objektorientierung, Internetprogrammierung und grafische Benutzungsoberflächen.

Nach dem Erlernen der Programmierkonzepte finden Sie besonders in der zweiten Hälfte des Buches eine Fülle von kleinen Projekten, die auf die besondere

Hardware des Raspberry Pi und das Linux-Betriebssystem Raspbian zugeschnitten sind.

Zur Vorbereitung jedes Projekts werden zunächst neue Elemente der Python-Programmierung eingeführt. Zahlreiche Illustrationen und einfache Beispiele zum Ausprobieren erleichtern das Verständnis.

Zu den vielfältigen Projekten im Buch gehören Schaltungen mit Temperatur-Sensoren, Relais, AD-Wandlern und LEDs. Sie erfahren, wie man Peripheriegeräte wie das Kameramodul anschließt und den 1-Wire- sowie den SPI-Bus zur Datenkommunikation nutzt.

Am Ende jedes Kapitels finden Sie Aufgaben und Lösungen, mit denen Sie Ihr Wissen festigen, erweitern und vertiefen können.

ISBN 978-3-95845-429-3

Probekapitel und Infos erhalten Sie unter
www.mitp.de/42